suhrkamp taschenbuch 437

Tankred Dorst, geboren 1925 in Sonneberg/Thüringen, lebt heute in München.
Gerhard Mensching ist Akademischer Rat am Germanistischen Institut der Ruhr-Universität Bochum. Er promovierte 1961 über »Das Groteske im modernen Drama«.
Tankred Dorst hat während der vergangenen zwanzig Jahre die Entwicklung des deutschen Theaters begleitet und immer entscheidend Einfluß auf den Fortgang genommen. So offen er sich gegenüber den Tendenzen verhält, so leicht und präzis gelingt es ihm, den Nerv zu treffen.
Tankred Dorst über seine Arbeit: »Ich versuche, das zu schreiben – in Szenen zu schreiben –, was mich selbst beunruhigt, und ich hoffe, da ich ja ein Teil unserer Gesellschaft bin und in der gleichen Zeit wie andere lebe, daß das, was mich beunruhigt, verstört, fasziniert, auch andere beunruhigt oder wenigstens neugierig macht.«
Horst Laube über Tankred Dorst: »Er hat ein höchst respektvolles Verhältnis zu den Gegenständen. Und manchmal erscheint es so, als wolle dieser Autor, indem er möglichst wenig von sich her macht die Gegenstände um so klarer und kräftiger herstellen. Der Rückzug des Autors in die Unidentifizierbarkeit soll den widerspruchsvollen Eigensinn der Realität freisetzen. Figuren die sich ihrer selbst sicher sind, erscheinen in Dorsts Stücken und Filmen als Schauspieler ihrer selbst, verfangen in Posen und vorgenommenen Bedeutungen. Handeln gerinnt zu Rollespielen.« Der Band *Stücke 2* (st 438) enthält *Toller, Sand, Kleiner Mann, was nun?, Eiszeit* und *Goncourt oder Die Abschaffung des Todes.*

Tankred Dorst
Stücke 1

Herausgegeben und mit einem Nachwort
von Gerhard Mensching

Suhrkamp

Umschlagfoto: Digne Meller Marcovicz

suhrkamp taschenbuch 437
Erste Auflage 1978

Druck: Nomos Verlagsgesellschaft, Baden-Baden
Printed in Germany
Umschlag nach Entwürfen von
Willy Fleckhaus und Rolf Staudt

2 3 4 5 6 7 – 96 95 94 93 92 91

Inhalt

Der Kater
oder
Wie man das Spiel spielt

(nach Ludwig Tieck)

Personen

DER KÖNIG
DIE PRINZESSIN
DER ORIENTALISCHE PRINZ
SEIN DOLMETSCHER
HOFGELEHRTER, gleichzeitig Dramaturg
HANS WURST
KOCH
GOTTLIEB, ein Bauernbursche
HINZE, ein Kater
EIN WIRT
EIN KRITIKER, von Hans Wurst gespielt
ZWEI BAUERN
EIN POPANZ
EIN LIEBESPAAR
EIN BESÄNFTIGER
DER DICHTER
DER DRAMATURG, gleichzeitig Hofgelehrter
DER BÜHNENMEISTER
DIE SOUFFLEUSE
KANINCHENBALLETT

Zuschauer

HERR SIEDENDANZ
HERR BLUME
HERR PELZIG
FRAU PELZIG
HERR LEUTNER
HERR BRATFISCH

Es können mehrere Rollen von *einem* Schauspieler gespielt werden.

Vor dem geschlossenen Vorhang oder in Logen rechts und links von der Bühne sitzen naturgetreu nachgebildet Zuschauer-Figuren. Sie sollen so echt wie möglich wirken. Zwischen ihnen – man bemerkt zuerst nicht den Unterschied – haben vier Personen Platz genommen: das Ehepaar Pelzig, der korpulente Herr Blume, dessen sonst geschäftstüchtiger Gesichtsausdruck sich im Theater regelmäßig in den eines Einfältigen verwandelt, sowie Herr Siedendanz, der durch seine definitive Ausdrucksweise und durch eine gewisse Art, seine Unterlippe vorzuschieben in den Ruf der Klugheit gekommen ist. Ein leerer Platz für den beflissenen Herrn Leutner. In der rechten Loge ein leerer Platz für Herrn Bratfisch, den Kritiker.

HERR PELZIG *wendet sich an Herrn Blume* Was sagen Sie dazu? Das möchte ich doch gern wissen.

HERR BLUME Sagen?

HERR PELZIG Na, – zu dem Stück!

HERR BLUME Ach so, zu dem Stück. *Er denkt nach.*

HERR PELZIG Wenn Sie meine Meinung darüber wissen wollen – und die Meinung meiner besseren Hälfte, sie hat immer ein ganz gesundes Urteil, wir sagen nur: das wundert uns.

HERR BLUME Das wundert Sie?

HERR PELZIG So ein Stück! In unserem Theater!

HERR BLUME *nach einigem Nachdenken* Richtig.

HERR PELZIG Wie ist nur so etwas möglich?

HERR BLUME Sie kennen das Stück?

HERR PELZIG Ob ich es kenne? Ob ich das Stück schon kenne? Ich bitte Sie! Als ob ich nicht etwas anderes zu tun hätte, als solche Stücke zu kennen!

HERR BLUME *nachdenklich* Das ist wahr!

HERR PELZIG Es soll modern sein.

HERR BLUME *nachdenklich* Aha!

HERR PELZIG Wissen Sie: es sollen sogar die Zuschauer mitspielen.

FRAU PELZIG Das steht im Programm!

HERR BLUME Ach?

FRAU PELZIG Wenn Sie einmal nachsehen wollen ... hier,

das Personenverzeichnis. *Sie will ihm das Programm geben.*

HERR BLUME Ich habe selbst ein Programm.

HERR PELZIG Und jetzt sagen Sie mal: können Sie sich das vorstellen?

HERR BLUME *nach längerem Nachdenken* Nein.

HERR PELZIG Ich auch nicht. Und du, Elfriede?

FRAU PELZIG *schüttelt energisch den Kopf.*

HERR PELZIG Also! Und warum nicht? – Weil das total unmöglich ist.

HERR SIEDENDANZ Aber wahrscheinlich ist eben dies das Moderne an dem Stück.

HERR BLUME So?

HERR PELZIG Na, da bin ich nun doch neugierig.

HERR BLUME Warum?

Stille.

HERR PELZIG Ah, da kommt ja Herr Leutner! Er wird uns sicher einige Aufschlüsse geben können. Guten Abend, Herr Leutner!

Herr Leutner kommt, verbeugt sich nach den Sitzreihen hin, hier und da besonders herzlich oder unterwürfig – allbekannt und mit dem sicheren Gefühl für soziale Unterschiede.

HERR LEUTNER Guten Abend. – Guten Abend. Guten Abend. – Ja, zum drittenmal diese Woche! Guten Abend! – Danke, bescheiden, bescheiden. Gnädige Frau, – guten Abend! – Ja, ich merke es auch im Knie. Ihr Fräulein Tochter, man darf doch wohl . . .? Guten Abend! – Ja, der Unfall, da sagt man sich wieder: was ist der Mensch!

HERR PELZIG Herr Leutner, wir, – das heißt: meine Gattin und mein Herr Nachbar und ich – haben uns eben über das Stück unterhalten.

HERR BLUME *steht auf, stellt sich vor* Blume.

HERR LEUTNER Ah – Eisenhandel?

HERR BLUME Kohle.

HERR LEUTNER Richtig!

HERR PELZIG Man möchte doch wissen, woran man ist.

HERR BLUME Neuerdings auch Öl!

HERR PELZIG Und da Sie gerade kommen, dachte ich, Sie

könnten uns vielleicht ... Man weiß doch, daß Sie Beziehungen haben ...

HERR LEUTNER Es verspricht interessant zu werden.

HERR PELZIG Siehst du, Elfriede? – Und in welcher Hinsicht?

HERR LEUTNER Ich habe soeben mit dem Dichter gesprochen.

FRAU PELZIG Wie interessant! Kann man denn das so einfach?

HERR SIEDENDANZ Ein modernes Stück und ein Dichter? Das paßt doch wohl nicht so recht zusammen.

HERR PELZIG Handelt es sich tatsächlich um den Gestiefelten Kater?

FRAU PELZIG Aber das kann doch nicht sein.

HERR BLUME Unmöglich! Den kannte ich schon als Kind.

HERR PELZIG Aller Wahrscheinlichkeit nach ist das eine Mystifikation.

HERR LEUTNER Also, es handelt sich, um es rundheraus zu sagen, um ...

Er will weiterreden, aber in der Tür rechts erscheint jetzt der Kritiker, geht an der Sitzreihe entlang, hinüber zu dem für ihn reservierten Platz. Herr Leutner verbeugt sich auffällig. Herr Bratfisch bemerkt es nicht. Er zieht ein Programm aus der Tasche, wendet sich nicht nach rechts und links, liest.

HERR LEUTNER Das ist Herr Bratfisch.

HERR PELZIG Wer?

HERR LEUTNER Der Kritiker Bratfisch.

Herr Pelzig und Frau Pelzig sehen interessiert zu Herrn Bratfisch hinüber.

HERR PELZIG So? Ach! – Um aber auf unser Gespräch zurückzukommen. Es handelt sich also wirklich um den Gestiefelten Kater?

FRAU PELZIG Aber ich sagte dir doch, Erich, das kann doch nicht sein.

FRAU BLUME Also ein altes Stück!

HERR LEUTNER Ein altes Stück und ein neues zugleich. Wie man es nimmt. Es handelt sich nämlich um ...

Trommelwirbel. Hans Wurst tritt vor den Vorhang, mit einem Schild, das er zunächst noch verbirgt. Er wartet, bis alles ruhig ist, macht bittende, mahnende, beschwörende Gebärden. Wartet auf neuen Trommelwirbel, zeigt dann sein Schild, auf dem steht:

»Der gestiefelte Kater oder Wie man das Spiel spielt«; – er verzieht das Gesicht zu einer Grimasse. Wartet wieder; Trommelwirbel. Sagt dann wie ein Schuljunge

HANS WURST Der gestiefelte Kater.
und darauf, geheimnisvoll
oder . . . *Trommelwirbel* Wie man das Spiel spielt! *Ab mit der Tafel.*

HERR PELZIG Tatsächlich!

FRAU PELZIG Wenn ich das gewußt hätte, wäre ich gar nicht reingegangen! Ein Kindermärchen!

HERR PELZIG Von »gestiefelt« habe ich vorher nichts gelesen.

FRAU PELZIG Du guckst eben nie richtig hin.

HERR SIEDENDANZ Soll man sich die Albernheit bieten lassen? In einem repräsentativen Theater?

HERR PELZIG Ich hätte Lust zu pfeifen.

HERR BLUME Warum?

HERR PELZIG Weil ich eine Meinung habe.

HERR BLUME Ach darum. *Er pfeift.*

BÜHNENMEISTER *hinter dem Vorhang* Das Stück fängt gleich an.

HERR PELZIG Stück, sagt er! Der gestiefelte Kater – ein Stück!

HERR BLUME Stück? Wollen wir nicht!

HERR SIEDENDANZ Da wird man wohl unnachsichtig Kritik üben müssen.

HERR PELZIG Schließlich opfert man einen freien Abend, wenn man in das Theater geht. Und sie wagen es . . .

HERR SIEDENDANZ Kritik, sage ich!

ALLE Kritik!

DICHTER *noch immer hinter dem Vorhang* Was meinen Sie, wenn ich fragen darf?

HERR LEUTNER Das ist der Dichter!

HERR PELZIG Was? Sie wollen ein Dichter sein und wissen nicht, was Kritik ist?

DICHTER Bedenken Sie, es ist mein erstes Stück . . .

HERR PELZIG Das ist kein Argument. Wir haben bezahlt!

FRAU PELZIG Wir haben Anspruch auf ein anständiges Stück.

DICHTER *steckt seinen Kopf zwischen den Vorhängen heraus* Von welcher Richtung?

HERR SIEDENDANZ Ein kritisches Stück, das uns etwas zu denken gibt!

HERR BLUME Jawohl.

HERR PELZIG Ein Stück mit einer wirklich modernen Problematik.

FRAU PELZIG Ein realistisches und besinnliches Stück!

HERR SIEDENDANZ Jedenfalls nonkonformistisch, junger Mann, das ist doch wohl das mindeste.

DICHTER *tritt heraus* Bin ich denn nicht Nonkonformist? ...

HERR PELZIG Ist das wirklich der Dichter?

FRAU PELZIG Ungepflegt sieht er aus!

HERR SIEDENDANZ Wie wird erst das Stück aussehen!

DICHTER *sehr schüchtern* ... indem ich ein Stück geschrieben habe, das Ihnen nicht in allen Teilen zusagt, sondern ...

HERR SIEDENDANZ Wie können Sie solche Stücke schreiben!

HERR PELZIG Warum wissen Sie nicht, was man heute verlangt!

FRAU PELZIG Guck mal, Erich, die Schuhe!

HERR SIEDENDANZ Es gibt Nonkonformisten und Nonkonformisten. Ich meine die Ersteren, Sie aber, junger Mann, die Letzteren!

DICHTER Schenken Sie mir nur eine Minute Gehör, ehe Sie mich verurteilen. Ich hoffe natürlich, Ihnen zu gefallen, aber ich möchte zugleich betonen, daß ich, auch wenn Sie kritisch sind, von meinem eingeschlagenen Weg nicht abgehen werde, sondern vielmehr hoffe, Sie in Zukunft mehr und mehr zu überzeugen. Der Dramatiker, meine Damen und Herren, bedarf der Unterstützung des Publikums mehr als ein anderer Dichter.

FRAU PELZIG Nett hat er das gesagt!

HERR PELZIG Er ist höflicher als er aussieht.

HERR BLUME *behaglich* Und er hat Respekt!

FRAU PELZIG Er tut mir leid.

HERR LEUTNER Er ist ein guter Kerl – ich kenn ihn persönlich.

DICHTER Als ich eben Ihr Mißfallen bemerkte, bin ich erschrocken. Ich mußte, offen gestanden, meinen ganzen Mut zusammennehmen, um hier zu erscheinen.

HERR SIEDENDANZ Na also!

FRAU PELZIG Ich habe jetzt Lust zu klatschen! *Sie klatscht.*

DICHTER Ich wollte den Versuch machen, durch Heiterkeit, durch wirkliche Possen zu belustigen, da uns unsere modernen Stücke zum Lachen doch selten Gelegenheit geben.

HERR PELZIG Das ist auch wieder wahr!

HERR SIEDENDANZ Er hat Argumente.

HERR LEUTNER *ostentativ* Bravo, mein Lieber, bravo!

FRAU PELZIG Jetzt ist er richtig verlegen!
Sie klatscht Süß!

ALLE *klatschen*

DICHTER Mögen Sie, meine Damen und Herren, jetzt entscheiden, ob mein Versuch zu verwerfen ist oder nicht. Ich ziehe mich zurück und das Stück wird seinen Anfang nehmen.

ALLE *klatschen* Bravo! Bravo!

STIMME VON DER GALERIE Da capo! *Gelächter.*
An der Stelle, wo der Dichter verschwunden ist, erscheint Hans Wurst, verbeugt sich, bittet um Ruhe.

HANS WURST *liest dümmlich von einem Zettel* Meine Damen und Herrn, die Direktion will . . . ich soll Ihnen mitteilen, daß unser hochgeschätztes Ensemblemitglied, Herr Meier-Kleff durch eine plötzliche Indiskretion erkrankt ist.

HERR LEUTNER Aha – man weiß!

HANS WURST Um die heutige Vorstellung zu retten, hat sich in letzter Minute ein bekannter Fußballspieler, den ich Ihnen namentlich nicht zu nennen brauche, zur Verfügung gestellt, um die Rolle des Gottlieb – den Sie gleich als ersten sehen werden – zu übernehmen. Es ist sein Debut. Wir bitten um Nachsicht und Sonderbeifall. *Er zieht sich zurück.*

HERR SIEDENDANZ So – ein bekannter Fußballspieler! Mit dergleichen Attraktionen muß man heutzutage die Leute ins Theater locken, die Stücke ziehen nicht mehr.

HERR LEUTNER Aber das bedeutet: frisches Blut für unsere Schauspielbühnen!

HERR PELZIG Ich weiß, wer das ist, Elfriede!
Er flüstert ihr ins Ohr.

FRAU PELZIG Ach, der!

HERR PELZIG Er soll auch Filmangebote haben.

HERR BLUME So?

HERR PELZIG Sogar aus Amerika!

HERR SIEDENDANZ Aber komisch, daß der jetzt zum Theater will.

FRAU PELZIG Film ist doch viel leichter als Theater!

HERR BLUME Wieso?

FRAU PELZIG *unsicher* Viel leichter!

HERR PELZIG *kommt ihr zu Hilfe* Im Film kann man doublen. Im Theater aber muß er persönlich anwesend sein.

HERR BLUME So?

HERR PELZIG Im Film muß er zum Beispiel nicht persönlich vom Pferd fallen, das macht ein anderer. Und die Liebesszenen spielt auch ein anderer.

HERR BLUME Ach?

HERR PELZIG Und wenn er schwimmen soll, das macht ebenfalls ein anderer. Er braucht noch nicht einmal selber zu sprechen. Und wenn er singen soll, kann das auch jemand anders machen.

FRAU PELZIG Er kann aber singen! Es gibt ja schon eine Schallplatte.

HERR SIEDENDANZ Ob er das selber ist?

HERR BLUME Jetzt fängt das Stück wieder an.

HERR LEUTNER Er kann singen, ich habe ihn persönlich gehört.

HERR BLUME Dann kennen Sie ihn?

HERR SIEDENDANZ Ruhe!

HERR LEUTNER Jawohl, und zwar . . .

Der Vorhang geht auf.

Eine Bauernstube. Gottlieb, ein sehr kräftiger, dümmlich dreinschauender Bauernbursche. Der Kater Hinze

GOTTLIEB *sieht unsicher den Kater an.*

HINZE *schnurrt.*

GOTTLIEB *spricht wie ein Schüler, der seine Sache auswendig gelernt hat* Sie gehen fort – und ich bleibe allein. Da haben wir uns nach dem Ableben unseres Vaters unser kleines Vermögen eingeteilt. Der Selige hatte nur drei Stücke von Belang zurückgelassen: ein Pferd, einen Ochsen und – den Kater dort.

HINZE *schnurrt.*

GOTTLIEB *seufzt, dann* Lorenz, der Älteste, nahm das Pferd, Bartel, der nächste, bekam den Ochsen, und so blieb denn für mich, den Jüngsten, natürlicherweise nur noch der Kater übrig. *Er sieht den Kater an.*

HINZE *schnurrt.*

GOTTLIEB *seufzt; dann* Lorenz kann mit seinem Pferd doch

den Acker bestellen, Bartel kann seinen Ochsen schlachten und einsalzen und kann eine Zeit lang davon leben, aber was soll ich armer Unglückseliger mit einem Kater anfangen! *Sieht den Kater an.*

HINZE *knurrt.*

GOTTLIEB Höchstens kann ich mir aus seinem Fell für den Winter einen Muff machen lassen.
Armer Hinze! Er sieht mich an, als ob er mich verstünde. Es fehlt wenig, so fange ich an zu weinen. *Er sieht Hinze an. Hinze sieht ihn an. Stille.*

HERR SIEDENDANZ Hat man schon solch eine Exposition gesehn? Wenn ich da an Ibsen denke!

HERR BLUME Ich habe aber alles gut verstanden.

HINZE *richtet sich auf, dehnt sich, macht einen Buckel, gähnt und spricht dann* Mein lieber Gottlieb, ich habe ordentlich Mitleid mit dir!

STIMMEN DER ZUSCHAUER Der Kater spricht? Was ist denn das? Was soll das heißen?

FRAU PELZIG Ich habs ja geahnt!

HERR PELZIG Daran kann ich mich nicht so rasch gewöhnen.

HERR LEUTNER Ruhe! Hören Sie, was Gottlieb spricht!

GOTTLIEB Wie, Kater, du sprichst?

HINZE Warum soll ich denn nicht sprechen können, Gottlieb?

GOTTLIEB Ich hätte es nicht vermutet.

HINZE Wenn wir im Umgang mit den Menschen nicht gelernt hätten, daß es klüger ist zu schweigen, als den Mund aufzutun, würden wir alle sprechen.

GOTTLIEB Das verstehe ich nicht.

HINZE Bist du zum Beispiel unter gewissen Leuten, die ihr Geld gern klingeln lassen und man fragt dich: Nun, was halten Sie von der Wirtschaftslage? Und Sie schweigen – so – *Er spielt den Abwägend-Bedenklichen* – dann weiß man, daß du auf das richtige Papier gesetzt hast. – Bewegst du dich in einem gebildeten Zirkel, wo man über die neueste Literatur spricht, und man fragt dich: Was halten Sie von dem und dem Stück? Und du schweigst, – so – *den Feinsinnigen spielend* man wird es für eine feinsinnige Anspielung halten, – was für ein kluger Kopf! – Und bist du unter den schwarzen Fräcken, die Politik machen und man fragt dich: ob mit unserer Regierung alles zum Besten bestellt sei? Und du schweigst – so – man wird dir auf die Schulter klopfen und obendrein wird eine neue Regierung dir den geheimen Revolutionär bescheinigen. So ist das in der Welt, verstehst du?

GOTTLIEB Das verstehe ich nicht.

HINZE Siehst du – eben darum ist es klüger, zu schweigen.

GOTTLIEB Aber warum sagst du mir das alles?

HINZE Weil du ein Mensch bist, der mich niemals gegen den Strich gestreichelt hat, ein edler Mensch, ein vortrefflicher Mensch. – Darum!

GOTTLIEB *drückt ihm heftig die Pfote* Bravo, Freund!

Hinze kriecht zusammen.

HERR PELZIG Das war eine Sportlerhand.

FRAU PELZIG Ob er denn auch einen Ball bekommt, heute Abend?

HERR SIEDENDANZ Wenn es die Handlung erlaubt ...

HINZE Du bist ein braver Mensch, Gottlieb, aber nimm's mir nicht übel, du bist etwas beschränkt, borniert sozusagen, keiner von den besten Köpfen, wenn ich frei heraussprechen darf.

GOTTLIEB Ach Gott, nein.

HINZE Du weißt zum Beispiel jetzt nicht, was du anfangen sollst.

GOTTLIEB Du hast ganz meine Gedanken.

HINZE Weißt du denn kein einziges Mittel, dich durchzubringen?

GOTTLIEB Kein einziges.

HINZE Was hast du denn Lust zu werden in der Welt?

GOTTLIEB Ach, das weiß ich selber nicht.

HINZE Möchtest du wohl Prinz oder König werden?

GOTTLIEB Das noch am ehesten.

HINZE *sentenziös* Aber fühlst du auch die Kraft in dir, ein Volk glücklich zu machen?

GOTTLIEB Warum nicht? Das soll meine Sorge nicht sein. Darüber können wir uns im dritten Akt immer noch ... wenn ich nur erst selbst glücklich bin, wollte ich sagen.

HINZE *leise zu Gottlieb* Nehmen Sie sich doch zusammen! *laut* So wollen wir gleich eine Probe aufs Exempel machen. Wenn du diesen Stuhl besteigen wolltest ... *Gottlieb stellt sich auf den Stuhl* ... und dich ein wenig in Positur stellen: den Kopf erhoben, denn du bist mit den oberen Mächten im Bunde, den Bauch zurückgezogen, denn man soll, wenn man dich sprechen hört, nicht daran denken, daß du leibliche Bedürfnisse hast ... so ...

GOTTLIEB Ich will aber gar nicht sprechen.

HINZE Du wirst rasch ein Vergnügen darin finden, wenn du nur den ersten Beifall bekommen hast.

GOTTLIEB Aber man hat mir zuvor gar nicht gesagt, daß ich sprechen soll. *Aus der Rolle fallend* Gehört denn das zur Rolle?

HINZE Hör nur gut zu, Gottlieb, ich will es dir vorsprechen. »Meine inniggeliebten Mitbürger ...«

GOTTLIEB Meine inniggeliebten ... Aber ich kann nicht sprechen und zugleich in Positur stehen. Da fällt mir kein ordentlicher Satz ein. Gehört denn das wirklich zur Rolle?

HINZE Siehst du, Gottlieb, wie unerfahren du in der Welt bist! Um eine Rede zu halten wie ein mächtiger Potentat, ist es besser, wenige Worte zu machen als viele, nur müssen es eben die Worte sein, die man zu hören wünscht, und du mußt sie an die rechte Stelle setzen. Versuch es noch einmal. »Meine inniggeliebten Mitbürger ...«

GOTTLIEB *in Positur* Meine inniggeliebten ...

HINZE *gibt den Musikern ein Zeichen, die die folgende Rede zwischen den gesprochenen Worten Gottliebs akustisch imitieren; flüstert dem in Pose verharrenden Gottlieb die folgenden Redefragmente ein* ... läßt mich nicht ruhn ...

GOTTLIEB ... läßt mich nicht ruhn ...

Musiker setzen akustisch die Rede fort.

HINZE *leise zu Gottlieb* ... angesichts der ernsten Situation ...

GOTTLIEB ... angesichts der ernsten Sit ...

Musiker setzen akustisch die Rede fort.

HINZE *leise zu Gottlieb* ... sehe ich meine Verantwortung ...

GOTTLIEB ... sehe ich meine Verantwortung ...

Musiker setzen akustisch die Rede fort.

HINZE *leise zu Gottlieb* Mütter und Kinder ...

GOTTLIEB Mütter und Kinder ...

Musiker setzen akustisch die Rede fort.

HINZE *leise zu Gottlieb* ... berechtigte Forderungen, und zwar ...

GOTTLIEB ... berechtigte Forderungen, und zwar ...

Musiker setzen akustisch die Rede fort.

HINZE *leise zu Gottlieb* ... aber nicht nur wir, sondern ...

GOTTLIEB ... aber nicht nur wir, sondern ...

Musiker setzen akustisch die Rede fort.

HINZE *leise zu Gottlieb* ... über ein bloßes Lippenbekenntnis hinaus ...

GOTTLIEB ... über ein bloßes Lippenbekenntnis hinaus ...

Musiker setzen akustisch die Rede fort.

HINZE *leise zu Gottlieb* ... so auch in Zukunft!

GOTTLIEB ... Zukunft!

Hinze winkt den Musikern, die die Rede noch gern selbständig fortsetzen möchten, ab

HINZE Siehst du nun, daß du vortreffliche Anlagen zum Staatsmanne hast, wenn du mir nur vertrauen willst.

GOTTLIEB Ja, aber ich bin dabei ins Schwitzen gekommen.

HINZE Wenn du nur nicht allzusehr ins Nachdenken kommst, das greift den Verstand an.

GOTTLIEB Was willst du aber tun, damit die Leute nicht meinen, ich spreche mit einem ordinären Kater?

HINZE Unbesorgt, Gottlieb. Ich weiß einen Gegenstand, der mir bei allen Untertanen Ansehen verschafft, Respekt bei den Furchtsamen, Verehrung der Kleinmütigen und selbst die Bewunderung der Großen – *plötzlich mit scharfer befehlender Stimme* Stiefel! *Ein Paar Stiefel fliegen von rechts und links herein, Hinze zieht sie rasch an.*

HINZE Zum Ziel gelangt
der rechte Mann
hat er nur gute
Stiefel an.
Komm lieber Freund!
Wir machen uns
jetzt auf die Beine!
Dein Weg ins Glück
– ist auch der meine!

Eine parodierte Marschmusik erklingt.

HINZE Vorwärts, Gottlieb, ich will dein Glück machen!

Er marschiert mit Gottlieb hinaus.

HERR SIEDENDANZ Was sagt man dazu?

HERR BLUME Dieser Gottlieb ist aber sehr dumm.

FRAU PELZIG Das ist seine Rolle.

HERR BLUME Trotzdem ist er dumm.

FRAU PELZIG Aber der Kater sah sehr hübsch aus – und wie er marschiert ist!

HERR PELZIG Aber doch ganz unnatürlich.

HERR LEUTNER Wie man es nun auffaßt. Ich kenne den Dichter und ich möchte glauben, daß er die Szene symbolisch gesehen haben will.

FRAU PELZIG *gereizt* Soll das heißen, daß wir zu ungebildet sind, sie zu verstehen?

HERR LEUTNER Aber ich bitte Sie!

FRAU PELZIG *empört zu ihrem Gatten* Erich! Hör dir das an!

HERR PELZIG *zu Herrn Leutner, böse* Also Sie meinen, der Kater ist gar kein Kater?

HERR BLUME Was ist er dann?

HERR LEUTNER Ich bitte Sie, abzuwarten. – Sehen Sie nur, dort drüben, Herr Bratfisch!

HERR BLUME Wer?

HERR LEUTNER Der Kritiker, Herr Bratfisch!

FRAU PELZIG Was der für ein Gesicht macht!

HERR PELZIG Kannst du es sehn?

FRAU PELZIG So was saures!

HERR PELZIG *zu Herrn Leutner* Na, sehen Sie!

HERR LEUTNER In der Pause werde ich mit ihm sprechen. Ich kenne ihn persönlich.

HERR BLUME Aber man muß doch gestehen, daß die Sache mit den Stiefeln in gar zu aufdringlicher Weise gebracht war. Man wird doch nicht im Ernst behaupten wollen, daß ein Mensch mit Bildung auf ein Paar Stiefel hereinfällt.

HERR PELZIG Wer weiß, wo den Dichter der Schuh drückt! – Vielleicht kann er seine eigenen nicht einmal bezahlen.

FRAU PELZIG Ja, so sieht er aus.

HERR PELZIG Und gar die Rede, die da gehalten wurde: lächerlich! Ich möchte den sehn, der sich so etwas anhört, ohne zu protestieren.

HERR BLUME Soll man pfeifen?

HERR PELZIG Wir sprechen von der Rede, die in dem Stück vorkam.

HERR BLUME Davon habe ich nur ein paar Worte verstanden.

FRAU PELZIG Sehen Sie!

HERR SIEDENDANZ Wir haben alle nicht mehr verstanden.

HERR PELZIG Und trotzdem soll das eine Rede sein, die man versteht?

HERR BLUME Das verstehe ich nicht.

HERR LEUTNER Aber meine Herren, – so sind eben die modernen Stücke!

FRAU PELZIG Jetzt reden Sie nicht so viel – die Musik hat angefangen!

Saal im königlichen Palast

Der dicke König mit Krone und Zepter auf dem Thron. Die Prinzessin schmollend, hochmütig, spitz, auf einem Thrönchen daneben. Hofstaat in schwarzen Fräcken.

KÖNIG Schon tausend schöne Prinzen, wertgeschätzte Tochter, haben sich um dich beworben und dir ihre Königreiche zu Füßen gelegt, aber du hast ihrer nicht geachtet.

Festlicher, farbiger Aufzug des orientalischen Prinzen mit seinem Dolmetscher.

Hier, Prinz, ist meine Tochter, ein junges, gelehriges, einfältiges, modernes Ding, um dessen Glück ich schon manche Träne vergossen habe. *Zu seiner Tochter* Artig, meine Tochter! Das ist ein weitgereister Prinz, sein Land ist noch ganz ohne Kultur und er hat einen Dolmetscher bei sich: ich habe einen erstaunlichen Respekt vor ihm.

DOLMETSCHER *spricht leise mit dem Prinzen; wendet sich dann an den König, während der Prinz pantomimisch dazu entsprechende Gebärden macht* Majestät – mein erlauchter Herr Prinz Znirp möchte Euch wissen lassen, daß er aus einem Land kommt, dessen Sitten und Gebräuche von den Euren in vieler Hinsicht verschieden sind.

KÖNIG Was habe ich dir gesagt, Tochter? – *Würdevoll zum Dolmetscher* Auch mein Land, wertgeschätzter Prinz, kann sich rühmen, Sitten und Gebräuche zu haben, die von den Euren in vieler Hinsicht verschieden sind.

DOLMETSCHER *übersetzt dem Prinzen die Worte des Königs mit großem Aufwand* Eis nennök eniem Retchot nebah.

PRINZ *verbeugt sich umständlich* Ay.

KÖNIG Was ist denn das für eine Sprache?

HANS WURST Prinz Znirp . . . das ist die Spiegelsprache. Wenn man ihm einen Spiegel vor den Mund hält, kann man darin die Worte richtig herum lesen, die ihm aus dem Mund kommen.

Er hält dem Prinzen einen Spiegel vor das Gesicht.

PRINZ *spricht leise mit dem Dolmetscher.*

DOLMETSCHER *übersetzt dem König* Das Ansehen eines Fürsten gründet sich im Land meines Herrn auf die Zahl der Köpfe, die er von den Rümpfen seiner Widersacher getrennt hat.

KÖNIG Wie anders als bei uns! Hier gibt man auf Köpfe gar nichts.

DOLMETSCHER *nachdem er dem Prinzen übersetzt – und die Antwort empfangen hat – zum König* Im Lande meines Herrn, des erlauchten Prinzen, sieht man den Fortschritt darin, daß jeder Untertan neuerdings lesen lernt, damit er erfährt, wie es in der Welt zugeht.

KÖNIG Wie anders! Wie altmodisch! Bei uns ist man vielmehr der Meinung, daß eine gründliche Bildung dem raschen Fortkommen im Wege steht.

DOLMETSCHER *gleiches Spiel wie vorher* Im Lande meines Herrn, des erlauchten Prinzen, lernen die Söhne von ihren Vätern, wie man aus den Knochen der getöteten Feinde Halsketten für die Damen macht.

KÖNIG Wie anders und wie altmodisch: bei uns lernt man aus der Vergangenheit gar nichts.

DOLMETSCHER *gleiches Spiel* Im Land meines Herrn, des erlauchten Prinzen, sieht man den Wert einer Frau in der Anzahl der Rinder, die sie mit in die Ehe bringt.

KÖNIG Hör dir das an, Tochter, wie es in den unzivilisierten Ländern zugeht! – *Zum Dolmetscher* Wie anders als bei uns! Bei uns kommt es bei einer zukünftigen Ehe einzig auf einen soliden Grundbesitz an. *Zur Tochter* Seit du heiratsfähig bist, Tochter, lernen wir die erstaunlichsten Abartigkeiten der menschlichen Natur kennen.

DOLMETSCHER Kurz, mein Herr, der erlauchte Prinz wünscht sich mit der Prinzessin ehelich zu verbinden und hält durch mich um ihre Hand an.

KÖNIG Tochter, das wäre diesmal eine Partie für die Journale, unser königlicher Name würde dadurch wieder unter die Leute kommen.

PRINZESSIN *spitz* Nein.

KÖNIG *mit bedeutender Geste* Nein.

DOLMETSCHER *zum Prinzen* Eis etchöm tchin.

KÖNIG Sie sehen, mein Prinz, meine Tochter ist noch immer ein einfältiges Kind. Man wird ihr erst einige Lektionen in der Affinität geben müssen. – Wie es mich schmerzt, einen so fremdartigen, unverständlichen Prinzen unverrichteter Dinge von dannen ziehen zu lassen.

PRINZ *abziehend* Leck mich am Arsch.

KÖNIG *erstaunt* Was sagt er?

DOLMETSCHER *erklärend zum König* Re lliw eis tchin.

KÖNIG Ich fürchtete schon, ich hätte es verstanden. – Gute Reise.

Prinz und Dolmetscher ab.

KÖNIG Schon tausend schöne Prinzen, wertgeschätzte Tochter, haben sich um dich beworben und dir ihr Königreich zu Füßen gelegt, aber du hast ihrer nicht geachtet. Sage mir die Ursache davon, mein Kleinod.

PRINZESSIN Liebster Herr Vater, Sie vergessen, daß es eine Prinzessin heutigentags in der Wahl ihres Ehegatten nicht so einfach hat, wie zu Ihrer Zeit, denn die Bildung, die ich genossen habe, befähigt mich, mit meinem Verstande und nicht allein mit meinen Empfindungen zu wählen. Es erscheint mir, wenn ich an die 600 Prinzen denke, die sich beworben haben, die Ehe als eine wahre Hölle auf Erden.

FRAU PELZIG Bravo!

HERR LEUTNER Für die moderne Frau geschrieben!

HERR PELZIG Das fehlt noch!

KÖNIG Die Hölle, meine liebe Tochter, da hast du Recht, da kann ich mitsprechen! O verewigte Klothilde, sanft ruhe ihre Asche bei ihren fürstlichen Anverwandten! Morgen werde ich ihre schöne schöne Gruft besuchen!

PRINZESSIN Du schweifst ab, Vater!

KÖNIG So unbeschreiblich huldvoll konnte sie die Köpfe unserer Untertanen streicheln. Das war ihre ganze Leidenschaft. Aber ich – was habe ich gelitten! Kein Tag verging ohne Zank, ich konnte nicht in Ruhe schlafen, ich konnte nicht ruhig regieren, ich konnte nicht ruhig denken, ich konnte nicht ruhig essen . . . ach, immer wurde ich unterbrochen! – Und dennoch mußt du endlich heiraten!

PRINZESSIN Mein Vater.

KÖNIG Meine Tochter. *Man hört Blasen.*
Es ist doch noch nicht Tischzeit! Gewiß ist das ein neuer Prinz, der sich in dich verlieben will, und du so kindisch! Dann geht das ganze Theater wieder von vorn los.

HERR PELZIG Das wollen wir uns verbeten haben!

KÖNIG *mit Würde* Ich will etwas ruhen. *Er geht ab.*

PRINZESSIN *allein* Mein Vater hat ein altmodisches Weltbild, das ist mir allmählich peinlich. Wenn man eine selbständige Person ist wie ich, kann man sich nicht so leicht an überlieferte Vorschriften gewöhnen. Außerdem waren die 600 Prinzen wirklich zu einfältig! Keiner las ein Literaturblatt. Ach, Bücher! Bücher! Zeitschriften! Bücher! Die machen mein Glück aus. *Mit einem Stoß Bücher* Das habe ich gestern gelesen – das lese ich nachher – das lese ich jetzt.
Der Hofgelehrte kommt hüstelnd herein.

HOFGELEHRTER Gnädigste Prinzessin, man wird jetzt in dem Unterrichte fortfahren.

PRINZESSIN Ich brenne darauf. Wir leben im wissenschaftlichen Zeitalter. Ich wüßte nichts, was ich sehnlicher kennen lernen wollte, als jenes Gut, das mich über alle Gedanken und Empfindungen meiner Geschlechtsgenossinnen hinaushebt. »Der denkende Geist wird sich in dieser Beschäftigung mit dem Anderen seiner selbst nicht etwa ungetreu, so daß er sich darin vergäße und aufgäbe, noch ist er so ohnmächtig, das von ihm Unterschiedene nicht erfassen zu können, sondern er begreift sich und sein Gegenteil. Denn der Begriff ist das Allgemeine, das in seinen Besonderungen sich erhält, über sich und sein Anderssein übergreift und so die Entfremdung, zu der er fortgeht, ebenso wieder aufzuheben die Macht und Tätigkeit ist.«

HOFGELEHRTER *winkt ab* Gut, gut, gut, gut ...

PRINZESSIN »So gehört auch das Kunstwerk, in welchem der Gedanke sich selbst entäußert, zum Bereich des begreifenden Denkens, und der Geist, indem er es der wissenschaftlichen Betrachtung unterwirft, befriedigt darin nur das Bedürfnis seiner eigenen Natur.«

HOFGELEHRTER Gut, gut, gut, aber Ihr Herr Vater hat mich beauftragt ...

PRINZESSIN Außerdem habe ich heute nacht einen Roman geschrieben. Was sagen Sie dazu?

HOFGELEHRTER Erstaunliches Talent! Königliche Dichterin! Ihr Vater hat . . .

PRINZESSIN Mein Roman hat keinen Anfang und kein Ende, sondern das Ende ist zugleich der Anfang und der Anfang ist zugleich das Ende. Nur mit dem Mittelteil bin ich noch unentschieden.

HOFGELEHRTER Da liegt eine gewisse Problematik. Ihr Vater aber . . .

PRINZESSIN Es ist ein Roman ohne Handlung!

HOFGELEHRTER Ausgezeichnet! Aber wenn ich . . .

PRINZESSIN Wollen Sie vielleicht behaupten, ein Roman müsse eine Handlung haben?

HOFGELEHRTER Gewiß nicht!

PRINZESSIN Das Leben ist ohne Handlung, also ist auch der Roman ohne Handlung. Und natürlich kommen darin auch keine Personen vor!

HOFGELEHRTER Hinreißend!

PRINZESSIN Auch habe ich auf jede Art von Beschreibung verzichtet.

HOFGELEHRTER Erregend!

PRINZESSIN Die Natur ist vollkommen daraus verbannt.

HOFGELEHRTER Begeisternd! Das bringt mich jetzt auf Ihren Herrn Vater, der . . .

PRINZESSIN Berge, Flüsse, Gras, Steine, Würmer, Lenz, Primeln, Laub- und Nadelwald, Fliegenpilze – weg mit dem Krimskrams!

HOFGELEHRTER Weg damit! Treffliche Aussparungen!

PRINZESSIN Auch kommt in meinem Roman keine Liebe vor, denn die Liebe ist, wie man weiß . . .

HOFGELEHRTER Sehr gut. Wie man weiß! Wenn aber die Wissenschaft und Ihr Herr Vater . . .

PRINZESSIN Nur die Orthographie! Die macht Schwierigkeiten! Wie soll ich denn alle die Kommas, Semikolons, Punkte und Doppelpunkte, die ich für meinen Roman gesammelt habe, verteilen? Oder soll ich sie vielleicht ganz weglassen?

HOFGELEHRTER Weglassen! Weglassen, mein Fräulein. Das ist die Tugend des Schriftstellers!

PRINZESSIN Wenn ich aber alles weglasse, dann bleibt am Ende nur ...

HOFGELEHRTER Ihr Herr Vater, der mich zu Ihnen geschickt hat mit dem Auftrag, Sie in der Liebe zu unterrichten.

PRINZESSIN Liebe? Aber das habe ich doch schon gelernt! Was mein alter Vater für Einfälle hat!
Worin wollen Sie mich heute unterrichten?

HOFGELEHRTER Ich habe den allerhöchsten Auftrag, Eure Hoheit in der Kunst der Liebe zu unterrichten.

PRINZESSIN In der Liebe? Die habe ich doch schon gelernt. Liebe entsteht, indem einerseits ...

HOFGELEHRTER Bedauere, Eure Hoheit. Ihr Vater befahl mir, Sie in die praktischen Dinge der Liebe einzuführen, gewisse Reaktionen experimentell zu erschließen, da Sie bisher, unfähig jeder Regung, die Kontinuität der Monarchie auf das empfindlichste bedrohen. – Wir beginnen also mit der ersten Reaktion: das Erröten.

PRINZESSIN Erröten, das ist altmodisch.

HOFGELEHRTER Das Erröten ist die Vorstufe zur Liebe: es deutet Schamhaftigkeit an, obgleich es zugleich neugieriges Verständnis beweist.

PRINZESSIN Ich will nicht.

HOFGELEHRTER Hören Sie zu: ich beginne mit einem Vers aus dem Französischen, etwas pikant:
Approche, embrasse moi, ne fais plus la farouche, L'amour est un plaisir et si juste et si doux –

PRINZESSIN Das ist von de Sade!

HOFGELEHRTER L'amour est un plaisir et si juste et si doux – Erröten!

PRINZESSIN Wie macht man denn das – selbst wenn ich jetzt erröten wollte?

HOFGELEHRTER Stellen Sie sich vor ... äh ... ich sei ein junger Prinz ... äh ... das Vorstellungsvermögen, mein Fräulein, ist alles ... stellen Sie sich vor, äh ... äh ...

PRINZESSIN Was? Ich bleibe kühl.

HOFGELEHRTER ... et si juste et si doux, serre-moi de tes bras, mets la langue en ma bouche –

PRINZESSIN *leicht errötend* Hören Sie auf.

FRAU PELZIG Was sagt er denn?

ANDRE Pst! Pst! Pst!

Der gestiefelte Kater oder Wie man das Spiel spielt. Deutsches Schauspielhaus Hamburg 1964. Regie Hans Lietzau. Foto Rosemarie Clausen.

HERR PELZIG Aber warum ist das denn französisch?
ANDRE Pst! Pst!
HOFGELEHRTER Sie erröten?
PRINZESSIN Nein, nein, das Licht . . .
HOFGELEHRTER Sie lernen es schon. *Immer leiser, unverständlicher werdend* Aussi bien que ton coeur ouvre moi les genoux . . .
Während der Hofgelehrte eindringlich leise weiter flüstert, sitzt die Prinzessin plötzlich glühend im roten Scheinwerferlicht. Vorhang fällt.
HERR LEUTNER Bravo!
HERR PELZIG Jetzt, wo das Stück gut ist, wird es französisch!
HERR SIEDENDANZ Das ist eine sehr feinsinnige Anspielung von Ihnen.
HERR LEUTNER *kennerisch* Pikant, pikant!
HERR PELZIG Was hat er denn gesagt?
HERR LEUTNER Darf ich –? *Er flüstert Herrn Pelzig ins Ohr.*
HERR BLUME Und die vielen ausländischen Arbeiter!
HERR PELZIG *lacht verständnisinnig.*
FRAU PELZIG Erich! Ich bitte dich!
HERR PELZIG *begütigend zu ihr* Nachher . . . auf dem Heimweg!
HERR BLUME Was hat er gesagt?
HERR PELZIG *verständnisinnig, macht mit den Händen diskret vor: Beine spreizen* Les genoux . . . die Knie . . .
Herr Blume, Herr Pelzig und Herr Leutner lachen.
HERR SIEDENDANZ Wissen Sie, ich habe den Autor im Verdacht, er hat diese anzügliche Szene nur eingefügt, damit wir uns darüber amüsieren und das miserable Stück vergessen.
HERR LEUTNER Das Stück vergessen?
FRAU PELZIG *empört* Amüsieren?
HERR PELZIG *beschwichtigt seine Frau* Aber es amüsiert sich doch niemand!
HERR BLUME Niemand!
Alle schweigen erstarrt und warten, bis der Vorhang aufgeht.

Wirtshaus an einer Grenze. Grenzsoldat, Wirt, ein betrunkener Bauer. Die abgewiesenen Freier sitzen an Tischen.

Großes Zeremoniell des Grenzsoldaten.

DIE ABGEWIESENEN FREIER *singen*

Es gibt ja noch andere Frauen,
die sich uns gern anvertrauen.
Darüber ist der kluge Mann froh,
denn das Leben ist so, ist so.

BAUER Ich geh wieder. Die Zeit vergeht, erst ist man ein König, dann ein Schuhputzer, so geht es von oben nach unten. Aber ich bin auch kein Schuhputzer, denn ich habe keine Schuhe. Darum geh ich. Ich habe noch einen weiten Weg nach Hause.

WIRT Sie sind ein Untertan des Königs?

BAUER Jawohl. Und wie nennen Sie Ihren Fürsten?

WIRT Popanz.

BAUER Popanz! Popanz! Da steh ich lieber unter einem König, da steh ich besser. Wie sieht er denn aus, Ihr Popanz?

WIRT Er sieht mal so, mal so aus.

BAUER Mal so . . . und mal so?

WIRT Mal ist er ein Rhinozeros, mal ist er ein sanftes Igelchen, mal eine Riese mit Hängeohren.

BAUER Ach.

WIRT Er kann sich in alles verwandeln.

BAUER Auch in einen Hund?

WIRT Wenn es ihm die Laune eingibt.

BAUER In der Laune möchte ich mich sehn, daß ich mich in einen Hund verwandeln könnte! – Das muß schwer sein. *Er versucht es.*

WIRT Für ihn ist das eine Kleinigkeit. Wir sind deshalb immer auf dem Kiwief.

BAUER Da sind wir doch besser dran, unser König geht nie aus ohne Krone und Schuhe und alles was menschlich ist, man erkennt ihn schon auf dreihundert Schritt. – Servus. *Der Bauer steht auf, schwankt den Weg zur Grenze hinüber. Ein kleines Kind geht vorbei mit einem Spielzeughund an der Schnur. Der Bauer bemerkt das Holztier, schrickt zusammen, verbeugt sich tief und geht rückwärts mit fortwährenden ängstlichen Verbeugungen gegen den Hund über die Grenze ab.*

WIRT Dieser Schlagbaum hier macht mein Glück aus. Was

drüben unbekannt war und kommt herüber, hier wünscht man mit ihm bekannt zu werden und sitzt bei einem Glas Wein bei mir nieder. Wer drüben angesehen war, und kommt herüber, hier sieht ihn kein Mensch an: und er tröstet sich bei mir mit einem Glas Wein darüber.
So kann ich von mir sagen, daß ich an der rechten Stelle sitze, um den Zoll für den Umschlag von Glück und Unglück, Größe und Niedrigkeit im menschlichen Gemüt mit Vergnügen einzunehmen.
Der Prinz kommt mit seinem Dolmetscher über die Grenze.

DOLMETSCHER Wein, Herr Wirt!

WIRT Ich habe die Ehre! Das ist sicher wieder ein Prinz, der seine Liebesgeschichte für die Journale präpariert. Und so melancholisch, – das wird ein Geschäft! *Er bringt Wein.*

DOLMETSCHER Der Prinz wünscht in seinen Gedanken nicht gestört zu werden. *Er trinkt die beiden Gläser Wein allein aus.*

WIRT Und einen Dolmetscher hat er bei sich, das ist vornehm! Bei uns reden alle die gleiche Sprache und trotzdem verstehn sie einander nicht, – das ist gewöhnlich! – Ich habe die Ehre!
Prinz und Dolmetscher ab.
Kaum ist er gegangen, schon sehe ich wieder jemand über die Grenze kommen. Er sieht mißvergnügt aus – das verspricht einen halben Liter vom besten Malvasier.
Der Mißvergnügte – Hans Wurst, in der Maske des Kritikers Bratfisch – kommt durch den Schlagbaum.
Guten Morgen, mein Herr. Es ist mir ein Vergnügen –

HANS WURST *ärgerlich* Es ist mir ein Ärgernis –

WIRT Und ich darf fragen, ob Sie aus dem Lande des Königs kommen?

HANS WURST Sie sehen es.

WIRT An den Füßen?

HANS WURST Am Gesicht.

WIRT Und warum verlassen Sie das Land?

HANS WURST Aus Mißvergnügen.

WIRT Vortrefflich, mein Herr, vortrefflich! Man wird gewiß einen Wein nehmen?

HANS WURST Einen halben Malvasier.
Wirt bringt Wein.

WIRT Ist es denn gar so schlimm dort drüben?

HANS WURST Langweilig *er trinkt* – unglaubwürdig – *er trinkt* albern – *er trinkt* kindisch – *er trinkt* –

WIRT Dacht ich's doch!

HANS WURST Geschmacklos – *er trinkt, stellt dann ärgerlich das Glas auf den Tisch* Und sauer!

WIRT Aber vom besten Jahrgang, mein Herr. Wie können Sie so etwas sagen! Wer sind Sie denn?

HANS WURST Ein Kritiker.

Hans Wurst geht ab.

WIRT *wütend* Meckern! Und zahlen tut er auch nicht!

Vorhang

HERR PELZIG Das war natürlich wieder eine Anspielung.

FRAU PELZIG Aber wie kommt denn der Kritiker auf die Bühne? Er war doch eben noch im Parkett.

HERR LEUTNER Er sitzt auch noch im Parkett, sehn Sie nur hin!

HERR PELZIG Und vermiest ist er auch, wie mir scheint.

HERR SIEDENDANZ Vermutlich aus Mißvergnügen über seine eigene Rolle – ich würde mich, wenn ich Kritiker wäre, ebenso darüber ärgern wie er.

HERR PELZIG Und dazu war sie noch so schlecht gespielt! Als ob er gar nicht unsere Kritik fürchten müßte.

HERR BLUME Soll man pfeifen?

HERR PELZIG Noch nicht – man weiß noch nicht, was die Zeitung schreiben wird.

HERR SIEDENDANZ Das weiß man – sehen Sie nur Herrn Bratfisch an!

HERR PELZIG Wahrhaftig, man sieht ihm an, wie er leidet.

FRAU PELZIG Fast tut mir jetzt der Dichter leid. Vielleicht ist er krank, er sah so blaß aus.

HERR PELZIG Vielleicht fällt es dem Dichter gar noch ein, uns ebenso auf die Bühne zu bringen wie den Kritiker.

HERR BLUME Was soll man davon denken?

FRAU PELZIG Und von Gottlieb sieht man seit längerer Zeit gar nichts. Schließlich ist er eine bekannte Persönlichkeit. Weltbekannt.

HERR PELZIG Es liegt am Stück, wenn er mit seinen Fähigkeiten nicht zur Geltung kommt.

HERR LEUTNER Ruhe! Die Musik geht weiter.

Freies Feld.

HINZE *tritt auf, als Jäger gekleidet mit Stock, Tornister und Sack* Kaninchenfänger – das ist ein lächerlicher Beruf für einen, der nach oben kommen will. Oder? Man muß den Zusammenhang sehen: es sind Könige gestürzt worden für ein Stück Brot, warum soll nicht ein neues Reich gegründet werden mit einem Kaninchen! Schäme dich nicht, Hinze, denke vom Kleinen aufs Große! Geht mir erst ein Kaninchen in die Falle, nehme ich damit den König für mich ein, nehme ich den König ein, gewinn ich seine Tochter für meinen Gottlieb. Hat Gottlieb das seine an sich genommen, dann, hungriger Hinze, frißt du sie alle! – Es läßt sich nichts fangen?

Eine Nachtigall singt.

Sie singt vortrefflich, die Sängerin der Haine. Wie delikat muß sie erst schmecken! Die Großen der Erde sind darin recht glücklich, daß sie Nachtigallen und Lerchen verspeisen können, so viel es ihnen beliebt, – wir armen Leute müssen uns mit dem Gesang zufrieden geben. Aber das kann sich ändern!

Er will auf den Baum steigen.

Hinze, Hinze!

Er steigt wieder herunter.

Es ist fatal: höre ich etwas singen, schon bekomme ich Appetit darauf. Die natürlichen Bedürfnisse machen unsere Gedanken zu Lügnern.

Der Gesang hört auf. Hinze sucht nach Kaninchen.

Ich vergesse die Jagd über meinen Reflexionen. Es fängt sich wahrhaftig nichts. – Wer kommt da?

Das Liebespaar kommt herein, setzt sich nieder.

SIE Friedrich!

ER Ja.

SIE Ich möchte gern wissen, hast du Ideale?

ER Wie meinst du das?

SIE Du weißt doch, was ich meine.

ER Ideale Vorstellungen? Natürlich habe ich die.

SIE Für eine Frau ist es beruhigend, wenn der Mann Ideale hat. Es verleiht ihr ein Gefühl von Geborgenheit.

ER Mein Ideal ist ein Einfamilienhaus.

SIE Da greifst du aber gleich sehr hoch zu den Sternen.

ER Wenn man etwas erreichen will als Mann, muß man so hoch greifen.

SIE *nach einer Pause* Friedrich?

ER Ja?

SIE Und in der Liebe, hast du da auch ein Ideal?

ER Ja, da hat man natürlich als Mann auch seine idealen Vorstellungen.

SIE Und – meinst du, ich könnte deinem Ideal in einiger Hinsicht entsprechen?

ER Das ... kommt darauf an.

SIE Du bist sicher sehr verwöhnt worden von den Frauen.

ER Ja, aber trotzdem ...

SIE Und wenn ich jetzt meinen ganzen Stolz und meine Ehre an dich verlieren würde ...?

ER Dazu wärst du imstand, Herta?

SIE Ich kann ja nicht anders, wenn ich dich ansehe.

ER Es kommt der Moment im Leben des Mannes, wo ihm alles andere gleichgültig ist. Wo das Leben erst eigentlich seinen Sinn bekommt.

SIE Du, ich denke genau so. Ich kann mich nur nicht so ausdrücken.

ER Bei mir ist das Berufsleben eine gewisse Schulung. Da muß man sich unterhalten können, oft mit Menschen, die sozial über einem stehn.

SIE Du, ich sing jetzt was. Nein, ich genier mich.

ER Vor mir doch nicht!

SIE Nein, vor dir nicht, du bist mein Friedrich. *singt*
Setzt mir einen Leichenstein,
hoola hi, hoola ho,
darauf steht: Vergiß nicht mein!
Hoola hiaho.

ER Ich sag dir, Herta, da kann passieren was will, das menschliche Herz bleibt in seiner Substanz immer erhalten, trotz Politik und Berufsproblemen.
Sie verschwinden im Busch.

HINZE *kommt* Menschlich gedacht, aber eben nicht ins Große. Heda, Freund! *Er fängt ein Kaninchen* Da hinein! *Er hält den Sack hoch* Schnell den Sack zugebunden, ich werde sonst ein Opfer meiner Instinkte! Nein, nicht gefressen, Hinze, nicht jetzt! Der Plan muß erfüllt werden, verschwende dich nicht leichtsinnig an den Augenblick!

Er tritt an die Rampe.

Keinen verderben zu lassen, auch nicht sich selber, jeden mit Glück zu erfüllen, auch sich, das ist gut.

Großer Beifall. Er geht ab. Vorhang fällt. Vorhang geht wieder auf, Hinze wiederholt den Satz.

HERR PELZIG Ein wahrer Gedanke! Ich unterschreibe das. Der Satz könnte von einem unserer Klassiker sein. Ich denke an Schiller, zum Beispiel.

HERR SIEDENDANZ Das »auch nicht sich selber« macht mich skeptisch. Das ist nicht von Schiller, sondern von ... *Er denkt nach.*

FRAU PELZIG Das sind Sätze, die man mit nach Hause nimmt.

HERR SIEDENDANZ Aber das paßt mir nicht recht zur Person des Katers. Ich entdecke da einen Bruch. Und schließlich, wenn das übrige nichts ist als eine Albernheit, mit der man das Publikum zu unterhalten meint ...

FRAU PELZIG Mir gefällt jetzt das Stück. Die Nachtigall ... das reizende Pärchen ... genau so hast du auch mal gesprochen, Erich, in besseren Zeiten.

HERR LEUTNER Ja, der Dichter ist eine stark poetische Begabung. Ich kenne ihn persönlich.

HERR SIEDENDANZ Aber man muß doch fragen, ob die Liebesszene zum Ganzen Bezug hat!

FRAU PELZIG Was für eine Frage, mein Herr!

HERR LEUTNER Was für eine Frage!

FRAU PELZIG Sei ruhig, Elfriede!

FRAU PELZIG Das ist doch das romantische Element!

HERR BLUME Soll man pfeifen?

HERR SIEDENDANZ Sehen Sie nur einmal zu Herrn Bratfisch hinüber.

HERR PELZIG Er verzieht das Gesicht.

HERR SIEDENDANZ Man kann sich denken, was das zu bedeuten hat.

HERR PELZIG Das bedeutet nichts anderes, als daß das Stück so gut wie durchgefallen ist.

HERR BLUME Durchgefallen? Woher wissen Sie das?

HERR PELZIG Der Kritiker, Herr Bratfisch –

HERR BLUME Der Kritiker hat es gesagt?

HERR SIEDENDANZ Mit Recht sagt er es, müssen wir hinzufügen. Das Stück ist für gebildete Menschen eine Zumutung.

FRAU PELZIG Wollen Sie vielleicht damit sagen, daß wir nicht gebildet sind?

HERR SIEDENDANZ Es gibt offenbar hier Leute, die an diesem Unsinn Vergnügen finden. – Ja, die auch noch stolz darauf sind, den »Dichter« zu kennen.

HERR PELZIG *zu Herrn Leutner* Sie kennen doch den Dichter?

HERR LEUTNER *zaghaft* Ja.

HERR PELZIG Hören Sie? Er kennt den Dichter.

HERR SIEDENDANZ So, Sie kennen den Dichter?

HERR LEUTNER Ja, – das heißt –

HERR SIEDENDANZ Ist das nicht eine Frechheit!

HERR BLUME *erhebt sich drohend neben Herrn Leutner* Sie sind also derjenige, der den Dichter kennt!

HERR PELZIG Dessen Stück hier soeben durchgefallen ist!

HERR LEUTNER Ja, das heißt –

HERR PELZIG Den die Kritik bereits vernichtet hat.

HERR LEUTNER *schlotternd* – das heißt ... wie man sich eben so kennt ... zufällig ...

HERR SIEDENDANZ Er macht sich auch noch lustig über uns!

HERR LEUTNER Verstehen Sie doch ... ebensowenig wie ich ihn kenne ... das heißt, ich kenne auch ... den Kritiker ... sehen Sie ...

Er grüßt beflissen zu Bratfisch hinüber, der sich jedoch mißvergnügt die Backe hält und den Gruß nicht beachtet.

HERR SIEDENDANZ Ausflüchte!

HERR LEUTNER ... Sie werden sehen, ... in der Pause ... ich bin in der Pause mit ihm verabredet ...

Musik hinter der Bühne.

FRAU PELZIG Es geht weiter.

HERR BLUME *zu Herrn Leutner* Da haben Sie Glück gehabt.

Thronsaal. Der König, die Prinzessin, der Koch, Hofgelehrter, Hofnarr.

KÖNIG *auf dem Thron* Hierher, Koch! Jetzt ist es Zeit, Rede und Antwort zu stehen, ich will die Sache selbst untersuchen.

KOCH *läßt sich auf die Knie nieder* Ihre Majestät geruhen,

Ihre Befehle über Dero getreuesten Diener auszusprechen.

KÖNIG Man kann gar nicht genug dahin arbeiten, meine Freunde, daß ein König, dem das Wohl seines ganzen Landes und unzähliger Untertanen auf dem Herzen liegt, immer bei guter Laune bleibt. Denn wenn er in eine üble Laune gerät –

HOFGELEHRTER So wird er gar bald ein Unmensch, ein Tyrann!

KÖNIG Denn gute Laune befördert die Fröhlichkeit –

HOFGELEHRTER – und Fröhlichkeit macht nach den Beobachtungen aller Philosophen den Menschen gut, dahingegen die Melancholie deswegen für ein Laster zu achten ist, weil sie alle Laster befördert.

KÖNIG Wem, frage ich nun, liegt es so nahe, in wessen Gewalt steht es wohl so sehr, die Laune seines Monarchen zu erhalten als –? Liegt das alles nicht in den Händen seines Kochs? Sind Kaninchen nicht sehr wichtige Tiere? Mein liebstes Essen! Kaninchen sind das Wichtigste! Hat ein Land Kaninchen, dann hat es, was es braucht. Kaninchen machen das Land autark! Jäger! Kaninchen verschaffen einem Land die Hegemonie! Koch! Spanferkeln und alle Tage Spanferkeln! – Bösewicht, des bin ich endlich überdrüssig!

KOCH

O mein König
hör deinen Koch
und Untertan:
ich strengte mich
gewaltig an,
die weißen Tierchen,
die niedlichen Tierchen
zu fangen
mit Stöcken mit Stangen
suchte ich sie zu fangen
mit Hunden sie hetzen
ich scheuchte sie auf
im Tal und bergauf
ich stellte Fallen
ließ Schüsse knallen

jedoch
(bei Gefahr meines Lebens)
alles vergebens!
Sie sind entwischt.
Sodaß dir dein Koch
ganz untertänig
statt dieser Tierchen
dieser niedlichen Tierchen
nur eine Pastete
auftischt.

KÖNIG Laß die schelmischen Worte, scher dich fort in die Küche und beweise durch die Tat, daß du deinen König liebst.

Koch ab. Es klopft.

KÖNIG *nach einer Pause* Schon tausend schöne Prinzen, wertgeschätzte Tochter, haben sich um dich beworben und dir ihre Königreiche zu Füßen gelegt, aber du hast ihrer nicht geachtet. Sage uns die Ursache davon, mein Kleinod.

HERR PELZIG Aber das kam doch schon einmal vor!

Es klopft.

FRAU PELZIG Stimmt! Ich weiß es noch genau!

Es klopft wieder.

HERR SIEDENDANZ Wahrscheinlich hat er sich im Text vergriffen.

HERR BLUME Soll man pfeifen?

HERR PELZIG Man müßte ihn darauf aufmerksam machen.

PRINZESSIN *zu ihrem Vater* Ihr werdet alt, mein Vater.

FRAU PELZIG Aha, das soll eine Alterserscheinung des Königs sein.

FRAU PELZIG Dann wird er nicht mehr lange spielen können.

HERR LEUTNER Er soll doch nur alt wirken!

FRAU PELZIG Na, das klang mir aber sehr sehr echt.

HERR LEUTNER Das ist eben die Kunst.

Hans Wurst ist zur Tür gegangen und kommt jetzt zurück.

HANS WURST Ihre Majestät, ein fremder Herr ist draußen und bittet vor Ihre Majestät gelassen zu werden.

KÖNIG Wer ist es?

HANS WURST Es scheint ein Mann von Bedeutung zu sein, denn er trägt ein Paar vortreffliche Stiefel!

FRAU PELZIG Paß auf, das ist jetzt der Kater!

KÖNIG Führt ihn herein, ich bin neugierig, ihn zu sehen.

Hans Wurst führt Hinze herein.

FRAU PELZIG Siehst du, – was hab ich gesagt!

HINZE Mit Ihrer Majestät gnädiger Erlaubnis ist der Graf von Carabas so frei, Ihnen ein Kaninchen zu übersenden.

KÖNIG Ein Kaninchen! Hört Ihrs wohl, Leute? Das Schicksal hat sich wieder mit mir ausgesöhnt! Ein Kaninchen!

HINZE *überreicht das Kaninchen* Hier, großer Monarch.

KÖNIG *zur Prinzessin* Da . . . halte mal das Zepter einen Augenblick . . . *er befühlt das Kaninchen* Fett! – Hübsch fett! – Und vom Grafen von . . .?

HINZE Carabas!

KÖNIG Eh, das muß ein gebildeter Mann sein, ich muß ihn kennenlernen. – Wer ist der Mann? *Alle schweigen* Wer kennt ihn? *Alle schütteln den Kopf* Wo hält er sich verborgen? *Alle zucken die Achseln* Schickt mir ein Kaninchen! Ich möchte vor Freude weinen! – Der Koch soll kommen! *Koch kommt* Du wirst es zubereiten! *Zu Hinze* Jäger, wir danken dir für deine Mühe. Ein Kaninchen! Bei Tische sehen wir uns wieder.

König, Prinzessin, Hofgelehrter, Hinze und Hofnarr ziehen unter Musik nach links, der Koch mit dem Kaninchen nach rechts ab. – Zwei Bühnenarbeiter tragen einen gedeckten Tisch und Stühle herein. Ein kleiner Tisch neben dem großen.

FRAU PELZIG Was ist denn das?

HERR PELZIG Man hat vergessen, den Vorhang herunterzulassen.

HERR SIEDENDANZ Bestimmt ist das eine Absicht der Inszenierung.

König, Prinzessin, Hofgelehrter, Hinze und Hofnarr ziehen von rechts herein, der Koch mit dem jetzt tafelfertigen gebratenen Kaninchen von links. Musik bricht ab.

KÖNIG Setzen wir uns, die Suppe wird sonst kalt. Ist für den Jäger gesorgt?

HOFGELEHRTER Er wird mit dem Hofnarren an dem kleineren Tisch essen.

Man ißt.

HANS WURST *am kleinen Tisch zu Hinze* Setzen wir uns, die Suppe wird sonst kalt.

HINZE Mit wem habe ich die Ehre zu speisen?

HANS WURST *mürrisch* Ich bin Hans Wurst.

HINZE Ah, dann machen Sie gewiß Späße, um die Gesellschaft zu erheitern?

HANS WURST Die Wahrheit, mein Herr, ist komisch genug. Man braucht sie bloß auszusprechen.

HINZE Was sagen Sie da zum Beispiel über Ihren liebenswürdigen Herrn König?

HANS WURST Daß er ein Trottel ist. Kaninchen! Kaninchen! Alles dreht sich bei ihm um Kaninchen, er wird noch daran ersticken.

HINZE Und seine vortrefflichen Minister, seine einsichtigen Ratgeber?

HANS WURST Nullen. Ein gewaltiges Staatskapital aus lauter Nullen.

HINZE Gesetzt den Fall aber, es käme eine eins davor, es wäre doch eine respektable Zahl?

HANS WURST Bei uns gibt es keine.

HINZE Wenn zum Beispiel die entzückende Prinzessin . . .

HANS WURST Eine dumme Gans.

HINZE Wenn sie aber eine gute Partie machte?

HANS WURST Ich wünsche ihr einen Kuhtreiber.

HINZE *springt auf* Prophetischer Mann!

HANS WURST Was haben Sie?

HINZE Ihre Einsicht begeistert mich.

HANS WURST Aber setzen Sie sich doch!

HINZE Und sagen Sie, das Königreich so insgesamt, was halten Sie davon?

HANS WURST Verrottet. Es ist Zeit, daß man den König abschafft.

HINZE Einsichtiger Mann! Auf Umwegen verstehn wir uns.
Er gibt ihm die Hand. Hans Wurst zuckt schmerzlich zusammen und macht einen Kopfstand.

HANS WURST Au! Sie kratzen ja wie ein Raubtier!

HINZE Das ist mein Spaß an der Sache.

HANS WURST Aber nicht meiner.
Sie essen weiter. Hans Wurst verdrossen, Hinze hochmütig.

KÖNIG *essend am großen Tisch* Aber was ist denn das heute? Warum wird denn kein vernünftiges Tischgespräch geführt? Mir schmeckt kein Bissen, wenn nicht auch der

Geist einige Nahrung hat. Hofgelehrter, seid Ihr denn heute auf den Kopf gefallen?

HOFGELEHRTER *kauend* Ihre Majestät geruhen ...

KÖNIG *kauend* Wie weit ist die Sonne von der Erde?

HOFGELEHRTER *kauend* Zweihundertvierzigtausendeinundsiebzig Meilen.

KÖNIG *kauend* Und der Umkreis, den die Planeten durchlaufen?

HOFGELEHRTER *kauend* Hunderttausendmillionen Meilen.

KÖNIG *kauend* Hunderttausendmillionen! – Nichts mag ich in der Welt lieber hören als so große Nummern, – Millionen, Trillionen, – da hat man doch wenigstens daran zu denken! – Es ist doch viel, so tausend Millionen?

HOFGELEHRTER Der menschliche Geist wächst mit den Zahlen!

KÖNIG Sagt mal, wie groß ist wohl die Welt im Umfange, Fixsterne, Milchstraßen, Nebelkappen und allen Plunder mitgerechnet?

HOFGELEHRTER Das läßt sich nicht aussprechen.

KÖNIG Du sollst es aber aussprechen, oder ... *droht mit dem Zepter*

HOFGELEHRTER Wenn wir eine Million wieder als eins ansehen, dann ungefähr zehnmalhunderttausend Trillionen solcher Einheiten, die an sich schon eine Million ausmachen.

KÖNIG Denkt, Kinder, denkt! – Ah, wie das den Geist beschäftigt! Genug davon! Bringt mein Mikroskop!

HANS WURST Ich schlage vor, Majestät, eine der seltsamen Barthaare des Jägers mal zu observieren, was gewiß der Mühe lohnt.

KÖNIG Seht, der Narr hat seinen luminösen Tag. Ein trefflicher Gedanke! Es ist das Amt des Ministers, – Herr Minister, rauft ihm ein Haar aus!

Ein Herr von der Tafel springt auf.

HINZE Das ist ein Eingriff in das Völkerrecht!

Man zieht ihm ein Haar aus.

Au! Mau! Miau!

KÖNIG Hört, er miaut wie ein Katze.

Er betrachtet unter dem Mikroskop das Haar.

Höchst sonderbar! Kein Riß! Keine Rauhigkeit! Alles

Der gestiefelte Kater oder Wie man das Spiel spielt. Deutsche Staatsoper Berlin-DDR 1978. Regie Jaroslav Chundela. Foto Hella Köppel.

glatt! Weist meine Fabriken an, solche Haare herzustellen.
Der Koch trägt das Kaninchen auf.

KÖNIG Da kommt das Kaninchen. Ich weiß nicht, – die anderen Herren essen es wohl nicht gern?
Alle verneigen sich.
Macht nichts, so will ich es mit Ihrer Erlaubnis für mich allein behalten.
Er ißt.

PRINZESSIN *sieht ihn beunruhigt an* Mich dünkt, der König zieht Gesichter! Als wenn er seinen Anfall wieder bekäme!

KÖNIG *aufstehend, im Zorn* Das Kaninchen ist verbrannt! O Erde! – O Schmerz ! – Was hält mich zurück, daß ich den Koch nicht unverzüglich in die Hölle stoße!

PRINZESSIN Mein Vater!

KÖNIG Wie hat sich dieser Fremdling unter die Menschen verirrt? Sein Aug' ist trocken.
Alle erheben sich voll Besorgnis, Hans Wurst läuft geschäftig hin und her, Hinze allein bleibt sitzen und ißt heimlich.

KÖNIG Eine lange, lange gute Nacht, kein Morgen wird sie mehr röten.

PRINZESSIN Hole doch einer schnell den Besänftiger!

STIMMEN Den Besänftiger! Den Besänftiger!

KÖNIG *steht auf dem Tisch* Der Koch Philipp sei das Jubelgeschrei der Hölle, wenn ein Undankbarer verbrannt wird.

PRINZESSIN Wo nur der Besänftiger bleibt!

KÖNIG *in höchstem Zorn* Gebt diesen Toten mir zurück, ich muß ihn wiederhaben.
Der Besänftiger kommt herein, sanft wallend, zu einer sanften Melodie.

KÖNIG Wie ist mir? – *kläglich* Ach? Ich habe schon wieder meinen Anfall gehabt. Schafft mir den Anblick des Kaninchens aus den Augen.
Er legt gramvoll den Kopf auf den Tisch und schluchzt.

HOFGELEHRTER *will etwas sagen, findet aber den Satz nicht.*

SOUFFLEUR *leise zum Hofgelehrten hinauf* Seine Majestät leiden viel.
Stille.

SOUFFLEUR *etwas lauter* Seine Majestät leiden viel.
Unruhe im Publikum.

HOFGELEHRTER Seine Majestät ... *bleibt stecken.*

SOUFFLEUR *nunmehr ganz laut* ... leiden viel! Leiden viel!

HERR BLUME *wütend* Leiden viel!

Das Publikum protestiert nun heftig, empörte Zwischenrufe: Unglaublich! – So etwas zu bieten! – Das reicht! – Pfiffe. Auf der Bühne Verwirrung, die Schauspieler vergessen ihre Pose, ihre Rolle, offenbar ratlos, was nun zu tun sei.

DICHTER *kommt bestürzt auf die Bühne* Meine Damen und Herrn, verehrtes Publikum – nur einige Worte!

HERR SIEDENDANZ Still! Still! Der Narr will sprechen!

Das Publikum beruhigt sich etwas.

DICHTER Bitte, fassen Sie sich etwas in Geduld, der Akt ist ja gleich zu Ende und dann kommt die große Pause. – Sehen Sie doch nur, der König hat sich auch schon wieder beruhigt. – Sehen Sie nur! Er ist in einer ärgerlichen Situation, und er ist schlimmer dran als Sie.

HERR PELZIG Was? Schlimmer als wir?

HERR SIEDENDANZ Sie haben recht! In Ihrem Stück spielen zu müssen, das ist wahrhaftig schlimm.

FRAU PELZIG Ich lasse mir das nicht bieten!

HERR SIEDENDANZ Unverschämt! Er will sich wohl noch über uns beschweren?

HERR BLUME Korruption!

FRAU PELZIG Ich bin eine Dame!

DICHTER Hören Sie mich?

ALLE ZUSCHAUER Wir wollen nichts hören, wir wollen nichts wissen! Wir wollen von Ihnen nichts wissen.

DICHTER *zieht den Besänftiger hinter dem Vorhang hervor* Der König ist besänftigt, – nun werden Sie auch fertig mit denen da unten, die über mich herfallen wollen!

BESÄNFTIGER *zur Barcarole von Offenbach das Publikum besänftigend. Ein Kaninchenballett. Das Publikum zuerst wütend, pfeifend, wird ruhiger, horcht auf die Melodie, man wiegt sich im Takt und klatscht schließlich Beifall.*

Pause

Die Zuschauer sind wieder hereingekommen. Während sie noch auf ihre Plätze gehen, öffnet sich der Vorhang. Auf der Bühne, auf der gerade Gottliebs Stube aufgebaut wird, der Dichter und der als Hofgelehrter erkennbare Dramaturg im Gespräch. Der Dramaturg hat das Kostüm seiner Rolle leicht gelüftet, die Perücke abgenommen. Er sitzt bequem auf einem Schemel, während der Dichter erregt auf und nieder geht.

DRAMATURG Ich habe es, unter uns gesagt, vorausgesehen.

DICHTER Aber Sie haben doch als Dramaturg dieses Theaters das Stück angenommen und damals waren Sie doch ganz damit einverstanden ... bis auf ein paar Kleinigkeiten.

DRAMATURG Kleinigkeiten! Sie bagatellisieren da ein paar ganz entscheidende Dinge. Im Ansatz, das ist richtig, ist das Stück durchaus interessant. Aber was Sie dann aus dem Stoff gemacht haben ...

DICHTER Ist es denn nicht Theater? Hat es keine Szenen?

DRAMATURG Theater! Szenen! Da sieht man, daß Sie nichts vom Theater verstehen – ein Manko, das Sie übrigens mit fast allen Autoren gemein haben – ja, Sie überschätzen das Theater! Denn im Theater kommt es nicht auf das Theater an, sondern gerade auf das, was nicht Theater ist, auf das, was dahinter ist. Und was ist, sagen Sie mir, bei Ihnen dahinter? Wo ist das, was Ihnen auf der Seele brennt, was Sie sagen wollen, sagen m ü s s e n?

DICHTER Ich finde, daß mein Stück durchaus eine Aussage hat ...

DRAMATURG Aber zu versteckt! Sie haben es ja selbst bemerkt: als der große Satz vom Kater kam, den man auf mein Anraten nachträglich noch hineingesetzt hat – gegen Ihren Widerstand, wie ich mich entsinne! – da fühlte sich das Publikum sofort angesprochen, da war es plötzlich präsent, da wußte es sofort: tua res agitur!

DICHTER Ich muß es zugeben.

DRAMATURG Fazit also für die Zukunft: mehr Engagement, mein Lieber. Mehr eigene Meinung. Und nicht so hoch oben im Wolkenkuckucksheim, sondern hier unten auf den Brettern, die ja immer noch, auch im Massenzeitalter, die Welt bedeuten! Stellen Sie sich der Zeit und ihren Problemen!

DICHTER Ich wollte mich mit meinem Stück auch der Zeit stellen, nur eben auf meine Weise.

DRAMATURG Mischehen! Es gibt 10 Millionen Mischehen allein in Deutschland, wußten Sie das?

DICHTER Nein.

Pause

DRAMATURG Das Publikum ist anders heutzutage, es ist nicht mehr das alte Publikum, das ins Theater ging, um einen Theaterabend zu haben. Es will nicht auf harmlose, heitere Art den Abend verbringen, es ist kritisch und es verlangt vom Autor, daß er kritisch ist, – Sie aber, ich muß es leider sagen, sind kulinarisch!

DICHTER Kulinarisch?

DRAMATURG Wir leben im wissenschaftlichen Zeitalter, die Physik, die Soziologie und so weiter. Darum kommen Sie nicht herum.

DICHTER Aber ich dachte ...

DRAMATUR Sie dachten! Dachten! Was Sie sich denken! Man verlangt heute vom Autor, daß er analytisch ist, ganz hart und ganz analytisch!

DICHTER Analytisch?

DRAMATURG Das Publikum läßt sich nicht betrügen. Es stellt klare und präzise Fragen an Sie, also bitte: Beziehen Sie Stellung!

DICHTER Gegen wen?

DRAMATURG Unsere Gesellschaftsstruktur hat sich gewandelt. Was sagen Sie dazu?

DICHTER Ich habe es bemerkt.

DRAMATURG Dann sollte man es auch in Ihrem Stück bemerken!

Dramaturg ab.

DICHTER Mischehe ... Gesellschaftsstruktur ... analytisch ...

HERR LEUTNER Das war der Herr Dr. Schulze-Reimpell. Der Dramaturg des Theaters.

HERR PELZIG Er spielt ja recht gut, muß ich sagen.

HERR LEUTNER Dabei ist er ganz schüchtern, wenn man ihn privat kennt.

HERR SIEDENDANZ Und was er gesagt hat, – bravo! Das unterschreibe ich! Der Dichter hätte es nur eher beherzigen sollen.

HERR PELZIG Aber wenn mich nicht alles täuscht, hat eben

der Dichter auch diesen Dialog geschrieben – er wurde ja auf der Bühne gesprochen.

FRAU PELZIG Was soll denn das wieder?

HERR SIEDENDANZ Umso schlimmer, wenn er sich nicht nach dem richtet, was er schreibt.

DICHTER *zum Bühnenmeister, der hereingekommen ist* Herr . . . Herr . . . Sie sind der Bühnenmeister, nicht wahr?

HERR LEUTNER Er heißt Meier, ich kenne ihn flüchtig.

DICHTER Ich bitte Sie, schlagen Sie meine Bitte nicht ab. Hören Sie! Wenn das Mißfallen des Publikums wieder so laut ausbricht wie vorhin, dann setzen Sie auf einen Wink von mir Ihre ganze Maschinerie in Bewegung.

BÜHNENMEISTER Aber wissen Sie denn, was Sie von mir verlangen? Wir haben eine Hausordnung!

DICHTER Auch Sie freuen sich an meiner Niederlage!

BÜHNENMEISTER Sachte, junger Mann.

DICHTER Hören Sie, Herr Bühnenmeister: Machen Sie, was Sie wollen! Der zweite Akt hat ohnehin schon ganz anders geschlossen als in meinem Manuskript steht.

HERR SIEDENDANZ *sehr pointiert* Aha!

BÜHNENMEISTER *entdeckt das Publikum* Wer hat denn da den Vorhang aufgezogen?

DICHTER Alles Unglück vereinigt sich – ich bin verloren!
Er läuft ab.

BÜHNENMEISTER *ad spectatores* Ich habe sechs Kinder, davon zwei heiratsfähige Töchter – eine ist verlobt, mit einem Laboranten, das ist die blonde, die Jüngere; die andere hat letztes Jahr eine Reise nach Ägypten gemacht. Sie arbeitet in einem Reisebüro, da bekommt sie alle Reisen billiger. Ein Sohn ist auf dem Gymnasium. Ich habe ein kleines Haus mit einem Gemüsegarten und einen Volkswagen. Der hat sich bewährt. Weil, – wir wohnen außerhalb. Aber solch ein Durcheinander habe ich auf diesem Theater noch nicht erlebt, so wahr mir Gott helfe. Es ist das Chaos.

HERR BLUME Bravo!
Er klatscht. Alle Zuschauer klatschen. Bühnenmeister nach einer Verbeugung ab. Die Bühne bleibt leer. Man hört hinter der Bühne erregten Wortwechsel: Wer hat den Vorhang aufgezogen? Ich bin kein Idiot! – anschwellend, eine Tür wird heftig zugeschlagen, Totenstille. Stimme des Dich-

ters: Herr Hans Wurst! Herr Hans Wurst! Bitte, Herr Hans Wurst, lassen Sie mich nicht im Stich, es ist doch nun einmal nicht zu ändern! – Stimme Hans Wurst: Nun, wenn Sie meinen – mal sehen! Hans Wurst springt auf die Bühne.

HERR BLUME Was will denn der?

HERR PELZIG Sie haben uns noch gefehlt!

HANS WURST Verzeihen Sie, wenn ich mich erkühne, ein paar Worte vorzutragen, die eigentlich nicht zum Stück gehören.

Gelächter im Publikum.

HERR PELZIG Nicht zum Stück?

HERR SIEDENDANZ Wie kommen sie denn dann hinein?

HANS WURST Der Vorhang war zu früh aufgegangen. Was Sie hörten, war eine reine Privatunterhaltung, die in keiner Weise für Sie bestimmt war. Hat sie Ihnen gefallen: – umso schlimmer! Geruhen Sie also, den Eindruck wieder aus sich herauszurotten. Denn von jetzt an – nachdem ich weggegangen sein werde – nimmt das Stück erst seinen eigentlichen Verlauf. Alles Vorhergegangene gehört nicht zur Sache. Aber Sie sollen entschädigt werden. Es wird bald manches kommen, was sehr zur Sache gehört. Ich habe den Dichter persönlich gesprochen und er hat es mir versichert.

HERR PELZIG Der Dichter! Er macht nicht den Eindruck, als ob er über sein Stück genau Bescheid wüßte.

HANS WURST Doch! Er weiß Bescheid! Aber er ist der Meinung, daß eine gute Unordnung manchmal besser ist als eine schlechte Ordnung.

HERR PELZIG Ausflüchte!

FRAU PELZIG Dann ist er wohl Anarchist? Erich, er ist Anarchist!

HANS WURST Erlauben Sie jetzt, daß ich verschwinde, um den Gang der Handlung nicht länger zu unterbrechen. *Ab.*

HERR SIEDENDANZ Gang der Handlung! Daß ich nicht lache.

FRAU PELZIG Aber sympathisch ist er, so klein, so komisch! *Sie klatscht Beifall.*

HANS WURST *kommt zurück* Apropos – noch eins: auch was jetzt zwischen uns vorgefallen ist, gehört genau genommen, nicht zum Stück! *Ab.*

HERR PELZIG *zu seiner Frau* Nicht zum Stück! Da hörst du's! Und du hast geklatscht!

Gottlieb und Hinze treten auf.

GOTTLIEB Lieber Hinze, es ist wahr, du tust viel für mich, aber ich kann immer noch nicht einsehen, was es mir helfen soll.

HINZE Auf mein Wort, Gottlieb, ich will dich glücklich machen. Nur mußt du auf das, was ich dir sage, recht wohl achtgeben.

GOTTLIEB Sprich nur.

HINZE Wenn du eine so hohe Stellung einnimmst, wie ich sie dir zugedacht habe, ist es zwar nicht nötig, viel zu wissen, aber du darfst dennoch nicht um eine Antwort verlegen sein, wenn man dich etwas fragt.

GOTTLIEB Wenn aber der Souffleur so leise spricht . . .

HINZE Darum rate ich dir: Wenn du einmal nicht weiterweißt, dann sage: das besorgt mein Haushofmeister.

GOTTLIEB Das besorgt mein Haushofmeister. – Aber was soll . . .

HINZE Der Haushofmeister bin ich.

GOTTLIEB Ja, aber . . .

HINZE Dann kannst du alles andere getrost mir überlassen.

GOTTLIEB Gut. – Aber wie willst du es denn anstellen, daß ich König werde?

HINZE *geheimnisvoll* Komm näher, ich will es dir erklären. *Er flüstert Gottlieb ins Ohr.*

HERR BLUME Ich verstehe kein Wort.

FRAU PELZIG Ich auch nicht.

HERR LEUTNER *vorsichtig* Dies eben scheint eine subtile Absicht des Dichters zu sein.

HERR SIEDENDANZ Anscheinend ist es modern, den Zuschauer so unwissend zu entlassen, wie er gekommen ist.

HERR BLUME Lauter!

HERR PELZIG Keine Privatunterhaltung! Man hat schließlich bezahlt!

Pfiffe

HINZE *tritt an die Rampe* Meine Damen und Herren, gedulden Sie sich einen Augenblick, ich muß Sie um Verständnis bitten. Ich erkläre meinem Partner die Handlung – die häufigen Zwischenfälle – die moderne Dramaturgie, – Sie begreifen, er kennt sich nicht mehr aus, und Sie werden doch nicht so ungeschickt sein, sich die Spannung im Vorhinein zu verderben!

Publikum beruhigt sich. Erneutes Geflüster zwischen Hinze und Gottlieb.

GOTTLIEB *leise* Also genau wie in dem Märchen!

HINZE Genau wie in dem Märchen –

GOTTLIEB Wer hätte das noch für möglich gehalten!

HINZE Vorausgesetzt daß nichts dazwischen kommt, natürlich *Blick auf die Zuschauer* das Schicksal ... *sehr laut* So sei zuversichtlich und zufrieden: du wirst den Thron besteigen.

GOTTLIEB Wunderlich müßte das zugehen – doch kommt ja in der Welt so manches unerwartet.

Vorhang

HERR PELZIG Das war jetzt eine schwache Szene.

HERR SIEDENDANZ Wenn nichts dazwischen kommt! – Das läßt immerhin einige Spannung offen.

FRAU PELZIG Wenn er wenigstens einmal seine sportlichen Fähigkeiten gezeigt hätte.

HERR SIEDENDANZ *richtet sein Fernglas auf Bratfisch* Ich sehe Schlimmes voraus.

HERR PELZIG Wohin richten Sie denn Ihr Glas?

HERR SIEDENDANZ Auf den Kritiker.

HERR LEUTNER Herrn Bratfisch.

HERR SIEDENDANZ Sein Mienenspiel läßt einiges erraten.

HERR PELZIG Siehst du, Elfriede! Siehst du! Sehen Sie, Herr ... Herr ...

HERR BLUME Man muß pfeifen!

HERR LEUTNER Ich ... werde ihn gleich ansprechen.

FRAU PELZIG Man wird ja lesen, was er über Ihren Dichter zu sagen weiß.

HERR LEUTNER *eingeschüchtert* Ich kenne ihn – sozusagen – besser als den Dichter.

HERR SIEDENDANZ *durchs Fernglas sehend* Die krause Stirn! Die Augen! Die Augen!

HERR PELZIG Da ist endlich mal ein Kritiker, der seinem Beruf Ehre macht.

FRAU PELZIG *böse zu Herrn Leutner* Wir haben auch ein

gesundes Urteil! Sie halten uns wohl für einfache Leute? Wir sind keine einfachen Leute!

HERR LEUTNER Ich freue mich . . .

HERR SIEDENDANZ Der Kritiker! Sehen Sie doch nur!

HERR PELZIG Was macht er?

FRAU PELZIG Er erhebt sich! Und wie er sich erhebt!

Der Kritiker hat sich erhoben, mit verzerrtem Gesicht, geht durch die Reihe nach rechts, zum Ausgang.

HERR PELZIG *zu Herrn Leutner* Was sagen Sie jetzt?

HERR LEUTNER Ich will, ich werde . . .

FRAU PELZIG Sie kennen ihn wohl gar nicht, was?

HERR LEUTNER *faßt sich ein Herz, zum Kritiker* Herr Bratfisch, ich darf wohl, ohne aufdringlich erscheinen zu wollen, mich erkundigen . . . ob Ihr Urteil . . .

HERR BRATFISCH *mürrisch* Bitte?

HERR LEUTNER Ich darf mich wohl . . . Sie entschuldigen, Ihr Urteil . . . ich sehe, wir sehen ja wohl . . . Sind Sie ungeduldig. Sie verlassen vorzeitig die Vorstellung . . . wir müssen daraus schließen . . .

HERR BRATFISCH Es ist mir unerträglich!

HERR LEUTNER Was? Das Stück?

HERR BRATFISCH *faßt sich an den Mund* Das Stück. Das Stück! Ich habe Zahnschmerzen.

Er stürzt ab.

FRAU PELZIG Was hat er gesagt?

HERR LEUTNER *behaglich niedersitzend* Sehen Sie! Wenn man jemand persönlich kennt, ergeben sich ganz andre Perspektiven.

Kurze Musik. Vorhang auf.

Freies Feld. An der Stelle, wo zuvor das Liebespaar sich umarmte, steht jetzt ein Einfamilienhaus.

HINZE *kommt* Ich bin der Jagd nun schon ganz gewohnt worden und die Kaninchen scheinen bereits eine Lust darin gefunden zu haben, ihr wohlschmeckendes Fleisch meinen politischen Plänen anzuvertrauen. Vernünftige Tiere! Lebtet ihr nur so gleichgültig in den Tag dahin, nur damit beschäftigt, euch zu vermehren, – es wäre traurig um euch! Hierher! Ausgerottet die ganze Gattung, damit Gottlieb regiert!

Er fängt eine Reihe Kaninchen.

SIE *innen* Geh doch! Geh doch!

ER *innen* Ich geh ja auch, und zwar auf der Stelle!

SIE *innen* Je eher je lieber! Ich kann dein Gerede nicht mehr hören! Ich weiß ja was los ist mit dir!

ER *kommt wütend heraus* Ich habe Ideale gehabt, hohe Ideale, du hast sie systematisch zerstört.

SIE *im Fenster* Ich soll sie zerstört haben? Ich war so dumm, ich hab dir alles geglaubt, was du mir unerfahrenem Mädchen erzählt hast.

ER Unerfahren! Reingefallen bin ich auf deine Unerfahrenheit!

SIE Daß ein Mann so sein kann, habe ich nicht geahnt.

ER Ich hätte ja Chancen gehabt massenhaft, geschäftlich, aber immer habe ich zurückstecken müssen in meinem Fortkommen, weil ich kein Risiko eingehn konnte wegen dir.

SIE Die Gemeinheit! Dabei hab ich immer gesagt ...

ER Gesagt! Tatsache ist, du bist mir eine Belastung, an der ich schwer zu tragen habe.

SIE O Gott hör dir das an! Dabei habe ich verzichtet! Immer nur verzichtet. Mein ganzes Leben ist ein einziger Verzicht, bloß weil ich so dumm war, früher. Verzichten ist das Los einer Frau, die so einen geheiratet hat, wie du einer bist.

ER Ich geh – ins Geschäft.

Ab.

SIE Das Geschäft kenn ich!

Schlägt das Fenster zu.

HINZE Menschen!

Vorhang

HERR LEUTNER *klatscht* Bravo! Recht hat er! »Menschen«.

HERR BLUME Sind Sie auch verheiratet?

HERR LEUTNER Nein. Aber die Szene war sehr wahrheitsgetreu.

HERR BLUME Wie können Sie das denn wissen?

HERR PELZIG Was fällt Ihnen ein, an dieser Stelle zu klatschen? Soll das vielleicht gegen die Ehe sein? Haben Sie deshalb geklatscht?

HERR LEUTNER Aber ich bitte Sie ...

FRAU PELZIG Oder gegen uns? Haben Sie etwas gegen Ehepaare?

HERR PELZIG Exaltiere dich nicht, Elfriede!

HERR LEUTNER Ich weiß doch gar nicht, wer hier verheiratet ist und wer nicht.

FRAU PELZIG Was? Natürlich sind wir verheiratet! Seit fünfzehn Jahren! Wir haben sogar zwei Söhne!

HERR PELZIG Laß doch!

FRAU PELZIG Zwei gut erzogene Söhne!

HERR PELZIG Elfriede, das gehört doch gar nicht hierher.

FRAU PELZIG Ich soll das wohl verbergen? Du genierst dich wohl? Du willst wohl nicht als Familienvater gelten?

HERR PELZIG *gepeinigt* Doch.

FRAU PELZIG Du willst nur, daß ich still bin. Du willst mich nicht mal verteidigen! Es ist dir nur peinlich.

HERR PELZIG Doch, doch.

FRAU PELZIG Du verteidigst mich ja nie! Noch nie habe ich das erlebt! Du stehst mir nie zur Seite! Nie! Wenn ich da an andere Ehemänner denke!

HERR BLUME Psst!

HERR SIEDENDANZ Die Musik fängt wieder an!

Saal im Schloß. König, Prinzessin, Hofstaat.

KÖNIG Noch nie hat sich ein Mensch um das Vaterland so verdient gemacht wie dieser liebenswürdige Graf von Carabas. Einen dicken Folianten hat unser Historiograph schon vollgeschrieben, so oft hat er mir durch seinen Jäger niedliche und wohlschmeckende Präsente überreichen lassen . . . und manchmal an einem Tage zweimal! Das ist ein Hin und Her, eine wirtschaftliche Kommunikation, das heißt man: den Handel forcieren! Ich fühle mich wohl, mein Land erlebt eine unerwartete Blüte! Nun wünsche ich nichts so sehr, als diesen Grafen von Carabas in seinem Schlosse aufzusuchen und ihm zu danken. Man soll meine Staatskarosse bringen, ich will mit meiner Tochter ausfahren!

PRINZESSIN Liebster Herr Vater, Sie haben versprochen, daß zuvor die wissenschaftliche Disputation stattfindet. Nichts höre ich lieber als solch eine wissenschaftliche Disputation!

KÖNIG Soll sie stattfinden! O Kaninchen! O Carabas!

Von links kommt der Hofgelehrte, von rechts Hans Wurst, beide bleiben in einiger Entfernung einander gegenüber stehen. – Ein großer Orden wird an einer hohen Stange befestigt.

PRINZESSIN Hofgelehrter, Hofnarr, Sie wissen, daß es zu den vornehmsten Aufgaben eines Landes gehört, die Künste und die Wissenschaften zu fördern. Ich habe Sie deshalb hierher bestellt, damit Sie über eine wichtige Frage, die uns alle beschäftigt, disputieren. Dem Sieger in dieser Disputation sprechen wir den Preis, der dort an der Stange hängt, zu.

FRAU PELZIG Hängt der aber hoch!

HINZE *zu Frau Pelzig* Wie man es nimmt! Man muß eben klettern können!

HOFGELEHRTER Ich erlaube mir zu beginnen. Meine These lautet: das auf diesem Theater zur Aufführung gelangte Stück mit dem Titel »Der Kater« und mit dem bezeichnenden Untertitel »Wie man das Spiel spielt« sei in mannigfacher Hinsicht interessant und neuartig.

HANS WURST Ich sage, es taugt nichts.

HOFGELEHRTER So beweisen Sie, daß es schlecht ist.

HANS WURST Sehen Sie sich's doch an!

HOFGELEHRTER Das Stück ansehen, mein Herr, hieße in diesem Fall: den Blick trüben. Denn es kommt vielmehr darauf an, daß man es bedenkt.

Er entfaltet ein umfangreiches Manuskript, was die Anwesenden mit Unruhe wahrnehmen.

HERR PELZIG Aber was heißt denn das? Man soll sich das Stück nicht ansehen?

HERR SIEDENDANZ Ich vermute, das ist hintergründiger gemeint.

HERR PELZIG Aber das ist doch das Stück, in dem wir gerade sitzen!

HERR BLUME Was?

FRAU PELZIG Ich? Das verbitte ich mir!

HOFGELEHRTER Die Handlung des Stückes ist einfach, klar verständlich, ohne ins Psychologische oder in einen unzeitgemäßen Naturalismus zu verfallen.

HERR BLUME Einfach! Das versteh ich.

HANS WURST *höhnisch zum Hofgelehrten* Da – hören Sie!
HOFGELEHRTER Das Einfachste, behaupte ich, ist aber gerade das Schwerste und am schwersten zu verstehen.
HANS WURST *zu Herrn Blume* Mein Herr, ich gratuliere Ihnen also –
HOFGELEHRTER Denn es setzt sich der Gefahr aus, mißverstanden zu werden.
HANS WURST *zu Herrn Blume* – zu Ihrem Mißverständnis.
HOFGELEHRTER Wir haben es hier mit einem Werk zu tun, das den Schein, die Vorspiegelung, die Täuschung sozusagen, absolut setzt und das seine komödiantische Lust gerade daran entzündet, daß die Personen als Automaten gleichsam, als leere Hüllen reagieren.
HANS WURST *deutet auf den Gelehrten* So ist es! Leere Hüllen!
HOFGELEHRTER Eine faszinierende neue Möglichkeit unserer Schaubühne. Hier, möchte ich nun behaupten, ist etwas von unserer Zeit wie in einem zersprungenen Spiegel eingefangen, reflektiert und gebrochen.
HANS WURST Der Spiegel ist kaputt: aber wer sich darin spiegelt, wird dadurch nicht interessanter.
HOFGELEHRTER Für den Schauspieler ergeben sich daraus neue, gewiß sehr reizvolle Aufgaben: denn hier haben wir den Fall, daß das Natürliche als das Unnatürliche erscheint und daß ein Schauspieler um so unwahrer wirkt, je mehr er sich bemüht, das Natürliche nachzuahmen.
HANS WURST Da können unsere Schauspieler spielen wie immer, denn natürlich sind sie noch nie gewesen.
HOFGELEHRTER Dieses Spiel nun, sage ich, ausgeführt von Figuren, die bloß funktionieren und denen keine Individualität zukommt, konfrontiert mit einem Publikum, das – so will es der Autor – aus seiner natürlichen Individualität durchaus richtig und sozusagen gesund reagiert ...
HANS WURST Publikum?
HOFGELEHRTER ... konfrontiert also mit Menschen aus Fleisch und Blut ...
HANS WURST *sieht höhnisch ins Publikum* Menschen? Wo? Wo? Wo?
Publikum empört sich.
HERR SIEDENDANZ Unglaubliche Frechheit!
HERR PELZIG Ich bin Prokurist, mein Herr!

FRAU PELZIG Sag doch nicht »Herr« zu dem, Erich!

HERR BLUME Dieser Platz kostet 10 Mark!

FRAU PELZIG Ich bin eine anständige Frau!

HERR BLUME Ich muß ... ich werde!

Pfiffe, Empörung, der Vorhang senkt sich. Als sich die Empörung nicht legt, tritt der Philosoph, jetzt als Dramaturg, ohne Perücke vor den Vorhang.

PHILOSOPH Meine Damen und Herrn, Sie sind mit Recht empört über den unvorhergesehenen Ausgang der Diskussion.

Pfiffe, Empörung.

Ich bitte Sie aber, sich zu beruhigen: bedenken Sie doch den Eindruck, den Ihr Verhalten beim Publikum hinterläßt!

HERR SIEDENDANZ Publikum?

HERR PELZIG Was soll denn das nun wieder?

HERR BLUME 15.– DM!

HERR PELZIG Wir sind doch das Publikum, wer denn sonst?

FRAU PELZIG Wie bin ich froh, daß wir die Kinder nicht mitgenommen haben.

HERR SIEDENDANZ Das Publikum dieses Stückes sind leider wir!

HERR PELZIG Ich betone das »leider«.

ALLE Wir, wir, wir, wir, wir, wir, wir, wir, wir, wir!

HOFGELEHRTER Aber so sehen Sie sich doch einmal um!

Die Zuschauer – auch die Puppen, die ein drehbares Gestell haben – wenden sich um, sehen in den Zuschauerraum. Große Stille.

HERR LEUTNER *will jemand grüßen* Ah, – Herr ... jemand, den ich kenne!

HERR PELZIG Sie kennen ...? Aber wie kommt denn ...

HERR SIEDENDANZ Wissen Sie, was ich vermute? Diese Personen dort unten sind vom Dichter hineingesetzt worden.

HERR BLUME Von wem?

FRAU PELZIG Ich verstehe nichts mehr.

HERR SIEDENDANZ Vom Dichter, aha! Um uns zu verwirren! Kümmern wir uns nicht darum!

Alle drehen sich wieder nach der Bühne.

Der gestiefelte Kater oder Wie man das Spiel spielt. Deutsche Staatsope

Berlin-DDR 1978. Regie Jaroslav Chundela. Foto Hella Köppel.

Der Vorhang öffnet sich auf der linken Seite. Hinze erscheint.

HINZE Der König will den Grafen auf seinem Schloß besuchen? ... Den Grafen? Gottlieb, nun wird man das Vergnügen haben, dich in vornehmer Gesellschaft zu sehen. – Auf einem Schlosse? Ein Schloß, Gottlieb, werde ich für das Vergnügen ausstaffieren lassen, dich darin als zukünftigen Pantoffelkönig und mich als regierenden Minister zu sehen. Das ist nun der Tag, an dem mir die Stiefel nützlich sind.

Vorhang fällt. Gleich darauf: Vorhang rechts auf.

HINZE Wie ich gelaufen bin! – Erst vom königlichen Palast zu Gottlieb, um ihm von seinem Glück zu erzählen, zweitens mit Gottlieb nicht weit von hier, auf dem Weg zum Palast des Popanz, wo ich ihn in den Büschen versteckt halte. Drittens dann wieder zum König und viertens lauf ich nun vor dem Wagen des Königs her und zeige ihm den Weg. *Zu einem Bauern, der seine Mahlzeit am Wegrand hält* He, guter Freund!

BAUER Hm?

HINZE Hör zu, der benachbarte König wird hier vorbeifahren, er steigt vielleicht aus und erkundigt sich, wem die Länder hier gehören. Wenn dir dein Leben lieb ist, wenn du nicht gehängt oder lebendig verbrannt sein willst, dann antworte ihm: dem Grafen vom Carabas. – Hast du mich verstanden?

BAUER Woll!

Die Vorhanghälfte schließt sich. Gleich darauf geht der ganze Vorhang auf, die königliche Karosse erscheint. König und Prinzessin steigen aus.

PRINZESSIN Ich fühle eine gewisse Neugier, den Grafen zu sehen.

KÖNIG Ich auch, meine Tochter. *Zum Bauern* Guten Tag, mein Freund, sag mal, wem gehören denn diese Länder hier?

BAUER Dem Grafen von Carabas, Ihre Majestät.

KÖNIG Ein schönes Land. Helft mir doch einmal.

Er steigt auf einen Baum.

PRINZESSIN Was machen Sie, mein königlicher Vater?

KÖNIG Ich liebe in der Natur die freien Aussichten.

PRINZESSIN Ein schönes Land!
Wie bei uns so grün!
Man sieht sogar
eine Tulpe blühn!
Sieht man weit?

KÖNIG O ja. Wenn diese fatalen Bäume nicht wären, würde man noch weiter sehen. O weh, das ist ja alles voller Raupen hier oben. *Er steigt hastig wieder herunter.*

PRINZESSIN Sie sind rückständig, Vater. Es ist eine Natur, die noch nicht humanisiert worden ist. Der Mensch muß sie erst humanisieren.

KÖNIG Ich wollte, das wäre schon geschehen. Aber steig ein, wir wollen weiterfahren.

PRINZESSIN Lebe wohl, guter, ungebildeter Landmann!

Sie steigen ein, der Wagen fährt fort, – d. h. er bleibt stehen, die Insassen bewegen sich aber so, als ob sie im schwankenden Wagen säßen; ein Baum wird im Hintergrund vorbeigezogen. Dieselbe Gegend.

KÖNIG Auch eine hübsche Gegend!

PRINZESSIN Ein schönes Land!
Wie bei uns so grün!
Man sieht sogar
eine Tulpe blühn!

KÖNIG Wir haben doch heute schon eine Menge hübscher Gegenden gesehen, nicht wahr? *Zu dem Bauern, der sein Brot ißt* Wem gehört denn das Land hier?

BAUER Dem Grafen von Carabas, Ihre Majestät.

KÖNIG Er hat herrliche Länder, wie mir scheint, und so nahe an den meinigen. Tochter, das wäre eine Partie für dich, was meinst du?

PRINZESSIN Ich weiß nicht. Sie beschämen mich, Herr Vater! – Aber was man doch auf Reisen Neues sieht! Sagt mir doch einmal, guter Bauer, warum haut Ihr denn das Stroh so um?

BAUER Das ist doch die Ernte, Mamsell Königin, das Getreide.

KÖNIG Das Getreide? Wozu braucht man denn das?

BAUER Daraus wird doch das Brot gebacken!

KÖNIG Ich bitte dich, um Himmels willen, Tochter, daraus wird Brot gebacken! Wer sollte wohl auf solche Streiche kommen! Die Natur ist doch etwas Wunderbares, nicht wahr, meine Tochter?

PRINZESSIN *gedankenvoll* Carabas ...

Der Wagen fährt weiter, – d. h. der Hintergrund verschiebt sich usw. Eine andere, – d. h. die gleiche Gegend, der Wagen aber hat sich hinter eine hohe Hecke geschoben und ist unsichtbar.

Gottlieb allein. Er steht wartend da, wird zunehmend unsicher und hilflos. Nach einer Verzweiflungspause fängt er an, mit einem Stück Holz, dann mit einem imaginären Ball zu spielen, er zeigt dabei seine Virtuosität.

HERR PELZIG Bravo! Das kann er!

HERR BLUME Unerreicht!

HERR SIEDENDANZ Das hätte er uns schon längst vorführen sollen. Jetzt sieht man endlich, was er kann.

FRAU PELZIG Aber man hat ihm ja keinen Ball gegeben!

HERR BLUME Bravo! Er ist immer noch Weltklasse.

HERR SIEDENDANZ Ich finde, man hätte doch irgend etwas in die Handlung einbauen können, damit er als Fußballstar zur Geltung kommt.

HERR LEUTNER Beim Film macht man das, beim Theater nicht.

Alle klatschen Beifall.

HERR BLUME Bravo!

Alle klatschen Beifall. – Gottlieb verbeugt sich, stellt sich hinter einen Busch und kommt rasch dahinter wieder hervor.

GOTTLIEB Da stehe ich nun hier schon zwei Stunden und warte auf meinen Freund Hinze. Da ist er! Aber wie er läuft! Er scheint ganz außer Atem!

HINZE *kommt gelaufen* Rasch, Gottlieb, zieh dir die Kleider aus!

GOTTLIEB Die Kleider?

HINZE Und spring hier in den Teich!

GOTTLIEB In den Teich?

HINZE Und dann werf ich die Kleider in den Busch.

GOTTLIEB In den Busch?

HINZE Und dann bist du versorgt.

GOTTLIEB Versorgt? Das glaub ich: wenn ich ersoffen bin!

HINZE Es ist nicht Zeit zu spaßen.

GOTTLIEB Ich spaße gar nicht. Hab ich darum hier warten müssen?

HINZE Zieh dich aus!

GOTTLIEB Nun, ich will dir alles zu Gefallen tun! *Er zieht sich aus.*

FRAU PELZIG Erich!

HERR PELZIG Ruhe, Elfriede, Ruhe!

Gottlieb und Hinze verschwinden hinter einem Busch. Man hört jemand ins Wasser plumpsen. Die Kutsche wird wieder sichtbar.

KÖNIG Schon wieder eine hübsche Gegend.

PRINZESSIN Und so verschieden von den anderen.

KÖNIG Ich möchte wissen, wem sie wohl gehört.

HINZE *kommt gelaufen* Hilfe, Hilfe, Hilfe!

KÖNIG Was gibts, Jäger, warum schreist du so?

HINZE Zu Hilfe! Ihre Majestät, der Graf von Carabas ist ertrunken!

KÖNIG Ertrunken?

PRINZESSIN *sinkt hin* Carabas . . .

KÖNIG Meine Tochter in Ohnmacht, der Graf ertrunken!

PRINZESSIN Er ist vielleicht noch zu retten. Er liegt dort im Wasser!

KÖNIG Bediente, schnell! Wendet alles, alles an, den edlen Mann zu retten!

Gleich darauf Chor der Bedienten hinter der Bühne: Wir haben ihn errettet, Ihre Majestät.

HINZE O Unglück über Unglück, der Graf hat sich in diesem klaren Wasser gebadet und ein Spitzbube hat ihm die Kleider gestohlen!

KÖNIG Schnallet gleich meinen Koffer ab. Gebt ihm von meinen Kleidern. Ermuntre dich, Tochter, der Graf ist gerettet.

PRINZESSIN *erwacht* Carabas . . .?

HINZE *abgehend* Ich muß eilen.

GOTTLIEB *kommt, prächtig gekleidet hinter dem Busch hervor* Ihre Majestät –

KÖNIG Das ist der Graf, ich kenne ihn an meinen Kleidern! Kommen Sie her, mein Bester! Wie geht es Ihnen?

GOTTLIEB *verlegen*

HINZE Wenn die Herrschaften geruhen wollten und ein kleines Frühstück im Grünen einnehmen, damit ich vorauseilen und den Empfang im Schlosse gebührend vorbereiten kann – *zu Gottlieb* Jetzt denk daran, was ich dir gesagt habe! *Ab.*

KÖNIG Eilen Sie – wir sind schon ungeduldig.

Man breitet ein Tischtuch aus. Picknick.

KÖNIG Wo liegt denn Ihr Schloß, Herr Graf?

GOTTLIEB Mein Schloß? Ich weiß nicht . . . da . . . nein dort . . .

KÖNIG *zur Prinzessin* Er hat deren so viele, daß er gar nicht weiß, welches er uns nennen soll. – *Setzt sich behaglich nieder* Und macht ihm das Regieren große Beschwerden?

GOTTLIEB Ich weiß nicht, wie man das macht.

PRINZESSIN Wie philosophisch!

KÖNIG *zur Prinzessin* Siehst du wohl, meine Tochter? Ein guter Fürst regiert sein Land so einfach, als ob er selbst nichts davon wüßte! – Und ist es ein reiches Land, das er beherrscht?

GOTTLIEB Viel Katzen, Mäuse und gedroschenes Stroh.

KÖNIG Daran sieht man wohl, meine Tochter, daß er sich in der Landwirtschaft besser auskennt als wir.

PRINZESSIN Und wären Sie, lieber Herr Graf, nicht vielleicht daran interessiert, Ihre Ländereien und Besitztümer auf das Gebiet Ihrer Nachbarn auszudehnen?

GOTTLIEB Warum nicht? Wenn sich der Nachbar nicht beschwert?

KÖNIG Der Schelm. Wie galant er sich ausdrückt.

PRINZESSIN Es könnte doch sein, daß es der Nachbar – oder die Nachbarin gar nicht so ungern bemerken würde.

GOTTLIEB Darüber würde ich mich wundern.

KÖNIG So bescheiden! Er traut sich selbst gar keinen Verdienst zu, liebe Tochter. Du mußt, dünkt mich, deutlicher werden.

PRINZESSIN Verstehen Sie recht, Herr Graf, – es könnte sein, daß man diese Grenzerweiterung nicht an einem grünen Tische vornimmt.

GOTTLIEB Wir haben unser Brot immer nur an blanken Holztischen geteilt.

KÖNIG Römisch! Ein römischer Charakter, liebe Tochter! – *Zu Gottlieb* Und diese Grenzerweiterung, lieber Herr

Graf, müßte auch nicht auf dem Feld der Ehre erkämpft werden.

GOTTLIEB Das kenn ich gar nicht. Auf meines Vaters Feld gab es nur Hafer und Rüben.

KÖNIG Höre nur, Tochter! Wie er von seinen Ahnen spricht!

PRINZESSIN Wie hinreißend primitiv!

KÖNIG Kurz, lieber Herr Graf, es könnte sein, daß man diese Grenzzusammenlegung gewissermaßen im Ehebett zustande bringt.

GOTTLIEB In meiner Eltern Bett sind immer nur Söhne zustande gekommen –

PRINZESSIN Ach, liebenswerter Herr Graf!

KÖNIG Die Verlegenheit, in die du ihn bringst, meine Tochter! Wir werden es in Ruhe besprechen.

PRINZESSIN Aber wollen Sie mich nicht vielleicht einmal küssen?

GOTTLIEB Ich weiß nicht! *Er zögert.*

STIMME DES SOUFFLEURS Wenn nur mein Hinze zurückkäme!

GOTTLIEB Wenn nur mein Hinze zurückkäme!

KÖNIG Was sagt er? Mut, meine Tochter! *Tochter küßt Gottlieb* Und er weiß ja, Herr Graf, daß sich ein alter einsamer Schwiegervater von dem liebenswürdigen Geschrei seiner Enkelkinder einiges Vergnügen erhofft. Dafür werdet ihr mir wohl sorgen.

GOTTLIEB *ringt nach Worten, die Prinzessin bedrängt ihn, der Souffleur schweigt – schließlich stößt Gottlieb heraus* Das besorgt mein Haushofmeister!

Vorhang

FRAU PELZIG Das war ja unanständig!

HERR BLUME Wo soll das denn hinausgehn?

HERR PELZIG Wie im Märchen – man hat es ja versprochen.

Düstere Musik

Palast des Popanz. Der Popanz, ein Zwerg, der, wie sich später erweist, unter einer Verkleidung auf Stelzen steht. Alle Möbel und alle Einrichtung im Palast in Riesendimensionen.

POPANZ *mit gewaltiger Stimme* Ich bin der furchtbare Popanz, der den Erdball erzittern macht! *Er steigt aus der Attrappe, im gemütlichen Tonfall* Aber schwer ist es, die ganze Zeit auf Stelzen! Das Böse gehört nun mal zu den schwersten Rollen, die ein Mensch spielen muß, – wenigstens die große, antikische Bosheit, die will gelernt sein! So kleinere Niederträchtigkeiten, so eine gelegentliche Gemeinheit, das mag hingehn, das improvisier ich, da bin ich in der Übung. Aber die Unmenschlichkeit! Dazu gehört Format, sonst wirkt sie nicht. Das Gefühlsmäßige, das macht mir zu schaffen. Das Herz! Daß das nicht schwach wird, wenn ich regiere! – Wo ist mein Kaffee? So ein Getränk, geschaffen fürs gemütliche Plaudern von Mensch zu Mensch, und ich muß es auch in der kolossalischen Bosheit einnehmen! Was bleibt mir andres übrig?

Da der Kaffee auf dem Riesentisch steht, besteigt der Schauspieler wieder die Attrappe und trinkt aus der Riesentasse. Es klopft. Hinze tritt ein.

HINZE Mit Ihrer Erlaubnis! *für sich* Hinze, du mußt dir ein Herz fassen! Exzellenz . . .

POPANZ *fürchterlich* Was wollen Sie?

HINZE Ich bin ein durchreisender Gelehrter und wollte mir die Freiheit nehmen, Exzellenz kennenzulernen.

POPANZ Gut, so lernen Sie mich kennen!

HINZE Sie sind ein mächtiger Potentat, man erzählt sich in der Welt unglaubliche Dinge über Eure Hoheit.

POPANZ Die Leute wollen zu reden haben, da kommen die Regierenden zuerst dran. – Setzen Sie sich doch!

HINZE *bleibt unten* Sie verstehen, man interessiert sich vor allem für das Menschliche. Denn, bei allen Ihren großen Taten muß doch etwas in Ihrer Person sein, das Sie mit unsereins gemein haben. Schmeckt Ihnen zum Beispiel Ihr Kaffee?

POPANZ Kaffee? Bürgerlich gedacht, Freund! Blut ist es, was da in der Tasse dampft, das macht kräftig! *Er trinkt.*

HINZE *macht sich eine Notiz* Gewiß, ja, die Getränke sind wichtig für das allgemeine Befinden. – Wenn ich nun aus dem bescheidenen Winkel, den mir meine Natur und mein Stand zuweisen, Ihre Gestalt betrachte, so drängt sich mir die Frage auf: wie groß sind Ihre Füße?

POPANZ Von einem Land zum andern, Freund, und gelegentlich darüber hinaus.

Er tritt nach ihm, Hinze springt zu Seite.

HINZE Interessant. *Er macht sich eine Notiz* Man sollte also in Betrachtung der Großen mehr auf ihre Füße achten als auf ihren Kopf. Aber nun würde mich noch interessieren, wie Sie dem Volk, das viel kleiner ist als Sie, so für gewöhnlich erscheinen?

POPANZ Nach seinen Wünschen.

HINZE *macht sich eine Notiz* Das ist Weisheit! Groß will es seinen Herrn sehn, denn es will bewundern. Aber man sagt auch, daß Sie sich auch vollständig verwandeln können?

POPANZ Die Politik, Freund, erfordert es gelegentlich.

HINZE Aber wenn ich Exzellenz da sitzen sehe in diesem Moment – und dann: nicht mehr Exzellenz in Ihrer eigenen Person . . .?

POPANZ Davon will ich gleich ein Exempel geben!

Donner, Dunkelheit. Als es wieder hell wird, hat Popanz einen gewaltigen Tigerkopf.

HINZE *zitternd* Gestatten Sie, daß ich mir diese Merkwürdigkeit notiere. *Er schreibt* »Mensch, verwandelt sich in einen Tiger«. – Aber geruhen Sie auch, Ihre natürliche Gestalt wieder anzunehmen, weil ich sonst vor Schrecken vergehe.

Donner, Finsternis: Popanz erscheint wieder in seiner vorigen Gestalt.

POPANZ Was, Freund, dergleichen haben Sie noch nicht erlebt unter Ihren Mitbürgern!

HINZE Aber in ein anderes Tier können Sie sich gewiß nicht verwandeln.

POPANZ In jedes.

HINZE Und wie machen Sie das?

POPANZ Indem ich mir's vorstelle.

Donner, Popanz erscheint verwandelt als Rhinozeros.

HINZE *zitternd* Das muß ich aufschreiben. *Er schreibt* »Zuerst ein Mensch, dann ein Rhinozeros. Durch Imagination.«

Donner, Finsternis, Popanz erscheint wieder in alter Gestalt.

HINZE Erstaunlich! Aber noch eins: Man sagt auch, Sie könnten sich in ganz kleine Tiere verwandeln – das ist mir mit Ihrer Erlaubnis noch weit unbegreiflicher: Zuerst ein Mensch – und dann auf einmal weniger als ein Mensch – unmöglich! Wo bleibt denn dann Dero ansehnlicher Körper?

POPANZ Gib acht, Freund, ich will mich in eine Ratte verwandeln.

Donner, Finsternis. Als es hell wird, sieht man den Popanz davonlaufen, überrascht vom zu früh angegangenen Licht, während Hinze hinter einer imaginären Ratte herjagt und sie frißt.

HINZE Ich habe ihn gefressen! Freiheit für alle!

Empörung im Publikum, Rufe: Also doch politisch! Herr Blume erhebt sich und singt das Deutschlandlied. Rufe: Aber er ist ja noch da! Wir haben ihn ja gesehen! – Zu primitiv! – Soll das vielleicht politisch sein? – Das ist doch zu einfach! – Wo bleibt das Analytische? usw.

DICHTER *hinter der Bühne, schreiend* Herr Bühnenmeister! Herr Bühnenmeister!

Dunkelheit, Donner: als es hell wird, sieht man eine phantastische, mit allen Details schön ausgemalte Landschaft, Nürnberg im Hintergrund, Dekoration für eine Wagneroper. Aus Lautsprechern Musik aus den Meistersingern. Die Musiker ergreifen die Flucht. Das Publikum, zuerst verdutzt, klatscht Beifall. König, Prinzessin, Gottlieb, von Hinze geführt, ziehen herein.

HINZE Dies, Majestät, ist der Palast des Grafen von Cara ... Ja, zum Henker, was ist denn hier passiert?

KÖNIG Froh grüß ich euch, geliebte Hallen!

HINZE Aber nachdem wir nun einmal so weit sind, müssen wir ja wohl oder übel die Handlung zu Ende spielen.

Das Folgende sehr rasch.

KÖNIG Empfangen Sie nun die Hand meiner Tochter.

PRINZESSIN Wie glücklich bin ich.

GOTTLIEB Ich ebenfalls. – Aber, mein König, ich wünschte auch meinen Jäger zu belohnen.

KÖNIG Allerdings. Ich ernenne ihn hiermit zum Kanzler. Wie heißt er denn eigentlich?

HINZE Hinze. Von Geburt nur geringen Standes.

GOTTLIEB Doch seine Verdienste erheben ihn!

Hinze hat sich in Positur auf einen Sockel gestellt, der langsam aus dem Boden steigt, ein lebendiges Denkmal. Festmusik, dazu Ballett der Minister und Kaninchen.

Vorhang

Pfiffe, Protest

KÖNIG *die Krone in der Hand, mit offenem Rock* In der Hoffnung, daß dieses Stück immer besser verstanden werde, wird es morgen abend wieder aufgeführt.

HERR PELZIG Unverschämtheit!

FRAU PELZIG Ziehen Sie sich wenigstens anständig an!

KÖNIG *setzt, konfus geworden, die Krone auf und geht ab. Der Protest des Publikums hält an! Dazwischen Bemerkungen: Aber die letzte Dekoration war doch sehr hübsch! Schließlich Rufe: Die letzte Dekoration! – Worauf sich der Vorhang öffnet. Man beklatscht das letzte Bühnenbild, der Vorhang öffnet und schließt sich ein paarmal. Endlich tritt Hans Wurst aus dem Bühnenbild hervor.*

HANS WURST Meine Damen und Herren, die letzte Dekoration bittet mich, Ihnen für den freundlichen Beifall zu danken und Ihnen folgendes ausdrücklich zu versichern: ein Baum ist ein Baum, ein Stein ist ein Stein, ein Stuhl ist ein Stuhl, ein Fenster ist ein Fenster. Und alle Tische, Wände, Bänke, Wasserfälle, Laternen, Treppen und sonstigen Gegenstände, die das sind, was sie sind, hoffen es auch in Zukunft, auf Ihren Beifall rechnend, in aller Natürlichkeit zu bleiben, ebenso wie ich – Ihr Hans Wurst. *Beifall. Hans Wurst mit Verbeugung ab. Während seiner Rede sind schon die Schauspieler, einige bereits abgeschminkt, damit beschäftigt gewesen, Teile des Bühnenbildes abzutragen. Die Bühne wird kahl. Sie ist ganz hell und nüchtern beleuchtet.*

DICHTER *tritt auf* Ich bin noch einmal so frei.

HERR PELZIG Sie sind auch noch da!

DICHTER Nur ein paar Worte, mit Ihrer Erlaubnis. Mein Stück ist durchgefallen.

HERR BLUME Merkt er das jetzt erst?

HERR PELZIG Wir habens schon vorher gemerkt!

HERR LEUTNER Man muß sich schämen mit Ihnen!

DICHTER Die Schuld liegt aber vielleicht nicht ganz bei mir.

HERR SIEDENDANZ Bei wem denn sonst?

HERR BLUME Wer ist denn schuld, daß ich noch immer etwas durcheinander bin?

HERR PELZIG Wir vielleicht?

FRAU PELZIG Ich bin eine Dame, merken Sie sich das!

DICHTER Ich hatte den Versuch gemacht, mit den Mitteln, die

Der gestiefelte Kater oder Wie man das Spiel spielt. Deutsches Schauspielhaus Hamburg 1964. Regie Hans Lietzau. Foto Rosemarie Clausen.

das Theater einem Dichter bietet und in den Verkleidungen eines Märchenstückes ein Bild unserer Welt vor Ihnen aufzustellen, wie es dem unbefangenen Auge Vergnügen und dem poetisch-kindlichen Gemüt Anteilnahme abgewinnen könnte.

HERR SIEDENDANZ Hört! Hört!

DICHTER Sie hätten freilich Ihre eigene vorgefaßte Meinung auf eine Stunde beiseite legen müssen.

HERR PELZIG Wie ist das denn möglich?

DICHTER Ihre Kenntnisse vergessen.

HERR BLUME Das ist stark.

HERR PELZIG Unsere Ausbildung hat uns Geld und Schweiß genug gekostet.

DICHTER Ebenso alles, was Sie in Rezensionen gelesen haben.

FRAU PELZIG Wofür halten wir denn die Zeitung!

DICHTER Kurz, Sie hätten, Sie hätten ... Sie hätten ... anders sein müssen als Sie sind.

STIMMEN Anders? ... Wie denn? ... Wie denn?

Der Dichter zieht sich zurück. Tumult, Protest hält an. Herr und Frau Pelzig gehen rasch ab, Herr Leutner und Herr Siedendanz hinterher. Es wird noch immer gepfiffen und protestiert.

Auf der Bühne ist es leer geworden. – Schließlich kommen von links und rechts zwei Bühnenarbeiter, heben an Handgriffen die Zuschauerfiguren hoch und werfen sie auf die Bühne. Das Pfeifen hört auf. – Nur Herr Blume ist noch allein in der Loge, pfeift. Bemerkt, daß er allein ist, verbeugt sich verwirrt zum Saal und geht ab.

Uraufführung: Deutsches Schauspielhaus, Hamburg, 1964.
Regie: Hans Lietzau. – Uraufführung der Opernfassung (Musik: Günter Bialas): Hamburgische Staatsoper, Schwetzinger Festspiele 1975. Regie: Günther Rennert.

»Der gestiefelte Kater« (in dieser Neuausgabe unter dem Titel »Der Kater«) ist mein erstes Theaterstück, aber es ist nicht als erstes gespielt worden. Unbekümmert um die Gesetze der Dramaturgie, um Stil, Kontinuität von Figuren, Forderungen nach Sinn und Engagement, stellt es die Frage nach der Realität des Theaters und endet mit einem Streit zwischen Dichter und Publikum, wer sich denn ändern müsse: diejenigen, die die Vorstellung ansehen, oder diejenigen, die sie machen.
Das Lübecker Theater, dem das Stück damals angeboten war, fand, es hätte keine »großen Rollen«. So kam es erst 1964 am Hamburger Schauspielhaus in der brillant-artistischen Inszenierung von Hans Lietzau heraus, mit großem Aufwand und mit einem Erfolg, der diesen Aufwand rechtfertigte. Ein paar kleinere Bühnen, Studentenbühnen, haben es dann nachgespielt.
In diesem Frühjahr habe ich den »Kater«, den Günter Bialas als Libretto für seine Oper benutzt hat, an der Deutschen Staatsoper in Berlin wiedergesehen, inszeniert von Jaroslav Chundela. Der schöne Apollo-Saal, in dem die Aufführung stattfand und in dem das Publikum saß, war mit Packpapier verkleidet, auf das Packpapier waren die Säulen gemalt, die es verbarg. Als Bühne dienten zwei Stehleitern, ein Brett, ein großes Tuch. Ich habe bei dieser Aufführung das Stück für mich wiederentdeckt und habe, davon angeregt, für diese Buchausgabe einige Stellen neu geschrieben, einige gestrichen, einige verändert.

T. D.

Gesellschaft im Herbst

Personen

GRÄFIN ATHALIE DE VILLARS-BRANCAS
CLAIRE-HÉLÈNE, ihre Tochter
MARCEL DE ROCHOUART
AURÉLIE DE BÉTHUNE-SULLY
SARTINE, Schloßverwalter
COSTENEAU, Chef eines Reiseunternehmens
DUBOIS, sein Kompagnon
TOUSSAINT, Bibliothekar
BIGOT, Bauunternehmer
GUSTAVE, Arbeiter
JAQUINOT, Kantinenwirt
LECOQ, Spaßmacher
TESTIÈRE, Notar
POISINET, Journalist
KOMMISSAR
EIN HERR

Vorbemerkung

Die Bühne sollte nicht zu groß sein. Sie kann in den Maßverhältnissen an den Spielausschnitt eines Marionettentheaters erinnern: breit und ziemlich niedrig.
Heller, nicht sehr farbiger Hintergrund – etwa in der Art altniederländischer Grisaillemalerei –, von dem sich die Kostüme der Schauspieler gestochen scharf in den Konturen und in klaren Farben abheben.
Die Personen mit Ausnahme der Gräfin sind bewußte Klischees – so wie auch die alte commedia dell'arte bestimmte Klischeefiguren ihrer Zeit ins Spiel gebracht hat.
Für den Darstellungsstil des Ganzen sollte die Rolle des Spaßmachers Lecoq maßgebend sein: seine Erscheinung muß sich organisch in das Spiel der übrigen einfügen.
Wirklichkeit und Imagination sind in den Motiven der handelnden Personen unmittelbar miteinander verbunden. Aus dieser doppelten Beziehung entstehen groteske Situationen, deren stilbestimmende Funktion in einer Inszenierung nicht übersehen werden sollte.
Die Veränderungen des Bühnenbildes im Ablauf der Handlung sollten auch in den Verhaltensweisen der Schauspieler zum Ausdruck kommen. Man bewegt sich und man spricht in einer weiträumigen Halle anders als in der Enge eines behelfsmäßig unterteilten Notaufnahmelagers.

LECOQ *tritt in der Kleidung eines schäbigen Varietékünstlers vor den Vorhang* Der Schauplatz ist ein Schloß. Doch obgleich wir nicht gespart haben mit Holz, Farbe, Papier und Leinwand und obgleich wir mit unserer Kunst verschwenderisch gewesen sind, müssen wir um Ihre geschätzte Phantasie bitten; denn unsere Mittel sind beschränkt. Wir spielen eine von den Geschichten, die Versicherungsbeamte und Staatsanwälte für unglaubwürdig halten, Einfältige und Kluge jedoch mit Anteilnahme verfolgen; die Einfältigen, weil Unerhörtes darin passiert – es gibt so viele Luftspringer, Trickkünstler, Jongleure und Feuerfresser in dem Stück wie unter einem Zirkusdach! –, die Klugen, weil sie in den Ereignissen eine Art von Wahrheit erkennen, die es nur auf dem Theater gibt. Sechzehn Personen in prächtigen Kostümen und interessanten Verkleidungen finden sich in dem Schloß zusammen. Daß sie hier ihre Stühle so dicht zueinanderrücken und für zwei Stunden kunstreiche Dialoge führen, sie, die draußen ihre Häuser weit voneinander bauen, das ist gewiß ebenso komisch wie sonderbar und wiederum, wir müssen es gestehen, nur eine Eigenart unseres Theaters: die Welt ist noch immer groß genug, sich darin zu zerstreuen, der schmale Raum hinter dem Vorhang jedoch gebietet, daß man sich darin einrichte. Und wie diese Personen sich auf die Bühne drängen, angelockt von einem Ding, das – wer weiß es? – vielleicht nicht mehr ist –

Er zaubert aus seinem Rock: Blume, Vogel, Herz.

– als eine rosa Wachsblume – ein Federvögelchen – ein Goldpapierherz – so sind auch Sie, meine Herrschaften, in unser Theater gekommen, weil Sie sich etwas von diesem Abend versprechen: arglistiges Vergnügen oder kurzweilige Weisheit oder, alles in allem, das, was wir mit unserer armen Sprache nicht recht bezeichnen können. Wir, die Schauspieler, bieten Ihnen unser Bestes. Aber –

Er hat Blume, Vogel und Herz in den Zylinder gesteckt und stülpt ihn jetzt um: er ist leer.

– wir können Ihnen nicht mehr geben, als Sie selbst zu finden bereit sind.

Er geht ab. Der Vorhang öffnet sich.

Erstes Bild

Schloß Croix des Anges. Eine Halle.

Stimmen: Offenbar werden Fremde durch die anliegenden Räume geführt.

Eine Seitentür öffnet sich.

Toussaint tritt herein. Er ist altmodisch und ziemlich unordentlich gekleidet. Er sieht sich vorsichtig um, versucht schüchtern ein paar Zehenspitzenschritte in den Raum, betrachtet mit Verzückung die Decke, die Säule in der Mitte der Halle, den Fliesenboden, bückt sich auch, um die Steine zu beklopfen. Richtet sich rasch auf, horcht, klammert sich erschrocken an seine Aktentasche. Als die Stimmen wieder

hörbar werden und sich offenbar nähern, zuckt Toussaint zusammen, will erst durch die Tür zurück, durch die er gekommen ist, wählt aber dann rasch eine andere. Er verschwindet und zieht die Tür sorgfältig hinter sich zu.
Der Verwalter Sartine kommt mit Costeneau und Dubois durch die Flügeltür. Sartine hat die überlegenen Gebärden, die distanzierende Ausdrucksweise und die vornehme Impertinenz eines herrschaftlichen Dieners, der es gewohnt ist, zu sagen: Madame ist nicht im Hause! Die Geringschätzung, mit der er Monsieur Costeneau behandelt, äußert sich in der peinlichen Genauigkeit der Erklärung von Details aus der Geschichte des Schlosses: er weiß, daß sie den Zuhörer langweilen.
Costeneau, ein kleinbürgerlicher Koloß, der seinen Reichtum mit Ringen an allen dicken Fingern und mit papageibunten Sommeranzügen gutmütig zur Schau trägt, scheint von der Führung endgültig erschöpft zu sein.
Dubois, agil, klein, immer bedacht, durch das grobschlächtige Benehmen seines Kompagnons nicht in Verlegenheit zu kommen, widmet den Ausführungen Sartines eine übermäßige Aufmerksamkeit.

DUBOIS Sehr schön, sehr schön! Das ist alles ungemein interessant, nicht wahr, Monsieur Costeneau?

COSTENEAU Jetzt kommen wir schon zum drittenmal durch diesen Stall, und jedesmal hören wir dasselbe.

SARTINE Von dieser Halle aus, Monsieur . . .

COSTENEAU Costeneau!

SARTINE . . . gelangt man in alle Räume des Schlosses. Wir werden sie also, bis die Besichtigung abgeschlossen ist, noch viermal durchschreiten.

COSTENEAU Noch viermal! Hören Sie, Dubois, noch viermal! Monsieur, wir sind gekommen, um den Plunder zu kaufen, nicht um ihn zu bewundern!

DUBOIS So bewundernswürdig er auch ist!

COSTENEAU Wo steckt denn Ihre Madame? Für elf Uhr sind wir verabredet, um den Vertrag perfekt zu machen.

SARTINE Den Zeitpunkt hat nicht Madame festgesetzt, Monsieur Costeneau.

COSTENEAU Sondern?

SARTINE Ich.

COSTENEAU Sie?

SARTINE Um elf Uhr tritt Madame hier heraus auf die Balustrade, um ein Gespräch mit ihrem Gatten zu führen.

COSTENEAU Aber ich denke, er ist tot.

SARTINE Es ist die einzige Gelegenheit, mit ihr zwanglos in ein Gespräch zu kommen. Madame ist den Umgang mit Geschäftsleuten nicht gewohnt.

COSTENEAU *sucht einen Stuhl* Ich möchte mich setzen.

DUBOIS Monsieur Costeneau möchte hier etwas ausruhen.

SARTINE Sehr schön, das gibt uns Gelegenheit, auf die Einrichtungsgegenstände im einzelnen näher einzugehen.
Er zieht die Vorhänge zu.
Die Vorhänge: aus der Manufaktur Ludwigs des Vierzehnten. Gobelins, bemerkenswert schöne Arbeiten aus Aubusson, mit Motiven aus der Geschichte des Hauses: der Frühling, der Sommer, der Herbst und der Winter.

DUBOIS ... der Herbst ... der Winter ... aber wieso ist das die Geschichte des Hauses?

SARTINE Die Dame, die den Herbst symbolisiert, trägt Züge der Gräfin Antoinette, 1630 bis 1702.

DUBOIS Aha.

SARTINE Sie war eine leidenschaftliche Liebhaberin der Natur. Sie sammelte Pilze.

DUBOIS Reizend! Gräfin Antoinette sammelte Pilze, Monsieur Costeneau!

SARTINE Ihre achtzehnköpfige Familie, sie starb daran. – Wir wenden uns den Familienportraits zu. Hier das Bildnis Graf Henri des Vierten, berühmt durch seine Wildschweinjagden. Daneben seine Hundepeitsche.

DUBOIS Ich hätte nicht seine Dogge sein mögen. *Er betrachtet die Peitsche* Blut?

SARTINE Das Blut seiner Gattin Héloïse. Graf Henri war sehr häuslich. Dabei nicht ohne Zartgefühl. Er starb aus Gram über den Verlust seiner Lieblingsdogge, 1563. –
Hier sehen Sie eine der vierundsechzig Geigen, mit deren Hilfe die Stadt Lerida –

COSTENEAU *wütend* Wenn jetzt Ihre Madame nicht bald erscheint und uns empfängt und den Vertrag unterschreibt, dann steige ich selbst die gotische Treppe hinauf und hole sie aus der Mottenkiste!

SARTINE Sie echauffieren sich. Ein Gang durch die anliegenden Räume wird Ihnen Ruhe verschaffen.

DUBOIS Und ich könnte mir auch noch einige Notizen machen, Monsieur Costeneau.

COSTENEAU *ärgerlich* Gehen wir.

SARTINE Durch die Tapetentür. *Er öffnet eine Tür. Toussaint steht dahinter. Er verbeugt sich* Sie hier?

TOUSSAINT *verlegen* Zufällig.

SARTINE Wie sind Sie hereingekommen?

TOUSSAINT O, ich kenne jeden Winkel im Schloß Croix des Anges, glauben Sie mir! Obgleich ich noch nicht das Glück hatte, persönlich hier Gast sein zu dürfen.

SARTINE Es wurde Ihnen ausdrücklich gesagt, daß Madame nicht zu sprechen ist.

TOUSSAINT Aber die Angelegenheit, um derentwillen ich mich an sie zu wenden die Ehre habe, ist nicht ohne gewisse Bedeutung für sie.

SARTINE Was für Madame von Bedeutung ist, bestimme ich. Gehn Sie!

TOUSSAINT Aber verstehn Sie doch bitte . . .

SARTINE Diese Tür!

Und, da Toussaint durch eine Tapetentür verschwinden will:

– Nein, die andere!

Toussaint geht mit Verbeugung ab.

SARTINE *mit Costeneau und Dubois in die Waffenkammer abgehend* Man kennt diese Leute.

DUBOIS Was für Leute?

SARTINE Spekulanten.

Einen Augenblick bleibt die Bühne leer. Dann öffnet sich leise eine bisher nicht sichtbar gewesene Tapetentür: Toussaint steigt heraus, sieht sich vorsichtig um. Versteckt sich, als er die Stimme der Gräfin hört:

Henri!

Die Gräfin tritt oben auf die Balustrade heraus. Sie ist festlich, im Stil der Jahrhundertwende gekleidet. Sie trägt einen großen federgeschmückten Hut und einen Fächer. Eigentlich sieht sie komisch aus, aber wenn sie zu sprechen beginnt, vergißt man, über sie zu lächeln. – Sie plaudert, die Treppe hinunterschreitend, mit dem Bildnis ihres verstorbenen Gatten, das auf einer Staffelei steht.

GRÄFIN Henri, man darf annehmen, daß Sie gut geruht haben? Ich? – O, danke. Sie werden nicht bemerken, daß ich älter werde. Dergleichen bemerkt man bei Kellnerinnen und Mätressen. Henriette übrigens erkundigte sich nach Ihnen – Sie entsinnen sich: Henriette, mit der Sie mich in unserer Hochzeitsnacht dreimal verwechselten. Ja, ja, sie ist jetzt Marquise, aber man lächelt natürlich über sie. Sie fragt: Wie geht es Ihrem Gatten? – Ausgezeichnet! erwidre ich, er ist gestorben. – Gestorben? schreit sie auf – Sie kennen die exaltierte Art Henriettes aufzuschrein – – und er versprach mir doch, mich ewig zu lieben! – Aber meine Beste, entgegne ich ihr, wer wird denn den Tod so wichtig nehmen! Sie sollten darauf achten, keine Schatten unter die Augen zu bekommen! – – Henri, da wir verheiratet sind, haben wir die Verpflichtung, glücklich zu sein. Das ist schwer, seitdem wir die Versuchungen des Unglücks und der Verzweiflung kennen, die den kleinen Leuten einen Anschein von Charakter verleihn. – Man spricht davon, daß wir Croix des Anges verkaufen. Unsere Tochter schlägt vor, eine Zweizimmerwohnung zu nehmen, ich bitte Sie, eine Zweizimmerwohnung! Wo man nebenan Textilkaufleute und pensionierte Postbeamte schnarchen hört! – Schulden haben Sie? fragte neulich auf der Soirée die alte Herzogin von Bretonvillier, Schulden? – Sie kräht so laut, weil sie schwerhörig ist – und ich antworte ihr: Meine Beste, Schulden sind die einzige gesetzliche Möglichkeit, die Bourgeoisie, die das Geld besitzt, an uns zu interessieren. – Wir werden Croix des Anges nicht verkaufen. – Ich sehe, Sie sind ruhig. Ich bin es auch, Henri. Erinnern Sie sich an die Belagerung der Stadt Lerida? Die Lage war aussichtslos, aber Graf Gilbert stellte vierundsechzig Geiger, soviel er in der Stadt auftreiben konnte, auf die Zinnen. Sie mußten lustige Tanzweisen spielen, während der Feind gegen die Mauern rannte. Lerida wurde auf diese Weise gerettet. – Wir werden Feste feiern, Henri. Ich erwarte Gäste. Was sie für Stimmen haben! – Wir reden mit ihnen, aber wir verstehen ihre Sprache nicht. Croix des Anges soll verkauft werden, Henri! Können Sie das verstehn?

Sartine kommt mit Costeneau und Dubois zurück.

SARTINE Die Gäste, Madame.

COSTENEAU Ich nehme an, Madame, daß Sie uns kennen. Costeneau, Reisedienst Costeneau –

DUBOIS ... und Co.!

GRÄFIN Natürlich, ja, ich habe von Ihnen gehört. Eine meiner Küchenmägde ist in Ihrer Gesellschaft gereist.

COSTENEAU *gemütlich* Na also! Sowas schafft doch gleich Kontakt.

DUBOIS Im Reader's Digest stand ein ausführlicher Bericht über uns. Die Geschichte unseres fabelhaften Aufstiegs. Er war Taxichauffeur, früher.

GRÄFIN Sie sind der Kompagnon?

DUBOIS Wie das so kommt, im Leben, Madame, ursprünglich war ich nur ein Fahrgast von Monsieur Costeneau. Eines Abends ließ ich mich von ihm an einen abgelegenen Ort außerhalb von Paris fahren. Schulden – Sie kennen das ja! – Selbstmordabsichten. Aber ich hatte mein Geld vergessen, und Monsieur Costeneau in seiner autoritären Art sagte: er bleibt, bis ich die Taxe gezahlt habe. Er blieb, wir unterhielten uns, milde Abendluft, ein besinnliches Fleckchen Erde – nicht wahr, Monsieur Costeneau?

COSTENEAU Ein Aussichtspunkt, reine Natur!

DUBOIS Kurz – wir errichteten an dieser Stelle ein Milchhäuschen.

GRÄFIN Wie hübsch, Henri – ein Milchhäuschen!

DUBOIS Costeneau hatte Geld, ich hatte Verstand. So haben wir in den nächsten Jahren an allen Orten, die uns gefielen, bald ein Milchhäuschen, bald eine hübsche Bank, bald ein Touristenhotel errichtet. Und schließlich, Madame, gefiel uns Schloß Croix des Anges.

COSTENEAU Wir dachten, jetzt wollen wir mal was Altes.

DUBOIS Monsieur Costeneau hat einen ausgeprägten Sinn für Tradition. Über den Kaufpreis wollen wir nicht lange reden.

COSTENEAU Wir reden nicht über Geld. Wir haben es.

DUBOIS Setzen Sie die Summe, die Sie verlangen, ruhig in den Vertrag, Madame. Und Ihren Namen darunter.

Dubois überreicht der Gräfin ein Schriftstück.

GRÄFIN Es sind interessante Leute, Henri! Sie verstehn es, Konversation zu machen.

COSTENEAU Na, einverstanden, Madame?

GRÄFIN Sartine, die Herren haben sicher noch nicht die Bibliothek besichtigt. Und Sie müssen das Spinett anschlagen, auf dem Rameau zwei Arien komponierte.

SARTINE Siebzehnhunderteinunddreißig. – Ich bitte.

COSTENEAU *im Abgehen* Wir übernehmen alles, Madame!

DUBOIS *wendet sich noch einmal um* Und Empfehlung an Ihren Gemahl, Madame!

Sartine führt Costeneau und Dubois hinaus.

GRÄFIN Was sagen Sie dazu, Henri? – Fast hätten wir sie gefürchtet, und sie sprechen von Milchhäuschen, sie fahren unsere Köchin spazieren.

Sie versinkt in Nachdenken, läßt den Vertrag aus den Händen gleiten. Toussaint erscheint in der Tapetentür.

GRÄFIN *ohne aufzusehen* Geben Sie mir das Papier, Sartine!

Toussaint zögert einen Augenblick, hebt dann rasch den Vertrag auf.

GRÄFIN Wir wollen überlegen, Henri, wieviel wir wert sind. Wir wollen alle Schlachten berechnen, die wir in fünfhundert Jahren gewonnen und verloren haben, die höfliche Langeweile unserer Soiréen, die Verschwörungen und Giftmorde, die Bonmots auf dem Schafott, den Verzicht auf warme Betten, die schönen Lügen, die das Volk über uns weiß – ach, Henri, es gibt eine lange Liste, aber wir müssen sorgfältig sein, wir dürfen nichts vergessen.

TOUSSAINT Madame –

GRÄFIN Geben Sie mir das Papier, Sartine!

Sie bemerkt Toussaint.

Wer sind Sie?

TOUSSAINT Wenn Madame gestatten: Toussaint, Charles Toussaint.

GRÄFIN *mustert ihn belustigt* Charles Toussaint! Ich darf annehmen, daß Ihr Name nicht genügt, um Sie durchs Leben zu bringen?

TOUSSAINT Wenn Sie gestatten, Madame: Ich bin Archivar – in der Bibliothek zu Lyon. Handschriftenabteilung.

GRÄFIN Und wie kommen Sie hierher?

TOUSSAINT Seit einigen Tagen, Madame, versuche ich Sie zu sprechen. Aber Ihr Verwalter wies mich ab. Es handelt sich um Croix des Anges.

GRÄFIN Croix des Anges wird verkauft.

TOUSSAINT Madame! – Sie dürfen Croix des Anges nicht verkaufen. Sie erinnern sich, daß ich vor vier Jahren bei Ihnen anfragte, ob in Ihrer Bibliothek noch alte, bisher nicht eingesehene Urkunden, Manuskripte oder Inventare zu finden seien.

GRÄFIN Mein Verwalter wird sie Ihnen geschickt haben.

TOUSSAINT Ja. Ich habe sie vier Jahre studiert. Heute darf ich Ihnen den Beweis für meine These liefern –

GRÄFIN Damit können Sie die neuen Besitzer von Croix des Anges langweilen.

TOUSSAINT Hören Sie mich an! – Es sind Ihnen die Gegenstände in der Kapelle des Schlosses bekannt?

GRÄFIN Natürlich, ich gehe zweimal wöchentlich hinüber, wenn der Kaplan kommt. Wir legen beide leidenschaftlich Patiencen.

TOUSSAINT Sie kennen also das Ciborium, die goldenen Leuchter, die kostbaren Altaraufbauten, die Krone in jenem Kästchen, das aus dem achten Jahrhundert stammt – und das Engelskreuz –

GRÄFIN Alles Fälschungen.

TOUSSAINT Ich weiß. Graf Gilbert hat sie anfertigen lassen nach Beschreibungen, die er den alten Inventaren entnahm.

GRÄFIN Ja, nach der Plünderung 1789. Es gibt seitdem keinen Familienschatz mehr auf Croix des Anges.

TOUSSAINT Alles in allem, Madame, handelt es sich bei den verschwundenen Wertgegenständen um eine Summe von vierundneunzig Millionen Francs.

GRÄFIN So ungefähr.

TOUSSAINT Madame, dieser Schatz ist nicht geplündert worden.

GRÄFIN Nicht?

TOUSSAINT Man hat ihn vergraben.

GRÄFIN Vergraben?

TOUSSAINT In den Mauern des Schlosses.

GRÄFIN Ach, die Leute reden so viel, Kindsmord, verhextes Vieh und vergrabene Schätze. Übrigens sagt man das von jeder alten Ruine.

TOUSSAINT Mögen Sie bedenken, Madame, daß ich der einzige bin, der bisher die Handschriften, Inventare und Rechnungen zu prüfen und zu vergleichen Gelegenheit hatte.

GRÄFIN Aber es ist doch geplündert worden! Das ist doch bekannt!

TOUSSAINT Was die vorgebliche Plünderung des Schlosses betrifft, so bin ich in der Lage, genauere Angaben zu machen.

Er überreicht ein Schriftstück.

Es wurde zerschlagen: ein Fenster. – Es wurde vergewaltigt: eine Magd namens Marion . . .

GRÄFIN Von einem der betrunkenen Plünderer!

TOUSSAINT – namens Pierre, der vier Tage später die Vergewaltigte ehelichte.

Er überreicht ein Schriftstück.

GRÄFIN Also hatte sie Gelegenheit, sich zu rächen.

TOUSSAINT Als einziger wurde der Graf ermordet.

Er überreicht ein Schriftstück.

Er hat sein Geheimnis mit ins Grab genommen.

GRÄFIN Ja, das Rezept einer Lerchenpastete, das er aus dem korsischen Krieg mitgebracht hatte. Die Pastete konnte später nie wieder zubereitet werden.

TOUSSAINT Einer der Revoltierenden – hier sind die Unterlagen –

Er überreicht ein Schriftstück.

– nahm das ganze Schloß in Besitz und bedrohte mit drakonischen Strafen jeden, der sich an dem Inventar vergriff. – Wenn also die Plünderung sich als eine wohl zweckdienliche journalistische Übertreibung enthüllt, was ergibt sich daraus? Der Schatz, Madame, muß noch vorhanden sein.

GRÄFIN Sind Sie sicher?

TOUSSAINT Ich habe den Beweis in Händen, daß er damals vergraben und seitdem nicht gefunden worden ist. Hätte man ihn später gehoben, es wäre nicht ohne beträchtliches Aufsehen geschehen. Man hätte auch den einen oder den anderen Gegenstand in Museen und Sammlungen antreffen müssen.

GRÄFIN Das ist wahr. – Das ist sehr wahr, Monsieur Toussaint. Und wo vermuten Sie also . . .?

TOUSSAINT Hier unter der Halle. Ich habe mit Hilfe einiger

Dokumente Zeichnungen angefertigt, die den Fall rekonstruieren. Sie stützen sich natürlich nur auf Berechnungen. Man müßte erst genaue Untersuchungen – da gibt es genaue Aufzeichnungen –

Er will einige Zeichnungen aus der Mappe ziehen.

GRÄFIN Lassen Sie das jetzt! – Meine Gäste kommen zurück! Gehen Sie! – Dort hinaus!

Toussaint rafft seine Papiere zusammen und verschwindet durch die Tapetentür. Die Gräfin hat sich erregt von ihrem Sessel erhoben und geht zu dem Bild ihres Gatten hinüber.

GRÄFIN Henri, wir haben noch eine Karte im Spiel! Fragen Sie nicht, ob sie gut ist – aber wir werden sie zu spielen wissen.

Sartine kommt mit Costeneau und Dubois zurück.

COSTENEAU *trägt eine Krinoline, Dubois einen Frack aus dem achtzehnten Jahrhundert. Beide bewegen sich tänzelnd.*

DUBOIS *fröhlich zu Sartine* Phantastisch! Es sind Schätze, die Sie da in den Schränken vermodern lassen! Weiß Madame von dem Plunder?

SARTINE Diese Kostüme stammen von einer Soirée, die 1789 in diesen Räumen stattfand. Sie wurden seitdem nicht benutzt.

DUBOIS Wir werden sie benutzen! Das ganze Schloß ein illuminiertes Fest, Menuetts aus fernen Sälen –

Er bemerkt die Gräfin.

O Madame, wir haben einen Einfall gehabt, der Sie entzücken wird: Croix des Anges wird ein Hotel, ganz im galanten Stil – nicht wahr, Monsieur Costeneau?

COSTENEAU Galant, galant, galant ... Radikal verwandelt, Neonbeleuchtung!

DUBOIS Mit Tänzerinnen aus der Moulin rouge. Dann wird Reklame gemacht: Vier Wochen Marquis auf Schloß Croix des Anges! Titel werden mitgeliefert, die Wappen in die Kopfkissen gestickt! Was meinen Sie, wie das zieht! Träume sind in unserer nüchternen Zeit das sicherste Geschäft. Ich wette, es steigt bei dem Zauber auch Ihr Name wieder im Kurs.

COSTENEAU Wir übernehmen Sie einfach mit, Madame!

GRÄFIN Ich verkaufe nicht.

DUBOIS Wie bitte?

COSTENEAU Was hat sie gesagt?
DUBOIS Sie verkauft nicht, sagt sie.
COSTENEAU Sie verkauft nicht?
GRÄFIN *zerreißt den Vertrag* Ich verkaufe nicht.
DUBOIS Aber Madame wird doch nicht ...
COSTENEAU Sie macht sich wohl lustig über uns! Sie wissen anscheinend nicht, wer wir sind, Madame? Daß wir nur in die Tasche zu greifen brauchen – eine Banknote – noch eine – hier – das ist nichts, sagen Sie? – Das ist nichts gegen den Staub hier und Ihren wurmstichigen Trödelkram und die schimmeligen Wände?
DUBOIS Monsieur Costeneau erregt sich etwas, Madame.
GRÄFIN Gehn Sie!
COSTENEAU Das ist nichts, sagen Sie? Und ich sage Ihnen, Madame, der dicke Costeneau, den Sie verachten, der dicke Costeneau kann sein Geld auch gebrauchen, um kaputt zu machen, verstehen Sie? – Kaputt zu machen!
Er hat einen Porzellanleuchter ergriffen und zerschlägt ihn am Boden.
SARTINE Sèvres, 1713.
COSTENEAU Merken Sie's jetzt?
GRÄFIN Sartine, die Peitsche!
COSTENEAU Setzen Sie's auf die Rechnung! Und Ihre Vorhänge, aus denen die Motten flattern –
Er zerrt an den Vorhängen.
– den Stuhl –
Er rüttelt an einem alten Stuhl, der auseinanderfällt.
– Dubois, sie hat uns herbestellt, um sich lustig zu machen! – Die Vase da –
Er zerschlägt eine Vase.
Setzen Sie das alles auf die Rechnung – wir leisten uns den Spaß!
DUBOIS Monsieur Costeneau leistet sich einen Spaß.
GRÄFIN Die Peitsche, Sartine!
Sartine hat die Hundepeitsche von der Wand genommen, gibt sie der Gräfin.
COSTENEAU Madame denkt wohl, sie hat es mit ihren Bauern zu tun?
DUBOIS Das sind wir nicht!
COSTENEAU Auch unsere Väter waren Vorfahren, Madame.

GRÄFIN Die Tür auf, Sartine!

Sie kommt mit der Peitsche langsam die Treppe herunter.

DUBOIS Das ist nicht höflich von Ihnen, Madame. Nicht wahr, Monsieur Costeneau?

COSTENEAU *zurückweichend* Wir kommen wieder. Sie werden noch vor uns auf den Knien rutschen! Sie werden noch merken, wer wir sind!

GRÄFIN *bleibt stehen, hebt die Peitsche* Ich zähle.

COSTENEAU Wir beherrschen den Fremdenverkehr!

DUBOIS *ängstlich* Wir bestimmen das Fernsehprogramm!

COSTENEAU Wir beeinflussen die Milchwirtschaft!

DUBOIS *schreckensbleich* Und die Volkshochschule!

COSTENEAU *wendet sich in der Tür noch einmal um* Costeneau!

DUBOIS *rafft seinen ganzen Mut zusammen* – und Co.!

Schlägt die Tür hinter sich zu.

SARTINE *nach einer Stille* Madame ...

GRÄFIN Kehren Sie die Scherben zusammen.

Zweites Bild

Die Halle ist unverändert.

Toussaint kniet hemdsärmelig am Boden und versucht aufgeregt, eine Steinplatte zu lösen. Sartine steht unbewegt neben ihm; er hält Toussaints Jacke.

SARTINE Die Fliesen sollten nicht zerbrochen werden.

TOUSSAINT *schlägt auf die Steinplatte ein.*

SARTINE Es ist Marmor.

TOUSSAINT *hält inne* Sie sitzen ganz fest.

SARTINE Seit vierzehnhundertsechsundneunzig.

TOUSSAINT *wieder arbeitend* Dieser Stein löst sich leichter.

SARTINE Es scheint so, Monsieur Toussaint.

TOUSSAINT Und woran liegt das? Vielleicht daran, daß man ihn früher schon einmal gehoben hat, was? Er ist schon locker. Da!

Er schiebt die Steinplatte zur Seite.

Und was sieht man darunter?

SARTINE *sieht flüchtig hin* Erde, Monsieur Toussaint.

TOUSSAINT Erde – ausgezeichnet! Und was für Erde? Sehen Sie? Nachträglich aufgefüllt! Wir werden noch mehr sehen, wenn wir weitere Steinplatten gelöst haben.

SARTINE Weitere Steinplatten?

TOUSSAINT Und diese Säule, diese Säule ...!

Er springt auf.

Ich muß die Papiere holen, die Zeichnungen! Wo habe ich sie gelassen?

SARTINE In der Bibliothek.

TOUSSAINT Wir müssen den Grundriß genau vor Augen haben. *Er geht eilig ab. Sartine, Toussaints Jacke in der Hand, bleibt an der Arbeitsstelle stehen. Die Gräfin kommt mit Claire-Hélène.*

GRÄFIN Man ist bereits bei der Arbeit! – Wie weit sind Sie?

SARTINE *verbittert* In zwei Tagen wird Monsieur Toussaint alle Fliesen der Halle abgehoben haben.

GRÄFIN Ja, er macht einen entschlossenen Eindruck. Das gefällt mir an ihm.

SARTINE Und er findet diese Säule verdächtig, Madame.

GRÄFIN Ich hatte schon immer das Gefühl, sie stehe nur aus Gewohnheit da.

SARTINE Ich bitte Sie, Madame ...

GRÄFIN Ich erwarte Besuch, Sartine. Sie werden dafür sorgen, daß wir trotz der Arbeiten ungestört sind.

SARTINE Dieser Mensch – wenn Sie mir eine persönliche Meinung gestatten ...

GRÄFIN Welche Sie wollen, Sartine! Aber machen Sie sich zuvor klar, daß dieser lächerliche Mensch, dessen abgeschabte Jacke Sie in der Hand halten, Croix des Anges retten wird.

SARTINE Sie ... nehmen mir das Wort aus dem Mund, Madame.

GRÄFIN Ich schätze Ihre Meinung, Sartine.

Mit einem Wink

Sorgen Sie dafür, daß sich Monsieur Toussaint nicht erkältet.

Sartine zögert einen Augenblick, geht dann mit der Jacke ab.

CLAIRE-HÉLÈNE Mama –

GRÄFIN Ich weiß, was du denkst, Claire-Hélène.

CLAIRE-HÉLÈNE Alle denken so, Mama.

GRÄFIN Außer mir und Monsieur Toussaint. Das genügt für die Wahrheit.

CLAIRE-HÉLÈNE Was wollen Sie hier bewahren, Mama? Diesen Geruch hier in den Zimmern nach kalter Luft und jahrhundertealtem Weihrauch? Diese schlecht geleimten Stühle und diese Gobelins, zwischen denen wir hin und her gehen wie in einem Museum und unsere Namen feierlich herumtragen wie eine Monstranz?

GRÄFIN Ich sehe, du schreibst immer noch Gedichte. Und dabei bist du schon dreißig Jahre alt. – Und du hältst nichts von deiner Familie, das sind so moderne Ansichten.

CLAIRE-HÉLÈNE Immer so tun, als sähe uns jemand zu, und in Wahrheit sieht uns schon lange niemand mehr zu. Mama, wir sollten nach Paris gehen, ich verspreche Ihnen . . .

GRÄFIN *gibt ihr einen geöffneten Brief* Das da . . .!

CLAIRE-HÉLÈNE Sie kontrollieren meine Briefe!

GRÄFIN Eine Villars-Brancas bewirbt sich auf eine Stellenanzeige in der Zeitung!

CLAIRE-HÉLÈNE Sie wissen, daß ich ohne Sie nicht gehen würde.

GRÄFIN Aber wir gehn! Wohin gehn wir? Nach Paris? Paris ist schön! Und wir leben dann mit der Zeit – mit der Zeit, die wir nach Gehaltsempfang, Grippeanfällen und Geschäftsschluß zählen.

CLAIRE-HÉLÈNE Mama!

GRÄFIN Wir zählen *mit einem Blick zu den Ahnenbildern* danach! – Und *sie schlägt mit dem Stock auf die Fliesen* danach! *mit einer Bewegung, die den Raum umfaßt* danach! Und das fällt nicht zusammen! Das bleibt! Stelle das Bild gerade, Claire-Hélène, es ist dein Vater.

CLAIRE-HÉLÈNE Als Marcel ging, vor einem Jahr, habe ich mir vorgestellt, eines Tages hier allein leben zu müssen, so allein wie Sie, Mama. – Ich würde Croix des Anges verkaufen.

GRÄFIN Und warum, meinst du, kam Marcel nicht wieder?

CLAIRE-HÉLÈNE Er hatte Ideen, die Sie nicht verstanden hätten. Er hatte Pläne, große Pläne – zum Beispiel ein Erdölprojekt in Afrika.

GRÄFIN Davon hat er mir auch erzählt. Das erzählt er allen,

die nichts von Erdöl verstehen. Mit dem Marquis von Houdetot, der nie etwas anderes als das Kursbuch gelesen hat, sprach er über seinen neuen Roman. Und mit Sartine hat er sich über Rennwagen unterhalten.

CLAIRE-HÉLÈNE Ich glaube, daß er aufrichtig war, Mama.

GRÄFIN Gut, warum nicht? Er hat einen Namen, mit dem man zwei Romane schreiben und einige Ölquellen projektieren kann, bevor er lächerlich wird. Du hättest ihn heiraten können.

CLAIRE-HÉLÈNE Es war Ihre Schuld, daß er nicht wiederkam.

GRÄFIN Unser altes unrentables Haus gefiel ihm nicht. Aber es wäre ja möglich, daß er wiederkommt.

CLAIRE-HÉLÈNE Er kommt nicht wieder.

GRÄFIN Es könnte doch sein, daß er Zeitungen liest. Man schreibt nämlich über uns. Der Schatz sei hundertfünfzig Millionen Francs wert. Was für eine Summe! – Könnte es nicht sein, daß Marcel . . .

CLAIRE-HÉLÈNE Mama! Sprechen Sie das nicht aus!

GRÄFIN Hier, meine kleine Claire-Hélène – noch ein Brief. Ich habe ihn gestern bekommen.

Gibt ihr einen Brief.

An mich – das bedeutet, daß es ihm Ernst ist.

CLAIRE-HÉLÈNE *liest* Er . . .

GRÄFIN Heute. Um vier Uhr, schreibt er. Dann kommt er also um drei und sagt, sein Wagen sei wieder einmal phantastisch gefahren.

CLAIRE-HÉLÈNE *plötzlich aufgeregt* Ich muß mich umziehen. – Gleich drei Uhr!

GRÄFIN Lege Rouge auf.

CLAIRE-HÉLÈNE Sie müssen nett zu ihm sein, Mama!

GRÄFIN Und dir rate ich, Claire-Hélène, informiere dich über Erdöl – das bringt ihn sofort auf vernünftigere Themen.

Claire-Hélène will gehen.

Claire-Hélène!

Claire-Hélène wendet sich um.

Noch eine Frage – sieh mich an!

CLAIRE-HÉLÈNE *ein paar Schritte zurück* Mama?

GRÄFIN Glaubst du jetzt an . . .?

Mit einer Bewegung. An den Schatz?

Claire-Hélène zögert verwirrt, geht dann rasch ab.

Die Gräfin liest in den Zeitschriften. Sie hält inne, horcht: jemand scheint in den Hof gefahren zu sein. Sie sieht zur Uhr, lächelt. – Toussaint kommt aufgeregt herein. Sartine folgt ihm mit der Jacke.

TOUSSAINT *wütend* Warum sind Sie nicht aufgeregt?

SARTINE Ich bin aufgeregt, Monsieur Toussaint.

TOUSSAINT Sie sind nicht aufgeregt! Sie haben die Zeichnungen gestohlen! Gestehen Sie! Zeigen Sie Ihre Taschen!

Er will in seiner eigenen Jacke nachsehen.

SARTINE Das ist Ihre Jacke, Monsieur Toussaint.

GRÄFIN Sartine!

SARTINE Madame . . .

GRÄFIN Es ist Besuch gekommen, Sartine.

TOUSSAINT Die Zeichnungen sind fort, Madame. Ich bin überzeugt, dieser Mensch hat sie entwendet.

GRÄFIN Auf Croix des Anges stiehlt niemand.

SARTINE Vielleicht suchen Sie noch einmal in Ihrem Zimmer. Sie haben dort gestern abend noch lange bei Licht gesessen.

TOUSSAINT Hören Sie! Er spioniert mir nach!

SARTINE Sie haben eine Wärmflasche verlangt.

TOUSSAINT Ich werde nachsehen.

Rasch ab. Sartine will folgen.

GRÄFIN Sartine, bleiben Sie! – Warum ist die Magd Luison heute nacht davongelaufen?

SARTINE Wir – haben keine jungen Männer im Schloß, Madame.

GRÄFIN Ah – das Volk! – Sind Ihnen in den letzten Tagen verdächtige Menschen begegnet?

SARTINE Nein, Madame.

GRÄFIN Kann jemand heimlich hereingekommen sein?

SARTINE Nein, Madame.

GRÄFIN Vielleicht über die Feuerleiter durch eine Dachluke?

SARTINE Nein, Madame.

GRÄFIN Es erscheinen Artikel in den Zeitungen.

Sie hält ihm die Zeitung hin.

Hier: »Über fünfzig Arbeiter Tag und Nacht beschäftigt.« Haben Sie irgendwo im Schloß zu irgendeiner Zeit fünfzig Arbeiter bemerkt?

SARTINE Nein, Madame.

GRÄFIN Und hier: »Die Arbeiten stehen vor dem erfolgreichen Abschluß.«

SARTINE Unwahr, Madame.

GRÄFIN Und was da über die Geschichte des Hauses steht, falsche Angaben und die Behauptung, wir seien mit der Herzogin von Béthune-Sully verwandt ... Wenn einer von den Journalisten auftauchen sollte, weisen Sie ihm energisch die Tür. – Und jetzt lassen Sie Monsieur de Rochouart eintreten.

Sartine ab. Kurz darauf kommt Marcel herein.

GRÄFIN Monsieur de Rochouart – was für eine Überraschung!

MARCEL Verzeihung, Madame, ich komme eine Stunde früher als angemeldet. Ich hatte vier Stunden für die Fahrt berechnet. Mein Wagen schaffte es in zweieinhalb.

Küßt ihr die Hand.

GRÄFIN Ich ahne den Anlaß Ihres unvermuteten Besuches, Monsieur de Rochouart.

MARCEL Oh, Madame ...

GRÄFIN Sie hatten Ihren Rasierapparat liegen lassen – wann war das? Vor einem Jahr, nicht wahr? Es war Herbst, ein schöner Herbst.

MARCEL Ich erinnere mich gern daran.

GRÄFIN Es gab ungewöhnlich viele Birnen.

MARCEL Einige Erinnerungen sind mir teuer. – Übrigens finde ich hier alles unverändert und hatte es, offen gestanden, nicht erwartet ...

GRÄFIN Sie wissen ...?

MARCEL Man spricht davon, und ich hörte es.

GRÄFIN Die Zeitungen. Ja. Aber es stimmt nicht, was sie schreiben.

MARCEL Es stimmt nicht?

GRÄFIN Haben Sie die Zeitungen gelesen?

MARCEL Überflogen. Es schien mir alles phantastisch, aber nicht unglaubhaft.

GRÄFIN Und Sie bemerkten nicht, daß unsere Familie fälschlich mit der Herzogin von Béthune-Sully in Verbindung gebracht wurde?

MARCEL Ja, natürlich. Aber was das andere betrifft ...

GRÄFIN Auch die Summe ist unrichtig. Es stand da etwas von

hundertsiebzig Millionen, an anderer Stelle von hundertfünfzig. In Wahrheit dürften es nur etwa neunzig Millionen sein.

MARCEL Genug, um Ihnen zu gratulieren, Madame. Und Sie halten die Sache für ganz sicher?

GRÄFIN Natürlich.

MARCEL Es gibt Fälle, Madame ... ich entsinne mich, als wir in Abd-el-Akr mit den Bohrungen beginnen wollten, in der festen Annahme ...

Claire-Hélène kommt.

GRÄFIN Ah, Claire-Hélène! Komm her, Kind, Monsieur de Rochouart erzählt mir gerade eine hübsche Geschichte. Sie handelt von Erdöl.

MARCEL Claire-Hélène, ich finde Sie unverändert.

CLAIRE-HÉLÉNE Wie diese Steine.

GRÄFIN Monsieur de Rochouart ist gekommen, um seinen Rasierapparat abzuholen.

MARCEL Ein Vorwand, um ein paar Tage in Ihrer Gesellschaft zu verbringen. – Hätten Sie nicht Lust, gleich einen unserer alten Spaziergänge zu machen?

GRÄFIN Aber um halb fünf wird der Tee serviert!

MARCEL Unerbittlich, ich weiß. Und um halb sechs Uhr dürfen wir Sie auf dem Gang durch die Gewächshäuser begleiten. Sie sehen, ich kenne die Ordnung des Hauses noch sehr genau, und schätze sie.

Zu Claire-Hélène.

Zum Dorf hinüber wäre es zu weit, und ohnehin nicht ratsam, wegen der Leute, die sich da herumtreiben.

GRÄFIN Ist wieder ein Zirkus dort?

MARCEL Arbeiter.

GRÄFIN Arbeiter?

MARCEL Ich sah eine Baracke, wahrscheinlich eine Kantine.

GRÄFIN Warum wird mir das nicht gesagt? Sartine!

MARCEL Ich glaubte, die Leute seien von Ihnen bestellt.

GRÄFIN Wir werden sie vielleicht brauchen können.

Mit einer Geste, die Marcel entläßt.

Um halb fünf sehen wir uns zum Tee.

Sartine kommt.

CLAIRE-HÉLÈNE Die Wege im Park sind fast zugewachsen.

MARCEL Ist der Gärtner gestorben?

CLAIRE-HÉLÈNE Mir gefällt es so.

Beide ab. Die Gräfin sieht ihnen nach.

SARTINE Madame.

GRÄFIN Haben Sie gehört, daß sich Arbeiter im Dorf sammeln?

SARTINE Man sieht sie vom Erkerfenster an den Fischteichen. Ich weiß nicht, womit man sie beschäftigen will.

GRÄFIN Wahrscheinlich lockt sie das Gerücht.

Sie geht zum Fenster.

TOUSSAINT *kommt* Die Zeichnungen sind fort. Wissen Sie, was das bedeutet?

SARTINE Wir werden weiter suchen.

TOUSSAINT Wir werden ohne die Zeichnungen arbeiten. Ich habe sie ziemlich genau im Kopf.

SARTINE Aber ich muß Sie darauf aufmerksam machen, daß um halb fünf Madame an dieser Stelle den Tee einzunehmen pflegt.

TOUSSAINT Das stört mich nicht.

Er arbeitet.

Es geht ganz leicht.

Er hält plötzlich inne.

Monsieur Sartine!

SARTINE *steif* Sie können beruhigt fortarbeiten. Ich beobachte das Ergebnis.

TOUSSAINT *hebt einen Stein zur Seite* Der Stein ist schon gelöst. Und darunter ... *Er arbeitet hastig weiter.*

SARTINE Was bemerken Sie?

TOUSSAINT Einen Hohlraum! Es steckt etwas darin!

SARTINE *stößt Toussaint beiseite und greift in das Erdloch* Ich kann es fühlen! Eine Schatulle oder etwas Ähnliches! *Er holt eine Schatulle heraus* Ja, eine Schatulle!

Aufgeregt

Wahrhaftig, eine Schatulle!

Er reißt sie auf.

TOUSSAINT Beschädigen Sie nichts, Monsieur Sartine!

SARTINE Aufzeichnungen?

TOUSSAINT *nimmt die Papiere heraus* Nur mit Mühe zu entziffern. Das Papier ist halb verschimmelt. Die Handschrift dürfte etwa achtzehntes Jahrhundert sein. Man wird einige Arbeit darauf verwenden müssen.

SARTINE Lesen Sie!

TOUSSAINT Augenscheinlich eine Aufzählung . . .

SARTINE Von Gegenständen? – Die vergrabenen Sachen!

TOUSSAINT Es könnte sein.

Die Gräfin, am Fenster, hat sich umgewendet und hört interessiert zu.

SARTINE *ein anderes Papier haltend* Und dies?

TOUSSAINT Die gleiche Handschrift. Detaillierte Angaben über einen noch näher zu bestimmenden Sachverhalt.

SARTINE Lesen Sie!

TOUSSAINT Ihre Eile ist lobenswert, aber unwissenschaftlich.

SARTINE Madame!

TOUSSAINT Es handelt sich seltsamerweise um Angaben über eine gewisse noch näher zu bestimmende Geflügelart.

GRÄFIN *kommt heran* Die Lerchenpastete! Es ist das Rezept der Lerchenpastete, natürlich!

TOUSSAINT So ist es.

GRÄFIN Charles! Er wollte nicht, daß das Rezept in die Hände von Rübenessern fiel.

TOUSSAINT Die anderen Papiere, Madame, enthalten eine Aufzählung von Wertgegenständen.

GRÄFIN Gibt es einen besseren Beweis für Ihre Behauptung? Worauf warten wir noch?

Claire-Hélène kommt mit Marcel herein.

TOUSSAINT Vermutlich werden wir viel tiefer graben müssen.

GRÄFIN Brauchen Sie Leute?

TOUSSAINT Vorerst, Madame, genügt, was wir selbst leisten können.

SARTINE Keine Zeit verlieren!

Er gräbt.

GRÄFIN Den Tee wirst du heute selbst servieren müssen, Claire-Hélène.

Claire-Hélène richtet den Teetisch zurecht.

CLAIRE-HÉLÈNE Man hat wirklich etwas gefunden?

GRÄFIN Das Rezept! Und die authentische Liste der vergrabenen Gegenstände.

MARCEL Ich muß sagen, ich bin selbst schon ganz fiebrig.

Die Gräfin, Marcel und Claire-Hélène haben an dem kleinen Tisch Platz genommen. Toussaint und Sartine klopfen daneben die Steinplatten ab.

TOUSSAINT Ich vermute ein verschüttetes Gewölbe. Möglicherweise gibt es hier auch Reste eines unterirdischen Ganges. Noch einige Tage Arbeit.

MARCEL Das erinnert mich lebhaft an eine Fahrt durch die Wüste. Wir waren zu sechs, zwei Marokkaner dabei, Durst natürlich und das fatale Gefühl, immer im Kreis zu fahren. Nach drei Tagen finden wir einen Jeep, sandüberweht – über der Steuer gelehnt ein Skelett.

CLAIRE-HÉLÈNE Schrecklich!

MARCEL Aber man freut sich in solchen Situationen, etwas Menschliches zu finden.

TOUSSAINT *zu Sartine* Ich bitte Sie, sich einmal ruhig zu verhalten.

SARTINE Ich klopfe nicht.

TOUSSAINT Sie klopfen nicht? – Aber es ist ein Geräusch zu hören.

SARTINE Ja, ich höre es auch. Ganz deutlich.

Lachen vom Tisch herüber.

MARCEL Dieses Skelett, über das Steuer gebeugt, dient seit zehn Jahren als Wegweiser.

GRÄFIN Claire-Hélène, du wirst dich über Wüsten informieren müssen.

TOUSSAINT Bitte, wenn Sie die Güte hätten, sich einen Augenblick ruhig zu verhalten.

Stille. Alle horchen.

TOUSSAINT Hören Sie etwas?

Man hört fernes gleichmäßiges Klopfen.

GRÄFIN Was ist das?

TOUSSAINT Das kommt von unten her. Das kommt von ganz unten.

GRÄFIN Von unten?

SARTINE Die Arbeiter, Madame.

Alle horchen erstarrt. Das Klopfen hält an.

Drittes Bild

Einige Veränderungen in der Halle: Die Säule mitten im Raum hat keinen Sockel mehr; man kann erkennen, daß sie innen hohl ist. Einige Meter von der Säule entfernt zwei frisch ausgeschachtete Gruben; daneben Erdhaufen.

Wie am Ende des zweiten Bildes sitzen die Gräfin, Claire-Hélène und Marcel am Teetisch.

MARCEL Dieses ewige Klopfen! Es ist zum Verrücktwerden.

CLAIRE-HÉLÈNE Ich habe auch Kopfschmerzen davon.

GRÄFIN Man gewöhnt sich daran: es erinnert mich etwas an Tropfsteinhöhlen. In einer Tropfsteinhöhle habe ich deinen Vater kennengelernt.

MARCEL Bei allem Verständnis für soziale Belange: wir stören keinen Arbeiter bei der Arbeit, warum stören sie uns beim Tee?

GRÄFIN Da sind Sie auf ein großes Problem gestoßen. Wir wollen darüber nachdenken. – Claire-Hélène, Monsieur Toussaint hat noch keinen Tee gehabt.

Claire-Hélène geht mit einem Tablett zu der Grube neben der Säule, reicht eine Tasse Tee hinunter, sie wird von unsichtbarer Hand angenommen.

GRÄFIN Gestern, denken Sie, Monsieur de Rochouart, vergaß Sartine, ihm das Abendessen hinunterzureichen. Und da wir, wie Sie wissen, zum Frühstück nur eine halbe Scheibe Toast nehmen, mußte der arme Monsieur Toussaint bis anderntags Mittag ohne zureichende Mahlzeit bleiben. Ist das nicht ärgerlich? Sartine läßt sich durch zwei Haufen Erde verwirren. Wenn man einem Bedienten nur beibringen könnte, daß sich für uns Situationen ändern können, aber nicht Gewohnheiten!

MARCEL Übrigens ist es allmählich Zeit, daß Sartine vom Dorf zurückkommt.

CLAIRE-HÉLÈNE Ich bin so gespannt, welche Nachricht er mitbringt.

GRÄFIN Ich habe den Eindruck, daß du unruhig bist, Claire-Hélène. Du solltest ein wenig an die Luft gehen.

MARCEL *rasch* Ja, ich glaube auch, die frische Luft wird Ihnen guttun. *Er steht auf* Kommen Sie, Claire-Hélène!

CLAIRE-HÉLÈNE Wenn Sartine da ist, rufen Sie uns sofort, Mama!

Claire-Hélène und Marcel ab.

GRÄFIN *spricht in die Grube hinunter* Monsieur Toussaint,

wenn der Erdhaufen nicht wüchse von Tag zu Tag und sogar in der Nacht, könnte man meinen, Sie seien nicht mehr da. Ist es nicht merkwürdig: schon eine Handbreit unter dem Boden, auf dem wir hin und her gehen, beginnt alles unwahrscheinlich zu werden.

Sartine kommt herein.

Sie waren lange im Dorf.

SARTINE Es war nicht einfach, den Patron ausfindig zu machen.

GRÄFIN Die Leute wissen nicht, wer ihr Chef ist?

SARTINE Bigot, ein Bauunternehmer.

GRÄFIN Haben Sie ihm befohlen, hierherzukommen?

SARTINE Er hat seit Tagen auf Ihre Aufforderung gewartet. Darf ich ihn hereinführen?

GRÄFIN Hat er Manieren?

SARTINE Er klopfte seine Pfeife auf meiner Schulter aus. Das war, glaube ich, scherzhaft gemeint.

GRÄFIN Diese Scherze werden wir ihm abgewöhnen.

Sartine ab. Kurz darauf tritt Bigot ein, ein untersetzter, vierschrötiger Mensch mit ungeschickten Bewegungen. Er trägt einen schlecht sitzenden, aber sonntäglichen Anzug. Die Hosenbeine sind in die Schäfte von Stiefeln geschlagen. Die Stiefel sind lehmverschmiert.

BIGOT Es ist mir eine Ehre, Madame.

GRÄFIN Bigot?

BIGOT Bauunternehmer, Madame. Paul Bigot. Kann ich mich setzen?

GRÄFIN Sartine, bringen Sie einen Stuhl für diesen Mann.

Sartine zieht einen Sessel zur Seite und bringt einen Stuhl. Bigot setzt sich.

GRÄFIN Sie haben schmutzige Stiefel.

BIGOT Wasser im Stollen. Wir sind auf Lehmschichten gestoßen.

GRÄFIN Sartine, helfen Sie dem Mann, die Stiefel ausziehen.

Sartine zieht Bigot die Stiefel aus.

GRÄFIN Sie sind also selbst mit unter der Erde?

BIGOT Natürlich, Madame. Das muß man. Man muß als Vorgesetzter dicht hinter den Arbeitern stehn. Sie müssen den Atem im Nacken spüren. Sonst bücken sie sich nicht. Das sind Erfahrungen, Madame.

GRÄFIN Wieviel Leute beschäftigen Sie?

BIGOT Zweiundfünfzig. Morgen vielleicht schon sechzig.

GRÄFIN Wie kommen Sie dazu, hier zu arbeiten?

BIGOT Zufall, Madame. Ich sollte einen Auftrag kriegen, in einem Dorf, nicht weit von hier, Drainage. Ich fahre durch diesen Ort, sehe die Arbeiter. Sie hatten schon angefangen, die einen hier, die andern dort. Keinerlei Überlegung dabei.

GRÄFIN Sie hatten einfach angefangen?

BIGOT Bei den Fischteichen. So geht das nicht, Leute, habe ich gesagt. Ich habe einen Blick für das, was ihr da vorhabt. Es sind gute Leute, Madame, aber man kann sie nicht allein arbeiten lassen. Wie die Maulwürfe: wühlen sich blind in die Erde.

GRÄFIN Verrückte.

BIGOT Unverantwortlich, Madame! Wenn etwas passiert – sage ich Ihnen –, was dann? Wenn die Stollen einbrechen? Keine anständigen Geräte, die muß man erst mal anschaffen. Keine Sicherheitsmaßnahmen. Sicherheit, Leute! habe ich gesagt. Das haben sie schließlich eingesehn.

GRÄFIN Sie haben also alle Leute eingestellt?

BIGOT Ich bin ein gutmütiger Mensch, Madame, eine Seele von einem Menschen.

GRÄFIN Und wie entlohnen Sie Ihre Leute?

BIGOT Ich zahle keinen Lohn.

GRÄFIN Nicht?

BIGOT Wie könnte ich das! Aber die Leute haben Vertrauen zu mir. Ich bin einer von ihnen. Für mich gibt es nur das Geschäft, die Arbeit, die Sorge für meine Leute. Sie können sich auf mich verlassen. Das wissen sie.

GRÄFIN Das wissen sie? – Und wann wollen Sie zahlen?

BIGOT Bald, Madame. Sobald Sie mir die nötige Summe überwiesen haben. Bei mir geht alles korrekt.

GRÄFIN Was fällt Ihnen ein? Ich denke nicht daran, Ihnen einen Franc zu überweisen.

BIGOT Vertrauen gegen Vertrauen. Sie sind eine ehrenhafte Frau, Madame.

GRÄFIN Ich habe Sie nicht beauftragt.

BIGOT Es gibt Situationen, Madame, da wartet man nicht auf

einen Auftrag. Wie ich die Dinge vorfand, hielt ich es einfach für meine Pflicht ... Sie verstehn sicher nichts von Erdarbeiten?

GRÄFIN Sie sehen doch, daß wir hier bereits graben.

BIGOT Aber Madame, Sie werden diese winzigen Löcher nicht mit unserer Arbeit vergleichen wollen! Sie sollten die zwei Stollen sehen, die wir in die Erde getrieben haben. Gestern wurde bereits ein dritter begonnen, man darf die Leute nicht unbeschäftigt lassen, sonst kommen sie auf dumme Gedanken. Hören Sie, wie sie arbeiten!

Stille: man hört Klopfgeräusche.

In drei Schichten, je sieben Stunden. Das müßte Sie überzeugen. Bessere Arbeitskräfte können Sie nicht bekommen. Mit uns stehn Sie gut, gegen uns ... Aber wir wissen natürlich auch, was wir wert sind. Zwei Millionen Francs für die Vorarbeit ist doch keine zu hohe Summe, wie?

GRÄFIN Zwei Millionen Francs! Sartine! – Helfen Sie dem Mann die Stiefel anziehen!

BIGOT Ich habe noch nicht die Absicht zu gehen, Madame.

GRÄFIN Ich weiß nicht, was Sie veranlassen könnte, auch nur noch eine Minute zu bleiben.

BIGOT Ich erwarte Ihre Zusicherung, die Summe für geleistete Arbeit zu zahlen.

GRÄFIN Sartine!

BIGOT Es täte mir leid um Sie, Madame, wenn ich meinen Leuten sagen müßte ...

GRÄFIN Das ist Ihre Sache. Gehn Sie! Sofort!

BIGOT Sie kennen meine Leute nicht. Es sind einfache Arbeiter, die das nicht verstehen. *Er pfeift auf zwei Fingern* Erschreckt Sie das? Verzeihung, Madame. Auf Klingelzeichen hören meine Leute nicht. Es sind keine Lakaien.

Gustave, ein junger Arbeiter, tritt ein.

GUSTAVE Chef?

BIGOT Gustave, verbeuge dich! Das ist die Gräfin von Villars-Brancas. Unsere Auftraggeberin. Ihr gehört das alles, was du hier siehst. Verstehst du das?

GUSTAVE Nein, Chef.

BIGOT Mit Arbeit verdient man das nicht. *Zur Gräfin* Ein

einfacher Mensch, weiter nichts. Sie sollten ihn nicht verachten. Seit gestern will er heiraten. Was, Gustave?

GUSTAVE Seit gestern. Solide Prinzipien, Chef.

GRÄFIN Das interessiert mich nicht.

BIGOT Madame, es wird Sie aber gewiß interessieren, wen er heiratet. Das Mädchen ist blond, stämmig, gesund, aber bettelarm.

GUSTAVE Stimmt, Chef.

BIGOT Wurde von seiner Herrschaft nicht ausbezahlt. Es heißt Luison.

GUSTAVE Luison Bodard.

BIGOT Der Name erstaunt Sie?

GRÄFIN Ich kenne das Mädchen nicht.

BIGOT Seit vorgestern nicht mehr, Madame. Aber sie denkt noch an Sie, die kleine stramme Luison. Sie hat übrigens Zeichnungen mitgebracht, interessante Zeichnungen! Das wissen Sie sicher?

GRÄFIN Ich nehme an, daß Sie mir die Zeichnungen zurückgeben wollen.

BIGOT Aber wir brauchen Kopien davon, sie sind wichtig für unsere Arbeit, Madame. – Und weil Luison arm ist und weil Gustave arm ist, werden Sie verstehn, daß beide scharf darauf sind, zu verdienen. – Was, Gustave?

GUSTAVE Solide Prinzipien, Chef.

BIGOT Sehen Sie! Diese Leute haben eine einfache Art von Ehrgefühl: unsere Arbeit ist ihren Lohn wert, sagen sie. Wenn man nicht zahlt, werden sie sich nehmen, was ihnen zukommt.

GRÄFIN Wenn Sie mich mit diesem Menschen erpressen wollen . . .

BIGOT Was für ein häßliches Wort, Madame. Sie schätzen uns zu gering ein. Schade. *Er pfeift auf zwei Fingern* Na? Sie haben sich schon an den Ton gewöhnt, wie? Eines Tages wird sich auch Gustave an den Sessel gewöhnt haben, in den er sich gerade setzt.

Jean Jaquinot, der Kantinenwirt, erscheint.

JAQUINOT Brauchst du mich, Paul?

BIGOT Das ist mein Freund Jean. Jean Jaquinot. Ein harmloser Kantinenwirt. Mach dir's bequem, Jean. – Er wird Ihnen was erzählen, Madame. Lehrreich für Sie.

JAQUINOT Was soll ich denn der alten Dame sagen, Paul?

BIGOT Nicht gleich deine schmutzigen Witze, Jean. Sind feine Leute hier.

JAQUINOT Feine Leute sind das? Wir sind auch feine Leute.

BIGOT Erzähl doch mal, was in deiner Kantine da draußen so täglich über die Theke geht.

JAQUINOT Eine kräftige Mahlzeit täglich, Paul, 'ne kräftige Suppe. Einfach, aber herzhaft. Meine Zwiebelsuppe ist berühmt.

BIGOT Und dein Wein, Jean?

JAQUINOT Roten, mit Wasser.

BIGOT Mit Wasser. Keine Säufer unter uns, Madame.

GUSTAVE Solide Leute.

JAQUINOT *begrüßt Gustave* Gustave!

GUSTAVE Jaquinot!

BIGOT Na, und das gibt ein hübsches Sümmchen jeden Tag in deiner Kasse, was, Jean?

JAQUINOT 'n hübsches Sümmchen? Aber sie bezahlen doch nicht mit Francs, Paul. Sie geben mir Gutscheine, gestempelte Gutscheine.

BIGOT Aber du wirst schon dein Geld dafür eintauschen eines Tages, oder?

JAQUINOT Klar, Paul. Sind doch feine Leute!

BIGOT Haben Sie das gehört, Madame? So ist das organisiert. Keiner hungert.

Lecoq kommt lautlos herein, tänzerisch, mit immer lächelndem, etwas dümmlichem Gesicht, bunt aufgeputzt – ein Illusionskünstler.

BIGOT Das ist Lecoq. Der sorgt bei den Leuten für die nötige Stimmung. Ein bißchen Lebensfreude braucht der Mensch!

LECOQ *macht eine parodiert tiefe Verbeugung vor der Gräfin, zieht den Zylinder ab* Ein leerer Hut, Madame! Kein doppelter Boden!

Er zaubert in grotesker Weise aus dem Zylinder ein Meerschweinchen heraus.

Hopp – nanu? – Ein Meerschweinchen!

Gustave und Jaquinot klatschen begeistert Beifall.

BIGOT Macht doch Eindruck, was? Jedenfalls auf einfache

Leute. Die wissen noch nicht, daß ein Trick dabei ist. – Lecoq versteht auch, mit Köpfen zu spielen.

LECOQ *verbeugt sich wieder tief vor der Gräfin, zieht eine Kartoffel oder eine Rübe aus der Tasche, steckt sie auf den Zeigefinger der linken Hand, verkleidet die Hand mit einem Tuch, spielt damit: die Rolle eines koketten Mädchens. Die zweite Hand spielt die Rolle des verliebten Tölpels* »Wirst du mich auch heiraten, mein Schatz, oder bin ich dir nicht fein genug?«

Gustave und Jaquinot lachen.

JAQUINOT Oder bin ich dir nicht fein genug, Madame?

BIGOT *zur Gräfin* Sie finden das nicht komisch? Den Leuten gefällt das. Sie wiehern vor Lachen. Das macht sich bezahlt. Natürlich mit Gutscheinen.

GRÄFIN Sie werden nicht erwarten, daß ich den Geschmack Ihrer Arbeiter teile.

BIGOT O nein, Madame. Sie sind kultiviert. Sie fallen darauf nicht herein. Ich bitte Sie nur, diesen Leuten zu sagen, was Sie mir gesagt haben.

GRÄFIN Ihre unsinnige Arbeit wird nicht bezahlt!

BIGOT Hört sie euch an, Leute: sie will nicht zahlen.

JAQUINOT Sie will, daß die kleinen Leute Bankrott machen.

GUSTAVE Ist das anständig? Ist das moralisch?

LECOQ *kräht.*

BIGOT Dann allerdings werden wir weitergraben. Auf eigene Faust. Vier Stollen, von vier Seiten unter den Mauern.

LECOQ Aber vielleicht wünscht Madame die Polizei herbei? »Herr Gendarm, bitte, kommen Sie mal her!«

Er spielt mit der einen Hand den Gendarm, der vor der »Gräfin« – Lecoq selbst – aufmarschiert, Fragen stellt, während die Antworten der »Gräfin« immer unsicherer werden. Das Ganze sehr rasch.

»Brennt es denn?« – »Nein.« – »Ist ein Dieb im Haus?« – »Nein.« – »Fällt das Dach ein?« – »Nein.« – »Fühlen Sie sich bedroht?« – »Nein.« – »Aber was ist denn passiert?« – »Nichts, nichts, nichts.«

BIGOT Sie wollen nicht die Polizei rufen?

GRÄFIN *nach einer kleinen Pause* Nein.

BIGOT Das ist auch besser. Besser für Sie, die Polizei nicht im

Hause zu haben, was? Ich glaube, wir verstehn uns jetzt. Zwei Millionen Francs.

GRÄFIN *leise* Ich bitte Sie, sich zu entfernen.

BIGOT Wir möchten aber nicht gehn, ohne mit Ihnen korrekte Abmachungen getroffen zu haben, Madame.

GUSTAVE Solide Prinzipien, Madame.

JAQUINOT Muß alles Hand und Fuß haben, Madame.

LECOQ Madame . . .!

GRÄFIN Dann . . . gehn Sie in das Nebenzimmer! – Sartine!

BIGOT Aber unsere Zeit ist kostbar, Madame.

JAQUINOT *zieht ein Kartenspiel aus der Tasche, schnalzt damit* Werden solange ein Spielchen klopfen.

GRÄFIN Sartine, die Herren ins Nebenzimmer!

BIGOT Na – sind wir nicht Leute, die mit sich reden lassen? Und Sie stehen sich am Ende doch gut dabei, wenn wir die Kiste haben.

Er klopft sich seine Pfeife auf Sartines Schultern aus und geht mit den andern ins Nebenzimmer. Sartine wischt sich über die Schulter, entfernt sich.

GRÄFIN *nach einer langen Stille* Monsieur Toussaint! Ich bitte Sie, kommen Sie herauf, Monsieur Toussaint! *Toussaint, verstaubt, in unordentlicher Kleidung, kommt aus der Baugrube herauf* Monsieur Toussaint, es wird mit fünfzig Arbeitern gegraben, von drei Seiten. Die Leute besitzen die Zeichnungen. Werden die den Schatz finden? Oder werden wir ihn finden?

TOUSSAINT Man kann darauf noch keine Antwort geben. Wir – oder die andern?

Er verschwindet wieder in der Grube.

Claire-Hélène und Marcel kommen zurück.

MARCEL Unten steht ein alter Wagen. Sie haben doch hoffentlich mit den Leuten . . .

GRÄFIN Wo seid ihr gewesen, Claire-Hélène?

CLAIRE-HÉLÈNE Am Pavillon.

MARCEL Er ist zugewachsen mit Efeu seit letztem Jahr. Die Läden lassen sich nicht mehr öffnen.

Kartenspiel und Stimmen von nebenan.

BIGOTS STIMME Wer sticht Pique Dame?

LECOQ *krähend* Pique Dame? Pique Dame?

Gustave und Jaquinot lachen.

BIGOTS STIMME Paß auf, Gustave!

GUSTAVES STIMME Solide Prinzipien, Chef.

GRÄFIN Es sind anständige Leute. Sie arbeiten für uns. – Claire-Hélène, zieh ein anderes Kleid an.

Viertes Bild

Die Halle zeigt jetzt Spuren von Baufälligkeit. Risse in den Wänden. Die Erdhaufen neben den Baugruben sind steil aufgewachsen wie Termitenhügel.

Die Gräfin; Sartine, der sich Notizen macht.

GRÄFIN Gut. Und dann notieren Sie noch den Marquis d'Angeau. Er weinte damals auf meiner Hochzeit. Das gab dem feierlichen Akt etwas Endgültiges, ohne daß man dafür die Religion hätte bemühen müssen.

SARTINE *notiert sich* Marquis d'Angeau.

GRÄFIN Seit vier Jahrhunderten, Sartine, sind anständige Verlobungen und Beerdigungen der Stolz unserer Familie. Wir wollen uns anstrengen. – Vergessen Sie auch nicht, dem Marquis de Pomponne eine Einladung zu schicken, er ist Minister, er könnte Marcel eine Stellung verschaffen, vielleicht in einem Amt, wo es weder ihm noch der Regierung auffällt.

SARTINE *notiert sich* Marquis de Pomponne.

GRÄFIN Und Graf d'Orlonne, er fragt mich seit Jahren nach der Lerchenpastete.

SARTINE *notierend* Graf d'Orlonne.

GRÄFIN Hat es geläutet?

SARTINE Nein, Madame.

GRÄFIN Wenn Monsieur Testière kommt – Sie werden ihn doch wiedererkennen? Er war vor zwei Jahren einmal hier.

SARTINE Schwarzer Anzug, schwarze Lackschuhe, schwarzen Filzhut in der Hand oder, wenn sitzend, auf dem Schoß.

GRÄFIN Lassen Sie ihn nicht warten. – Was machen die Leute nebenan?

SARTINE *bei der Tür, die zum Nebenzimmer führt* Sie verhalten sich ruhig.

GRÄFIN Ich wünsche keinen Zeugen meines Gesprächs mit Monsieur Testière. Auch Claire-Hélène halten Sie bitte fern.

SARTINE Mademoiselle Claire-Hélène ist damit beschäftigt, ihr Zimmer auszuräumen.

GRÄFIN Ihr Zimmer auszuräumen?

SARTINE Wegen der Risse in den Wänden. Einige sind handbreit geworden. Das Zimmer wird abgeschlossen.

GRÄFIN Das ist eine Gelegenheit für sie, ihre vielen alten Briefe zu verbrennen. Sie wird doch nicht alles hier in der Halle unterbringen wollen! – Übrigens, Sartine, die Herzogin Aurélie de Béthune-Sully wird natürlich auch eingeladen. Trotz jener albernen Geschichten ... Sie wird auf allen Soirées Frankreichs Marcel und meine Tochter in den Ruf eines jungen entzückenden Paares bringen.

Eine Torglocke läutet. Sartine entfernt sich.

GRÄFIN *ruft Sartine nach* Und keinen Journalisten einlassen!

Einen Augenblick steht die Gräfin allein, in Erwartung Testières. – Die Tür zum Nebenzimmer wird aufgestoßen, Bigot, Jaquinot und Lecoq werden im Türrahmen sichtbar.

BIGOT Na, wie steht's, Madame?

GRÄFIN *hastig* Morgen zahle ich!

BIGOT Saubere Sache, Madame! – Gustave, du kannst heiraten!

JAQUINOT Und jedem am Sonntag sein Huhn im Topf –

LECOQ *kräht.*

JAQUINOT Sagte unser guter König Heinrich.

GUSTAVE Der verstand was vom Geschmack der kleinen Leute.

SARTINE *kommt herein* Monsieur Testière ist gekommen.

GRÄFIN Lassen Sie mich allein!

BIGOT Mit Vergnügen, Madame. – Wie geht's denn weiter?

JAQUINOT Herz-Dame sticht!

Die vier verschwinden in der Tür.

Testière tritt ein: ein alter Herr mit übermäßig korrektem Benehmen, in schwarze Feierlichkeit gekleidet.

GRÄFIN *ihm entgegen* Lieber Monsieur Testière! Daß Sie so rasch gekommen sind, beweist Ihre Anhänglichkeit, auf die ich diesmal so fest gehofft habe wie in den letzten zweihundert Jahren kein Mitglied meiner Familie auf eines der Ihren.

TESTIÈRE Sie wissen, Madame, wie Sie mir vertrauen können.

GRÄFIN Wann waren Sie zum letztenmal hier?

TESTIÈRE Am achten Mai vor zwei Jahren. Sie wollten das Stück Wald vor der südlichen Mauer verkaufen. Ich habe damals den Vertrag ausgefertigt.

GRÄFIN Im Mai, ja, das Waldstück! Meine Tochter ging darin so oft spazieren, daß ich befürchten mußte, sie würde einen Förster heiraten. Der neue Besitzer hat das Gelände abholzen lassen, und meine Tochter verlobt sich mit Monsieur de Rochouart – Sie sehen, die Welt ist in ihrer Ordnung geblieben.

TESTIÈRE Das freut mich, Madame. Es wird wieder ein Fest geben auf Croix des Anges.

GRÄFIN Wer einen Namen hat in Frankreich, wird dabei sein.

TESTIÈRE Womit kann ich Ihnen dienen, Madame?

GRÄFIN Als ich vor vierzig Jahren zum erstenmal mit Graf Henri nach Croix des Anges kam, zeigte er mir jeden Gegenstand, jedes Bild, jeden Blick aus dem Fenster. Wir standen dort im Erker. Er deutete hinunter in den Hof und sagte: Das ist Testière – wie etwas, das zur Einrichtung des Schlosses gehört. So lernte ich Sie kennen. Auf Monsieur Testière können wir uns verlassen, sagte Graf Henri. Merkwürdig: ich wußte damals nicht, was das heißt. Warum sollte ich mich auf irgend jemand nicht verlassen können?

TESTIÈRE Das war noch eine andere Welt, Madame.

GRÄFIN Nein, ich war jung und habe sie anders gesehn. – Monsieur Testière, ich brauche Geld, ich brauche drei Millionen.

TESTIÈRE Drei Millionen.

GRÄFIN Ich brauche sie für acht Tage oder für zehn Tage, nicht länger. Aber ich brauche sie noch heute.

TESTIÈRE Ich fürchte, Madame, es wird nicht leicht sein, einen Kredit zu bekommen.

GRÄFIN Ich weiß, ich weiß, Croix des Anges ist verschuldet, und es sind Risse in den Wänden, Sie brauchen mir das nicht schonend zu erklären.

TESTIÈRE Wir könnten versuchen, ein privates kleineres Kreditinstitut . . .

GRÄFIN Ich will das Geld nicht von einer Bank. Ich möchte mir die Peinlichkeit einer Absage ersparen.

TESTIÈRE Aber von wem sonst . . .?

GRÄFIN Von Ihnen.

TESTIÈRE *nach einer Stille* Madame, Sie erschrecken mich. Sie wissen, daß ich ohne Vermögen bin.

GRÄFIN Ich weiß es.

TESTIÈRE . . . und daß ich nicht über die Gelder verfügen kann, die mir als Notar anvertraut worden sind.

GRÄFIN Ich weiß es.

TESTIÈRE Und Sie erwarten von mir . . .

GRÄFIN Ihr Vertrauen. Nicht mehr als Ihr Vertrauen, Monsieur Testière.

TESTIÈRE Wie soll ich das verstehen . . .

GRÄFIN Drei Millionen Francs retten Croix des Anges.

TESTIÈRE Madame, Sie können nicht verstehen, was dieser Augenblick für mich bedeutet. Ich stehe mit leeren Händen vor Ihnen.

GRÄFIN Sollte sich Graf Henri in Ihnen getäuscht haben?

TESTIÈRE Sie . . . sehen mich hier, in Ehren alt geworden, Madame, fünfundsechzig Jahre, auf den Tag so alt wie der verstorbene Herr Graf.

GRÄFIN Sie können mir die Summe nicht besorgen?

TESTIÈRE Dieser Geburtstag – wenn ich Ihnen meine Verbundenheit so lebendig schildern könnte, wie sie in mir lebendig ist, Madame – wenn Sie mich anhören wollten! Als ich ein Knabe war, Madame, und mein Geburtstag in der Familie ernst und bescheiden gefeiert wurde, machten mein Vater und ich in den Abendstunden einen Spaziergang draußen an den Teichen vorbei. Da stand auf einmal das Schloß riesig und schwarz zwischen den Bäumen. Und in den Fenstern gingen die Lichter an. Und es kamen Wagen die Allee heraufgefahren, sie verschwanden im Torhof. Wir standen, mein Vater und ich, eine Stunde oder länger. Später hörten wir Musik – Stimmen, die sich hinüber in den Park verloren. Mein Vater sagte zu mir: Sie feiern deinen Geburtstag, Henri. Sie wissen, daß ich in Verehrung Ihrer Familie auf den Namen Henri getauft bin. Und ich habe mich jedes Jahr auf diese Stunde gefreut – auf meinen Geburtstag im Schloß. Später gab es diese Feste nicht mehr.

GRÄFIN Wir wohnten in der Stadt.

TESTIÈRE Aber ich blieb. Ich hatte das Notariat meines Vaters übernommen. Was für eine Rolle der gute Name bei der ländlichen Bevölkerung spielt! Testière ist vertrauenswürdig. Man geht zu Testière, wie man zu einer großen Bank geht. Eine gute, eine angesehene Praxis. Wissen Sie, was das heißt?

GRÄFIN Niemand, glaube ich, weiß das so gut wie ich, Monsieur Testière.

TESTIÈRE Das heißt: Fünfunddreißig Jahre in einem dunklen Büro gehockt, Tag für Tag, wo es nach Akten riecht, nach den ungelüfteten Kleidern der Bauern. Fünfunddreißig Jahre Paragraphen geprüft, nachgeschlagen, erläutert, fünfunddreißig Jahre beglaubigt, geprüft, beglaubigt – Staub, Mühsal, lichtlose Geschäftigkeit, das heißt man in der Gesellschaft, in der ich lebe, in Ehren alt geworden, Madame.

GRÄFIN Warum erzählen Sie mir das?

TESTIÈRE Verstehen Sie mich bitte, Madame! In diesen fünfunddreißig Jahren habe ich an Croix des Anges gedacht. Ich habe gewartet auf den Augenblick, in dem Sie mich brauchen würden. Dieser Augenblick sollte mich entschädigen für ein ganzes Leben. Nun bin ich gekommen, Madame, und ich muß Ihnen sagen: Erlassen Sie es mir in diesem Augenblick, nein zu sagen.

GRÄFIN Sie sind der einzige, Monsieur Testière, auf den ich meine Hoffnung setze.

TESTIÈRE *nach einer Stille* Wenn Sie mir eine Sicherheit geben könnten ...

GRÄFIN Die haben Sie.

TESTIÈRE Daß diese Grabungen Erfolg haben?

GRÄFIN Toussaint ist auf ein Labyrinth von unterirdischen Gängen gestoßen. Sie sind zum Teil verschüttet. Von beiden Seiten gräbt man sich durch, dann ist es geschafft.

TESTIÈRE Wie lange wird es noch dauern?

GRÄFIN Höchstens sechs Tage oder acht.

TESTIÈRE Und wenn man dann nichts gefunden hat?

GRÄFIN Dann hat man etwas gefunden, Monsieur Testière.

TESTIÈRE Ein Schatz, Madame, ist eine Sache, an die man heute nicht mehr so leicht glaubt. Wenn es ein einziges Beweisstück gäbe ...

GRÄFIN Croix des Anges, das genügt nicht? Monsieur Testière, wir graben aus der Tiefe unserer Vergangenheit ein neues Leben heraus. Es wird niemand mehr kommen und unsere Welt kaufen wollen wie ein unbrauchbares Möbelstück. Und niemand darf mehr sagen: Eure Zeit ist vergangen, ihr müßt euch ändern. Niemand darf sagen: Dies ist die Zeit der großen Geschäfte, euer Wert ist bemessen. Niemand darf sagen: Dies ist die Zeit der großen Spekulationen, und ihr habt verloren, der großen Vernunft, und ihr seid unvernünftig. Monsieur Testière, ich beschwöre Sie, haben Sie den Mut, und glauben Sie an den Schatz von Croix des Anges!

TESTIÈRE Madame ...

GRÄFIN Berechnungen, Inventare, Zeichnungen und die Arbeit, die schon getan ist, alles das, ich biete es Ihnen, aber fordern Sie nicht mehr, fordern Sie nicht Sicherheit, als ob das ein Geschäft wäre! Fordern Sie keine Scherben, keine Unterschrift, wo das Schicksal dieses Haus in Ihrer Hand liegt!

TESTIÈRE *zögert einen Augenblick, sagt dann leise, mit einem Ton, der Endgültiges ausspricht* Ich kann nicht, Madame.

GRÄFIN *nach einer Pause, faßt sich* Dann – vergessen Sie, daß es diesen Augenblick gab.

TESTIÈRE Madame ...

Aus dem Kamin kommt Poisinet heraus. Er ist offenbar innen heruntergestiegen und hat schon längere Zeit verborgen hinter dem Gitter verbracht. So ist er Zeuge des Gesprächs der Gräfin mit Testière geworden.

POISINET *laut und fröhlich* Voilà! Ich habe das Vergnügen, mit Madame persönlich ... und Monsieur Testière ...? Na also, ich sehe schon, ich bin hier richtig. Klappt mal wieder großartig. Erlauben Sie, daß ich Ihnen meine Karte überreiche.

GRÄFIN Sartine!

Sartine kommt.

POISINET Ich hoffe, daß ich niemand erschrecke?

GRÄFIN Sartine, wie kommt so etwas herein?

POISINET Ich bin Journalist.

GRÄFIN Ich habe gesagt, Sartine, Sie sollen keine Journalisten einlassen.

POISINET Er hat mich auch nicht eingelassen, Madame. Ich bin einfach gekommen.
Er stellt sich Testière vor, gibt ihm die Hand.
Poisinet. – Tja, schwieriges Problem für Sie, verstehe.

TESTIÈRE *zieht seine Hand zurück* Ich glaube, es ist nicht Ihre Aufgabe, das zu verstehen.

POISINET O doch! Davon leben wir nämlich, Monsieur Testière! Warum kam ich wohl gerade im richtigen Augenblick? Zufall, sagen Sie? Instinkt, mein Freund! Spürnase! Die braucht man, um der Wahrheit auf der Spur zu bleiben. – Das Gespräch nämlich, das Sie eben mit Madame geführt haben . . .

GRÄFIN Das haben Sie nicht gehört!

POISINET Sehen Sie, schon nehmen Sie Anteil an meiner unwichtigen Person. Es wird noch besser. Ich bin nämlich in der Lage, Ihnen einen wichtigen Hinweis zu geben, Madame. Das wird sicher auch Monsieur Testière freuen.
Sein rußgeschwärztes Jackett betrachtend Aber ich kann doch hier nicht so herumlaufen!

GRÄFIN Sie werden gleich gehen.

POISINET O nein, ich werde noch lange bleiben. Was nämlich meinen Hinweis betrifft . . .
Gräfin gibt Sartine einen Wink, Sartine geht ab und kommt später mit einem Rock aus dem ancien régime zurück.

POISINET Ich war bei den Arbeitern, unten. Da wird so allerlei geredet, Gerüchte kursieren, über den Schatz, über Sie, Madame, das meiste ist natürlich Unsinn. Auf einmal sagt jemand: Der Schatz ist gefunden!

GRÄFIN Ein Arbeiter?

POISINET Irgendeiner. Weiß der Teufel, wie so was aufkommt. Solche Gerüchte gehn alle paar Tage um. Aber diesmal . . . Na, ich gehe der Sache nach, ich steige in die Grube runter. Man muß sich bücken, streckenweise sogar auf dem Bauch kriechen.

GRÄFIN Und was haben Sie erfahren?

POISINET Ganz vorn stößt man auf alte Gänge, sie sind ver-

Gesellschaft im Herbst. Nationaltheater Mannheim

1960. Regie Heinz Joachim Klein. Foto Zemann.

schüttet. Und dann ist ein Stück von der Decke eingestürzt, mitten im Stollen. Drei Verletzte, aber tadellose Arbeitsmoral. Organisieren, Madame, das können die! Das ist bei denen Weltanschauung. – Aber nun das Interessanteste ... *Zu Sartine, der mit dem Rock gekommen ist* Ah, die Kleidung für mich! Ein Rock, der einen Marquis zieren würde! Etwas eng, aber modisch – wie man sie jetzt in Paris trägt. Wem gehört er?

SARTINE Dem Herzog von Saint-Aignan. Hingerichtet 1792.

POISINET Ah – letzter Schrei von 1792! – Also, Madame, aus dem Schuttberg gräbt man einen Gegenstand. Einen kleinen, belanglosen Gegenstand. *Er zieht ein kleines, in ein Tuch verpacktes Kreuz aus der Tasche* Sehen Sie! Leider wertlos, die Steine sind herausgebrochen.

GRÄFIN Ein Kreuz!

POISINET Was sagen Sie dazu?

GRÄFIN Ich kenne das Kreuz.

TESTIÈRE Wie, Madame?

GRÄFIN Das gleiche Kreuz ist in der Kapelle. Sie wissen, das Kreuz in der Kapelle ist eine Nachahmung – nach dem Original, das bisher verschwunden war ...

TESTIÈRE Wollen Sie damit sagen, daß dieses Kreuz ...

GRÄFIN Ihre Sicherheit, Monsieur Testière.

TESTIÈRE *nach einer Stille* Sie erhalten die Summe, Madame. Noch heute.

POISINET Monsieur Sartine! Bitte, meine Sachen! Kamera, Aktenmappe! Schreibmaschine! – Alles im Kamin!

Sartine begibt sich zum Kamin.

Vorhang

Fünftes Bild

Die Halle ist an einigen Stellen flüchtig renoviert, Risse sind verputzt oder zugehängt worden. Dennoch bleibt sichtbar, daß der Verfall durch die Untergrabung des Schlosses fortgeschritten ist. – Die Bewegungsfreiheit in der Halle ist beengt. Links hat Claire-Hélène ihre Zimmereinrichtung untergebracht und durch eine spanische Wand von dem übrigen Raum abgetrennt. Rechts, ebenfalls durch eine provisorische Wand abgetrennt, der Arbeitsplatz Poisinets. Man hört ihn auf der Schreibmaschine schreiben.

Claire-Hélène und Marcel in Claire-Hélènes Verschlag.

CLAIRE-HÉLÈNE Ich habe immer das Gefühl, hier eingemauert zu werden. Es wird jeden Tag enger. Wir können uns nicht mehr frei bewegen. Wir können nicht mehr laut reden – dort sitzt einer, der alles hört. Ich halte das nicht mehr aus!

MARCEL Aber Claire-Hélène . . .

CLAIRE-HÉLÈNE Es ist ja schon immer ein Haus ohne Fenster gewesen, das hast du auch gesagt!

MARCEL Damals, Claire-Hélène. Aber jetzt, unter diesen Umständen . . .

CLAIRE-HÉLÈNE Und ich habe Angst, daß ich so werde wie diese Möbel, diese Gobelins, dieses Bild da – ich habe Angst, daß ich werde – wie Mama! Mein einziger Gedanke ist: fort, fort, Marcel ist gekommen, um mich zu holen, er wird mich mitnehmen!

MARCEL Wir können doch jetzt nicht einfach weglaufen.

CLAIRE-HÉLÈNE Was hält dich?

MARCEL Das weißt du doch, Claire-Hélène . . .

CLAIRE-HÉLÈNE *mit einem Blick auf die Baugrube* Ah – das hält dich!

MARCEL Ich muß etwas haben, auf das ich bauen kann, das uns weiterhilft, uns beiden.

CLAIRE-HÉLÈNE Was hat diese elende alte Kiste mit uns zu tun, mit dir, wenn du vor mir stehst, mit mir, wenn ich dich ansehe?

MARCEL Sei doch um Gottes willen vernünftig, Claire-Hélène!

CLAIRE-HÉLÈNE Vernünftig – ich weiß, was du damit meinst. Sag's nicht!

MARCEL Es kann nicht mehr lang dauern.

CLAIRE-HÉLÈNE *heftig* Ich will nicht vernünftig sein! Ich will nicht! Ich hasse deine Vernunft!

MARCEL Sieh einmal an – die kleine Gräfin von Croix des Anges!

CLAIRE-HÉLÈNE Nicht die! Nicht die! Die will ich nicht sein!

MARCEL *packt sie am Arm, wütend* Versteh doch nur, um Gottes willen . . .

Poisinet ist aus seinem Verschlag gekommen, mit Kamera. Die beiden bemerken ihn erschrocken.

POISINET Ah – man ist gerade so hübsch beieinander. *Er arrangiert seine Kamera* Das gibt ein Titelbild!

MARCEL Claire-Hélène!

POISINET Gut, so! Bleiben Sie ernst. Würde, Verpflichtung. Das Weiblich-Bewahrende. Hat auch seinen Reiz.

CLAIRE-HÉLÈNE Sie haben vor gar nichts Respekt.

POISINET *mit seiner Kamera hantierend* Vor den Zeitungslesern, Mademoiselle! Sie verlangen Opfer wie die alten babylonischen Götter: manchmal einen Raubmord, manchmal ein Liebespaar, manchmal eine edle Tat oder einen Flugzeugabsturz. Ist das nicht großartig: Vor wenigen Wochen wußte noch niemand in unserer dürftigen Welt von Croix des Anges. Man lebte in den Tag hinein, ohne Probleme. Und heute? In Paris stehn sie an den Kiosken, auf den Dörfern sitzen sie in den kleinen Cafés, und die dicke weißblonde Madame Durand, die die Hemden ihres Mannes bügelt, und Monsieur Fournier, Lehrer an einer Mädchenschule, und Yvette, Verkäuferin in einem Kolonialwarengeschäft in Auxonne – sie alle bewegt heute die eine Frage: Wo ist der Schatz? Ihre Liebe, Mademoiselle, läßt tausend Mittagsmahlzeiten kalt werden, und das siegesgewisse, strahlende Gesicht von Monsieur de Rochouart – *er richtet die Lampen auf ihn* Charakter, Monsieur, ist Beleuchtungsache! – läßt hunderttausend einsame Frauen auf das Glück von Croix des Anges hoffen anstatt auf den eigenen Mann, der abends in den Kneipen herumsitzt. – Das ist mein Werk! – So; das Foto ist fertig. Und da wir gerade so zwanglos dabei sind: wann ist die Verlobung?

CLAIRE-HÉLÈNE In zwölf Tagen.

POISINET Und werden Sie später auf Croix des Anges wohnen?

MARCEL Ja.

Sartine und Testière kommen herein. Testière, offenbar gerade angekommen, ist nervös und ungeduldig.

SARTINE Ihre Unruhe, Monsieur Testière, ist wirklich unbegründet. Ich darf Ihnen versichern, die Arbeiten sind so weit fortgeschritten, daß man in kürzester Zeit mit dem Ergebnis rechnen kann. Vielleicht noch heute.

TESTIÈRE Monsieur Toussaint?

SARTINE Ist seit vier Tagen nicht mehr heraufgekommen.

TESTIÈRE *sieht in die Grube* Sind Sie sicher, daß er noch unten ist?

SARTINE Er schickt uns Nachrichten. Zettel, Skizzen, hier: »Ein Keller, vermutlich Vorratskammer« – das war gestern abend. »Reste eines Seitenganges.« – »Morgen wird der Gang frei sein.«

TESTIÈRE Davon las ich in der Zeitung.

SARTINE Von beiden Seiten wird die verschüttete Stelle angegangen, die Stelle, Sie wissen, an der Monsieur Poisinet das Kreuz fand.

TESTIÈRE Ich möchte Madame sprechen.

SARTINE Madame ist auf der Terrasse.

Sartine und Testière gehen ab auf die Terrasse.

POISINET *macht sich Notizen* Wollten Sie uns nicht noch etwas sagen?

CLAIRE-HÉLÈNE Was auch geschieht: ich stehe zu Marcel.

POISINET Klingt gut. Das kann Ihnen Sympathien verschaffen.

MARCEL Darauf ist Mademoiselle nicht angewiesen.

POISINET Man kann nie wissen.

Bigot kommt aus dem Schacht; später Gustave.

BIGOT Na? Das ist 'n Grund zum Feiern, was, Gustave?

GUSTAVE *noch im Schacht* Jawoll, Chef – weißes Hemd anziehn!

MARCEL *stürzt zur Baugrube* Sie kommen!

POISINET *rasch zu Claire-Hélène* Wenn's Ihnen mal dreckig geht – na, das kann doch sein? –, ich hab einen Job für Sie. Verstanden?

CLAIRE-HÉLÈNE *starrt Poisinet einen Augenblick verständnislos an, will zornig etwas erwidern, faßt sich aber, wendet sich ab und ruft* Marcel!

BIGOT Wir stören hoffentlich nicht bei einer Familienfeier!

CLAIRE-HÉLÈNE Sie sind heraufgekommen!

BIGOT Verändert hier, schau mal, Gustave! Haben Kredit bekommen. Können sich wieder was leisten. Die Risse da!

GUSTAVE Zugeklebt. Zugehangen. Zugekleistert.

MARCEL Haben Sie ...

BIGOT Ob ich was habe?

MARCEL Die Kiste gefunden!

BIGOT Die Kiste gefunden? Gustave, haben wir die Kiste gefunden?

MARCEL *verliert die Beherrschung* Reden Sie, Mann! *Gustave hat sich am Rand der Grube niedergesetzt und beginnt, in einer Zeitung zu lesen* Reden Sie! *Die Gräfin kommt mit Sartine und Testière herein.*

TESTIÈRE Nichts?

POISINET Ich glaube, wir sollten ihnen keinen Vorwurf machen. Sie taten ihr Bestes.

BIGOT Hörst du, Gustave? Wir taten unser Bestes. Mehr hat man uns nicht zu sagen, in dieser Gesellschaft. Grabt, bis ihr bucklig werdet und bis euch die Nägel von den Fingern platzen. Werdet zu Maulwürfen, damit wir Menschen sein können, sagen sie.

TESTIÈRE Man hat sie dafür bezahlt.

BIGOT Bezahlt! Da hörst du es! Nun erst mal sachte. Und wenn nun meine Leute keine Lust mehr haben, was dann? Wenn sie sagen: unter diesen Bedingungen – kommt nicht in Frage?

CLAIRE-HÉLÈNE Wo ist Monsieur Toussaint?

POISINET In einem andern Schacht – vermutlich. Man kennt sich da unten nicht mehr aus.

TESTIÈRE *verzweifelt* Nichts gefunden! Hier sollte es gefunden werden! Es war mir zugesichert worden, Madame. Das Kreuz, das Monsieur Poisinet gezeigt hat ...

POISINET Das Kreuz? Das war meine Chance, hier hereinzukommen. Von diesem Kreuz können Sie inzwischen unten im Dorf zwei Dutzend kaufen.

GUSTAVE Souvenirs. Gutes Geschäft für Jaquinot. *Stille.*

MARCEL *gegen Poisinet* Sie sind ein Betrüger!

TESTIÈRE Madame, dieses Kreuz ...

GRÄFIN Es sah so echt aus, das war mir gleich verdächtig. Aber ich dachte, vielleicht täusche ich mich, und es ist wirklich echt.

MARCEL Auf einen schmutzigen Scharlatan ist man hereingefallen!

POISINET Wieso Scharlatan? Jeder hat seine eigenen Tricks, Monsieur de Rochouart.

CLAIRE-HÉLÈNE Gewiß hat Monsieur Toussaint die richtige Spur.

TESTIÈRE *zu Bigot* Warum arbeiten Sie nicht?

BIGOT *ist mit Gustave beschäftigt, einen Teil des Raumes auszumessen, offenbar mit der Absicht, ihn abzuteilen-* Merkst du was? Sie brauchen uns, Gustave. – Madame, Sie werden nicht erwarten, daß wir unter den gegenwärtigen Umständen weiterarbeiten.

MARCEL Soll das heißen, daß Sie die Arbeit einstellen?

BIGOT Das soll heißen, daß die Arbeitsbedingungen verbessert werden müssen.

MARCEL Jetzt kommen sie mit neuen Forderungen!

BIGOT Wir richten hier oben ein Baubüro ein.

GRÄFIN Ist das nötig, Sartine?

BIGOT Ist es der Leitung eines solchen Unternehmens noch länger zuzumuten, daß sie im Freien in einem Bretterverschlag untergebracht ist? Diesen Winkel hier haben Sie sowieso nicht ausgenutzt.

MARCEL Das wollen Sie gestatten, Madame?

TESTIÈRE Lassen Sie um Gottes willen die Leute gewähren – wenn sie nur arbeiten.

MARCEL Arbeiten Sie!

CLAIRE-HÉLÈNE Man muß Monsieur Toussaint heraufholen. Sicher ist er auf der richtigen Spur. *Sie ruft* Monsieur Toussaint!

BIGOT Monsieur Toussaint, Mademoiselle, interessiert uns nicht.

CLAIRE-HÉLÈNE Er kennt sich am besten aus. Er ist von Anfang an auf der richtigen Spur gewesen.

BIGOT Sie können beruhigt sein. Wir steigen hier hinunter, und dabei werden wir Monsieur Toussaint bestimmt nicht stören. Wir arbeiten systematisch, Gang um Gang wird von uns freigelegt, und es könnte vielleicht sein, meine Herrschaften, daß unsere Leute noch andere Ausgänge finden, mitten in Ihr altes Schloß.

TESTIÈRE In zwei Tagen müssen Sie die Truhe gefunden haben. Ich beschwöre Sie . . . ich beschwöre Sie!

BIGOT Hörst du, er hat sich verkauft, Gustave.

CLAIRE-HÉLÈNE *zu Marcel* Gräßliche Menschen! Wenn sie nur erst hinunter wären!

TESTIÈRE *zu Marcel* Helfen Sie ihnen doch! Es wird geredet und geredet und nichts getan. *Zu Bigot* Ihre Leute sollen arbeiten!

BIGOT Reg dich doch nicht auf, Alter! Wir graben. Hier unten graben wir, und hier graben wir, und dort graben wir, und überall graben wir, bis diese ganze verrottete Bude zusammenfällt.

Mit Gustave ab in die Baugrube.

CLAIRE-HÉLÈNE Ich möchte das Loch zuschütten, einfach zuschütten, damit sie nicht mehr heraufkommen!

Sie wirft im hilflosen Zorn ein paar Brocken Erde hinunter.

TESTIÈRE Ich verstehe das nicht.

MARCEL Sie sind verhetzt.

Er nimmt die Zeitung, die Gustave liegen gelassen hat.

Da steht es!

POISINET Immerhin arbeiten sie. Das ist schon etwas mehr, als wir augenblicklich tun, Monsieur de Rochouart.

MARCEL Aber sie arbeiten nicht für uns.

GRÄFIN Wer in diesem Hause arbeitet, der arbeitet für uns.

MARCEL Es ist sinnlos, ganz sinnlos.

CLAIRE-HÉLÈNE Marcel!

Alle horchen. Man hört das Klopfgeräusch wieder stärker.

POISINET Die haben kräftig in die Hände gespuckt!

TESTIÈRE Sie arbeiten. Sie arbeiten. Sie arbeiten.

MARCEL *schreit* Gegen uns!

GRÄFIN Soll man sie denn aufhalten?

POISINET Die halten Sie nicht auf. Da sind Träume investiert, Madame, große rabiate Träume, die wachsen aus und wühlen sich herauf und wollen aus der Erde. Da bleibt uns hier nichts, als ihnen zuvorzukommen, eher geben sie nicht Einhalt. Und haben wir hier oben nicht auch, wie die dort unten, unsere Zuversicht? Kurz vor dem Ziel! Wenn eine Hoffnung zerstört worden ist, so bedeutet das nicht mehr, als daß wir es uns mit unserer Hoffnung zu leicht gemacht haben.

CLAIRE-HÉLÈNE Ja – das ist wahr.

TESTIÈRE Ich kann hier nicht mehr herumstehn. Ich muß etwas tun!

POISINET Ich bin optimistisch. Es ist wirklich nur eine Sache der Überlegung und des gesunden Verstandes. Jeder Spatenstich, den man bereits getan hat, selbst wenn er erfolglos war, hat uns dem Ziel nähergebracht. Denn daran, daß es den Schatz gibt, daran zweifelt doch wohl niemand? – Niemand! Sie, Monsieur de Rochouart?

MARCEL Nein.

POISINET Und Sie, Monsieur Testière?

TESTIÈRE Nein.

POISINET Monsieur Sartine?

SARTINE Nein.

POISINET Bringen Sie Geräte! Ich setze auf Monsieur Toussaint!

GRÄFIN Das gefällt mir, Sartine, bringen Sie alle Geräte, die Sie finden können!

Sartine ab.

Das ist eine gute Idee von Ihnen, Poisinet, ich verzeihe Ihnen die Behauptung, wir seien mit der Familie von Béthune-Sully verwandt.

POISINET Die Herzogin Aurélie . . .

GRÄFIN Hat Albert nicht geheiratet! –

Sartine kommt mit Geräten zurück.

Was werden Sie über diesen Tag schreiben?

POISINET *nimmt die Schaufeln an sich* Endphase – kritische Stimmung – aber erneute Zuversicht.

TESTIÈRE Ich gehe mit hinunter.

POISINET *gibt Testière eine Schaufel* Und bleiben Sie ruhig, Monsieur Testière. Denken Sie an Cato, Cicero, Montaigne – alles Juristen, die in Ehren alt geworden sind.

Testière steigt in die Grube.

Diese Schaufel für Sie, Monsieur Sartine. *Sartine steigt in die Grube* Monsieur de Rochouart – es wird Ihnen ein Erlebnis sein, legen Sie Ihr Jackett ab, denken Sie daran, wie viele Ihrer Vorfahren in diesem Kostüm auf das Schafott gestiegen sind.

Marcel mit einer Hacke in die Grube ab.

CLAIRE-HÉLÈNE Ich will auch mit hinunter!

POISINET Aber Mademoiselle!

GRÄFIN Lassen Sie sie gehen. Sie muß sich daran gewöhnen, ihrem Gatten nachzufolgen.

Poisinet gibt Claire-Hélène eine Schaufel. Sie steigt in den Schacht.

GRÄFIN *nach einer Stille* Poisinet!

POISINET Madame?

GRÄFIN Es sind alle hinunter. Alle arbeiten.

POISINET Na – wie ist mir das gelungen? Es lohnt sich doch für Sie, daß Sie mir Quartier geben!

GRÄFIN Beantworten Sie mir eine Frage.

POISINET Jede Frage, Madame.

GRÄFIN Lügen Sie nicht?

POISINET Was für ein Wort . . .

GRÄFIN Glauben Sie an den Schatz?

POISINET Nein, Madame.

Sie sehen sich an. Vorhang.

Sechstes Bild

Ein dritter Verschlag, das Baubüro Bigots, verwandelt die Halle in eine Art Notaufnahmelager. Die Erdhügel neben den Gruben sind jetzt sehr hoch gewachsen. – Morgengrauen. Nur hinter der Bretterwand Bigots schimmert Licht.

Marcel steigt aus der Grube. Er legt sein Gerät beiseite, klopft den Staub aus seiner Kleidung, hält inne, horcht. Er zieht seinen Rock an, schlägt den Kragen hoch. Er geht auf Zehenspitzen zum Ausgang. Offenbar will er das Schloß verlassen.

STIMME POISINETS *aus seinem Verschlag* Monsieur de Rochouart!

MARCEL *zuckt zusammen, beherrscht sich aber* Ah, Sie sind es!

POISINET *kommt heraus* Ich habe Sie doch nicht erschreckt?

MARCEL Erschreckt? O nein . . . natürlich nicht.

POISINET Ist Ihnen kalt?

MARCEL Kalt?

POISINET Weil Sie die Jacke angezogen haben.

MARCEL *heftig* Das geht Sie nichts an, Monsieur Poisinet!

POISINET Ich dachte nur: Vielleicht weil es draußen regnet ...? Warum sind Sie denn so nervös? Ich muß ja annehmen, daß ich Sie überrascht habe? Wollten Sie etwa ...?

MARCEL *schweigt.*

POISINET Also doch. Aber Monsieur de Rochouart, ist das anständig? Wissen Sie, wie man das nennt? Desertion. So kurz vor der Verlobung!

MARCEL Was ich tue, ist meine Sache.

POISINET Irrtum, Monsieur de Rochouart. Sie unterschätzen die öffentliche Meinung. Man kennt Fotos von Ihnen, auf denen haben Sie sich glücklich gezeigt. Erinnern Sie sich? Sie haben gelächelt. Wenn Sie davon abfallen, wird Sie die öffentliche Meinung verfolgen wie schwarze Erinnyen.

MARCEL Ich ... möchte mich ja nur etwas ausruhn.

POISINET Übrigens, vor der Tür, durch die Sie verschwinden wollten, warten ein paar Herren, die vielleicht auch an Ihrer Aussage interessiert sein werden. Unvorsichtig, da einfach abzuhauen. Das weckt Verdacht.

MARCEL Was wollen die Herren?

POISINET Monsieur Testière sprechen.

Testière kommt aus dem Schacht.

Ah, Monsieur Testière, guten Morgen!

TESTIÈRE *erregt und erschöpft; unbeherrscht zu Marcel* Warum sind Sie hier oben?

MARCEL Bin ich Ihnen Rechenschaft schuldig?

TESTIÈRE Warum sehen Sie mich so an?

POISINET Was ist mit Ihnen, Monsieur Testière?

TESTIÈRE Gestern war der letzte Tag.

MARCEL Der letzte Tag?

TESTIÈRE Es ist nicht mein eigenes Geld.

POISINET Wer wird denn in einer solchen Sache so kleinlich sein!

TESTIÈRE Sie verstehen das nicht. Sie wissen nicht, was damit zusammenhängt. Ich muß die Summe unter allen Umständen haben.

POISINET Wenn es nicht schon zu spät ist, Monsieur Testière. Man wünscht Sie zu sprechen. Es sind Kriminalbeamte.

BIGOT *kommt aus seinem Verschlag* Kriminalbeamte?

MARCEL Das ist sicher ein Irrtum.

Claire-Hélène kommt aus dem Schacht.

TESTIÈRE Das ist kein Irrtum. Es geht um die Summe, die ich zur Verfügung gestellt habe.

MARCEL Aber man wird sich doch etwas gedulden können!

TESTIÈRE Ich habe die Summe . . .

Er bemerkt, daß die andern ihn anstarren, er schweigt entsetzt.

Der Kommissar tritt ein, mit einem Polizisten.

KOMMISSAR Monsieur Testière . . .

TESTIÈRE Ja, der bin ich.

KOMMISSAR *geht auf ihn zu* Monsieur Testière, Sie stehen im Verdacht . . .

TESTIÈRE Ich weiß.

KOMMISSAR Bitte.

Der Polizist führt Testière hinaus.

POISINET *springt mit seiner Kamera vor* Monsieur Testière!

Testière dreht sich überrascht um, Poisinet macht ein Foto.

Danke! Sie erscheinen im Sonntagsblatt. Ganz Frankreich wird Sie am Samstagnachmittag beweinen!

Testière ab. Der Polizist kommt kurz darauf zurück.

KOMMISSAR Bitte, meine Herrschaften, bleiben Sie hier. – Es interessiert Sie sicher zu erfahren, daß Monsieur Testière, Notar aus Deuxvilles, ihm anvertraute Mündelgelder in Höhe von drei Millionen Francs veruntreut hat. Ich habe in diesem Zusammenhang einige kurze Fragen an Sie zu stellen.

MARCEL Das hört sich an wie ein Verhör.

KOMMISSAR Sie sind ein Angehöriger der Familie Villars-Brancas?

MARCEL Ich bin Gast auf Schloß Croix des Anges. Marcel de Rochouart.

KOMMISSAR *zum Polizisten* Schreiben Sie: Gast. – Und weshalb sind Sie hier?

MARCEL Aus Gründen, die ich hier nicht erörtern möchte.

KOMMISSAR *zum Polizisten* Schreiben Sie: private Gründe.

MARCEL Sie sagen das in einem Ton, als ob Sie das bereits für ein Delikt hielten.

POISINET *zu Marcel* Lassen Sie sich nicht beunruhigen. Es gehört zum Wesen der Autorität dieser Art, daß jede andere Existenz neben ihr verdächtig ist.

KOMMISSAR Wer sind Sie?

POISINET Journalist. – Poisinet.

KOMMISSAR Sie schreiben über diese Sache?

POISINET Informativ.

KOMMISSAR Welche Meinung vertreten Sie in dem Fall?

POISINET Diese Frage ist ein Angriff auf die Pressefreiheit.

BIGOT *lacht.*

KOMMISSAR Wer sind Sie?

BIGOT Wollen Sie von mir auch was wissen? Ich habe eine saubere Weste, Herr Kommissar!

KOMMISSAR Sie arbeiten im Auftrag der Gräfin von Villars-Brancas?

BIGOT Ja.

KOMMISSAR Bezahlt von ihr?

BIGOT Dafür haben wir gesorgt.

CLAIRE-HÉLÈNE Sie haben uns überfallen.

KOMMISSAR *zu Claire-Hélène* Wer sind Sie?

CLAIRE-HÉLÈNE Claire-Hélène de Villars-Brancas . . .

Der Kommissar erwartet weitere Auskunft. Claire-Hélène schweigt, sieht Marcel an.

MARCEL *schweigt.*

POISINET Verlobt mit Marcel de Rochouart – wenn ich das sagen darf. Die Herrschaften sind begreiflicherweise etwas befangen.

MARCEL Das hat nichts mit dem Fall zu tun.

KOMMISSAR *zu Marcel* Wann kamen Sie hierher?

CLAIRE-HÉLÈNE Kurz nachdem die Sache angefangen hatte. Aber wir kennen uns schon lange.

KOMMISSAR Sie wohnen im Schloß?

MARCEL Ja.

POISINET *auf Claire-Hélènes Schlafstelle anspielend* Hinter dem Paravent.

KOMMISSAR Ist es so?

MARCEL Ich protestiere gegen diese Art von Verhör!

KOMMISSAR Die Anwesenheit der Gräfin von Villars-Brancas ist nunmehr erforderlich.

Sartine geht ins Nebenzimmer ab.

BIGOT Ich muß gehen, die Listen abschließen. Meine Leute bekommen heute Löhnung.

Er will ab in seinen Verschlag.

KOMMISSAR Sie haben die ganze Summe bereit?

BIGOT Auf den Franc.

KOMMISSAR *gibt dem Polizisten einen Wink* Sie ist beschlagnahmt.

BIGOT Was soll das heißen?

KOMMISSAR Da es Gelder sind, die im Zusammenhang mit der Veruntreuung stehen, sehe ich mich gezwungen, sie in Verwahrung zu nehmen.

BIGOT Was haben meine Leute mit den schmutzigen Machenschaften dieser korrupten Gesellschaft zu tun? Es sind anständige Menschen!

KOMMISSAR *zum Polizisten* Stellen Sie die Mappe sicher.

Der Polizist nimmt die Mappe an sich.

BIGOT So einfach geht das nicht!

KOMMISSAR Geben Sie her!

BIGOT Wir sind nicht allein, verstehen Sie? Wir haben Mittel, unsere Rechte wahrzunehmen. Ich werde unsern Boß einschalten – Martinez, wenn Ihnen der Name etwas sagt.

KOMMISSAR Das Recht steht jenseits politischer Aktionen.

BIGOT Nicht mehr lange!

SARTINE *an der Tür* Madame kommt.

Kurzes Schweigen. Die Gräfin, altmodisch-prachtvoll gekleidet, kommt herein. Alle bis auf Bigot erheben sich.

GRÄFIN Oh, bitte, machen Sie es sich bequem.

BIGOT Madame, jetzt sind Sie dran. Ihr Notar hat in fremde Taschen gegriffen. *Ab in seinen Verschlag.*

POISINET Mündelgelder, Madame.

GRÄFIN *zum Kommissar* Ist es wahr?

KOMMISSAR *nickt* – Es ist in diesem Zusammenhang wichtig für uns zu erfahren, welchen Interessen die fragliche Summe gedient hat.

GRÄFIN Sie wurde verwendet, Croix des Anges zu erhalten.

BIGOT *aus seinem Verschlag* Erhalten ist gut! Das wäre sowieso zusammengefallen!

Er schlägt die Tür seines Verschlages zu.

KOMMISSAR Das Schloß ist verschuldet.

CLAIRE-HÉLÈNE Ich hatte immer gehofft, wir würden es verkaufen. Es gab Interessenten dafür.

POISINET Aber Mademoiselle – so ein Schloß ist romantisch – an sowas hängt man doch!

GRÄFIN *anfangs unsicher, sucht sie sich gegen die Vorwürfe der andern zu fassen; steigert sich dann immer mehr in ihre alte Selbstsicherheit hinein* Croix des Anges, mein altes Schloß, meine ausgetretenen Treppen, wer ging da alles hinauf und hinab! Meine Bilder, meine Gobelins, meine Möbel, die acht Stühle um den langen Tisch, meine Winkel und Erker mit dem Blick hinaus, meine Feste und meine kalten Vormittage, die Jahreszeiten in diesen Mauern, mein Feuer im Kamin mit allen Gedanken, guten und bösen, der Gang über die Terrasse hinab in den Park, meine verwitterten Faune und Göttinen und der kleine Knabe mit der Fackel, die Wege aus weißem Kies unter den Lauben und dann die große graue Fassade zwischen den Büschen und Baumkronen, und die Statuen oben vor dem Himmel –

Ohne sich zu den andern zu wenden

Ah – Sie lachen über mich, ich bin Ihnen altmodisch, nicht wahr?

POISINET Konservativ, Madame.

GRÄFIN Monsieur Poisinet, wie sieht denn Ihre Freiheit aus? Sie erlaubt Ihnen, viele Meinungen zu vertreten, aber sie entbindet Sie der Verpflichtung, eine zu haben.

POISINET Immerhin, Madame, erlaubt sie Ihnen, uns zum Teufel zu wünschen, während wir Sie mit wohlwollender Neugierde – das ist unsere Form von Pietät – unter uns leben lassen.

GRÄFIN Die Pietät von Totengräbern!

POISINET Wenn Sie so wollen, ja – aber ist es denn die Schuld der Totengräber, daß es Tote gibt? – Unter uns gesagt, Madame, Sie machen einen Fehler: Sie können sich nicht an die Wirklichkeit gewöhnen.

GRÄFIN Ich weiß, was Sie damit meinen: das sind Ihre langweiligen Sonntage, Ihre Gehaltserhöhungen, Ihre Sucht, immer das Neueste zu wissen, Ihre Wahlkämpfe und Altersrenten, Ihre Angst, weniger zu verdienen als der Nachbar – das ist es, was Sie Wirklichkeit nennen, nichts als verbrannte Hoffnungen! Ihre Väter hatten dafür die Freiheit auf ihre Fahnen geschrieben: aber sehen Sie sich doch um – Sie finden nichts wieder von dem, was Ihre Väter erhofft hatten, als sie gegen uns auf die Barrikaden gingen. – Nein, an eure Freiheit gewöhne ich mich nicht. Ich stehe zu dem, was in diesen Mauern vergangen ist, und wenn es Unrecht war, so ist mir das Unrecht mehr als eure kleine Gerechtigkeit, und meine überholten Vorurteile sind mir lieber als die euren. Mein Haus steht, und es ist mir die Summe wert, die Monsieur Testière dafür geopfert hat.

CLAIRE-HÉLÈNE Mama, sehen Sie nicht, wohin wir damit gekommen sind? Bedenken Sie doch, daß Sie ein Glück zerstören, das vielleicht in der von Ihnen verachteten Welt noch eine Chance hat.

GRÄFIN Das Glück, dich deinen Gefühlen hinzugeben?

CLAIRE-HÉLÈNE Nennen Sie es, wie Sie wollen. Sie können nicht verhindern, daß es für viele die einzige Hoffnung ist.

GRÄFIN Was für eine kleine, erbärmliche Welt von Gefühlen! Liebe, wie die Mücken im Frühjahr – die Erwartung am Abend, daß der Mann zurückkommt, die Angst, häßlich zu werden und eines Tages aufzuwachen mit nichts als einem kleinen Pudel am Fußende des Bettes – diese Empfindungen, Claire-Hélène, hat meine Generation den Mätressen überlassen.

CLAIRE-HÉLÈNE Mama, wenn Sie mir meine Freiheit nicht gestatten, dann bitte ich Sie zu vergessen, daß ich Ihre Tochter gewesen bin.

GRÄFIN Claire-Hélène, was geschehn ist, ist auch für dich geschehn.

CLAIRE-HÉLÈNE *am Hals ihrer Mutter, verzweifelt* Sie finden nichts mehr!

GRÄFIN Kind!

CLAIRE-HÉLÈNE *ganz hilflos unterlegen* Mama.

GRÄFIN *wie auf ein Kind einredend* Natürlich finden wir ihn. Du wirst es sehen. Du wirst staunen. Natürlich.

Sie richtet sich auf, streng

Nicht wahr? Es zweifelt doch niemand daran!

Sie bemerkt jetzt, daß sie vor den andern ihre persönlichen Gefühle gezeigt hat. Sie wendet sich, ohne noch ein Wort zu sagen und ohne daß noch jemand eine Aussage von ihr erwartet, ab und geht in ihr Kabinett. Stille.

KOMMISSAR *zum Polizisten* Haben Sie es notiert?

MARCEL *löst sich aus der Erstarrung* Ich glaube nicht mehr daran!

POISINET Aber Monsieur de Rochouart, was soll das heißen!

MARCEL Und mit Ihnen habe ich auch noch eine Abrechnung zu machen! *Er hält ihm eine Zeitung hin* Können Sie mir sagen, Monsieur Poisinet, wie dieser Artikel in diese Zeitung gekommen ist?

POISINET Ich habe viele Artikel in vielen Zeitungen.

MARCEL Es ist die Zeitung, die die Leute gegen uns aufwiegelt!

POISINET Aber nicht ohne Honorar.

MARCEL Herr Kommissar, dieser Mensch hat in schamloser Weise Geschäfte mit uns gemacht. Er hat die Zuversicht geweckt bei den einen, den Haß bei den anderen, er hat die einen gegen die andern ausgespielt und Geschäfte dabei gemacht, er hat Gerüchte als Wahrheit verkauft und Geschäfte gemacht, Wahrheit verfälscht in Lüge und Geschäfte gemacht, er hat Monsieur Testière irregeführt mit einer Fälschung und Geschäfte gemacht: Monsieur Poisinet ist schuldig an der Schuld Testières, der im guten Glauben gehandelt hat, wie wir alle.

KOMMISSAR *zu Poisinet* Was sagen Sie dazu?

POISINET Man nimmt hier in lächerlicher Weise die Wahrheit zu wichtig.

MARCEL Haben Sie das gehört? Das sagt einer, dessen Stimme die Aufmerksamkeit von Hunderttausenden auf uns lenkt.

POISINET Wahrheit – was heißt denn das? Lohnte es sich, darüber zu streiten? Würde sich eine Welt erregen über das, was ganz einfältige Wahrheit ist? Das ist eine Sache der Akten und der Statistik, davon zehren Kommunalbeamte. Wovon Sie leben – ja, und Sie – und Sie, Herr Kommissar – das ist der Verdacht, das ist die Täuschung, das ist die Übertreibung. Für Illusionen springt man ins Feuer, nicht für Tatsachen, Einbildungen verändern die Welt! Und Sie sollten mich loben: denn indem ich diese und jene Meinung, diese und jene Vermutung, Hoffnung, Lüge aufgreife und verkünde, diene ich damit nicht besser der ganzen Wahrheit als jeder einzelne von Ihnen, der nur seine eigene und eigennützige Meinung vertritt?

MARCEL Damit entgehen Sie nicht der Verachtung derer, die für ihre Überzeugung ein Opfer auf sich nehmen.

POISINET Das nennt man Haltung, Monsieur de Rochouart!

Sie können gewiß sein, daß unter den zehn Meinungen, die ich vertrete, mindestens eine ist, die mit Ihnen gemeinsam einige andere von mir entschieden bekämpft.

CLAIRE-HÉLÈNE *bei Marcel* Er hat nichts mit uns gemein, Marcel.

MARCEL Laß mich. – Auch du bist schuld! Du hast alles nur zu gern geglaubt.

CLAIRE-HÉLÈNE Du bist unbeherrscht.

MARCEL Alle im Schloß sind schuldig, weil sie die Lüge willig gehört und verbreitet haben!

POISINET Wenn Sie die Wahrheit suchen, warum fordern Sie sie nicht von dem, der vorgibt, sie gefunden zu haben, anstatt sie bei dem zu suchen, der sie nur verbreitet?

MARCEL Richtig. Ich verlange, daß man Monsieur Toussaint holt.

KOMMISSAR Wo ist er?

SARTINE Im Schacht.

KOMMISSAR *zum Polizisten* Bringen Sie Monsieur Toussaint.

Der Polizist steigt in den Schacht. Alle warten.

CLAIRE-HÉLÈNE Ich habe Monsieur Toussaint von Anfang an für einen Scharlatan gehalten.

SARTINE Auch mir war er verdächtig. Mademoiselle kann es bezeugen.

MARCEL *bei der Grube* Er kommt!

Der Polizist kommt mit Toussaint herauf. Toussaint ist sehr verändert: verwildert, schmutzig, mit unsicheren Bewegungen abwehrend, blind wie ein Maulwurf.

POISINET Ah, Monsieur Toussaint! Ich habe so viel von Ihnen gehört, aber ich hatte leider noch nicht das Vergnügen . . .!

Er macht ein Foto.

KOMMISSAR Monsieur Toussaint – Archivar?

TOUSSAINT Von der Bibliothek Lyon.

KOMMISSAR Und Sie sind nach Croix des Anges bestellt worden . . .

SARTINE Nicht bestellt worden!

KOMMISSAR Sie kamen aus freien Stücken mit dem Vorschlag, die Grabungen vorzunehmen?

TOUSSAINT Ja.

KOMMISSAR Und Sie hatten Ihre Vermutung bereits auf einen bestimmten Punkt konzentriert?

SARTINE Hier unter der Halle, sagte er.
TOUSSAINT Hier unter der Halle.
KOMMISSAR *zu dem Polizisten* Notieren Sie. – Und diese Vermutung schien sich im Verlauf Ihrer Arbeit zu bestätigen?
TOUSSAINT Ja.
SARTINE Er hat uns alle überredet.
KOMMISSAR Beharren Sie nach wie vor auf Ihrer Behauptung, daß der Schatz in den Mauern des Schlosses sein muß?
TOUSSAINT Ja.
KOMMISSAR Wo?
TOUSSAINT Unter der Halle.
KOMMISSAR Unter der Halle. – Meine Aufgabe ist erledigt. Ich danke den Anwesenden.
Ab mit dem Polizisten.
MARCEL *wütend* Monsieur Toussaint, wollen Sie uns zu Narren halten?
TOUSSAINT Ich bin ganz sicher. Ja.
MARCEL Es geht nicht mehr darum, Ihre Theorie, die Ihnen lieb und wert ist, bestätigt zu sehen. Es geht um uns. Um uns alle. Hören Sie?
CLAIRE-HÉLÈNE Geben Sie uns die Hoffnung wieder!
MARCEL Verschaffen Sie uns den Schatz!
CLAIRE-HÉLÈNE Bringen Sie ihn herauf!
SARTINE Sie wissen, wo er ist!
MARCEL Das haben Sie doch gesagt!
TOUSSAINT *mechanisch* Da unten. Unter der Halle.
POISINET Etwas verstört!
MARCEL Sie haben uns in diese Situation gebracht!
CLAIRE-HÉLÈNE Sie sind schuld! Sie allein!
Marcel und die andern drängen Toussaint zum Schacht.
SARTINE Gehn Sie doch!
CLAIRE-HÉLÈNE Warum leidet er nicht? Er soll auch leiden!
MARCEL Sie kommen nicht wieder herauf, bis Sie die Kiste gefunden haben!
CLAIRE-HÉLÈNE Betrüger!
TOUSSAINT Unter der Halle . . .
SARTINE Hinunter!
MARCEL Hinunter!

Sie stürzen Toussaint in den Schacht.

SARTINE Er ist den Gang hinuntergestürzt.

MARCEL Ich sehe ihn nicht mehr.

CLAIRE-HÉLÈNE Fort. Fort. Fort.

Aurélie de Béthune-Sully ist unbemerkt hereingekommen, sehr altmodisch im Stil des achtzehnten Jahrhunderts gekleidet – eine exaltierte Dame von etwa achtzig Jahren, von der man nicht weiß, ob sie gern Scherze macht oder ob sie wirklich verrückt ist.

AURÉLIE *hat der Szene am Schachteingang zugesehen, das Lorgnon vor den Augen, mit naiver Verständnislosigkeit* Das ist entzückend! Nein, wie ist das entzückend! Ich glaube, da bin ich im richtigen Augenblick gekommen. – Das erinnert mich, meine liebste Athalie, an die Beerdigung deines lieben Gatten. – Wo ist sie denn?

POISINET *faßt sich als erster* Wir haben die Ehre, mit . . .

AURÉLIE Aurélie, Herzogin von Béthune-Sully.

SARTINE Ich werde Sie anmelden.

Er geht ab in das Kabinett.

AURÉLIE Ich habe mir gedacht: Ich überrasche sie einen Tag vor dem Fest, und es ist mir gelungen, nicht wahr?

POISINET Aurélie de Béthune-Sully: wenn ich mich da nicht irre, besteht da eine gewisse verwandtschaftliche Beziehung . . .

AURÉLIE Ganz recht, durch Albert.

POISINET Albert. Der war es.

AURÉLIE Wo ist denn das Brautpaar? Meine liebe kleine Claire-Hélène, wie groß du geworden bist! Als ich dich zum letztenmal sah, warst du so klein . . .

Sie zeigt: Baby.

. . . so kindlich. Und das ist gewiß der Bräutigam. Stellt euch mal zusammen! Ein entzückendes Paar!

Die Gräfin kommt herein. Sie begegnet Aurélie mit sarkastischer Zurückhaltung. Aber immerhin ist Aurélie die einzige Repräsentantin ihrer Gesellschaft, die bisher gekommen ist.

AURÉLIE Athalie! Ich fühle so mit dir! Du hast es sicher gar nicht mehr zu hoffen gewagt! Was für ein Glück für dich! Übrigens, wann starb Henri?

GRÄFIN *mit frostiger Umarmung* Vor zwanzig Jahren.

AURÉLIE Albert starb mit einundzwanzig. Er starb nicht, er fiel.

GRÄFIN An einer Blinddarmentzündung. Vor eurer Vermählung.

AURÉLIE In der Schlacht bei Chanteraine. Albert war kein Mensch, der an einer Blinddarmentzündung sterben konnte. Du kanntest ihn nicht, obwohl du eine nahe Verwandte bist. Ich fand ihn sterbend ...

GRÄFIN An einer Blinddarmentzündung!

AURÉLIE Ich schwöre dir, es war kein Körperteil an ihm, der an einer Blinddarmentzündung hätte sterben können!

GRÄFIN Ich schwöre dir, daß die Schlacht bei Chanteraine niemals stattgefunden hat.

AURÉLIE Was macht das? Es gibt so merkwürdige Schlachten. Jedenfalls hat meine Verbindung mit Albert unsere verwandtschaftlichen Beziehungen zur Folge gehabt.

GRÄFIN Meine Familie pflegte seit vierhundert Jahren die deine umzubringen.

AURÉLIE Du irrst dich, meine Liebste. Ein Vorfahr der meinen war Ratgeber Karls des Sechsten, er konnte dem König immerhin empfehlen, einen Grafen von Villars-Brancas hinrichten zu lassen.

GRÄFIN Dafür, meine Liebe, ließ sich Karl der Siebente von meinem Vorfahren beraten, der ihm ans Herz legte, einen Herzog von Béthune-Sully zu enthaupten.

AURÉLIE Ein Herzog von Béthune-Sully, Liebste, war ein Günstling Ludwigs des Elften, er setzte die Verbannung eines Grafen von Villars-Brancas durch.

GRÄFIN Wofür sich ein Graf von Villars-Brancas, meine Liebe, Vertrauter Karls des Achten, zu rächen wußte, indem er einen Herzog von Béthune-Sully ins Verlies stecken ließ ...

AURÉLIE Und ein Herzog von Béthune-Sully war es, der Franz dem Ersten ...

GRÄFIN Und Heinrich der Zweite, der auf jedes Wort des Grafen von Villars-Brancas hörte ...

AURÉLIE Dafür hat Franz der Zweite ...

GRÄFIN Und Heinrich der Dritte zögerte nicht ...

AURÉLIE Ludwig der Vierzehnte brachte ...

GRÄFIN Ludwig der Fünfzehnte ...

AURÉLIE Ludwig der Sechzehnte ... hören wir auf, Athalie, Frankreich hat keine Könige mehr.

GRÄFIN Aber es hat uns noch.

Man hört Stimmen aus dem Schacht. Gustave steigt heraus, stürzt an die Tür von Bigots Verschlag.

Chef! Wo ist der Chef!

Er trommelt gegen die Bretter.

Komm raus, Chef! Haben was gefunden!

BIGOT *kommt aus dem Verschlag* Langsam, Junge. Na, was denn?

GUSTAVE *geht mit ihm zu Schacht.*

BIGOT Donnerwetter! Langsam, langsam! Schweres Ding, was! Vorsicht! – Paß doch auf! – Jetzt anheben!

AURÉLIE Sieh nur, Athalie, es sind Arbeiter! Die müssen wir uns ansehen. Man sieht sie sonst nie, und es gibt, glaube ich, davon zwei Millionen.

BIGOT Hoch die Kiste!

AURÉLIE *am Schacht, mit Lorgnon* Kommt hier ein Arbeiter?

MARCEL Der Schatz ...

AURÉLIE Denk dir, Athalie, eine Truhe!

POISINET Aber das ist doch unmöglich! Man hat tatsächlich etwas gefunden?

BIGOT Ein Brecheisen, Gustave!

SARTINE Fassen Sie an! Hier!

Er stürzt, fiebernd vor Ungeduld, über die Truhe her, versucht sie mit bloßen Händen zu öffnen, was ihm aber nicht gelingt.

GRÄFIN *tritt vor die Truhe* Halt, Sartine!

Alle treten zurück.

GRÄFIN Hier ist nicht der Ort und nicht die Zeit, die Truhe aufzubrechen. Bitte entfernen Sie sich, alle. Sartine, lassen Sie die Räume in Ordnung bringen. Marcel, gedulden Sie sich. Die Truhe wird zum Fest geöffnet.

AURÉLIE Was für ein Augenblick! Was für ein Augenblick, Albert ...! *Sie sinkt einem imaginären Albert in die Arme. Vorhang.*

Die Halle ist für eine Festlichkeit geschmückt. Die Erdhaufen, die Verschläge, die Spuren der Arbeit sind notdürftig entfernt worden. Die Wände, über die sich die Risse und Spalten wie ein großes Spinnennetz ziehen, erscheinen durchlässig; dahinter Tanzfiguren, schemenhaft, immer im gleichen Rhythmus bewegt. – Eine gedeckte Tafel. Kerzen brennen in Kandelabern. Erhöht, auf dem Absatz der Treppe, steht die verschlossene Truhe. Alle auftretenden Personen sind wie zu einem Kostümfest im Stil des 18. Jahrhunderts gekleidet – wie überhaupt während der ganzen Szene die Gegenwart nur anachronistisch durchscheint.

DIE GRÄFIN *auf Sartine zu* Der Graf Dangeau?

SARTINE *überreicht eine Karte* Angina, Madame. Er bedauert sehr.

GRÄFIN Ist man krank, wenn man Feste zu feiern hat? Ein Vorfahr des Grafen sagte, als man ihn eines Magenleidens wegen nicht vor das Tribunal schleppen wollte: Nur zu, um so schneller bin ich meine Geschwüre los! – Der Marquis von Houdetot?

SARTINE *übergibt einen Brief* Entschuldigt sich. Aufsichtsratssitzung.

GRÄFIN Ah – man geht zum Stammtisch! – Frau von Veilhan?

SARTINE *überreicht ein Telegramm* Bedauert. Ihre Tochter erwartet ein Kind.

GRÄFIN So läßt man sich von seinen Nachkommen tyrannisieren! Graf von Montlosier?

SARTINE Gestorben.

GRÄFIN Er hatte immer seinen eigenen Kopf. Herzog von Bretonvillier?

SARTINE Bedauert. Geschäfte im Ausland.

GRÄFIN Herr von Montfort?

SARTINE Bedauert.

GRÄFIN Der Herzog ... *Sie stockt, Sartines Antwort fürchtend, und wendet sich wortlos, geht in den Saal.*

POISINET *kommt, macht ein paar Tanzschritte* Erstaunlich,

wie man sich an ein Jahrhundert gewöhnt! Ein Paar seidene Hosen, schon drehen die Füße Pirouetten. Die Kostüme sind doch ein guter Einfall von mir, nicht wahr, Sartine? Man vergißt die Menschen darunter.

Die Türglocke läutet.

Weitere Gäste? Sie erwarten noch jemand?

SARTINE Nein.

POISINET Dann sind es die von mir geladenen.

Er läßt auf einem Plattenspielgerät eine Fanfare spielen. Bigot, Jaquinot und Lecoq treten auf, in Feiertagskleidung.

BIGOT Da sind wir!

POISINET Nett, daß Sie gekommen sind. Ich möchte Sie nur bitten, sich dem würdigen Anlaß entsprechend umzukleiden.

Er hilft ihnen, die bereitliegenden Kostüme anziehen.

AURÉLIE *kommt aus dem Saal hereingeschossen; auf Lecoq zu* Graf d'Orlonne! Ich erkenne Sie sofort an Ihrer Kleidung wieder! Wissen Sie, damals, als ich Ihnen errötend sagte: Ich bin schon vergeben, und Sie schworen – und das Duell! Ach, wie ich litt! Albert war ja ein unglaublicher Schütze mit der Pistole! Wissen Sie noch, das Duell? Sie schossen beide einen Hasen, der zwischen Ihnen durchlief. Wir aßen ihn gemeinsam.

LECOQ *am Arm Aurélies, kräht.*

AURÉLIE Nein, einen Hasen!

Beide ab in den Saal.

JAQUINOT Feine Leute, das sieht man doch gleich!

BIGOT Wollen mal sehn, ob wir auch noch das Tanzbein schwingen können, Jean.

Beide ab in den Saal.

POISINET *zu Sartine, der steif neben der Truhe steht* Primitiv, aber gesund.

Marcel und Claire-Hélène kommen herein.

MARCEL Ist dir nicht wohl?

CLAIRE-HÉLÈNE Alle sehen uns an.

MARCEL Wir fahren morgen früh sofort los. Zuerst nach Paris. Dann an die Riviera, Nizza – nach Rom weiter.

CLAIRE-HÉLÈNE *wie in Trance nachsprechend* Nach Paris. Nach Nizza. Nach Rom.

MARCEL Für drei Wochen, und dann . . .

CLAIRE-HÉLÈNE *plötzlich an seinem Hals* Ich will nicht wieder zurück!

MARCEL *macht sich frei, bemerkt Poisinet* Claire-Hélène – wir sind nicht allein!

Beide ab.

POISINET Die Liebe, Monsieur Sartine, werden Sie nie begreifen. Dafür leisten Sie in der Treue immerhin einiges. Wie Sie da die Truhe bewachen . . .! Manchmal, wenn Sie etwas sagen oder tun, denke ich, Sartine, Sie haben einen Charakter – aber dann ist es wieder nur ein Befehl von Madame gewesen, den Sie ausführen.

Die Türglocke ist hörbar.

Noch ein Gast?

Sartine geht zur Tür. Der fremde Herr kommt herein. Er ist groß, von gemütlicher Wohlbeleibtheit, Smoking, Glatze, dunkle Brille. Anscheinend nur wenig maskiert: wie jemand, der es selbst in der besten Gesellschaft nicht nötig hat, auf die Spielregeln zu achten.

DER FREMDE HERR Guten Abend.

Zu Sartine freundlich

Ich wünsche Ihnen einen guten Abend.

SARTINE *mit der steifen Würde eines Bediensteten* Sie irren sich, mein Herr . . . Ihre Karte!

DER FREMDE HERR *gibt ihm freundlich lächelnd eine Visitenkarte* Hier.

SARTINE *unsicher* Wen darf ich melden?

DER FREMDE HERR Fox.

SARTINE Monsieur?

DER FREMDE HERR Fox. Schlicht: Fox.

Sartine ab.

POISINET Seltener Name. Wenigstens hier.

DER FREMDE HERR Stört es Sie?

POISINET Man hat Sie doch nicht eingeladen?

DER FREMDE HERR Wie man es nimmt. Ich las es in einer Zeitung.

POISINET Aber dann hätten Sie auch lesen müssen, daß dies ein Maskenfest ist.

DER FREMDE HERR Ich bin maskiert.

POISINET Sie sind maskiert?

DER FREMDE HERR Natürlich. In Wahrheit sehe ich ganz anders aus. So . . . *Er nimmt seine Perücke ab, darunter trägt er eine weiße Rokokofrisur.*

POISINET Ah – hübscher Effekt. Sie gefallen mir. Sie haben etwas von den Leuten, aus denen unsereins Kapital schlägt.

DER FREMDE HERR Das ehrt mich.

POISINET Und Sie können von Glück sagen, daß Sie mich hier getroffen haben. Meine Beziehungen können Ihnen nützen, Mister Fox. Unmöglicher Name! Wir werden diesen kleinen Geburtsfehler korrigieren.

SARTINE *kommt zurück* Bedaure. Ein Mister Fox ist Madame unbekannt.

DER FREMDE HERR Ich stand mit ihrem Gatten im Briefwechsel.

POISINET Halt, Sartine. Es handelt sich um einen nahen Verwandten des Herzogs von Saint-Amaranthe.

DER FREMDE HERR So ist es. – Wenn es Sie weniger stört.
Er gibt Sartine eine Karte. Sartine zögernd ab.

POISINET Violà! Ich überlege mir, was ich über Sie schreiben könnte, Herr von Saint-Amaranthe. Ihr unerwartetes Auftreten, die Art, wie Sie da stehn, Ihre ganze Existenz rundet dieses famose Spectaculum ab.

DER FREMDE HERR Schreiben Sie nicht über den Herzog von Saint-Amaranthe. Schreiben Sie über Martinez. Unter diesem Namen kennt man mich besser.

POISINET Martinez – wie der Boß von den Arbeitern?

DER FREMDE HERR Genau so.

POISINET Mein Chef übrigens heißt auch Martinez.

DER FREMDE HERR Es gibt diesen Namen oft.

POISINET Ich glaube, Monsieur, Sie wollen sich mit Ihren verschiedenen Namen interessant machen.

DER FREMDE HERR Viele Namen hat man, um unbekannt zu bleiben.

POISINET Oder um im Geschäft zu bleiben.

DER FREMDE HERR Das ist kein Widerspruch.

POISINET Tippe also auf Geschäftsmann.

DER FREMDE HERR Sie können es so nennen. – Darf ich meine Maske ablegen?
Er nimmt seine Allongeperücke ab – jetzt ein normaler Herr

mittleren Alters, zündet sich eine Zigarre an und fährt fort Geschäftsmann. Ganz großen Stils.

POISINET Schwerindustrie? Konserven?

DER FREMDE HERR Ich war überall mal drin. Es ist ja gleich, was man macht. Aber alles im großen Stil! Wissen Sie, wie ich mein Geschäft groß gemacht habe? Ein Werbetrick: Durch Stille. Eine halbe Stunde jede Woche Stille im Radio – das wirkt, als ob die Welt ihren Atem anhielte, so eindrucksvoll. Diese Stille, lasse ich hinterher sagen, verdanken Sie der Firma Fox, Martinez, Saint-Amaranthe. Heute weiß jeder im Land, wem er sie verdankt.

POISINET Großartig! Schicker Einfall!

DER FREMDE HERR Ebenso werbe ich in der Presse. Durch leere Seiten. Diese leere Seiten schenkt Ihnen die Firma Fox, Martinez, Saint-Amaranthe.

POISINET Sagen Sie, können Sie keinen geschickten Journalisten brauchen?

DER FREMDE HERR Viele.

POISINET Mich?

DER FREMDE HERR Ich bin zufrieden mit Ihnen.

POISINET Ich meine, ich würde gern für Sie arbeiten. Hier ist nicht mehr viel zu holen.

DER FREMDE HERR Sie arbeiten bereits für mich, Monsieur Poisinet.

POISINET Ich meine, in Ihrer Firma.

DER FREMDE HERR Die Zeitungen, für die Sie schreiben, gehören mir.

POISINET Sie sind ...

DER FREMDE HERR Ja.

SARTINE *kommt zurück* Herr von Saint-Amaranthe –

DER FREMDE HERR *setzt seine Perücke wieder auf* Achtzehntes Jahrhundert, sagten Sie?

POISINET *faßt sich* Ausgehendes. Die Idee ist von mir. Wir fanden alte Kostüme in den Schränken.

DER FREMDE HERR Ausgehendes ... kurz vor der Revolution.

SARTINE Madame wünscht Sie zu sprechen.

DER FREMDE HERR *zu Poisinet* Hier – Ihr nächstes Wirkungsfeld.

Er gibt ihm eine Karte.

POISINET Wieder durch den Kamin?

DER FREMDE HERR Ihre Sache.

POISINET Ich lasse mir was einfallen.

Ab durch den Kamin.

Der fremde Herr ist mit Sartine in den Saal gegangen, kommt gleich darauf mit der Gräfin zurück.

DER FREMDE HERR Ich las in einer amerikanischen Zeitung von Ihnen. Sensationell aufgemacht. Es handelt sich um einen Schatz, um einen, wie es heißt, ganz außerordentlich wertvollen Schatz.

GRÄFIN *mit einem Blick auf die Truhe* Hier. *Sie bietet dem Herrn einen Platz an* Bitte. *Beide setzen sich.*

DER FREMDE HERR Zuerst sah die Sache sehr zweifelhaft aus.

GRÄFIN Warum interessiert Sie das?

DER FREMDE HERR Nur nebenbei, Madame. Es gehört zu meinen Aufgaben, die Anlagen von Mündelgeldern zu überwachen. Gelder von Waisenkindern. Das mache ich ehrenamtlich. – In diesem Zusammenhang schien es mir ratsam, gewisse Summen, die ein Notar namens Testière verwaltete, kontrollieren zu lassen. Sie verstehen?

GRÄFIN *schweigt.*

DER FREMDE HERR Die Deckung dafür – wenn Sie das interessiert: aber es müßte Sie interessieren – hat übrigens auf meine Fürsprache hin ein Reisedienst übernommen.

GRÄFIN *schweigt.*

DER FREMDE HERR Was mein Augenmerk besonders auf die ganze Angelegenheit lenkte, war die Nachricht, daß man in einem verschütteten Gang offenbar ein Kreuz gefunden hat – aus Engelsköpfen geformt, vierzehntes Jahrhundert. Man schloß daraus, daß sich der Schatz dicht dabei finden müsse – was sich später als Irrtum erwies. Das Kreuz war eine Fälschung.

GRÄFIN Immerhin hat es uns Mut gemacht, die richtige Spur zu verfolgen. Warum interessiert Sie das alles? Sammeln Sie Antiquitäten?

DER FREMDE HERR Nur aus Liebe zur Sache. Ohne Geschäftsinteresse. Ich handle nicht damit. Ich glaubte wirklich, Sie könnten sich meiner erinnern.

GRÄFIN Mister . . .

DER FREMDE HERR Ich stand vor etwa zwanzig Jahren im Briefwechsel mit Ihnen. Ja, ich hatte sogar das Vergnügen, mit Ihrem Gatten persönlich zu sprechen – in einem kleinen Pariser Hotel – wie hieß es? Es war nicht gerade ein renommiertes Hotel – La petite poule – ja, so hieß es. Es wechselte seine Bettwäsche nicht so oft wie seine Gäste.

GRÄFIN Was wollte Graf Henri von Ihnen?

DER FREMDE HERR Er war, um es offen auszusprechen, in einer gewissen Verlegenheit damals. – Das war kurz nachdem er sein Amt als Diplomat niedergelegt hatte – niederlegen mußte.

GRÄFIN *winkt ab.*

DER FREMDE HERR Sie möchten daran nicht erinnert werden, ich verstehe das. – Nun, wie Sie wissen, wurden wir rasch einig – es kam ein Verkauf zustande, bei dem der Herr Graf übrigens sehr günstig abschnitt. Das hat ihn gerettet – wenigstens vorübergehend.

GRÄFIN Was wissen Sie davon?

DER FREMDE HERR Ich nahm damals die Verpflichtung auf mich, die Stücke, die ich von Ihnen – von Ihrem Gatten erworben hatte, weder als Leihgabe einem Museum zur Verfügung zu stellen noch weiterzuverkaufen, noch ihre Herkunft zu etikettieren. Ich habe mich entsprechend verhalten. Sie sehen daraus, wie weit meine Sammlerleidenschaft ging. Es genügte mir, zu besitzen – nur zu besitzen. Einige Stücke waren sehr teuer. – Ihr Vorname, Madame, ist Hortense?

GRÄFIN Athalie Josephine Eugenie.

DER FREMDE HERR Oh, dann bitte ich um Verzeihung. Ihr Gatte sagte: Die Launen Hortenses kosten mich Unsummen. Sie hat den Ehrgeiz, in allen Betten zu schlafen, in denen französische Geschichte gemacht worden ist. Und ich dachte: Merkwürdig . . .

GRÄFIN Wenn ich Sie recht verstehe, sind Sie gekommen, um das eine oder andere Stück aus dem Schatz zu erwerben?

DER FREMDE HERR Allerdings ist mir dieser neuerdings entdeckte Schatz ganz besonders interessant. Einige Stücke – zum Beispiel das echte Engelkreuz, das sicherlich in der Truhe ist . . .

GRÄFIN Es ist nicht verkäuflich.

DER FREMDE HERR Nicht?

GRÄFIN Für keine Summe.

DER FREMDE HERR Sie können es nicht mehr verkaufen?

GRÄFIN Ich verkaufe es nicht.

DER FREMDE HERR *zieht einen sorgfältig verpackten Gegenstand aus der Tasche, öffnet das Tuch* Weil ich es bereits besitze.

GRÄFIN *blaß* Sie – besitzen das Kreuz?

DER FREMDE HERR Für fünfzehntausend Dollars vor zwanzig Jahren gekauft. Oder sollte mir Graf Henri damals so viel Geld für eine Fälschung abverlangt haben?

Stille.

GRÄFIN Sie besitzen das echte.

DER FREMDE HERR Sie verstehen also mein Interesse. Es handelt sich hier also um den gleichen Schatz, den Ihr Gatte mir vor zwanzig Jahren verkauft hat.

GRÄFIN *schweigt.*

AURÉLIE *eilig herein* Athalie! Wo bist du denn, Athalie? Ich suche dich überall. Denk dir, ich sprach mit Graf d'Orlonne – er hat Albert gekannt!

GRÄFIN Ich komme gleich – entschuldige mich, Aurélie.

Aurélie winkt ihr zu und eilt in den Saal zurück.

GRÄFIN *zu dem fremden Herrn* Was – werden Sie tun?

DER FREMDE HERR Nichts, Madame.

GRÄFIN Warum sind Sie dann gekommen?

DER FREMDE HERR Um dabei zu sein. Ich liebe solche Festlichkeiten. – Und irgendwie, Madame, glauben wir vielleicht doch insgeheim daran, Sie und ich – daß in der Truhe dort ein Schatz verwahrt ist? – Meine Hochachtung, Madame.

Er geht mit einer höflichen Verbeugung ab in den Saal.

GRÄFIN *vor dem Bildnis ihres Gatten, ohne ihn anzusehen, nach langem Schweigen* Henri, wir haben eine lange Zeit miteinander gelebt. Die letzten Jahre, seitdem Sie tot waren, sind die besten gewesen. Ich muß Ihnen gestehn, Henri: in der letzten Zeit liebte ich Sie sogar. Sie hatten eine Art von Witz, den ich früher nicht an Ihnen bemerkt hatte. Früher waren Sie so laut, jetzt konnten Sie schweigen – und was für ein Schweigen! Ein spöttisches, ein wissendes, ein lächelndes, ja sogar manchmal ein gütiges Schweigen. Mit dem Schatz also, Henri, haben Sie damals Ihre Vergangenheit wieder in Ordnung gebracht. Und ich heute? – Wissen Sie, warum ich diese Truhe, die darauf wartet, geöffnet zu werden – warum ich nicht hingehe und das Schloß aufreiße? Weil ich Angst habe um die winzig kleine, ganz unsinnige Hoffnung, die mir bleibt, solange die Riegel verschlossen sind. – Wie Sie lächeln! Danke! Ich glaube, ich werde längere Zeit brauchen, Henri, um mich in ein Lächeln zu verwandeln. Unsere Gesten, unsere kleinen Bosheiten und unsere Strenge, es ist so viel – das alles in einem kleinen Lächeln!

Mit einer galanten Geste.

Henri . . .

Sartine ist hereingekommen.

Sartine, sind Sie es?

SARTINE Madame.

GRÄFIN *geht langsam die Treppe hinauf zur Tür ihres Zimmers oben* Ich sah aus dem Fenster den Herbst im Park. Diana und die Nymphen am Weiher müssen in Säcke gehüllt werden, ehe der Frost kommt.

SARTINE Sie wissen, daß ich das nicht vergesse, Madame.

GRÄFIN Und dann fällt mir gerade ein: Die Treppe! Einige Stufen haben sich gelockert.

SARTINE Wir lassen sie reparieren. Übrigens sind die Stufen auch sehr ausgetreten.

GRÄFIN Das lassen wir, Sartine. Ich kann Treppen nicht leiden, auf denen keine Spur blieb von den Menschen, die darauf auf und nieder gingen. – Im Frühjahr, Sartine . . .

SARTINE Madame, Sie denken an das Frühjahr?

GRÄFIN Dachte ich an das Frühjahr? – Jetzt, Sartine, möchte ich mich etwas ausruhen. Die Gäste werden sich nicht langweilen, solange die Herzogin von Béthune-Sully da ist. – Ich wünsche nicht, daß jemand hereinkommt.

Sartine ist der Gräfin an der Türschwelle behilflich.

Ihre Hand zittert.

SARTINE Aber sie dient Ihnen noch immer zuverlässig, Madame. Bedürfen Sie noch einer Handreichung?

GRÄFIN Schließen Sie die Tür – leise.

Sie ist durch die Tür gegangen. Sartine schließt die Tür ab. – Marcel kommt herein, sieht sich vorsichtig um, bemerkt, daß Sartine nicht mehr die Truhe bewacht, öffnet mit raschem Griff die Schlösser, reißt den Deckel auf, greift hinein. Betrachtet, was er in den Händen hält: Erde, zerbro-

chene Blumentöpfe, Sand, der ihm zwischen den Fingern hindurchrinnt. – Er steht eine Weile erstarrt, ohne zu denken. Dann wendet er sich mit raschem Entschluß, springt die Stufen hinunter und zur Tür. – Tanz, Gelächter von nebenan. Claire-Hélène ist hereingekommen, sieht Marcel aus der Tür gehen, will ihn anrufen, bemerkt die geöffnete Truhe, läßt Marcel fortgehen. Dann erst sagt sie leise
Marcel.
Sartine schließt die Truhe.
Lecoq und Aurélie kommen herein.

LECOQ Hören Sie doch!

AURÉLIE Athalie! *Zu Sartine* Wo ist Athalie?

SARTINE Madame wird nicht mehr herauskommen.

AURÉLIE Aber was ist denn . . .?

SARTINE *macht eine Bewegung.*

AURÉLIE *erstaunt* Ach so . . . tot? *Heiter* Das war wohl alles ein bißchen viel für sie.

LECOQ Hören Sie doch!

AURÉLIE Was denn?

LECOQ Die Geschichte von der Hochzeitsnacht des armen Patachou und des reichen Prinzeßchens.

AURÉLIE Waren Sie dabei?

LECOQ Waren Sie dabei?
Beide lachen.
Sie stehen im Brautgemach, der arme Patachou und das reiche Prinzeßchen. So –
Er spielt mit der einen Hand, die er verkleidet, das Prinzeßchen. Mit der anderen Hand, unverkleidet, nur mit Hilfe einer aufgesetzten Kugel oder Kartoffel als Kopf, den armen Patachou.

AURÉLIE Entzückend!

LECOQ Da sagt der arme Patachou: »Ach, mein liebes Prinzeßchen, was für ein hübscher Hut!« – und zieht ihr den Hut ab.
Er imitiert die weibliche Stimme, verschämt
»Ach, mein lieber armer Patachou!«
Da sagt der arme Patachou: »Ach, mein liebes Prinzeßchen, was für ein hübsches Kleid!« Und zieht ihr das Kleid aus.
»Ach, mein lieber Patachou!«

»Ach, mein hübsches Prinzeßchen, was für ein hübsches Mieder!« Und zieht ihr das Miederchen aus.

AURÉLIE *spricht nun, während Lecoq weiterspielt, die Rolle des Prinzeßchen immer rascher, immer erregter mit.* »Ach, mein armer Patachou!«

LECOQ »Ach, mein liebes Prinzeßchen, was für eine schöne Perücke!«

AURÉLIE »Ach, mein lieber armer Patachou!«

LECOQ Und zieht ihr die Perücke ab.

AURÉLIE »Ach, mein armer . . .«

LECOQ »Was für eine schöne weiße Haut!«

AURÉLIE »Ach . . .«

LECOQ Und zieht ihr die Haut ab!

AURÉLIE »Ach . . .«

LECOQ »Was für niedliche Ärmchen!«

AURÉLIE »Ach . . .«

LECOQ Und rupft ihr die Ärmchen aus! »Was für ein süßes Köpfchen!«

AURÉLIE »Ach . . .«

LECOQ Und reißt ihr das Köpfchen ab!

Die Hand »Patachou« hat die Hand »Prinzeßchen« entkleidet, die Arme – aufgesteckte Stäbchen – abgezogen, schließlich den aufgesteckten Kopf abgerissen und weggeworfen.

AURÉLIE »Ach . . .«

LECOQ Der arme Patachou, jetzt will er den Arm um sein Prinzeßchen legen. »Wo bist du denn?«

Komisch weinerlich.

»Wo bist du denn? Wo bist du denn?«

Immer mehr kostümierte Gäste sind im Verlauf des Spiels herangekommen. Alle umstehen Aurélie und Lecoq.

LECOQ *mit leeren Händen, steht zuletzt vorn im Licht* »Wo bist du denn –?«

Vorhang.

Uraufführung: Nationaltheater Mannheim, 1960.
Regie: Heinz Joachim Klein.

Die Kurve

Eine Farce

Personen

ANTON
RUDOLF
KRIEGBAUM

Vor einem steil aufsteigenden, zerklüfteten Felsen eine kleine bescheiden-behagliche Hütte; Blumen, ein Gärtlein, vielleicht auch eine blaue Biedermeier-Glaskugel. Nicht weit von der Hütte eine niedrige Einzäunung, dahinter Kreuze, Grabhügel. Auf einer Bank sitzen Rudolf und Anton. Rudolf schnitzt an einem Kreuz herum. Anton memoriert leise aus seinem Notizbuch.

RUDOLF *befeuchtet den Zeigefinger und hält ihn, die Luft prüfend, in die Höhe* Thermische Aufwinde.

ANTON *sieht von seiner Lektüre auf* Was sagst du?

RUDOLF Thermische Aufwinde.

ANTON Schrecklich.

RUDOLF *betrachtet prüfend den Himmel* Wolkenloser, strahlend heiterer Himmel.

ANTON *sieht gleichfalls hinauf* Dort hinten aber zieht ein Wetter auf.

RUDOLF Eine einzelne Wolke. Sie zerstäubt über dem Grat, bis gegen Mittag.

ANTON Gegen Mittag!

RUDOLF Wenn die Sonne genau im Süden steht.

ANTON Schrecklich.

RUDOLF Es bleibt sommerlich warm, Badewetter, Urlaubswetter – Reisewetter.

ANTON Schrecklich. Hör auf.

RUDOLF Alles in bester Ordnung. Optimale Konstellation für Kabriolets.

ANTON Ich wundre mich, daß du so gefühllos bist.

RUDOLF Habe ich das Wetter gemacht? Das heitere Wetter? Das Reisewetter? Den Föhnwind? Die Wolke, die zerstäubt? Die Sonne genau im Süden – habe ich das alles in die Welt gesetzt?

ANTON Bitte, sage wenigstens nicht: das heitere Wetter.

RUDOLF So heißt es im Wetterbericht.

ANTON Und du sprichst das gedankenlos nach.

RUDOLF Ich hab keine Zeit, über so was zu simulieren, tagelang, wie du.

ANTON *gekränkt* Bruder!

RUDOLF Ich habe ja auch nicht studiert.

ANTON Wie oft schon habe ich dir klarzumachen versucht, daß es darauf nicht ankommt.

RUDOLF Und ich rede, wie mir der Schnabel gewachsen ist, verstehst du? – Schönes Wetter – ist es denn nicht schön? Ein Mordswetter ist das! Und was ich wert bin, du kleiner Sonntagsjunge, das weiß ich auch ohne dich, verstehst du?

ANTON Jeder tut das Seine, – wer wollte da sagen: dies ist mehr wert, oder jenes.

RUDOLF Was ich tue, das ernährt seinen Mann. Das ernährt auch eine Familie, was?

ANTON Willst du mir wieder vorwerfen, daß ich mich nicht nützlich mache?

RUDOLF Hast du schon mal richtig in die Hände gespuckt, – so?

ANTON Wenn ich dich ansehe, dann wünsche ich mir, ich könnte so sorglos arbeiten wie du.

RUDOLF Blumen pflanzen hinter dem Zaun!

ANTON Du weißt genau, daß wir die Blumen brauchen.

RUDOLF Und den Rest des Tages hier im Gras liegen! –

ANTON Du bist ungerecht, Rudolf. Du weißt genau, daß ich ebenso arbeite wie du. Hier – wenn du es sehn willst . . . *Er zeigt ihm Manuskripte.*

RUDOLF Was ist das?

ANTON Die Rede.

RUDOLF Die alte?

ANTON *liest* »Wieder einmal ist es geschehen. Wieder einmal finden wir uns ein . . .«

RUDOLF Immer das gleiche. Allmählich kann ich das auswendig, nur vom Zuhören.

ANTON Wie schlecht du zuhörst! Sechsmal habe ich bisher den Text verändert, sechsmal von vierundzwanzig Fällen.

RUDOLF Der Anfang jedenfalls ist immer der gleiche.

ANTON Natürlich. Es passiert ja auch immer das gleiche. Es sind nur immer andere Menschen, die unglücklichen. Da beginnt für mich das Problem. Und du merkst nicht einmal den Unterschied.

RUDOLF Du siehst also, daß sich deine Arbeit nicht lohnt.

ANTON So etwas lohnt sich um seiner selbst willen. Kannst du das nicht verstehen? – Ich habe jetzt ein neues Thema.

RUDOLF *uninteressiert* So?

ANTON Ein großartiges Thema: Über das Unabwendbare.
RUDOLF Paßt immer.
ANTON Ich denke mir: am besten zu einem Menschen, dessen Denken noch ganz auf das Persönliche gerichtet war, der noch an seine Karriere dachte, an eine Villa am Comersee, an Vergrößerung des Aktienkapitals, an männliche Erbnachfolge – ich habe das mit eingearbeitet.
RUDOLF Hoffentlich wirst du nicht enttäuscht.
ANTON Ich ändere nicht gern etwas am Konzept.
RUDOLF Hörst du was?
ANTON *horcht* Du?
RUDOLF *horcht* Schwerer Wagen. Dieselmotor.
ANTON Was du für ein Gehör hast für so was!
RUDOLF *sieht hinauf* Muß gleich um den Felsen herumkommen.
ANTON Jetzt höre ich es auch.
RUDOLF Ein Omnibus.
ANTON *entsetzt* Gott!
RUDOLF Dickes Geschäft. *Sie starren atemlos hinauf, verfolgen mit dem Blick den Weg des Fahrgeräusches: man hört einen Omnibus, der sich langsam die Serpentinen der Bergstraße hinaufschleppt.*
RUDOLF Jetzt!
ANTON Dreißig Personen, dreißig Personen, dreißig Personen.
RUDOLF *schätzt kaltblütig ab* Vollbesetzt. Mindestens fünfzig.
ANTON Lieber Gott! Fünfzig Personen, fröhliche Reisende, Verliebte, Kinder, junge Ehepaare, Mütter ... *Das Geräusch entfernt sich, hört auf.*
RUDOLF Vorbei.
ANTON *erschöpft* Meine Stirn – kalt. Schweißtropfen.
RUDOLF Die haben Glück gehabt. Die Sonne steht auch noch nicht ganz im Süden.
ANTON *ausbrechend* Glück gehabt! Warum tut man nichts dagegen! Das geht nicht so weiter! Ich ertrage es nicht! Die seelische Belastung – ich bin krank davon.
RUDOLF Aber wir tun doch etwas dagegen.
ANTON *begierig, die Antwort zu hören* Tun wir etwas dagegen?
RUDOLF Deine Eingaben an das Ministerium für Straßenbau.

ANTON *spricht mechanisch nach* Die Eingaben an das Ministerium für Straßenbau.

RUDOLF Vierundzwanzig.

ANTON Vierundzwanzig – jedesmal, wenn es passiert war. Aber es ändert sich nichts. Man hört uns nicht.

RUDOLF Ich glaube immer, eines Tages wird man etwas dagegen tun.

ANTON Eines Tages! Jeder Tag ist kostbar, vor allem jetzt, wenn Föhn ist, flimmernde Hochsommerhitze, die Sonne genau im Süden ...

RUDOLF Der Herr Ministerialdirigent kann sich das nicht so genau vorstellen. – Wenn du dort im Büro sitzt, Schiebefenster, Klimaanlage, hübsche Sekretärin, dann weißt du auch nicht, wie das hier ist. Hier.

ANTON Der Herr Ministerialdirigent Dr. Kriegbaum kann sich das nicht vorstellen. Und warum nicht? Weil ich das Ereignis nicht richtig geschildert habe, nicht dramatisch genug. Da sitzt er am Schreibtisch und nimmt einfach zur Kenntnis, der Herr Ministerialdirigent Dr. Kriegbaum. Aktenzeichen, Kurve. Hungersnot in Indien, Aktenzeichen, fertig. Hinrichtungen in Kuba, Aktenzeichen, fertig. Bergwerksunglück in Belgien, Aktenzeichen fertig. Jugendkriminalität ...

RUDOLF Das hat nichts mit Straßenbau zu tun.

ANTON Wir alle haben damit zu tun. Aber der Herr Ministerialdirigent Dr. Kriegbaum sitzt im Sessel und denkt nicht daran, weil ich das Schreckliche schlecht geschildert habe.

RUDOLF *begütigend* Na, na. – Weißt du, was ich glaube? Ich glaube, der Ministerialdirigent Kriegbaum gibt die Eingaben gar nicht weiter: Aktenzeichen, Ablage. So einer ist das, das traue ich dem zu, wie ich ihn kenne.

ANTON *auf Zuspruch hoffend* Meinst du?

RUDOLF Bestimmt. Je mehr ich mir das überlege. Verdammt ja, der Ministerialdirigent Kriegbaum, das ist so einer. Sieht nicht nach rechts und nach links, nur nach oben, und eines Tages ist er Minister geworden, – pfui Teufel. Den kenn ich.

ANTON Das sagst du, um mich zu beruhigen.

RUDOLF Es ist so – wie ich den kenne.

ANTON Du kennst ihn ja gar nicht.

RUDOLF Nein.
ANTON Na also.
RUDOLF Aber so jemand kennt man doch.
ANTON Du verstehst nichts. Du willst nicht verstehen, daß wir mitschuldig sind.
RUDOLF Also, dann eine neue Eingabe.
ANTON Ja. Ich werde schreiben: leidenschaftlich, anklagend. Herr Ministerialdirigent Dr. Kriegbaum, schreibe ich, ich kenne Sie nicht, aber ich weiß, daß Sie ein Mensch sind und daß, wohin Sie auch fliehen, welche Stellung Sie auch erreichen, die Verantwortung nicht von Ihnen weichen kann. Die Straße, das wissen Sie, muß ausgebaut werden. Stellen Sie sich vor, wie ein Wagen da hinauffährt, in der Mittagssonne, man bekommt einen merkwürdig schweren Kopf in der Föhnluft, aber die Berge sind klar, wie aus Glas, und der Herr im Wagen, stellen Sie sich vor, trommelt mit den Fingern auf dem Steuerrad. Was für ein Tag, was für eine Lust zu leben, Herr Ministerialdirigent Dr. Kriegbaum. Stellen Sie sich das vor . . .
RUDOLF *unterbricht* Ein Personenwagen!
ANTON *mit verschreckt eingezogenem Kopf* Siehst du ihn?
RUDOLF Noch nicht. – Jetzt ist er hinter dem Felsen, an der vorletzten Kurve. – Ich sehe ihn!
ANTON Wieviel sitzen drin?
RUDOLF Einer, glaube ich.
ANTON Nur einer – Gott sei Dank!
RUDOLF Und verdammt leichtsinnig, – viel zu schnell.
ANTON *ohne hinaufzusehen* Immer wieder wird doch gewarnt: langsam fahren, langsam, langsam, langsam.
RUDOLF *beobachtend* Das kurze grade Stück – taubenblau ist die Karosserie, Weißwandreifen, schön! Mit Antenne. *Geräusch; Gangschaltung.* Er schaltet in den dritten Gang!
ANTON Geht ihm nicht schnell genug! Will sich aufspielen, der Idiot! Das muß ja ein Unglück geben! Das kann ja nicht gut gehen! Geschieht ihm recht! Geschieht ihm genau recht! *Schreit* Er selbst ist schuld!
RUDOLF Die letzte Kurve! – – Achtung!
ANTON Er selbst ist schuld . . .
Bremsgeräusch, Poltern: Ein Auto stürzt den Felsen herunter.

RUDOLF Der Fünfundzwanzigste. *Ab, zur Unglückstelle.*

ANTON *rasch vor sich hin* Was habe ich gesagt? Er ist selbst schuld daran? Er ist leichtsinnig? Er beachtet nicht die Vorschriften? Habe ich das gesagt? – – Ausflüchte! – Er ist leichtsinnig. Er beachtet nicht die Vorschriften, er ist selbst schuld. – – Nein! Ich habe versagt, meine Stimme ist nicht gehört worden. – – Er ist vergnügt gefahren, die Hand trommelt auf dem Steuerrad, er pfeift ein Lied, einen Foxtrott, leichtsinnig, – – nein, warum soll er nicht fröhlich sein? – – Er trinkt vielleicht? Er ist zu einer Freundin gefahren, die Familie zu Haus? Rücksichtslos im Geschäft? Wer so fährt, ist rücksichtslos im Geschäft! Nein, ich bin schuld, daß er abgestürzt ist! Rudolf! *Er läuft ab, zur Unglücksstelle. Ein einzelnes Autorad rollt herein. Ein zweites. Dann kommt Rudolf. Er schleppt Einzelteile des abgestürzten Personenwagens.*

RUDOLF *ruft zurück* Hier hinten! Weiter rechts! Ja, gleich am Felsen, in den Rhabarberstauden! *Er schleppt die Autoteile in die Werkstatt, kommt zurück, sieht zur Unglücksstelle hinüber.* Na, damit wirst du doch wohl allein fertig! – Ja, so! An den Füßen! Ich hab mit dem Wagen genug. *Ruft, Hand am Mund* An den Füßen! *Ab in die Werkstatt. Anton zieht den Verunglückten an den Füßen herein.*

ANTON *zu dem Verunglückten* Ich bitte Sie, verzeihen Sie mir. Ich tue, was ich kann, vertrauen Sie darauf. Sie sind so schwer. Tote sind viel schwerer als Lebende. Die Erfahrung habe ich vierundzwanzigmal gemacht. – – O Gott, tot! *Er geht zur Unglücksstelle zurück, kommt mit einer Aktenmappe wieder. Rudolf kommt aus der Werkstatt.*

RUDOLF Na also. – Alles halb so schlimm, wenn man sich den Schaden genau besieht. Er ist ziemlich günstig gefallen. – Die Achsen gebrochen, natürlich. Die Karosserie ist auch ziemlich zerbeult. Aber in zwei Wochen, versprech ich dir, steht das Ding da, taubenblau und poliert, wie neu. Kannst du dich drauf verlassen.

ANTON Er ist tot.

RUDOLF *hantierend* Tragisch.

ANTON Unbeweglich, ein lebloser Klumpen Fleisch.

RUDOLF Wir sind alle sterblich, du, ich, und auch unsere Tante Else.

ANTON Wann warst du zum letztenmal oben an der Kurve?

RUDOLF Weiß nicht. Warum?

ANTON Ich habe nämlich den Verdacht, es ist kein Warnschild mehr dort oben.

RUDOLF Kinder montieren manchmal so was ab.

ANTON Ich werde diese Zustände genau beschreiben, bis ins kleinste. Wir tragen die Verantwortung, wenn sie sonst niemand tragen will. Wir!

RUDOLF Hör mal! Was sollen wir denn noch alles machen! Den Felsen wegsprengen vielleicht? Schilder malen und an der Straße aufstellen vielleicht? Das ist ja sogar verboten.

ANTON Wir müssen etwas tun.

RUDOLF Daß wir die Verunglückten beerdigen, ist das nichts? Und der Aufwand, den wir damit treiben, die Blumen, der weiße, geharkte Kies, der Zaun, die Kreuze, – wer tut das heute noch?

ANTON Nicht genug, nicht genug.

RUDOLF Na, na, na, jetzt tu mal nicht so! Jetzt nimm mal deinen Verstand und überleg mal. Deine Rede zum Beispiel, ist das nichts? Welcher Geistliche oder wer da am Grab steht gewöhnlich, kann sich in der Großstadt noch die Zeit nehmen und eine Rede so schön, so mit allem, was feierlich ist, vorbereiten? Das sind doch keine Dutzendreden. Das hört man doch heraus. Das geht ans Herz. Das sind religiöse Erlebnisse für jeden, der das mal erlebt hat, zum Donnerwetter! Und ohne einen Pfennig Geld – ist das vielleicht nichts?

ANTON *gerührt* Rudolf, – daß du mir das sagst . . .

RUDOLF Na also, wir tun unsere Pflicht und noch ein bißchen mehr, basta. Oder?

ANTON Das Gewissen.

RUDOLF Und wir sind doch auch nur Menschen, kein Vieh und kein Bürgermeister.

ANTON *fällt allmählich in einen Predigtton* Wenn ein Unglück geschehn ist, irgendwo in der Welt, und es überfällt uns im Alltag mit seiner ganzen entsetzlichen Sinnlosigkeit: dann fühlen wir uns aufgerufen, dann reißt auf einmal ein Vorhang weg vor einem Abgrund. Mit bequemen Worten und mit einer angenehmen, leicht zu lebenden Moral hatten wir ihn verstellt. Nun ist das Unglück wieder einmal geschehn. Dieser Mensch, der in der Mitte des Lebens stand ... *unterbrechend* Die Personalien!

RUDOLF *sieht in der Jacke nach* Nichts in der Jacke. *Prüft* Wildleder ...

ANTON Er hatte eine Aktenmappe bei sich.

RUDOLF Ich sehe schon nach. *Rudolf öffnet die Aktenmappe, sucht Papiere heraus* Briefe. Ein Photo, Familienidyll, gesund, christlich.

ANTON Gib her!

RUDOLF Na, na.

ANTON Ich muß das haben! – Den Ausweis!

RUDOLF Ein Jo-Jo-Spiel.

ANTON Den Ausweis!

RUDOLF Eine Schachtel Ingwer, angebrochen. *Ißt.*

ANTON Gib her/

RUDOLF Eine Diätvorschrift. Tabletten, drei schwarze Affen, Elfenbein – was der Mensch nicht alles bei sich hat, wenn er tot ist.

ANTON Gib her! Die Papiere!

RUDOLF Hier. *Liest in den Papieren.*

ANTON Jahrgang?

RUDOLF Achtundvierzig.

ANTON Name?

RUDOLF Limousine.

ANTON Das sind die Fahrzeugpapiere. Den Personalausweis!

RUDOLF Hier.

ANTON Name?

RUDOLF *schweigt.*

ANTON Name?

RUDOLF *schweigt.*

ANTON Was hast du denn?

RUDOLF Kriegbaum.

ANTON Kriegbaum.

RUDOLF Dr. jur., Erich, Ministerialdirigent, verheiratet. Besondere Kennzeichen: Zusammengewachsene Zehen am linken Fuß.

ANTON Nachsehen.

RUDOLF *zieht den Schuh des Verunglückten ab, den Strumpf, sieht nach* Stimmt.

ANTON Ministerialdirigent Dr. Kriegbaum.

RUDOLF Ausgerechnet. Wie kommt er dazu ...
ANTON Sieh mal in der Mappe nach.
RUDOLF *sieht nach* Papiere. Prospekte.
ANTON Sonst nichts?
RUDOLF Hier.
ANTON *erregt* Was?
RUDOLF Das hast du geschrieben, die ganze Mappe, vierundzwanzig Eingaben.
ANTON *triumphierend* Sie haben also doch gewirkt! Sie haben ihn beschworen, sie haben ihm keine Ruhe gelassen, sie haben sein Gewissen geweckt, gepeinigt, – bis er sich aufgemacht hat, um selbst zu prüfen, um ... *Er stockt.* Und jetzt: tot!
RUDOLF Also: ein anderer bearbeitet dann die Sache.
ANTON Ein anderer ...
RUDOLF Jeder Mensch ist ersetzbar.
ANTON Vertauschbar, ersetzbar.
RUDOLF Fragt sich nur: besser oder schlechter.
ANTON Wer weiß?
RUDOLF Sollen wir abwarten?
ANTON Warten wir ab, bis wir wissen, wer kommt.
RUDOLF Ich mache mich jetzt an die Karosserie. *Will gehen.*
ANTON Hilf mir erst.
RUDOLF Was?
ANTON Der Verunglückte muß hinüber in das Gärtlein.
RUDOLF Zieh ihn wieder an den Füßen.
ANTON Er ist Ministerialdirigent! *Rudolf faßt widerwillig an. Sie tragen den Verunglückten ein Stück. Anton setzt ab* Du!
RUDOLF Ja. Und –
ANTON Vielleicht lebt er noch.
RUDOLF Der ißt kein Kotelett mehr.
ANTON Leg ihm mal ein Blatt auf den Mund.
RUDOLF Quatsch. *Will wegtragen.*
ANTON Du bist rücksichtslos. Versuch' es erst mal mit dem Blatt. *Er reißt ein Blatt vom Busch und legt es dem Verunglückten auf den Mund.*
RUDOLF Mach das allein. *Er geht.*
ANTON Bruder! Bruder! *Rudolf bleibt stehen.* Ich glaube, das Blatt hat sich bewegt. – Ja, es bewegt sich!
RUDOLF *ärgerlich* Ohne mich. *Er kriecht unter den Wagen.*

ANTON Er bewegt sich. Er atmet. Komm doch her, es ist wirklich wahr, ich mache dir nichts vor.

RUDOLF *arbeitend* Wäre der erste!

ANTON Ja, er ist der erste!

RUDOLF *unter dem Wagen* Soll ihn wohl auch noch mit ernähren, was?

ANTON *eindringlich* Herr Ministerialdirigent! Herr Ministerialdirigent! *Kriegbaum bewegt sich.*

KRIEGBAUM *schwach, aber bestimmt* Um noch einmal . . . um noch einmal . . .

ANTON Rudolf, er spricht! – Aber gestatten Sie doch, Herr Ministerialdirigent . . .

KRIEGBAUM *schwach und ärgerlich* Um noch einmal . . . auf diese wesentliche Frage zurückzukommen . . .

ANTON Kommen Sie zu sich!

KRIEGBAUM Nein, die nicht. Die andere. Mit dem Konferenzbericht und der Stellungnahme des Ministers. Sie wissen doch . . .

ANTON *schüttelt ihn* Sie sind nicht bei Sinnen, Herr Ministerialdirigent!

KRIEGBAUM Sie können schließlich auch mal an was denken!

ANTON Ich bin so glücklich, Herr Ministerialdirigent!

KRIEGBAUM Wenn ich mal nicht da bin, was dann?

ANTON Ach, daß Sie leben, Herr Ministerialdirigent!

KRIEGBAUM *richtet sich auf* Leben? *Zuckt schmerzlich zusammen.* Wieso leben?

ANTON Besinnen Sie sich.

KRIEGBAUM Besinnen?

ANTON Sie sind abgestürzt.

KRIEGBAUM Mein Arm, verdammt!

ANTON Sie sind auf der Serpentinenstraße oben am Felsen entlanggefahren.

KRIEGBAUM *stöhnend* Wo ist mein Wagen?

ANTON Leider ziemlich demoliert, Herr Ministerialdirigent. Aber mein Bruder ist schon dabei, ihn zu reparieren.

KRIEGBAUM Ärgerliche Sache.

ANTON Beruhigen Sie sich, Herr Ministerialdirigent. Er wird wieder wie neu aussehen. Mein Bruder ist zwar kein ausgebildeter Autoschlosser, er hat sich seine Kenntnisse selbst angeeignet, – ein Bastler eigentlich nur, wie man zu sagen pflegt, aber das soll Sie nicht im geringsten beunruhigen. Er arbeitet besser als mancher Meister in den großen Werkstätten. Sie können sich darauf verlassen.

KRIEGBAUM Wie ist das passiert?

ANTON O Herr Ministerialdirigent . . .

KRIEGBAUM Man wird doch nicht behaupten wollen, daß ich leichtsinnig . . .

ANTON Aber nein, gewiß nicht.

KRIEGBAUM Oder ich wäre vielleicht in besonders guter Stimmung, ausgelassener Stimmung, wie man sich ausdrückt, gewesen . . .

ANTON Niemand kann Ihnen das vorwerfen.

KRIEGBAUM Ich habe keine Stimmungen. – Nicht die geringste Nachlässigkeit, keine Ablenkung, keine Müdigkeit. . .

ANTON Nichts dergleichen. Alles korrekt, Herr Ministerialdirigent. Und trotzdem . . .

KRIEGBAUM Na also. Sie werden es mir bestätigen, daß ich nach Vorschrift gefahren bin.

ANTON Genau nach Vorschrift, Herr Ministerialdirigent. Nur leider . . .

KRIEGBAUM Was?

ANTON Für die Strecke gibt es keine bestimmten Vorschriften. Leider, – wenn ich das sagen darf.

KRIEGBAUM Das muß anders werden.

ANTON Ich bin Ihrer Ansicht.

KRIEGBAUM Ja, jetzt erst entsinne ich mich: die verdammte Straße! Kurve rechts, Kurve links, Serpentinen, plötzlich der Felsen, die Sonne blendet . . .

ANTON Aus!

KRIEGBAUM Und warum bin ich dort oben gefahren? Warum? Dienstlich! Weil ich diese Straße einmal persönlich in Augenschein nehmen wollte. Nicht wahr?

ANTON Ich kann mir denken, daß es sich so verhält. Man hatte Ihnen vielleicht die Gefahr geschildert.

KRIEGBAUM Ja. Es waren Eingaben gemacht worden.

ANTON Vierundzwanzig.

KRIEGBAUM Ganz recht. Aber man nimmt, offengestanden, handschriftliche Eingaben nicht so ernst: das ist, meint man, ein Bauer, der sich beschwert, weil sein Vieh von den

Autos nervös wird; ein Flüchtling ersucht um die Konzession für einen Zeitungskiosk an der Kreuzung – das lohnt sich wegen der Unfälle . . . Sie glauben nicht, was da so auf den Schreibtisch flattert.

ANTON Die vierundzwanzig Eingaben stammen von meiner Hand, Herr Ministerialdirigent.

KRIEGBAUM *mustert Anton zum erstenmal* Ach. Interessant. Sie wohnen hier?

ANTON Ja, wir haben hier ein kleines Grundstück, ein ganz kleines nur, aber liebevoll gepflegt.

KRIEGBAUM Hauptsache: zufrieden, nicht wahr?

ANTON Ja. Wir haben auch keinen Grund zur Klage. Nur, leider, ist der Boden sehr hart, viele Steine, gräbt sich schwer auf. Aber sonst.

KRIEGBAUM Und warum haben Sie die Beschwerden an das Ministerium geschickt?

ANTON Keine Beschwerden, Herr Ministerialdirigent. Fassen Sie das nicht falsch auf, nur Eingaben.

KRIEGBAUM Werden Sie denn öfter belästigt – *Gebärde* – auf diese Weise?

ANTON Fünfundzwanzigmal – wenn ich Ihr Erscheinen ebenfalls so bezeichnen darf. Andrerseits tun wir natürlich gern das Nötige. Dort sind die Hügel.

KRIEGBAUM *unbehaglich* Ah. Die Hügel.

ANTON Später werden Sie sich das mal ansehen. Das ist ein ganz hübscher Spaziergang für einen Rekonvaleszenten. Kleine, abgezirkelte Wege aus weißem Kies, kein Unkraut, keine geschmacklosen Gipsfiguren. Einfache Kreuze, mein Bruder hat sie gemacht.

KRIEGBAUM Das scheint ja ein geschickter Bursche zu sein.

ANTON Schnitzarbeit, nach Feierabend. Ich selbst bin handwerklich vollkommen unbegabt. Geben Sie mir ein Messer in die Hand, ich schwöre Ihnen, ich schneide mir in den Finger.

KRIEGBAUM *wieder munter, lacht* Das kenne ich, – genau wie ich! Sie hätten meine Laubsägearbeiten sehen sollen, die ich als Junge für meine vier Tanten machen mußte: Sterntaler, mit Transparentpapier, und den Kalender mit ausgesägtem Schiller, dabei ist mir die Nase – Sie kennen doch die Nase – zweimal abgebrochen – das gab Tränen. Na, es ist trotzdem etwas ganz Ordentliches aus mir geworden, sehen Sie.

ANTON Das will ich meinen, Herr Ministerialdirigent. Und auch ich darf mich wohl einiger, wenn auch bescheidener Vorzüge rühmen, einer Begabung, die zur Entfaltung zu bringen ich als meine vorzügliche Aufgabe betrachte. Mein Talent zu schreiben nämlich . . .

KRIEGBAUM Sieh mal an.

ANTON O bescheiden, bescheiden! Aber ich darf wohl sagen, daß ich an mir arbeite, daß ich mich redlich bemühe, in allen Nuancen des Ausdrucks meiner gestellten Aufgabe gerecht zu werden.

KRIEGBAUM Ah, – Sie haben einen Auftraggeber! – Werbetexte?

ANTON Sie verstehen mich nicht richtig: Die Wirklichkeit, wenn ich so sagen darf, ist mir als Aufgabe gestellt.

KRIEGBAUM Ein Dichter, Respekt, Respekt! Wissen Sie, wenn man im Amt ist, wie ich, dann trifft man mit solchen Vögeln im allgemeinen nicht zusammen. Schade eigentlich, habe ich oft gedacht. Um so erfreulicher ist dieser Zufall, der mich Ihnen sozusagen in die Hände liefert, nicht wahr? Was schreiben Sie?

ANTON Reden.

KRIEGBAUM Reden?

ANTON Nun ja. *Zum Friedhof deutend* Die erste war noch sehr unselbständig, wie ein Schulaufsatz, Gliederung, A, B 1, B 2, C, Zusammenfassung und Ausblick. Sie kennen das sicher.

KRIEGBAUM Jeder muß ja mal anfangen, nicht wahr.

ANTON Von der dritten an wurde ich sicherer im Aufbau, genauer im Ausdruck – ich fand meinen Stil. Können Sie sich vorstellen, wie das innerlich befreit: das richtige Wort gefunden zu haben, den richtigen Tonfall?

KRIEGBAUM Kein Meister fällt vom Himmel. Und nun?

ANTON Wieso: und nun?

KRIEGBAUM Ich meine: wovon leben Sie?

ANTON O – diese Frage beschämt mich.

KRIEGBAUM Ich kann mir vorstellen, das ist nicht einfach. Oder arbeiten Sie sonst irgendwo?

ANTON Ich bin von meiner Arbeit ganz in Anspruch genommen, Herr Ministerialdirigent.

KRIEGBAUM Lobenswert, mein Lieber. Man muß eine Sache ganz tun, mit Haut und Haaren sozusagen. Aber wer zahlt – wenn Ihnen die Frage nicht unangenehm ist . . . ich frage aus Anteilnahme.

ANTON Mein Bruder.

KRIEGBAUM Ihr Bruder?

ANTON Er arbeitet drüben in seiner Werkstatt, zehn Stunden am Tag.

KRIEGBAUM Von der alten, tüchtigen Art.

ANTON Er wird manchmal sogar ungeduldig, wenn nichts zu tun ist. Dann weiß er nichts mit sich anzufangen.

KRIEGBAUM Ja, – ein großes soziales Problem, ich kenne das.

ANTON Aber meistens sind wir ja vollbeschäftigt.

KRIEGBAUM Aha. *Schweigen.* Und Ihr Bruder also . . .

ANTON Einer hilft dem andern, wissen Sie.

KRIEGBAUM Ich möchte mal versuchen aufzustehen.

ANTON Aber Herr Ministerialdirigent, seien Sie doch bitte nicht voreilig. Das kann Ihnen in Ihrem jetzigen Zustand nur schaden.

KRIEGBAUM *bemüht sich mit Energie, vergeblich* Es muß gehen.

ANTON Ein Heilungsprozeß, Herr Ministerialdirigent, braucht Zeit. Sie müssen sich ein paar Tage Ruhe gönnen. Ruhe und nochmals Ruhe.

KRIEGBAUM *sinkt wieder zurück* Ich bin doch froh, wissen Sie, daß ich das jetzt mal erfahren habe. Das war ja ein Schock, aber der mußte wahrscheinlich kommen.

ANTON Was meinen Sie, bitte?

KRIEGBAUM Die Straße.

ANTON Sie sollten nicht schon wieder an Ihre Arbeit denken, Herr Ministerialdirigent.

KRIEGBAUM Ich muß einfach. Das geht einfach nicht anders, in meiner Stellung.

ANTON Wenn ich Ihnen einen Rat geben darf: überlassen Sie die Arbeit vorerst getrost Ihrem Nachfolger. –

KRIEGBAUM Nachfolger?

ANTON Eine geeignete Persönlichkeit, die Sie ersetzt?

KRIEGBAUM Ersetzt? Sie sind gut! *Lacht.*

ANTON Der Betrieb muß doch weitergehen, auch ohne Sie, Herr Ministerialdirigent.

KRIEGBAUM Hören Sie auf! Natürlich habe ich einen Vertreter, – einen Nachfolger, wie Sie es nennen. Aber was für einen!

ANTON Ist er nicht tüchtig? Nicht korrekt? Nicht unbestechlich?

KRIEGBAUM Wenn ich nicht alles selbst mache ...

ANTON Wie heißt er?

KRIEGBAUM Kirstein, Dr. Kirstein. *Anton schreibt.* Warum schreiben Sie das auf?

ANTON Ah, ich dachte ... wegen der Eingaben ...

KRIEGBAUM Keine Sorge: das nehme ich selbst in die Hand.

ANTON Was werden Sie unternehmen?

KRIEGBAUM Das ist doch wohl klar, was ich unternehmen werde.

ANTON Die Straße ...

KRIEGBAUM Natürlich.

ANTON Kann man sich aber darauf verlassen?

KRIEGBAUM Na ich denke, so gut sollten Sie mich inzwischen kennen. Wenn ich etwas durchsetzen will und ich setze mich mit meiner ganzen Energie dafür ein ... und das werde ich tun!

ANTON Die Arbeit wird sofort in Angriff genommen?

KRIEGBAUM Sobald ich zurück bin, veranlasse ich das Nötige. Zunächst müssen einmal vernünftige Warnschilder angebracht werden: Gefährliche Kurve, – das ist doch das mindeste.

ANTON Es sind schon welche dort gewesen, früher. Sie sollen von Kindern demoliert worden sein.

KRIEGBAUM Man wird also Maßnahmen ergreifen, die das in Zukunft verhindern.

ANTON Man könnte ja auch notfalls die Straße für den normalen Verkehr sperren.

KRIEGBAUM Richtig!

ANTON Und dann?

KRIEGBAUM Wieso und dann? – Ja, dann muß der Antrag genehmigt werden. Aber das geht glatt, keine Sorge! Wo ich dahinter stehe, sagt der Minister: Ja!

ANTON Und dann?

Die Kurve. Bühnen der Hansestadt Lübeck 1960

Regie Hansjörg Utzerath. Foto Reiner Ruthenbeck.

KRIEGBAUM Wieso und dann? – Ja, dann wird gearbeitet.

ANTON Schön! Wann?

KRIEGBAUM Vielleicht nächste Woche. Mit mindestens fünf Kolonnen.

ANTON Alle arbeiten an der Straße. Und jemand, das ist der Bauführer oder der Architekt oder der Vorarbeiter oder Sie, Herr Ministerialdirigent, – jemand hat eine genaue Vorstellung davon, wie die Straße eines Tages sein wird.

KRIEGBAUM *gönnerisch* Richtig!

ANTON Wie wird sie denn sein?

KRIEGBAUM Wunderbar fest.

ANTON Asphalt?

KRIEGBAUM Eine Straßendecke kann man heute bedeutend solider machen als früher. Es gibt keine Frostaufbrüche mehr. Sie bleibt plan wie ein Brett, trotzdem rutscht man nicht darauf.

ANTON *ergriffen* Schön!

KRIEGBAUM Aber das ist natürlich noch nicht alles. Es werden Kennzeichen angebracht, an jeder Kurve, besonders natürlich an der letzten. Die Mitte der Straße wird mit einem weißen Strich markiert. Es werden Parkmöglichkeiten seitlich der Straße geschaffen, so daß diejenigen, die anhalten wollen – vielleicht um die Landschaft geruhsam zu betrachten! – nicht den Verkehr hemmen, keinen Gefahrenpunkt bilden. Was sagen Sie dazu?

ANTON Schön! – Sie haben schon eine frischere Farbe im Gesicht, Herr Ministerialdirigent!

KRIEGBAUM Aber es kommt noch besser. Katzenaugen an jedem der weißen Randsteine, so daß auch bei Dunkelheit die Kurven, die Serpentinen im Scheinwerferlicht gut erkennbar sind. Oben schließlich, an der letzten Kurve ...

ANTON Der Felsen!

KRIEGBAUM Wird weggesprengt. Ja, wir werden an dieser Stelle die Fahrbahn sogar zweigleisig machen: eine Bahn führt, von unten herauf, außen herum, die andere durch den Felsen hindurch, durch einen Tunnel.

ANTON Schön!

KRIEGBAUM Das geht schließlich nicht anders. Denn es könnte doch sein, daß gleichzeitig ein Wagen von oben herunter, ein anderer von unten . . . und direkt in der Kurve . . . nicht wahr?

ANTON Das ist, offen gestanden, noch nie passiert, Herr Ministerialdirigent. Es war bisher sehr wenig Verkehr auf der Straße.

KRIEGBAUM *ungeduldig* Aber es könnte passieren. Es könnte! Was dann?

ANTON *beschämt* Sie haben recht, es könnte passieren. Ich habe zu leichtfertig gedacht, Herr Ministerialdirigent.

KRIEGBAUM Und wie ist es nachts? Noch nie etwas gemerkt?

ANTON Sehr selten. Von den vierundzwanzig war es nur einer, gegen zwei Uhr. Er war aber betrunken.

KRIEGBAUM Was heißt das? Dieser eine: hat er nicht gelitten wie die anderen? Haben nicht Frau und Kind auf ihn gewartet wie bei den anderen? Sehen Sie: gerade auf diesen einen kommt es uns an!

ANTON Verzeihen Sie! Ich bin natürlich Ihrer Meinung, Herr Ministerialdirigent, ich dachte nur, das Ministerium könne nicht gleich . . . schließlich . . .

KRIEGBAUM *aufgebracht* Kann nicht! Kann nicht! Was ist das für ein Wort! Natürlich kann ich! Das ist lediglich eine Sache der persönlichen Initiative.

ANTON Was werden Sie tun, in bezug auf die Nacht?

KRIEGBAUM Die Nacht wird beseitigt.

ANTON Das wäre schön.

KRIEGBAUM Haben Sie schon mal etwas von Neonlichtern gehört? *Er redet sich in Begeisterung* Wenn es dunkel wird, steigt auf einmal eine Kaskade von Licht die Straße hinauf, um alle Kurven herum, Licht um Licht, – Sie können das jeden Abend von hier unten beobachten. Und dann vergißt man die Straße, vergißt man, daß es Nacht ist, vergißt man die Felswand rechts und den Abgrund links, man fährt sicher und froh in einem Rausch von Licht dahin.

ANTON *begeistert* Wunderbar! Wunderbar!

KRIEGBAUM Keine Angst mehr vor Überraschungen! Wenn man losfährt, weiß man, daß man ankommt.

ANTON Wunderbar. Niemand wartet mehr vergebens. Es gibt kein Leid mehr.

KRIEGBAUM Der Verkehr läuft reibungslos.

ANTON Der Verkehr, könnte man sagen, von Mensch zu Mensch.

KRIEGBAUM Ja, kann man sagen.

ANTON Wunderbar, wunderbar!

KRIEGBAUM Denn im Grunde, seien wir doch ehrlich, haben wir alle einander nötig. Keiner darf also gleichgültig sein. Das ist einfach eine Notwendigkeit im wörtlichsten Sinne, – meine private Ethik.

ANTON Ja, alle brauchen einander. Alle lieben einander. Das Leid der Welt ist ausgetilgt. *Plötzlich betrübt.* Schade.

KRIEGBAUM Schade, wieso?

ANTON Es fiel mir ein, daß . . . *stockt.*

KRIEGBAUM Was?

ANTON . . . daß . . . daß es niemals so sein wird.

KRIEGBAUM *ernüchtert* Aber warum denn nicht?

ANTON Es ist zu schön, einfach zu schön.

KRIEGBAUM *unsicher, jovial* Aber mein Bester, haben Sie doch Vertrauen.

ANTON Ich habe ja Vertrauen, – aber trotzdem . . . das hat damit nichts zu tun.

KRIEGBAUM Sehen Sie mich einmal an! Trauen Sie mir keine Initiative zu?

ANTON Doch, doch. Aber ich weiß nicht . . .

KRIEGBAUM Ach, Sie meinen, weil ich früher . . . das war doch etwas anderes. Ich bitte Sie. So ein Schock, das ändert den Menschen.

ANTON *seine Rede ansetzend* Wenn das Unglück passiert . . . *unterbricht* Wirklich?

KRIEGBAUM Glauben Sie mir. Von Grund auf. Ich will Ihnen, wenn Sie so skeptisch sind, mal die Wahrheit sagen. Wissen Sie, warum ich da oben gefahren bin?

ANTON Sie sagten es, die Eingaben . . .

KRIEGBAUM In der Mappe, mein Lieber, in der Mappe! Aber man ist ja auch ein Mensch, verstehen Sie? Man tut ja so manches. Ich bin nicht so gesund, wissen Sie, wie meine Leute im Amt meinen. Galle und Leber, lästige Sache. Muß operiert werden, sagt mein Hausarzt. Operieren, Bauchaufschneiden? Mir nicht, sage ich. Unser Hausmädchen – tüchtige, alte Jungfer, vom Land, so etwas finden Sie heute gar nicht mehr! – kennt einen alten Waldhüter, der ist heilkundig, alte Volksweisheit und Überlieferungen und so weiter – nicht zu verachten! Also zu dem bin ich gefahren, – heimlich natürlich, man will sich ja nicht lächerlich machen.

ANTON Nur zufällig also . . .?

KRIEGBAUM Auf dieser Straße – glücklicherweise.

ANTON Oder unglücklicherweise.

KRIEGBAUM Oder unglücklicherweise, – wie man's nimmt.

ANTON Man kann das so oder so nehmen.

KRIEGBAUM Und wissen Sie, was der Alte mir verordnet hat? Gekochte Schafsläuse!

Anton verständnislos.

KRIEGBAUM *lacht* Gekochte Schafsläuse – – Schluß damit. Jetzt kümm're ich mich um die Straße. Lassen Sie mich nur erst wieder im Amt sein. – Ich will mal versuchen, auf die Beine zu kommen. *Er erhebt sich mit Antons Hilfe* Danke, danke. Sehen Sie, es geht schon.

ANTON Vorsichtig!

KRIEGBAUM Das geht doch schon blendend, finden Sie nicht?

ANTON Es geht Ihnen alles nicht rasch genug, Herr Ministerialdirigent. Wieder im Amt sein! Glauben Sie wirklich nicht, daß Ihr Nachfolger, Herr Dr. Kirstein . . .

KRIEGBAUM Jetzt sagen Sie schon wieder: Nachfolger.

ANTON Das liegt mir so auf der Zunge. Verzeihen Sie.

KRIEGBAUM Ich will mal einen kleinen Gehversuche machen.

ANTON Aber Sie sind noch unsicher! Sie könnten stolpern! – Warum lehnen Sie es denn so strikt ab, daß Herr Dr. Kirstein, Ihr . . . daß er die Vertretung übernimmt?

KRIEGBAUM Unzuverlässig! Unzuverlässig, mein Lieber! Ich garantiere Ihnen, Ihre Eingaben liegen fünf Jahre bei ihm, ehe sie zur Bearbeitung kommen. – Nein, lassen Sie mich nur allein gehen, danke! *Er geht.* Es schmerzt noch ein bißchen, beim Auftreten. Ich gehe nicht weit, unbesorgt. Nur ein wenig da hinüber. Danke, mein Lieber. *Er geht ab. – Anton sieht ihm nach, macht sich dann mit den Papieren aus der Mappe des Ministerialdirigenten zu schaffen. Steckt einige davon zu sich.*

Pause

Rudolf kommt.

RUDOLF Wo ist er?

Anton deutet die Richtung.

RUDOLF Er geht fort?

ANTON Spazieren. Er kann schon wieder ganz gut gehen.

RUDOLF *mißtrauisch* So. Er kann schon wieder ganz gut gehen?

ANTON Ich habe ihn sozusagen gesundgepflegt. Er hat das selbst gesagt. Und du hattest ihn schon aufgegeben. Abgestürzt, tot, fertig – hast du gedacht.

RUDOLF *ärgerlich* Wohin geht er?

ANTON Er kommt gleich zurück. Er macht nur einen ersten Versuch.

RUDOLF So, er kommt gleich zurück.

ANTON *deutend* Siehst du ihn? Dort ist er. Jetzt setzt er sich. Er ist noch schwach in den Knien.

RUDOLF So, er ist noch schwach in den Knien. Aber er wird zusehends kräftiger.

ANTON Wir wollen nicht zu optimistisch sein. Ein Sturz ist schließlich keine Kleinigkeit. Er war ja anfangs wirklich wie tot. Keine Bewegung, kein Atemzug.

RUDOLF Ja, wie tot war er – war er.

ANTON Und jetzt? Das ist ein Unterschied wie Tag und Nacht. Er sprüht schon wieder vor Aktivität.

RUDOLF So.

ANTON Er läßt die Straße ausbauen, sobald er wieder im Amt ist.

RUDOLF So.

ANTON Das hat ihm nämlich einen Schock versetzt, das Unglück. *Er zitiert seine Rede* Wenn ein Unglück geschehen ist, irgendwo in der Welt, und es überfällt uns mit seiner ganzen entsetzlichen Sinnlosigkeit . . . dann fühlen wir uns aufgerufen . . . *Er zieht das Manuskript aus der Tasche* . . . Dann reißt auf einmal der Vorhang weg . . .

RUDOLF Steck deine Predigt in den Ofen!

ANTON Das ist gut, als Anfang, sehr gut.

RUDOLF Siehst du: er macht Freiübungen.

ANTON *hinsehend* Tatsächlich. *Er faltet das Manuskript sorgfältig zusammen und steckt es in die Tasche.*

RUDOLF Jetzt macht er sogar einen Dauerlauf.

ANTON Du verstehst mich nicht. Du hast mich nie verstanden. Du siehst nur, was du siehst, du hörst nur, was du hörst. Du bist ein ganz stumpfer Mensch.

RUDOLF Ich höre die Autos kommen. Ein Fiat . . . ein Omnibus . . . ein Rolls Royce . . .

ANTON Ministerialdirigent Kriegbaum hat einen feinen Sinn für meine Reden.

RUDOLF *gehässig* So. Er gefällt dir auch noch!

ANTON *unsicher* Nun ja – als Mensch.

RUDOLF Dort klettert er die Felsen hinauf!

ANTON *erschrocken* Halt ihn zurück! Er entkommt uns!

RUDOLF *sieht Anton an* Wieso sagst du: entkommen?

ANTON Ich meinte – *unsicher* – er verletzt sich vielleicht.

RUDOLF Hat nur ein paar Blumen gepflückt.

ANTON *hilflos* Was wird aus uns?

RUDOLF Ich weiß nicht. Ich bin einer, der Autos repariert. Das andere ist deine Sache.

ANTON Das andere . . .?

RUDOLF Du lebst ja schließlich auch davon.

Pause.

Kriegbaum kommt zurück, er sieht fröhlich aus, er hat eine Blume in der Hand.

KRIEGBAUM *forsch gehend* Na, da staunen Sie aber, was?

ANTON Das ist mein Bruder.

KRIEGBAUM Das habe ich mir schon gedacht, als ich Sie da stehen sah: Das Brüderpaar! Es freut mich aufrichtig, auch Sie persönlich kennenzulernen. *Gibt ihm die Hand.* Wenn Sie nicht da unten gewesen wären, Sie beide, wenn Sie nicht den Sturz beobachtet hätten und mir zu Hilfe geeilt wären, als ich in den Rhabarberstauden lag – die Stelle habe ich mir eben noch einmal angesehen – na, danke, ich wäre nicht wieder aufgestanden.

ANTON Bei Ihrer gesunden Konstitution, Herr Ministerialdirigent.

KRIEGBAUM Nein, nein, – Verdienst ist Verdienst. Übrigens, um ein Haar wäre ich auf den Felsbrocken geschlagen, neben den Stauden.

RUDOLF Darauf fallen die meisten.

ANTON Sehen Sie! Sie sind ein Glückspilz, Herr Ministerialdirigent.

KRIEGBAUM Ja, das kann ich wohl von mir sagen. Sehen Sie mal, was ich hier habe.

ANTON *sieht hin* Eine Akelei.

RUDOLF Nett.

KRIEGBAUM Ich habe mir erlaubt, eine zu pflücken – das ist doch gestattet?

ANTON O bitte!

KRIEGBAUM Übrigens, das haben Sie wirklich sehr reizend und geschmackvoll angelegt, den Garten, die Wege, die Beete.

ANTON Wir haben immer dafür gesorgt, daß Blumen da sind. Ohne Blumen sind diese Hügelchen gar zu trostlos.

KRIEGBAUM Ich darf mir doch die kleine Akelei mitnehmen, – als Andenken?

ANTON Aber gern!

RUDOLF Als Andenken.

KRIEGBAUM Wird sofort in die Autovase getan. Und Wasser . . . Was macht denn mein Wagen?

RUDOLF Fast fertig.

KRIEGBAUM Großartig! Ich kann ihn also gleich mitnehmen?

RUDOLF Die Sitze müssen noch montiert werden.

KRIEGBAUM Lassen Sie sich ruhig Zeit, – Hauptsache, man sieht hinterher nichts mehr von dem Vorfall.

RUDOLF Noch kein Autobesitzer hat sich beklagt.

KRIEGBAUM Natürlich nicht, natürlich nicht – fassen Sie das doch bitte nicht als Vorwurf auf!

RUDOLF Jeder Wagen sieht dann aus wie nicht gestürzt.

ANTON Nichts erinnert an den bedauerlichen Vorfall. Sie steigen ein, winken uns noch fröhlich nach . . . fort!

KRIEGBAUM Sehr schön.

RUDOLF Sehr schön.

ANTON Sehr schön.

KRIEGBAUM Und dann, das verspreche ich: wird das Projekt in Angriff genommen.

Die beiden sehen sich an.

KRIEGBAUM Verlassen Sie sich drauf. – Was bekommen Sie für die Reparatur?

RUDOLF Viertausend.

KRIEGBAUM Ist das nicht ein bißchen viel?

RUDOLF Viereinhalb sind geboten.

KRIEGBAUM Geboten?

RUDOLF Vom Händler. Der weiß, was der Wagen wert ist.

KRIEGBAUM Händler?

RUDOLF Wir leben schließlich davon.

KRIEGBAUM Ach ja, das hatte ich vergessen.

Schweigen.

Wahrscheinlich, alles in allem, ein karges Brot, nicht wahr?

RUDOLF Je nach Saison.

KRIEGBAUM So, davon hängt das auch ab?

Schweigen.

ANTON ». . . und reißt auf einmal der Vorhang weg . . .« oder: ». . . und zerreißt auf einmal der Vorhang« oder: »der Vorhang . . .« Vorhang ist schlecht.

RUDOLF Hör auf damit.

KRIEGBAUM Was sagt er?

RUDOLF Unsinn.

ANTON Manchmal, Herr Ministerialdirigent Kriegbaum, wenn ich meinen Bruder arbeiten höre, oder wenn ich höre, wie Sie sagen: »Verlassen Sie sich drauf!«, das ist so, wie wenn man einen Vertrag schließt, und wenn ich sehe, wie tätig Sie sind . . .

KRIEGBAUM *abwehrend* Nun, nun.

ANTON Ja, ja, ich sehe doch, Ihre Arbeit hat einen Sinn. Sie sind eine glückliche Natur, Sie haben eine Arbeit, die Ihnen leicht von der Hand geht, Sie haben eine Aufgabe . . .

KRIEGBAUM Aber Sie doch auch, mein Lieber! Muß ich Ihnen denn das versichern?

ANTON . . . dann überkommt mich der lähmende Schauer der Sinnlosigkeit meines eigenen Tuns. Der Vergeblichkeit . . . ich meine das nicht materiell, verstehen Sie mich nicht falsch. Ich kann wohl sagen, daß mir am materiellen Erfolg nichts liegt. Ich meine das anders: wer achtet denn überhaupt auf meine Arbeit, – ja, es ist eine Arbeit, eine mühevolle, zermürbende Arbeit, das richtige Wort zu finden, den richtigen Tonfall, das richtige Verhältnis der Aussage zur Wirklichkeit – – wer achtet denn am Ende darauf? *Kriegbaum will konziliant etwas sagen.* Geben Sie keine voreilige Antwort. Ich weiß, was Sie sagen wollen:

meine Arbeit sei nicht für die Vielen und es genüge, wenn ein Mensch sie zu schätzen wisse.

KRIEGBAUM Ich zum Beispiel schätze sie außerordentlich.

ANTON Schätzen! Das ist ja nur eine oberflächliche Betrachtung. Sehen Sie das nicht? Was mich bekümmert, ist die Erkenntnis, daß meine Tätigkeit, das, worum ich leidenschaftlich ringe, jetzt kaum noch einen Bezug zur Wirklichkeit hat. Verstehen Sie das nicht?

KRIEGBAUM Ich bemühe mich.

ANTON Mein Bruder repariert Autos. – Damit kann man fahren, nicht wahr? Und Sie bauen Straßen, darauf fährt man sicher dahin. Während ich ... *Er zieht das Manuskript aus der Tasche.* Was hat denn das für einen Sinn? Unsinn, sagt mein Bruder. Wir sind sehr verschieden, mein Bruder und ich.

KRIEGBAUM *vermittelnd* Sie ergänzen sich gegenseitig.

ANTON Gut. Immer trat auf einmal das Ereignis ein, der Absturz. *Liest* »Es reißt auf einmal der Vorhang weg ...« Sie allein können das verstehn.

KRIEGBAUM Gewiß. Ich habe sozusagen eine direkte Beziehung dazu.

ANTON Helfen Sie mir.

KRIEGBAUM Was kann ich Ihnen helfen?

ANTON Mein Manuskript ... verstehen Sie doch ...

KRIEGBAUM Ich bin literarisch nicht auf dem laufenden.

ANTON Sie brauchen nur zuzuhören. Sie müssen nur auf jede Nuance achten, verbessern, wenn etwas nicht der Wahrheit entspricht.

KRIEGBAUM Wenn ich Ihnen damit einen Gefallen tun kann, bitte!

RUDOLF *schiebt Kriegbaum auf den am Boden liegenden Autositz* Machen Sie es sich bequem.

ANTON Und Ihr Urteil sprechen, – rücksichtslos!

KRIEGBAUM Bitte! – Was ist das Thema Ihrer Rede?

ANTON Sie.

KRIEGBAUM Ich?

ANTON Man kennt im Grunde einander wenig. Verbessern Sie mich bitte.

KRIEGBAUM Komisch, wirklich komisch.

ANTON ... »reißt auf einmal der Vorhang weg, der Abgrund

wird sichtbar, den wir mit bequemen Worten und mit einer angenehm zu lebenden Moral verstellt hatten.«

KRIEGBAUM Sehr flüssig.

RUDOLF Der Anfang ist schon ausprobiert.

KRIEGBAUM Aha.

ANTON »Dieses Unglück ist wieder einmal geschehen. Ein Mensch, in der Mitte des Lebens stehend, nun auf einmal leblos, stumm . . .«

KRIEGBAUM Ich bitte Sie! Ich kann doch wieder . . .

RUDOLF Immer noch Einleitung.

ANTON Verzeihen Sie, ich dachte jetzt nicht daran, daß Sie . . . Ich muß es anders fassen. »Ein Leben der Pflichterfüllung . . .«

RUDOLF Kann man das sagen?

KRIEGBAUM Das ist so eine Phrase. Aber ich glaube doch wohl, daß man sie sagen kann, ohne mich besonders rühmen zu wollen.

RUDOLF Hörst du, Anton? Das ist wichtig. Frag ihn mal.

ANTON Ihre Pflicht ist es zum Beispiel, die Straße zu bauen, Herr Ministerialdirigent. Würden Sie Ihre Pflicht erfüllen, auch wenn für Sie persönlich damit eine Gefahr verbunden wäre?

KRIEGBAUM Warum sollte das gefährlich sein?

RUDOLF *mit verhüllter Drohung* Jemand sagt Ihnen: Tun Sie's nicht. Das könnte doch sein.

ANTON Etwas, was Sie normalerweise aus Pflichtgefühl tun müßten.

KRIEGBAUM Ich verstehe nicht recht . . .

RUDOLF Und man setzt Ihnen die Pistole auf die Brust.

ANTON Das ist nur so ein Ausdruck.

RUDOLF Wenn Sie Angst haben, versprechen Sie alles.

ANTON Das Betreffende nicht zu tun.

RUDOLF Man will ja leben. Das versteht sich.

ANTON Und kurze Zeit darauf, Herr Ministerialdirigent, kommen Sie nach Hause . . . Gesetzt den Fall, Sie waren unterwegs, als Ihnen das passiert ist. Sie kommen ins Amt, Sie haben nichts mehr zu fürchten – vorbei wie ein Alptraum.

RUDOLF Vergessen Sie dann Ihr Versprechen? Tun Sie dann trotzdem Ihre sogenannte Pflicht?

KRIEGBAUM *unsicher* Das verstehe ich nicht ganz. Ich kann nur sagen, daß ich nach bestem Wissen und Gewissen zu handeln gedenke und gehandelt habe.

RUDOLF Also, die Straße wird gebaut. – Weiter, Anton!

ANTON Ein Leben der Pflichterfüllung! – Aber damit sollten wir nicht anfangen.

RUDOLF Egal, wo du anfängst. Kein Mensch achtet darauf.

ANTON ». . . Und nun stehen wir hier, am Ende eines Lebens, und fragen uns . . .«

KRIEGBAUM *unbehaglich* Aber hören Sie!

RUDOLF Lassen Sie ihn nur reden!

ANTON »Welchen Sinn hat dieses Leben gehabt?« – Ich muß ja einen Übergang finden, Herr Ministerialdirigent. – »Und ich glaube, wir können diese Frage nur beantworten, wenn wir sein Leben als Ganzes überblicken. Ein glückliches Leben war es offenbar.«

KRIEGBAUM Wieso war es?

ANTON Bis zu diesem Punkt, meine ich, Herr Ministerialdirigent. Um diesen Punkt dreht sich alles. Vorher und nachher: zwei Welten.

KRIEGBAUM Sie strapazieren etwas meine Geuld.

RUDOLF Siehst du, Anton? Er langweilt sich.

ANTON »Sein Leben war ein einziger Dienst, sein Tag war angefüllt mit unermüdlicher Arbeit, er leistete in seinem Amt auch in späteren Jahren mehr als mancher seiner jüngeren Mitarbeiter.«

KRIEGBAUM Kirstein zum Beispiel.

ANTON »Er war sehr beliebt bei seinen Mitarbeitern. Einige liebten ihn geradezu abgöttisch. Eine Dame mußte entlassen werden, weil . . .«

KRIEGBAUM Reden wir nicht von der Affaire. Geben Sie das Photo her!

RUDOLF *hält ihn zurück* Das war doch unter Ihren Papieren.

ANTON »Wenn er morgens in sein Büro kam, stand regelmäßig ein Strauß Rosen auf dem Schreibtisch, sowie ein Schälchen mit Ingwer, den er sehr gern aß.«

KRIEGBAUM Woher wissen Sie . . .

ANTON *einen Brief vorweisend* Es geht aus diesem Brief hervor.

KRIEGBAUM Was fällt Ihnen ein, das ist völlig privat.

RUDOLF *sehr bestimmt* Ruhe, Herr Ministerialdirigent.

ANTON Das Private, Herr Ministerialdirigent, ist gerade das, was uns interessiert. Das gibt Farbe, das erweckt Anteilnahme. – »Er verstand es außerordentlich geschickt, mit Menschen umzugehen, weil er selbst menschlich war: kein Moralist, kein sturer Beamter, kein trockener Aktenmensch.«

KRIEGBAUM Richtig!

ANTON »Er liebte den Sport. Schon als Zwölfjähriger hatte er sich im Weitsprung eine Plakette geholt.« *Er nimmt eine Plakette aus der Aktentasche.*

KRIEGBAUM Fünf Meter zehn, wenn ich mir das heute vorstelle!

ANTON »Und noch später – man darf wohl sagen: im vorgerückten Alter – war sein Körper bemerkenswert gut durchtrainiert. Mens sana, kann man ausrufen, in corpore sano. Denn in dieser edlen Hülle wohnt ein edler Geist! Schon in der Schule machte er seine ersten Flüge, noch ohne bestimmte Richtung, von allem berührt und alles berührend, noch schwankend, nach welcher Richtung er sich entfalten sollte . . .«

KRIEGBAUM Aber ich war kein Streber! In Religion hatte ich eine Vier – in einem Fach, in dem es einzig darauf ankam, den Pfarrer nicht zu ärgern.

ANTON »Die Jugend will viel und erreicht darum wenig. Erst die Beschränkung läßt den Geist wirklich fruchtbar werden.«

KRIEGBAUM Darüber hielt ich die Abituransprache!

ANTON Eine Rede, die aufhorchen ließ. »Später entdeckte man dann seine ausgesprochen juristische Begabung.«

KRIEGBAUM In einer politischen Diskussion. Es ging um die Wehrpflicht. Speziell um das Problem: darf man töten, wenn es die Erhaltung unserer Lebensgemeinschaft erfordert.

RUDOLF Das versteh' ich nicht.

ANTON Darf man töten, wenn es . . . Wie stellten Sie sich dazu?

KRIEGBAUM Ich sagte: nein, denn es ging mir einfach darum, Sympathien zu erwerben, damals.

ANTON »Endlich, nach Jahren des Suchens, schloß er sich einer Partei an. Ihr verdankt er es ...«

KRIEGBAUM Nicht aus Opportunismus!

ANTON »Sondern um sich damit aus der individualistischen Vereinzelung zu lösen, die im tiefsten, das erkannte er klar, doch unfruchtbar bleiben muß. Um einem Großen und Ganzen zu dienen. Er wurde kurz darauf Ministerialdirigent.«

KRIEGBAUM Bevor meine Partei ans Ruder kam!

ANTON »Ein reiches, erfolgreich sich entfaltendes Leben liegt vor uns ausgebreitet, ein Leben, das aus der Fülle gelebt war, bis zuletzt.«

KRIEGBAUM *will aufstehen* Hören wir auf damit.

RUDOLF *sehr bestimmt* Setzen Sie sich ruhig hin.

ANTON »Wer war er? Was verbarg sich hinter diesen Masken seiner Persönlichkeit des öffentlichen Lebens? Wer, fragen wir, stirbt wirklich in diesem Augenblick?«

KRIEGBAUM *will energisch aufspringen, protestieren.*

RUDOLF *drückt ihn nieder* Regen Sie sich nicht auf. Das schadet Ihrer Gesundheit.

ANTON »Ein fröhlicher Mensch war er, ein Mensch, stets zu Scherzen aufgelegt, selbst wenn einmal seine Sache nicht zum besten stand ...«

Er zieht ein Jo-Jo-Spiel aus der Aktentasche, spielt damit.

KRIEGBAUM Alles zu seiner Zeit. – Ich möchte jetzt wirklich gehn. *Wendet sich.*

ANTON *spielt* Das beruhigt, macht nicht glücklich und nicht unglücklich ...

RUDOLF *hält Kriegbaum am Arm* Warum zittern Sie denn?

KRIEGBAUM Zittern? Ich?

RUDOLF Jetzt haben Sie Ihre Zähne aufeinander geschlagen. – Feines Gehör, was?

KRIEGBAUM Unsinn.

RUDOLF Ich glaube, Sie fürchten sich?

KRIEGBAUM *zitternd* Fürchten? Vor wem?

RUDOLF Vor wem, – das ist gut: vor wem! *Lacht.* Hörst du, Anton: vor wem, fragt dein Ministerialdirigent! *Lacht.* Meinst du vielleicht, vor dir? *Zur Kriegbaum* Der tut nichts. Der redet nur, sonst kann er nichts. Ist er nicht komisch? *Kriegbaum und Rudolf lachen über Antons Spiel.*

ANTON *schreit* Nein! *Dann leiser, wieder im Spiel, nimmt ein Taschenmesser aus der Aktentasche* Diese Erinnerung an die Knabenzeit, an Sommernächte am Lagerfeuer, wo man sich eine Haselgerte schneidet oder eine Flöte aus den Uferweiden. Dieses kleine Messer . . .

RUDOLF Macht er das nicht gut, Herr Ministerialdirigent?

KRIEGBAUM Ich will damit nichts zu tun haben.

RUDOLF Und jetzt klappt er das hübsche kleine Messerchen auf – klick! Feines Gehör habe ich, was?

KRIEGBAUM Mein Messer!

RUDOLF Sie tun ja, als ob es Ihnen am Hals säße.

ANTON »Er hat es bei sich getragen, seit jener Zeit. Er hat damit in einer Frühlingsnacht einen Mädchennamen in die Ahornrinde geschnitten . . . einen Namen, den er später vergaß . . .«

RUDOLF Sehen Sie ihn an! Mit seinem kleinen Messerchen!

KRIEGBAUM Ich weiß nicht . . .

RUDOLF Glauben Sie, der tut Ihnen was?

ANTON »Und Bleistifte hat er damit gespitzt. Sein ganzes Leben lang. Die stumpfen Bleistifte! Wer hat einen Tintenstift, in die Bleistiftschale gelegt? Will man mich vergiften?«

RUDOLF Klingt ganz echt, wie? Klingt fast wie Schrecken, wie?

KRIEGBAUM Die kleine Klinge für die Bleistifte!

ANTON Die große für die Äpfel!

KRIEGBAUM Und abwischen hinterher, mit einer Papierserviette!

RUDOLF Hat man immer dabei, wie?

KRIEGBAUM Oder . . . mit dem Taschentuch, wenn es niemand sieht.

ANTON »Er hatte seine Eigenheiten. Seine Ordnung in kleinen Dingen. Am ergreifendsten aber, so möchte es uns scheinen, ist die Feststellung, daß er Blumen liebte. Der Herr Ministerialdirigent liebte Blumen. Er hielt eine Akelei in der Hand, als er starb.«

KRIEGBAUM *in panischer Angst* Hören Sie auf! Lassen Sie mich los!

RUDOLF *hält ihn brutal zurück* Aber Herr Ministerialdirigent!
KRIEGBAUM Was haben Sie vor! Was haben Sie mit mir vor?
RUDOLF Ich bin doch eine Seele von Mensch.
KRIEGBAUM *in steigender Panik* Ich halte Sie für prächtige Menschen! Wir verstehn uns ja. Sie haben mir das Leben gerettet.
ANTON »Was, fragen wir uns nun, war dieses Leben wert? Welchen Sinn hatte das Ereignis, war es ein zufälliges Unglück, nicht mehr?«
KRIEGBAUM Ich verdanke Ihnen alles! Eine grundlegende Wandlung meiner Einstellung zum Leben. Durch Sie, meine Freunde, bin ich erst zur Erkenntnis gekommen meiner selbst. *Will sich losmachen.*
RUDOLF Schön sitzen bleiben! Wer wird denn so nervös sein . . .
ANTON »Findet es seinen Sinn in der Einsicht, die uns der Verunglückte selbst vermittelt.«
KRIEGBAUM *ganz außer Atem, in Angst* . . . meiner selbst und meiner selbst Verstehen Sie mich doch . . . *Er ist aufgesprungen, wehrt sich gegen Rudolf, der breitbeinig vor ihm steht, die Hände in den Taschen.* Verstehen Sie doch, was ich sagen will . . .
RUDOLF Ruhe!
ANTON ». . . vermittelt mit dem schönen, beherzigenswerten Wort . . .«
Anton ersticht Kriegbaum mit dem Taschenmesser.
»Meine Freunde . . .« *Er stirbt. Anton wischt mit dem Taschentuch das Messer ab.*
Schweigen.
RUDOLF Mußte so kommen. Bring ihn weg.
ANTON *entsetzt* Er ist tot! Er ist tot! Was sollen wir tun?
RUDOLF Neue Eingabe machen. Er hat doch einen Nachfolger, oder?
ANTON Ja. Dr. Kirstein. Ja. Ich muß sofort schreiben. Aber er hat einen Fehler, Rudolf, der Nachfolger . . .
RUDOLF Jeder hat Fehler. – Der Wagen ist morgen fertig. Räum auf.
Anton bemüht sich um den Toten.
RUDOLF An den Füßen!
Anton nimmt Kriegbaum an den Füßen, zieht ihn hinaus.

RUDOLF Schluß für heute.
ANTON *kommt zurück* Wenn aber noch einer . . .
RUDOLF Würde mich ärgern. *Er befeuchtet den Zeigefinger und hält ihn prüfend in die Luft.* Windstille.
ANTON Keine Sonne mehr. Abend.
RUDOLF Feierabend. *Er legt sein Werkzeug zusammen.*
ANTON *ergriffen* Abendstille.
RUDOLF Abendfrieden.
ANTON Frieden. *Sie falten die Hände.*

Uraufführung: Bühnen der Hansestadt Lübeck, 1960.
Regie: Hansjörg Utzerath.

Große Schmährede an der Stadtmauer

Personen

EINE JUNGE FRAU
EIN SOLDAT
EIN DÜNNER OFFIZIER
EIN DICKER OFFIZIER

Eine Frau steht vor der großen Mauer und ruft hinauf.

DIE FRAU Kaiser! Kaiser! Kaiser! Kaiser! Kaiser!

STIMME DES DICKEN OFFIZIERS *sehr hoch oben* Eine Frau will den Kaiser sprechen!

Gelächter oben. – Stille.

DIE FRAU Kaiser! Kaiser! Kaiser! Sieh herab!

STIMME DES DICKEN OFFIZIERS Eine Frau will den Kaiser sprechen.

STIMME DES DÜNNEN OFFIZIERS *sehr hoch oben* Was will sie vom Kaiser?

STIMME DES DICKEN OFFIZIERS Was willst du, Frau?

DIE FRAU Ich bin die Frau des Soldaten Hsüeh Li!

STIMME DES DICKEN OFFIZIERS Wo ist er?

STIMME DES DÜNNEN OFFIZIERS Vielleicht ist er tot?

DIE FRAU Gebt Euch keine Mühe, ihn zu verstecken. Ich weiß, wo er ist. Er ist bei den Wachen des südlichen Tors.

STIMME DES DÜNNEN OFFIZIERS *höhnisch* Kennt jemand von den Offizieren hier oben den Soldaten Hsüeh Li?

STIMME DES DICKEN OFFIZIERS Dessen Frau am Fuß der Mauer kniet.

STIMME DES DÜNNEN OFFIZIERS Eine schöne Frau, wirklich!

DIE FRAU Seht, Euer Gnaden, Ihr Herrn Offiziere, daß ich noch jung bin! Habt Ihr mich laufen sehn, herüber von der Straße und über das Maisfeld? Vor den Bauern her, die mich verfolgt haben, und ich bin nicht müde, hier, an der Mauer. Seht meine Arme, sie können zwei Eimer tragen und sie können einen starken Mann festhalten, mit zwei Fingern halte ich ihn oder mit dreien, daß er nicht mehr fortgehen kann. Und wenn Ihr von dort oben scharfäugig wie die Lämmergeier heruntersehn könnt, Euer Gnaden, Ihr Herrn Offiziere, dann bemerkt Ihr mein Gesicht, es hat keine Falte, und meine Augen sind schwarz unter den Brauen: listig bin ich und liebevoll!

STIMME DES DÜNNEN OFFIZIERS Was will sie?

STIMME DES DICKEN OFFIZIERS Frau, was willst du? Soll ich herunterkommen zu dir? Wir hätten wohl Vergnügen aneinander.

DIE FRAU Den Kaiser will ich sehen! Meinen Mann soll er mir wiedergeben, der zu den Soldaten ging!

STIMME DES DÜNNEN OFFIZIERS Zu den Soldaten? Dann geht es ihm gut.

STIMME DES DICKEN OFFIZIERS Dann geht es ihm gut, Frau. Er wird gekleidet und gut verpflegt. Und er ist etwas bei den Frauen.

DIE FRAU Aber mir geht es nicht gut, Euer Gnaden, Herren Offiziere! O wie es mir geht! Viele Nächte liege ich allein, ich, die Frau des Soldaten Hsüeh Li! Ich spreche mit den Wänden, ich rufe in den Wind, ich!

STIMME DES DÜNNEN OFFIZIERS Damit muß man sich abfinden, Frau. Ist es nicht ehrenvoll für dich, daß dein Mann Soldat des Kaisers geworden ist?

DIE FRAU Gewiß, Euer Gnaden, ist es ehrenvoll. Aber was hilft es mir? Ich werde ihn betrügen. Ich kenne die häuslichen Tugenden und Pflichten der Ehegattin, aber wenn er nicht zu mir kommt, werde ich ihn betrügen.

STIMME DES DÜNNEN OFFIZIERS Freiwillig ist er fortgegangen. Warum soll er da zurückkommen?

DIE FRAU Der Kaiser hat ihn geholt, das weiß ich. Das ist die Wahrheit. Der Kaiser soll ihn mir herausgeben! Kaiser! Kaiser! Kaiser!

STIMME DES DICKEN OFFIZIERS Sie ruft noch immer nach dem Kaiser.

STIMME DES DÜNNEN OFFIZIERS Kennt der Kaiser den Soldaten Hsüeh Li?

Gelächter.

STIMME DES DICKEN OFFIZIERS Kennt jemand den Soldaten Hsüeh Li?

STIMME DES DÜNNEN OFFIZIERS Wenn er nicht tot ist?

Stille.

DIE FRAU Ich kenne ihn! Mitten in der stockfinstern Nacht kenne ich ihn. Er riecht nach Fisch. Seine Stimme ist rauchig, Sesamblätter und Hanfstengel hat er geraucht, das ist natürlich nicht fein genug für die feinen Nasen von Euer Gnaden. Wenn er lacht, höre ich ihn unter dreißig Soldaten heraus.

STIMME DES DICKEN OFFIZIERS Sie sagt, sie kennt ihren Mann, den Soldaten.

Gelächter.

DIE FRAU Er ist nicht unter denen da oben, die ich sehe! – – Kaiser! Kaiser! Kaiser!

STIMME DES DÜNNEN OFFIZIERS Der Kaiser wird sie hören, wenn sie schreit. Töten wir sie!

STIMME DES DICKEN OFFIZIERS Gießt heißes Öl!

DIE FRAU Kaiser!

STIMME DES DÜNNEN OFFIZIERS Wir gießen einen Kübel heißes Öl auf dich, wenn du nicht still bist.

STIMME DES DICKEN OFFIZIERS Der Kaiser kommt!

DIE FRAU *erschrocken* Ich sehe den Kaiser. Er ist von Kopf bis zur Fußsohle in goldenen Schuppen gekleidet, ein Fisch in der Morgensonne! Er ist meinetwegen gekommen. Ich fürchte mich. Ich werfe mich in den Staub.

STIMME DES DICKEN OFFIZIERS Der Kaiser läßt dich fragen, ob du unter den Soldaten deinen Mann erkennst.

DIE FRAU Ich erkenne ihn sofort, wenn ich die Sonne im Rücken habe.

STIMME DES DICKEN OFFIZIERS Der Kaiser will dich prüfen. Er stellt seine Soldaten auf die Stadtmauer. Sieh, ob du unter ihnen deinen Mann erkennst.

DIE FRAU Wenn ich ihn erkenne?

STIMME DES DICKEN OFFIZIERS Darf er mit dir gehen.

DIE FRAU Steht Ihr dafür ein?

STIMME DES DÜNNEN OFFIZIERS Mißtraust du uns?

DIE FRAU *entschlossen* Zögert nicht. Macht rasch!

STIMME DES DÜNNEN OFFIZIERS Frau, jetzt marschiert die Mannschaft auf, die gestern das südliche Tor verteidigt hat.

Oben – unsichtbar – der Aufmarsch der Soldaten.

DIE FRAU Vier, fünf, sechs sind es, die Panzer und Helme schimmern in der Sonne. Ich sehe keine Gesichter. Alle bewegen sich in der gleichen Weise. Wie soll ich da meinen Mann herausfinden?

STIMME DES DÜNNEN OFFIZIERS Vorwärts, Weib! Worauf wartest du?

DIE FRAU Wie schwer ist es mir! Aber dieser da kommt den andern mühsam nach. Er denkt länger nach als die andern. Der ist es!

Gelächter.

STIMME DES DÜNNEN OFFIZIERS Da hast du ihn!

Eine Strohpuppe wird heruntergeworfen. Gelächter der Soldaten.

DIE FRAU *wütend* Ihr Betrüger! Ihr betrunkenen Mordknechte! Ihr treibt euern Spaß mit mir!

STIMME DES DICKEN OFFIZIERS Ruhig, Frau!

DIE FRAU *unterwürfig* Ich bitte Euer Gnaden um Verzeihung. Ich habe es an dem nötigen Respekt fehlen lassen.

STIMME DES DÜNNEN OFFIZIERS Vielleicht ist Hsüeh Li, dein Mann, gefallen?

DIE FRAU Ich versichere Euer Gnaden, daß er gesund und stark war.

STIMME DES DÜNNEN OFFIZIERS Am südlichen Tor sind viele Soldaten gefallen, die gesund und stark waren.

DIE FRAU Er trägt eine Kette mit einem kleinen Metalltäfelchen um den Hals, das beschützt ihn.

STIMME DES DÜNNEN OFFIZIERS Laß deinen Aberglauben bei den Ammen.

DIE FRAU Mein Name: Fan Chin-ting, ist in das Täfelchen geschnitten. Wenn er gefallen ist, wird man es mir zurückbringen.

STIMME DES DÜNNEN OFFIZIERS Man hat die Toten von gestern noch nicht entkleidet.

STIMME DES DICKEN OFFIZIERS Der Kaiser ist gnädig mit dir. Er hat Befehl gegeben, die Soldaten rechts und links vom südlichen Tor auf die Mauer zu führen. Dein Mann muß unter ihnen sein, wenn er nicht gefallen ist.

DIE FRAU Ich danke dem Kaiser und verbeuge mich tief vor ihm.

Oben – unsichtbar – Aufmarsch der Soldaten.

DIE FRAU Acht, neun, zehn, elf, – wie viele es sind! Fünfzehn! Alle tragen schwere Schilde, Helme und Panzer. Wie kann ich meinen Gatten erkennen? Der schiebt sein Visier zurück – Hsüeh Li, dir war es ja immer zu heiß, selbst in deinem Leinenhemd! – der ist es!

STIMME DES DICKEN OFFIZIERS Welcher?

DIE FRAU *deutet heftig hinauf* Der! Der! Der!

STIMME DES DÜNNEN OFFIZIERS Bist du Hsüeh Li, der Gatte der Frau, die dort unten steht und nach dir verlangt?

STIMME DES SOLDATEN Ich bin es.

DIE FRAU Komm herunter, Hsüeh Li, nimm deinen Helm ab, wir verkaufen ihn in der Stadt, steck dir eine Handvoll Maiskörner in den Mund. Wir haben einen guten Weg!

STIMME DES SOLDATEN Ich möchte herunterkommen. Aber ich darf nicht.

DIE FRAU *energisch* Komm herunter! – – Ich bitte Euer Gnaden um Verzeihung, ich werfe mich vor dem erhabenen Kaiser in den Staub, aber ich bin eine junge Frau, – Euer Gnaden, die Herrn Offiziere werden verstehen, daß ich meinen Mann haben will. – Komm herunter, Hsüeh Li, worauf wartest du?

STIMME DES SOLDATEN Ich darf nicht.

DIE FRAU Feigling! Armseliger Knecht! Läufst du nicht schneller als jeder andere, wenn du die Schuhe ausziehst? Verstehst du es nicht, dich zu bücken, wenn sie Pfeile auf dich schießen?

STIMME DES SOLDATEN Ich darf nicht.

STIMME DES DICKEN OFFIZIERS Höre, Frau! Der Kaiser, der von seiner erhabenen Höhe auf dich heruntersieht, ist dir gnädig. Er sagt: Der Soldat soll mit dir gehen. Zuvor aber müßt ihr uns überzeugen, daß er dein rechtmäßiger Gatte ist und du seine rechtmäßige Gattin.

STIMME DES DÜNNEN OFFIZIERS Wir passen scharf auf! Habt ihr den Kaiser hintergangen, wird man den Soldaten töten, dich über den Fluß jagen. Hast du verstanden?

STIMME DES DICKEN OFFIZIERS Nimmst du das an?

DIE FRAU Komm herunter, Hsüeh Li, mein rechtmäßig angetrauter Gatte. Wir wollen dem erhabenen Kaiser zeigen, wie wir vier Jahre zusammen gelebt haben. Oder hast du Angst?

STIMME DES SOLDATEN Ich komme.

STIMME DES DÜNNEN OFFIZIERS Halt, Soldat. Wo hast du die Halskette mit dem Metalltäfelchen, das dir deine Gattin gegeben hat, als du weggingst?

STIMME DES SOLDATEN *nach einer Stille* Ich habe es nicht.

DIE FRAU *rasch einfallend* Verkauft hat ers, daran kenne ich ihn. Verkauft für drei lumpige Schalen Reis! So ist er!

STIMME DES DÜNNEN OFFIZIERS Überleg' es dir, Soldat, noch kannst du freiwillig zurück. Solange das Spiel geht, lassen wir das Tor in der Mauer geöffnet.

DIE FRAU Ihr bekommt ihn nicht wieder, Euer Gnaden, solang er lebendig ist.

STIMME DES DICKEN OFFIZIERS Abwarten, Frau, wer gewinnt!

STIMME DES DÜNNEN OFFIZIERS Nun gib acht, Frau. Gib acht, Soldat Hsüeh Li. Dem Kaiser gefällt es, von der Mauer herab euch zuzusehen. Und die Speere der Wachen sind auf Hsüeh Li gerichtet. Ihr könnt nicht entfliehen. Wir wollen sehn, wie die Sache ausgeht.

DIE FRAU *für sich* O wie fürchte ich mich vor den Speeren und vor dem Blick des Kaisers! Denn ich kenne den Mann nicht, der jetzt von der Mauer heruntersteigt und auf mich zukommt. Ich habe ihn nie gesehn. Aber da mein angetrauter Gatte sich nicht gezeigt hat, kommt er gewiß nie wieder. So will ich denn hier diesen andern nehmen. Ich muß geschickt mit ihm sprechen, damit er nichts Falsches antworten kann. Da er zu mir kommen will, fasse ich Mut, das gefährliche Spiel, das mir die Herren Offiziere befehlen, zu wagen. Einen Mann hat mir der Kaiser genommen, einen Mann muß er mir geben.

DER MANN *ist hereingekommen und spricht für sich* Ich fürchte mich, denn ich kenne die Frau, die dort steht, nicht. Wenn man bemerkt, daß wir nicht zusammengehören, wird man mich töten. Nur der Abscheu vor dem Dienst auf der Mauer gibt mir den Mut, das gefährliche Spiel zu wagen.

STIMME DES DÜNNEN OFFIZIERS Was steht ihr so weit voneinander entfernt?

DIE FRAU Die große Freude des Wiedersehens hält Worte und Bewegungen zurück, Euer Gnaden.

DER MANN Meine Gattin.

DIE FRAU Hsüeh Li, mein Gatte.

Sie begrüßen einander.

Aus zwei Öffnungen in der Mauer treten die beiden Offiziere. Sie tragen Panzer und maskenartige Helme, in denen sie schreckenerregend groß erscheinen. Sie setzen sich auf Podeste nieder, wie zu einer Gerichtssitzung.

DER DÜNNE OFFIZIER Gib acht, Frau des Soldaten Hsüeh Li! Wie war es, als ihr euch kennenlerntet?

DIE FRAU *zum Mann* Faul warst du!

DER MANN Faul?

DIE FRAU Faul wie ein Sack Maisstroh, wie ein abgeschlagener Ast in der Strömung des Flusses, faul wie der Richter in unserem Dorf! *Zu den Offizieren* Wenn Euer Gnaden diesen unziemlichen Vergleich gestatten wollen. – Hast du nicht am Fluß unten gesessen und ins Wasser gespuckt, und die Fische haben dich angesehn, und du brachtest heim einen leeren Korb und Geschwätz? Und hattest doch Hände, so flink wie zwei Fische! Ist es nicht so?

DER MANN Ja. Aber ich hatte ... meine Ansichten, Frau.

DIE FRAU »Seht her, da habe ich einen Fisch gefangen, mit einer Gräte, die bleibt dem Justizminister im Hals stekken!« riefst du, solche gottlosen Worte! Und: »Seht her, wenn ich diesen Fisch aufschlitze, was finde ich da im Bauch? Meine Ernennung zum Finanzminister! Wartet nur, bald mache ich die Gesetze!« Ah, das ist mir ein Mann, der so das Maul aufreißt! Als ob es in der Welt so leicht wäre, alles besser zu machen! Und die dummen Mädchen hörten dir zu, am Brunnen, nicht wahr? Wie die zuhörten! Und sagten: Das ist ein Bursche, der drückt einen ins Gras! Der pflanzt ein Reisfeld an einem Tag! Und was er in der Nacht treibt ...

DER DICKE OFFIZIER Na, was denn, Hsüeh Li?

DER MANN *stockend* Ich ... bitte Euer Gnaden ...

DIE FRAU Ja, das sagt er nicht! Das will er nicht sagen! Die Frau des Richters, Euer Gnaden, wußte, was er in der Nacht treibt, sie wußte es eher als ich, die bescheidene Dienerin im Haus des Richters.

DER DÜNNE OFFIZIER Und der Richter?

DIE FRAU Mögen die Götter mich davor bewahren, Schlimmes über einen höheren Justizbeamten zu sagen! Er schlief.

DER DICKE OFFIZIER *zu dem Mann* Und die Frau des Richters, Hsüeh Li? Wie war sie?

DER MANN So – daß man alles vergessen hat, Euer Gnaden.

DER DICKE OFFIZIER *lacht* Das ist eine Antwort!

DIE FRAU Mich aber, Hsüeh Li, trafst du am Brunnen.

DER DÜNNE OFFIZIER Ist es so?

DER MANN Ich kam zufällig vorbei. Ich kannte sie nicht.

DIE FRAU Du sagtest: dein Krug ist schwer, Fan Chin-ting.

Meinen Namen hattest du gehört, als die Frau des Richters nach mir rief: »Fan Chin-ting!«

DER MANN Fan Chin-ting. Du hattest deinen Krug ziemlich weit zu tragen.

DIE FRAU *beginnt diese Szene zu spielen* Ins Haus des Richters, der über Land geritten ist, Hsüeh Li.

DER MANN Soll ich dir tragen helfen?

DIE FRAU Du kennst doch den Weg. Aber über die Felder und durch den Garten, – hintenherum, wie du ihn kennst, ist er noch weiter.

DER MANN Besser ist es, geradeaus zu gehn. Gehn wir.

DIE FRAU Aber ich dachte: immerhin ein ziemlich weiter Weg für einen, der tagsüber am Wasser sitzt. Soll er lieber den Krug gar nicht tragen, als daß er ihn unterwegs stehen läßt, und die Mädchen im Dorf lachen mich aus: »Nicht einmal den Krug hat dir Hsüeh Li, der so stark ist wie ein Stier, vors Haus getragen! Du wirst doch nicht glauben, daß er auf dich scharf ist?«

DER DÜNNE OFFIZIER Halt! Du sprichst zu viel für dich allein, Frau! Das läßt uns glauben, Hsüeh Li weiß nicht allzuviel von dem, was du da erzählst!

Der Mann und die Frau gehen. Der Mann tut so, als trage er den Wasserkrug.

DER MANN O ja, sie spricht viel! Während des ganzen Weges – und ich schwitzte, – hat sie geredet. Ich ärgerte mich, daß ich ihr den Krug abgenommen hatte.

DIE FRAU Hsüeh Li, du trägst den Krug wie ein kräftiger Mann. Was du für Muskeln hast! – Aber was gehn mich deine Muskeln an! Ich bilde mir nichts darauf ein, daß du mit mir gehst, aber du meinst wohl, ich bin scharf auf dich, bloß weil ich dich den Krug tragen lasse? Ich sehe dich gar nicht an. – – Ißt du deinen Fisch gern gekocht oder gebraten?

DER MANN Gebraten.

DIE FRAU Braten habe ich nicht gelernt. Ich koche ihn. Sieben wohlriechende Kräuter koche ich mit. Siehst du, wir können nicht zusammen essen. – Verstehst du dich darauf, deinen Fisch teurer zu verkaufen, als er dir selbst wert ist?

DER MANN Das macht der Händler, nicht der Fischer.

DIE FRAU Siehst du, wir würden zusammen verhungern. Mir

liegt nichts daran, Hsüeh Li, daß du den Krug zum Haus des Richters trägst! Kannst ihn einfach da hinstellen, wenn er dich drückt. – Wenn du schläfst, liegst du dann auf deiner rechten oder auf deiner linken Seite?

DER MANN Auf meiner linken.

DIE FRAU Ich auf der rechten! Siehst du, da der Mann auf der linken Seite neben der Frau liegen soll, würden wir Rükken an Rücken liegen und könnten uns nicht ansehen auf der Schilfmatte. – – Sag mal: was denkst du über die künftigen Jahre? Wie sollen sie gehen?

DER MANN Die da oben machen sie – was kann ich da noch tun!

DIE FRAU Gut oder schlecht werden sie's machen, Hsüeh Li, aber gewiß besser als du! Sie haben mehr Hände als du! Es sind Ungeheuer mit vierzig Händen. Überall wachsen sie ihnen heraus, aus dem Bauch, aus den Schultern, sogar aus den Ohren! Und du? Du wirst dein Leben in einem verlausten Leinensack zu Ende bringen. Aber trag mir nur den Krug weiter. Faulpelz, bis zum Haus des Richters! Bleib nicht stehn! Vorwärts! Komm! Komm! *Zu den Offizieren* Kurz, Euer Gnaden, ich habe meine Liebeserklärung gemacht, wie ichs konnte und wie er mir lieb war.

DER DICKE OFFIZIER Immer hören wir nur dich reden, Frau! Was hat Hsüeh Li gesagt?

DER MANN *hält inne im Gehen, tut so, als setze er den vollen Krug ab* Wir sind da!

DER DÜNNE OFFIZIER *scharf* Was hast du gesagt?

DER MANN *spricht das Folgende wie etwas Eingelerntes, ohne innere Teilnahme* Fan Chin-ting, jetzt sehe ich, wie du bist: weil du barfuß bist, sehe ich deine schönen Füße, weil du kein Geld hast, dir Schminke zu kaufen, sehe ich dein Lächeln, weil du ein verschlissenes Kleid trägst, spüre ich die Begierde deines Leibes. Fan Chin-ting, deinetwegen bin ich diesen Weg gegangen.

DER DICKE OFFIZIER Falsch! Hat man jemals so einen Liebhaber sprechen hören, der eine Frau umarmen will? Der falsche Klang deiner Stimme hat dich entlarvt!

DER DÜNNE OFFIZIER *springt auf, scharf* Schon entdeckt man dich, Hsüeh Li! Das geht dir an den Hals.

DIE FRAU Euer Gnaden, ich preise Euer scharfes Ohr und

Euern unfehlbaren Blick. Aber Ihr habt nur einen Teil der Wahrheit bemerkt. Wie es wirklich war, soll sogleich ans Licht kommen. Darf ich Euer Gnaden bitten, mir dabei behilflich zu sein?

DER DÜNNE OFFIZIER Hat Hsüeh Li so zu dir gesprochen oder nicht?

DIE FRAU Gewiß, Euer Gnaden. Aber nicht auf dem Weg. Bitte habt noch ein wenig Geduld! – Wir waren an das Haus des Richters gekommen. Der Richter war über Land geritten, und Hsüeh Li ging in das Haus, zu der Frau des Richters.

Sie gibt dem Mann einen Wink. Der Mann geht »in das Haus« – hinter einen Busch.

DER DÜNNE OFFIZIER Du willst ihn fortschaffen, damit er sich nicht noch mehr verrät! Nimm dich in acht!

DIE FRAU Er ging zur Frau des Richters, Euer Gnaden. Und nicht zum erstenmal. War das recht?

DER DICKE OFFIZIER *gutmütig* Da muß die Frau des Richters schöner gewesen sein als du!

DER DÜNNE OFFIZIER *scharf* Das war unrecht! Denn die Autorität des Richters wurde dadurch in schändlicher Weise untergraben!

DIE FRAU *zum dünnen Offizier* Wenn Euer Gnaden mir helfen wollten, in Wahrheit unsere Geschichte darzustellen, so wie sie geschehen ist! Der Richter war über Land geritten auf seinem Eselchen.

DER DICKE OFFIZIER Weiter!

DIE FRAU O, der Herr Richter in unserem Dorf, was war das für ein feiner Herr! Wie könnte sich eine unscheinbare Frau wie ich vermessen, Ungünstiges über einen Herrn zu sagen! Ist es nicht die Aufgabe eines höheren Justizbeamten, daß er sich um die Gerechtigkeit kümmert? Daß er Unrecht und Böses bestraft und daß er selbst untadelig, nichts Böses tuend noch duldend, in seinem schönen Hause lebt? Allein schon mit seinem guten Ruf wirkt der Herr Richter Gerechtigkeit, kann er für Ordnung sorgen. Ist sein Ruf aber schlecht, wie kann der einfache Mensch in den kleinen Häusern vor ihm Respekt haben? Wonach kann er sich richten? Ist es nicht so, Euer Gnaden?

DER DÜNNE OFFIZIER So ist es.

DIE FRAU Unsereins aber, wie schlecht ist unsereins, wie anfällig! Wie tief mit dem Gesicht im Staub vor der Gerechtigkeit! – Aber der einsichtige Richter, Euer Gnaden, sagt auch: was kleine Leute tun, ist klein, es läßt keinen Vogel vom Baum fallen. Was aber die Herrschaften in den schönen Häusern tun, das erzählt man sich weiter, heimlich und überall, bis es auf einmal Gesetz ist. Darum muß es, wenn es böse ist, strenger bestraft werden. Sagt ein guter Richter nicht so?

DER DÜNNE OFFIZIER Indem er sein Ansehen bewahrt, schreckt er die kleinen Leute, die nicht wissen, was ihnen erlaubt ist.

DIE FRAU Ich wollte, Euer Gnaden, daß Ihr in unserer Sache den Richter vorstellet, damit Ihr erfahren könnt, wie alles in Wahrheit geschehen ist.

DER DÜNNE OFFIZIER Den betrogenen Richter? Über den die Leute im Dorf lachen, weil der stinkende Fischer zu seiner Frau gegangen ist?

DIE FRAU Den Herrn Justizbeamten, der unbeirrt auf sein Ansehen bedacht ist, um der Gerechtigkeit willen. Was für ein feiner Herr! Ich will, daß nicht der Schatten eines Tadels auf ihn fällt.

DER DICKE OFFIZIER *zum dünnen* Spiel mit, es soll uns den Spaß wert sein!

DER DÜNNE OFFIZIER Nimm dich in acht!

DIE FRAU Was für eine wunderbare Rolle für Euch, Euer Gnaden! Der Herr Justizbeamte ist ein angesehener Mann, seine Rede ist streng, ganz wie die Eure, und sie gilt etwas bei den Bauern! Was er für einen Blick hat! Sein bloßer Anblick genügt, schon zittern die Bösen, wie nistet das Böse in den Ställen und Häusern und Kornspeichern! Eine graue, flinkäugige Brut von Mäusen! Oh der Herr Richter reitet über Land! – Was für eine vortreffliche Rolle für Euer Gnaden!

DER DÜNNE OFFIZIER *legt seinen Panzer ab und kommt von seinem Podest herunter* Was muß ich tun?

DIE FRAU Nicht einmal spielen müssen Euer Gnaden! Euer Gnaden, Ihr seid, wenn Ihr herunterkommt, der Richter in seiner leiblichen Person! Er wird die Wahrheit erfahren über Hsüeh Li und mich, die Dienerin Eurer Gattin. Euer

Gnaden sind über Land geritten, allen anständigen Leuten zur Freude, sie bringen Euch geräuchertes Fleisch, Reiswein und Pfirsiche –, allen Schlechten zum Schrecken, sie bewirten Euch ebenfalls vortrefflich.

Der dünne Offizier beginnt die Rolle, die ihm erklärt wird, zu spielen.

Aber was sagt ihm der alte, bucklige Bauer Yung-hsin hinter dem Maisfeld? Von seiner Frau sagt er etwas und von Hsüeh Li, dem Fischer. Hört nicht hin, Euer Gnaden! – Reitet weiter. Aber wie er weiter reitet, zwei Stunden in der Hitze, und Halt macht in dem kleinen Wirtshaus am Ende des Dorfes, was flüstern da die Leute am Tisch untereinander? Von Hsüeh Li, dem Fischer, – hört nicht hin, Euer Gnaden, Herr Richter, denn Ihr hört nur die halbe Wahrheit! Aber was sagt man denn? Ja, jetzt hört er's! Man sagt: kann das denn ein großer Richter sein, der im Nachbardorf richtet, zwei Stunden schattenlose Straße zwischen dem Gerichtsplatz mit dem Galgen und seinem schönen Haus, in dem etwas geschieht, worüber man am besten nicht spricht? Feine Ohren hat der Herr Richter für so etwas! Eilig kehrt er zurück. Hinter der Gartenmauer steigt er von seinem Eselchen. Er kommt nicht die Straße herauf, er schlägt sich durch die Büsche. Heimlich will er sehen, was in seinem schönen Hause vorgeht. – Aber ich, die Dienerin Fan Chin-ting, ich habe ihn schon bemerkt, – verzeihen Euer Gnaden einer unwürdigen Dienerin! – *Ruft* Hsüeh Li! – – Mögen Euer Gnaden zornig sein, wie es Euch beliebt!

DER DÜNNE OFFIZIER *in der Rolle des Richters* Ein stinkender Fischer beschmutzt die Ehre meines Hauses! Ich, der Richter, werde dafür sorgen, daß er morgen früh an dem erstbesten Baum hängt! Ich habe die Leute über mich lachen hören!

DIE FRAU Hsüeh Li, komm rasch heraus! Komm zu mir! Spute dich! Sage mir alles, was du einer Frau sagst, die du liebst!

Der Mann ist »aus dem Haus« gekommen, geht zur Frau, mit zeremonieller Werbung.

DER MANN Weil du barfuß bist, bemerke ich deine schönen Füße, weil du kein Geld hast, dir Farben zu kaufen, sehe ich dein Lächeln und deine Röte, weil du ein verschlissenes Kleid trägst, spüre ich die Begierde deines Leibes. Fan Chin-ting, deinetwegen bin ich hierhergekommen.

DIE FRAU Sei still! Der Herr Richter ist überraschend zurückgekommen! *Zum dünnen Offizier* O Euer Gnaden, ich bitte für meine Nachlässigkeit um Verzeihung! Ich will Euch sofort bei Eurer Gattin anmelden.

DER DÜNNE OFFIZIER Halt, bleib hier! Die Leute haben gesagt, daß meine Gattin den Fischer Hsüeh Li empfange. Ist das die Wahrheit?

DIE FRAU Der Fischer Hsüeh Li, Euer Gnaden, ist wohl in Euer Haus gekommen, aber er ist nicht in das Zimmer Eurer Gattin gegangen, die im Besitz der Tugenden auf Euch wartet. Wenn die Leute, die sehr genau sehen, ihn nicht am Abend haben zurückgehen sehen, dann ist er bei mir geblieben bis zum Morgen.

DER MANN So ist es, Euer Gnaden.

DER DÜNNE OFFIZIER Dann will ich meine Gattin in ihrem Schlummer nicht stören.

DIE FRAU Ihr könnt wieder an Euren Platz zurück, Euer Gnaden, denn der Herr Justizbeamte hat seinen Esel wieder bestiegen und ist vor jedermanns Auge davongeritten. Auf diese Weise, Euer Gnaden, hat die Justiz in unserem Dorf nicht ihr Ansehen verloren. – Hsüeh Li und ich zogen zusammen in seine Hütte unten am Fluß. *Mit Verbeugung* Hsüeh Li, mein Gatte.

DER MANN Fan Chin-ting, meine Gattin.

DIE FRAU Wie Himmel und Erde gehören Mann und Frau zusammen.

DER DICKE OFFIZIER *lachend* Gut gespielt, Frau!

DIE FRAU Ich danke, Euer Gnaden, für Eure Güte. Ich bitte Euer Gnaden, mich mit meinem rechtlich angetrauten Gatten in mein Dorf ziehen zu lassen. *Sie will mit dem Mann fortgehen.*

DER DÜNNE OFFIZIER Halt, Frau! So leicht kommst du uns nicht fort! Was du uns da vorgespielt hast, überzeugt uns nicht. Jetzt wollen wir noch erfahren, wie ihr zusammen gelebt habt, ihr beide!

DER DICKE OFFIZIER Wie lang war das?

DIE FRAU Vier Jahre, Euer Gnaden.

DER DÜNNE OFFIZIER Wo war das?
DIE FRAU In der Hütte am Fluß.
DER DÜNNE OFFIZIER Wie habt ihr gelebt?
DIE FRAU Glücklich, Euer Gnaden.
DER MANN Vom Fischfang.
DIE FRAU Er hat keine flachen Steine mehr über das Wasser geworfen. Fleißig wurde Hsüeh Li, mein Gatte.
DER MANN Der Fluß war angeschwollen mit Fischen, Euer Gnaden.
DER DÜNNE OFFIZIER *spöttisch, scharf* Was für ein Glück, ihr beiden da unten! Wollt ihr's nicht zeigen?
DIE FRAU Wer glücklich ist, denkt nicht an das Glück.
DER MANN Wenn Ihr uns gnädig gehen ließet, damit wir wieder an den Fluß ziehen!
Sie wollen gehen.
DER DÜNNE OFFIZIER Halt! Die Speere sind auf euch gerichtet! Keinen Schritt weiter! Zeigt, wie ihr gelebt habt, vier Jahre, am Fluß!
DIE FRAU Schwer ist es.
DER MANN Laßt uns gehn.
DER DICKE OFFIZIER Angst? Kommen wir euch auf die Schliche?
DER DÜNNE OFFIZIER Wißt ihr nicht, wie das gewesen ist? Kennt ihr vielleicht einander nicht aus der Zeit?
DIE FRAU *zieht den Mann ins Spiel* Zusammen sind wir hinuntergegangen zum Fluß. In der Hütte haben wir gewohnt. Auf der Schilfmatte haben wir gesessen. So! – Erinnere dich, Hsüeh Li, wie es damals war!
Sie setzen sich nieder, getrennt voneinander.
DER MANN Der lange Weg durch das Schilf, bis an die Knie im braunen Wasser, dann die Steine. Ich habe sie hingetragen.
DIE FRAU Vorsorglich bist du, Hsüeh Li.
DER MANN Stein um Stein, um die kleine Bucht abzugrenzen. Mit der Angel fängt man dort nicht viel.
DIE FRAU Nein, Hsüeh Li.
DER MANN Dann habe ich die Reusen gebaut. Ich habe den richtigen Ort ausfindig gemacht, denn die Fische haben ihre Verstecke, in denen sie sich sicher fühlen. Dort muß man sie fangen.

DIE FRAU Du hast sie aufgespürt, Hsüeh Li.

DER MANN Und die Reusen habe ich aus Weidenruten geflochten. Es sind große runde Körbe im Wasser, das mit der Strömung langsam durch sie hindurchstreicht.

DIE FRAU Bald fängst du genug Fische für uns beide, Hsüeh Li.

DER MANN Gestern waren es acht. Heute waren es elf. Ich werde noch eine zweite Reuse flechten und im Fluß festmachen. Und ich sitze dabei auf den flachen Steinen am Nachmittag, die Beine angezogen, und sehe über das Wasser, bis die Sonne im Schilf untergegangen ist.

DIE FRAU Dann kommst du in unsere Hütte. Wir haben genug zu essen.

DER MANN Und ich denke: wenn ich genug Fische habe, lade ich sie in ein Boot. Der alte Fischer Wang hat mir sein Boot versprochen, zwei Tage in der Woche. Er braucht es nicht; vielleicht wird er es nie mehr brauchen. Mit dem Boot fahre ich flußab, einen Tag lang, und mit dem leeren Boot komme ich leicht wieder flußauf. Die Fische habe ich verkauft.

DIE FRAU Und kommst wieder in unsere Hütte, wo ich auf dich warte.

DER MANN Und eines Tages habe ich ein eigenes Boot, um in die Stadt zu fahren, unten, wo der Fluß die Biegung macht!

DIE FRAU Glücklich bist du, Hsüeh Li, in deiner Arbeit!

DER MANN Was hindert mich, weiter hinabzufahren, um von dort mit einer Karre, vor die ich einen Esel gespannt habe, landein zu fahren, wo die Fische ein paar Kupfermünzen mehr wert sind als in der armen kleinen Stadt an der Flußbiegung? Ein paar Tage länger bin ich dann unterwegs, aber was macht das?

DIE FRAU Denn ich warte geduldig auf dich, Hsüeh Li, weil ich weiß, du kommst wieder. Unser Haus schützt uns.

DER MANN Was für ein Leben auf dem Markt, Fan Chin-ting! Große Kaufleute sind da, die wollen nicht angesprochen werden, wenn sie vorübergehn, und die Köche der wohlhabenden Familien, sie probieren hier und da, sind immer unzufrieden, da muß ich geschickt sein, und die Frauen der Handwerker und Makler und Geldwechsler, mit denen gehe ich um wie mit meinesgleichen, und die armen Gelehrten – da, Freund, hast du einen Fischschwanz für deine Kohlsuppe! – Klug muß ich sein, geschickter als die andern, sonst werde ich übers Ohr gehauen!

DIE FRAU Ich vertraue auf deine Klugheit, Hsüeh Li, und ich fürchte mich nicht vor Rückschlägen. Denn wir haben genug, um in unserer Hütte zu leben.

DER MANN Teuflisch sind die Schliche der andern. Gestern haben sie mir ein Rad von meinem Karren zerbrochen, damit ich später zum Markt komme als sie! Ich muß aufpassen, daß sie nicht die Kette lösen, mit der ich mein Boot am Ufer festgemacht habe. Ich muß sie überlisten, es sind unsere Feinde!

DIE FRAU Wir wollen nichts als in unserer Hütte leben, Hsüeh Li, wie können wir da Feinde haben?

DER MANN Du siehst es nicht! Du bist den ganzen Tag in deiner Hütte, du merkst nicht, was in der Welt vorgeht! Aber ich – aber ich . . .

DIE FRAU In der Hütte wollen wir bleiben, Hsüeh Li.

DER MANN *ungeduldig* Verstehst du mich denn nicht? – In der Hütte! In der Hütte! Immer sagst du nur: in der Hütte! Vier Schritte hin und vier zurück! Und immer das Fenster zu! *Zornig* O du in deiner Hütte!

DER DICKE OFFIZIER Bravo! Bravo! Nun hat der Mann gesprochen wie ein Mann!

DIE FRAU *ängstlich* Dürfen wir jetzt gehn, Euer Gnaden?

DER DÜNNE OFFIZIER Halt! Wie ich mich erinnere, war vor einem Jahr das große Hochwasser am Fluß. Das muß auch euch betroffen haben.

DIE FRAU Euer Gnaden mögen uns nicht an etwas so Schreckliches erinnern.

DER DÜNNE OFFIZIER Antwort! Wo wart ihr, als die Flut stieg? Hsüeh Li?

DER MANN *schweigt.*

DIE FRAU Auf dem Dach unserer Hütte. Es ruht auf festen Pfählen. Der Fluß zog durch die schilfigen Ufer vorbei.

DER DICKE OFFIZIER *lachend* Sie saßen auf dem Dach! Sah das nicht komisch aus?

DER DÜNNE OFFIZIER Wie lange?

DIE FRAU Wie lange . . .

DER MANN Das Boot war fortgerissen worden.

DIE FRAU Wir riefen die Nachbarn, nach jeder Seite. Aber wer in Not ist, ist taub.

DER MANN *zur Frau* Wie lange hat es gedauert?

DIE FRAU Es wurde dunkel und darauf wieder hell!

DER DÜNNE OFFIZIER *scharf* Und ihr saßet auf dem Dach! Setzt euch hin, wie ihr gesessen habt. Und ihr saht euch an! Setzt euch so, daß ihr euch anseht!

Der Mann und die Frau setzen sich so, als ob sie auf einem schmalen, schrägen Dach säßen, einander gegenüber, einander ansehend.

DIE FRAU Die Nacht war lang. Und am Morgen –

DER MANN *sie starr ansehend* So habe ich dich noch nie angesehen.

DIE FRAU Wir müssen Geduld haben, Hsüeh Li, Dschang Ku-Tung, der Ölhändler vom Dorf, wird mit seinem Boot kommen. Er ist ein guter Mensch.

DER MANN *springt auf* Geduld!

DIE FRAU Alle Menschen längs des Flusses sind von dem Unglück betroffen, denn alle haben von seinem Segen gelebt.

DER MANN *will fort* Ich will nicht länger hier sitzen!

DER DICKE OFFIZIER Halt, Hsüeh Li! Willst du absaufen? Sieh zu, daß dein Dach nicht zusammenfällt, wenn du wie ein Knabe herumspringst!

DIE FRAU Hsüeh Li, iß drei Mundvoll Pflaumen und trinke aus der Flasche. Ich habe in meinem Korb noch ein paar Näpfe mit Reis, Bohnen, sogar gedörrtes Fleisch, siehst du, ich habe an alles gedacht, wir können noch eine Zeit auf dem Dach leben!

DER DÜNNE OFFIZIER Sieh deine Frau an! Bewege dich nicht unnötig!

DIE FRAU Habe ich nicht an alles gedacht, Hsüeh Li?

DER MANN *sieht sie starr an* Wir müssen noch eine Zeit auf dem Dach leben.

DIE FRAU Frierst du? Ich habe auch eine Decke in dem Korb, ein Hundefell und eine selbstgeflochtene Binsenmatte.

DER MANN Nein.

DIE FRAU Sind dir die Glieder steif geworden vom Hocken? Soll ich sie dir reiben, damit sie wieder gelenkig werden? Ich verstehe mich darauf.

DER MANN Nein.

DIE FRAU Fürchtest du dich? Soll ich dir von dem schönen Sommer erzählen, als wir zum Fluß hinuntergingen?

DER MANN Nein.

DIE FRAU Langweilst du dich? Soll ich dir ein Lied singen?

DER MANN Nein.

DIE FRAU Hsüeh Li, mein Gatte, untertänig warte ich auf einen Wunsch von dir.

Der Mann will aufstehen.

DER DÜNNE OFFIZIER Sieh sie an, Hsüeh Li, klein ist der Platz auf eurem Dach! Bewege dich nicht!

DER MANN Ich sehe dich an.

DIE FRAU Das Wasser des gelben Flusses wird morgen wieder sinken. Woran denkst du?

DER MANN Ich sehe dich an.

DIE FRAU *immer angstvoller* Wüßte ich nur, wie ich dich unterhalten kann! Ich will dir ein Lied singen! *Sie singt*

Am ersten Tag, als der Regen kam,
der Vater seine Wollmütze nahm,
sprach: Regen, schöner Regen.
Am dritten Tag der Regen rann,
sahn sich bestürzt Vater und Mutter an
im Regen, schönen Regen.
Am neunten Tag, als der Regen rann,
dünn ward die Bohnensuppe dann
vom Regen, schönen Regen.
Am zwölften Tag kam ein Amselschlag:
wird viel schöner das Land am dreizehnten Tag
vom Regen, schönen Regen.

Der Mann starrt sie regungslos an.

DER DÜNNE OFFIZIER Bewege dich nicht von der Stelle, Hsüeh Li! Die Flut steigt um euer Dach! Sieh deine Frau an! Sieh sie an!

DER DICKE OFFIZIER Sieh sie an! Deine Frau! Sieh sie an!

DER DÜNNE OFFIZIER Denn du kannst nicht fort von ihr!

DER DICKE OFFIZIER Du kannst nicht vom Dach in die Flut springen!

DER DÜNNE OFFIZIER Das ist tödlich! Hsüeh Li! Sieh deine Frau an!

DER MANN *springt auf, schreit* Nein.

DIE FRAU *entsetzt* Hsüeh Li, mein Gatte!

DER MANN Laß mich los!

DIE FRAU Was willst du tun? Bleib hier, du tötest dich! Du tötest uns beide!

DER MANN Ich will fort! Ich will nicht bei dir bleiben! Ich ertrage es nicht!

DIE FRAU Du kannst nicht fort, Hsüeh Li! Du mußt bei mir bleiben! Du bist mein Mann vor dem Gesetz!

DER MANN *reißt sich los und »springt ins Wasser«* Ich bin dein Mann nicht! Ich kenne dich nicht! Ich habe dich nie gekannt!

DIE FRAU *zuckt zusammen, schlägt die Hände vors Gesicht* Hsüeh Li!

DER DÜNNE OFFIZIER *springt auf* Bleib stehn, Soldat! Keinen Schritt, sonst nageln dich die Speere fest! *Der Mann bleibt stehn.*

DER DÜNNE OFFIZIER Der Soldat Hsüeh Li hat versucht, uns und seine Majestät den Kaiser, der ihm gnädig war, zu täuschen, als er sich als der rechtmäßige Gatte der Frau Fan Chin-ting ausgab. Er ist ein Deserteur.

DIE FRAU Euer Gnaden, Herren Offiziere haben sich getäuscht. Das hat er in der Aufregung gesagt, wie es ein Mann sagt, der mit seiner Frau auf dem Dach sitzen muß.

DER DICKE OFFIZIER Er hat wahrhaftiger gespielt als du, Frau. Du hast verloren!

DIE FRAU Euer Gnaden, ich bin eine arme Frau. Aber mein Mann muß mir gehören.

DER DÜNNE OFFIZIER Fort wollte der Mann von dir. Nicht einmal die Flut konnte ihn festhalten.

DIE FRAU Nach drei Tagen aber sank das Wasser im Fluß.

DER DICKE OFFIZIER Gib zu, daß er nicht dein Mann ist!

DIE FRAU Das Wasser sank, die Erde war grau und aufgedunsen, eine große, tote Ratte. Wir lebten noch zusammen, Hsüeh Li und ich.

DER DICKE OFFIZIER Will sie's noch einmal versuchen? *Zum dünnen Offizier* Gib ihr noch eine Chance, dafür daß sie uns eine Stunde die Zeit vertrieben hat! Das *Geste des Erhängens* geht dann um so schneller.

DIE FRAU Haben Euer Gnaden Mitleid mit einem armen Mann, den ich liebe. Grau sah unsere Hütte aus, Tisch und

Stuhl und Bett waren davongeschwemmt worden. Der Pfad im Schilf zum Dorf hinüber mußte erst neu getreten werden.

DER DICKE OFFIZIER Nur zu – wenn dein Mann noch mitmacht?

DER DÜNNE OFFIZIER Oder hat ihn der Schrecken stumm gemacht?

DER DICKE OFFIZIER Bereut er's vielleicht, da hinunter vor die Mauer gegangen zu sein? Er kann ja noch zurück, der Soldat!

DIE FRAU Die Werber kamen um diese Zeit ins Dorf. Aber Hsüeh Li stopfte sich Gras in die Ohren.

DER DICKE OFFIZIER Hör zu, Hsüeh Li, es geht dir doch schlecht! Eine geschwätzige Alte hast du in deiner Hütte, und im Dorf sagen die Leute, die es wissen: wer nichts hat, bekommt nichts und gibt auch nichts aus. Und die Fische sterben im Fluß, daß ein Gestank über die Ufer streicht.

DIE FRAU Hsüeh Li, was sagst du?

DER MANN Geht, geht!

DER DÜNNE OFFIZIER *höhnisch* Kennst du die Lieder nicht, die die Soldaten singen? Darin ist vom Erobern die Rede. Und was für einen Respekt die hungrigen Bauern vor dem Soldaten haben, der täglich seine drei Schalen Reis bekommt! Und wie eifrig setzt der Bootsmann die Soldaten über den Fluß!

DIE FRAU *bittend* Hsüeh Li!

DER MANN *gegen die »Werber«* Geht, geht!

Die Offiziere lachen.

DIE FRAU Bleib in der Hütte, Hsüeh Li, bis der Sommer gekommen ist und die Soldaten wieder landeinwärts gezogen sind.

DER DÜNNE OFFIZIER Dein Mann ist mit den Soldaten gegangen! Er hatte genug von dir!

DIE FRAU Er wollte nicht gehn, Euer Gnaden! Ich beschwöre es. Sie haben ihn gefunden, sie haben ihn mitgenommen! Er wollte nicht. Sag es, Hsüeh Li!

DER MANN Ich habe auf die Stimme der Werber nicht gehört. Ich sitze im Schilf, abseits der Hütte, wo das faulige Wasser braune Blasen treibt, ich, der arme Hsüeh Li, und ich höre, wie Fan Chin-ting in der Hütte mit dem Ölhänd-

ler spricht, damit er uns die Lebensmittel billiger läßt, und ich höre oben auf dem Damm die Soldaten gehn, einer hinter dem andern. Ich höre sie rufen, und ich halte mir die Ohren zu, und ich ducke mich tief ins Schilf, das Gesicht auf dem Wasser. Wie kann ich denn leben, ich, Hsüeh Li?
Er spielt wieder seine Rolle.

DIE FRAU *weitab von ihm, »in der Hütte«* Ich liebe dich, Hsüeh Li.

DER DÜNNE OFFIZIER War nicht die Rede davon, Frau, daß der Ölhändler kam?

DIE FRAU Der Ölhändler Chang Ku-Tung, Euer Gnaden. Ein freundlicher, kahlköpfiger Herr. Er erließ uns, weil ich ihn darum bat, eine Schuld von 300 Kupfermünzen, zuerst für einen Monat.

DER DICKE OFFIZIER Und der Ölhändler kam wieder?

DIE FRAU Ein freundlicher Herr, Euer Gnaden, mildtätig! Seine Stimme gleicht der Euren.

DER DICKE OFFIZIER Und Hsüeh Li, dein Gatte?

DIE FRAU Er saß im Schilf, Euer Gnaden, fast einen ganzen Sommer lang.

DER DICKE OFFIZIER Wollte von dir nichts mehr wissen?

DIE FRAU Immer noch zogen die Soldaten oben auf dem Damm vorbei, einer hinter dem anderen. Er hatte sich versteckt vor ihnen.

DER DÜNNE OFFIZIER Hsüeh Li, hörst du? Hörst du, Faulpelz, du Feigling im Schilf, bis an den Nabel im braunen Wasser! Hörst du, daß der Ölhändler gekommen ist, um nach seinem Geld zu fragen, das ihr ihm schuldet?

DER DICKE OFFIZIER Ein guter Mann, ein milder Mann, Hsüeh Li, er erläßt euch die Schuld noch einen schönen Monat, weil Fan Chin-ting so geschickt darum bittet!
Die Offiziere lachen.

DER DÜNNE OFFIZIER Und immer noch ziehen oben auf dem Damm die Soldaten vorbei, Hsüeh Li.

DIE FRAU Nur Gutes, Hsüeh Li, kann ich über den Ölhändler Chang Ku-Tung sagen.
Gelächter.
Seine Stimme, seine Bewegungen und seine vornehme Gesinnung waren wie die von Euer Gnaden. *Sie deutet auf den dicken Offizier* Darf ich Euer Gnaden bitten, herun-

terzukommen, um den Ölhändler Chang Ku-Tung in schöner leiblicher Person darzustellen. So werdet Ihr bald erfahren, wie sich alles in Wahrheit ereignet hat.

DER DÜNNE OFFIZIER Ist das wieder eine schmutzige List von dir, Frau?

DIE FRAU Ein milder, ein gutgesinnter Herr. Mehrmals kam er in meine arme Hütte, und ich redete mit ihm.

DER DICKE OFFIZIER *kommt herunter, beginnt die Rolle des Ölhändlers zu spielen* Worüber, Frau?

Gelächter.

DER DÜNNE OFFIZIER Hsüeh Li, da drüben im Schilf, hör zu!

DIE FRAU Über die Ölpreise, Euer Gnaden! Darüber haben wir lange gesprochen, denn wir verstanden beide etwas davon. – Guten Tag, Herr Chang Ku-Tung.

DER DICKE OFFIZIER *als Ölhändler* Guten Tag, Frau Chin-ting.

DIE FRAU Kommt nur herein.

DER DICKE OFFIZIER Ist Euer Gatte nicht zu Hause?

DIE FRAU Was fragt Ihr nach meinem Gatten! Ich habe von ihm die Erlaubnis erhalten, mit Euch über die Dinge zu sprechen, die uns angehn.

DER DÜNNE OFFIZIER Hör zu, Hsüeh Li, da drüben im Schilf!

DER DICKE OFFIZIER Ihr seid sehr freundlich, liebe Frau.

DIE FRAU Laßt uns ins Haus gehen, damit ich Euch bieten kann, was einem so wohlgesinnten Gast zukommt.

Gelächter des dünnen Offiziers.

Warum lachen da Euer Gnaden? Kennen Euer Gnaden die Formen der einfachen Höflichkeit nicht?

DER DÜNNE OFFIZIER Nur zu, nur weiter, Frau des Soldaten Hsüeh Li! Sieh zu, daß du deine Hütte und deinen Mann und alles behältst, was dir wert ist.

DER DICKE OFFIZIER Im Handel um die Krüge Öl übervorteilst du mich nicht. Denn wenn auch die Überschwemmung meine Krüge fortgeschwemmt hat, so sind doch die wenigen, die übriggeblieben sind, so teuer geworden, daß ich die verlorenen nicht bemerke.

DIE FRAU Ich will Euer Gnaden nicht übervorteilen. Denn Eure Güte ist überall bekannt.

DER DICKE OFFIZIER *versucht, sich ihr zu nähern, was die Frau aber abzuwehren versteht* Es ist also besser, meine Güte anzusprechen als meinen Verstand. Rechnen wir nicht die

Zeit, die mir durch dein Versäumnis Zinsverlust schafft, nach, sondern versuchen wir, einen Preis für meine Güte zu finden.

DIE FRAU *ausweichend* Noch einen Monat bitte ich Euer Gnaden um Nachlaß der Schuld, so lange, bis mein Mann zur Vernunft gekommen ist.

DER DICKE OFFIZIER Solange will ich gern mit Euch in Eurer Hütte verhandeln, liebe Frau.

DIE FRAU Ihr seid ein gütiger Mensch. Herr Chang Ku-Tung. Ich muß meinem Gatten von den Verhandlungen berichten, die ich mit Euch wegen der ausstehenden Summe gehabt habe.

DER DÜNNE OFFIZIER Hör zu, Hsüeh Li, ob sie die Wahrheit sagt!

Der Mann steht auf und kommt langsam auf die »Hütte« heran.

DIE FRAU Ich spreche nur darum mit Euch, weil ich von Öl und von den Nahrungsmitteln, die Ihr uns verkauft habt, mehr verstehe als er.

DER DICKE OFFIZIER Ihr seid eine kluge Frau, Fan Chin-ting.

DIE FRAU Ohne Klugheit stirbt der Mensch wie das Tier in der Höhle, Euer Gnaden, und eins findet nicht zum andern.

DER DÜNNE OFFIZIER *ruft scharf dazwischen* Aber vielleicht nicht klug genug?

DIE FRAU *unterwürfig zum dünnen Offizier* Ich fürchte mich, meine Klugheit mit der Euren zu messen, Euer Gnaden. Meine ist nur darum stark, weil die Wahrheit ihr zu Hilfe kommt.

DER DÜNNE OFFIZIER Erhieltest du keine Geschenke von dem Ölhändler Chang Ku-Tung?

DIE FRAU Ich entsinne mich nicht, Euer Gnaden.

DER DÜNNE OFFIZIER Denk nach! Es könnte für dich wichtig sein, daß er dir kleine Geschenke brachte – solche, die du deinem Gatten nicht zeigen wolltest.

DIE FRAU Ich fürchte mich vor Eurer Klugheit. Was habt Ihr mit Eurer Frage vor?

DER DÜNNE OFFIZIER Dich überführen, Frau, deren Mann zu den Soldaten lief! Wann ging er denn von dir?

DIE FRAU Ehe der Sommer kam, Euer Gnaden.

DER DÜNNE OFFIZIER Fort ging er – und hier hast du ihn wieder! *Er hält ihr ein Amulett hin.*

DIE FRAU *erschrocken, – sie erkennt das Amulett ihres Mannes, versucht sich zu beherrschen* Ich verstehe Euer Gnaden nicht.

DER DÜNNE OFFIZIER Kennst du dieses Amulett?

DIE FRAU Nein, Euer Gnaden.

DER DÜNNE OFFIZIER Hör gut zu, Soldat Hsüeh Li!

DIE FRAU Da ich es nicht verloren habe, wie soll ich es kennen?

DER DÜNNE OFFIZIER Wir haben Befehl gegeben, die Toten des südlichen Tors zu durchsuchen. Dabei hat es einer von den Soldaten gefunden und es soeben gebracht.

DIE FRAU Ein tapfrer Soldat war er, der gefallen ist. *Ausbrechend* Hsüeh Li, warum bist du fortgegangen!

DER DÜNNE OFFIZIER Was sagst du?

DIE FRAU In Frieden sollen die Toten ruhen!

DER DÜNNE OFFIZIER Aber einer von ihnen könnte dich unruhig machen!

DIE FRAU Sie rächen sich nicht an denen, die ihnen das Leben wünschen.

DER DÜNNE OFFIZIER Lies, was auf dem Metalltäfelchen steht!

DIE FRAU *ausweichend* Euer Gnaden, es fällt mir schwer, zu lesen.

DER DÜNNE OFFIZIER Aber du hast es doch schon einmal gelesen, nicht wahr?

DIE FRAU *stockend* Ich entsinne mich nicht, Euer Ganden.

DER DÜNNE OFFIZIER Wenn du es nicht lesen willst, will ich dir sagen, was auf dem Metalltäfelchen steht! *Zum Mann* Hör zu, Mann dieser Frau da unten! *Er liest* »Fan Chin-ting gibt dieses Amulett ihrem Gatten Hsüeh Li in Treue am Tag der Vermählung.« Wir haben es dem Hsüeh Li abgenommen.

Er wirft das Amulett hinunter. Die Frau hebt es auf.

DIE FRAU *beherrscht sich* Euer Gnaden mögen die Toten ruhen lassen.

DER DÜNNE OFFIZIER *beugt sich vor* Tränen, Frau?

DIE FRAU Den armen Mann, der da unter Euren Toten liegt, den kenne ich nicht. Warum soll ich da Tränen vergießen?

DER DÜNNE OFFIZIER *zu dem Mann* Hast du gehört?

DER DICKE OFFIZIER Trefflich gespielt, Frau! Wenn es dein richtiger Mann war, der tote, und dies der falsche, – der falsche muß sich vor die fürchten, so trefflich hast du gespielt!

DIE FRAU Ich liebe meinen Gatten Hsüeh Li, der im Schilf sitzt. Und ich bitte Euer Gnaden, ihn mit mir ziehen zu lassen. Denn das Sprichwort sagt: Mann und Frau gehören wie Himmel und Erde zusammen. Hsüeh Li, komm zu mir.

DER DÜNNE OFFIZIER *zu dem Mann* Hörst du sie?

DER MANN *zornig* Ja, tot ist dein Mann! Ein Pfeil hat ihn ins Auge getroffen!

DER DÜNNE OFFIZIER Halt, Soldat! Jetzt hast du dich verraten! Du hast den Mann dieser Frau gekannt, du warst sein Freund, du hast neben ihm auf der Mauer gestanden, als er getroffen wurde! Und nun dachtest du, machst du dich mit seiner Frau an seiner Stelle davon!

DER MANN *erschrocken* Ihr Herren Offiziere, wir haben unsere Helme und Schilde nicht abgenommen, ich habe ihn nicht gekannt. Nur im Zorn habe ich meine Frau beschuldigt!

DIE FRAU Auch damals, Euer Gnaden, war er eifersüchtig. Aber Herr Chang Ku-Tung war ein edler Mensch, wie ich Euch versichere. Hört, was ich zu ihm sagte:

Der dicke Offizier, als Ölhändler, ist wieder herangekommen.

Gut, daß Ihr wiedergekommen seid, Herr Chang Ku-Tung, denn es geht uns schlecht. Ich muß Euch bitten, unsere Schuld vor dem zweiten Monat nicht aufzurechnen. Wir können sonst nicht mehr in unserer Hütte wohnen.

DER DICKE OFFIZIER Frau Fan Chin-ting versteht es in anmutiger Weise zu bitten.

DIE FRAU Wo können wir sonst bleiben? In den Feldern ertränkt uns der Frühjahrsregen, im Dorf sind wir das Gespött der Leute, die ein Dach haben, auf der Straße schleppen uns die Soldaten fort. Wir aber wollen nichts anderes als in unserer Hütte beieinander sein.

DER DICKE OFFIZIER Wo ist dein Gatte, Fan Chin-ting?

DIE FRAU Draußen im Schilf, – nicht weit von hier.

DER DICKE OFFIZIER Wird er nicht hereinkommen?

DIE FRAU Er ist mit dem Messer draußen, er schneidet das Schilf, um später damit Matten zu flechten.

DER DÜNNE OFFIZIER Was tust du, Mann?

DER MANN Während ich hier sitze, wächst das Schilf um mich herum immer dichter, denn ich habe mein Messer in einen Ast geschlagen. Ich tue nichts. Von ferne höre ich die Stimme des Ölhändlers Chang Ku-Tung, eine alte freundliche Stimme, dreitausend Jahre alte Freundlichkeit, abgelesen von den Büchern der Weisen! Was fange ich an mit der Freundlichkeit hier im Schilf, – denn was hinter meinem halben Ohr Gutes geschieht, foltert mich! Ich hasse die Wohltaten, die mich fesseln. Wenn der Ölhändler Chang Ku-Tung uns einen Monat Frist gibt mit seiner Güte, müssen wir einen Monat lang beide an ihn denken. Wenn seine Güte und zwei Monate Frist gibt, können wir zwei Monate lang von nichts anderem mehr sprechen. Wenn er uns unsere ganze Schuld gütig erläßt, für immer, für immer, das ist eine lange Zeit, – o dann . . .

DER DICKE OFFIZIER Wirklich, da ich so viel Glück sehe, ist es mir unmöglich, die Schuldsumme zu verlangen. *Will sich ihr nähern.*

DIE FRAU *entzieht sich ihm* Ich danke Euch, Herr Chang Ku-Tung.

DER DICKE OFFIZIER Wann kommt Euer Gatte zurück?

DIE FRAU Am Abend.

DER DÜNNE OFFIZIER *heftig zu dem Mann* So sieht dein Glück aus, Soldat! Spring zu! Spring zu!

Der Mann springt aus einem »Versteck« heraus und »sticht den Ölhändler mit dem Messer nieder«. Der dicke Offizier rafft sich, nachdem ihn der Mann niedergeschlagen hat, wieder auf und geht lachend auf seinen Platz zurück.

DIE FRAU Was hast du getan, Mann! Du hast Herrn Chang Ku-Tung niedergestochen, der uns nur Gutes wollte! Was soll aus uns werden! – Allzulang hast du im Schilf gesessen und nachgedacht! Darüber hat sich dein Geist verwirrt! – Ich höre schon, wie sie hinter dir her sind – wer wird dich beschützen, wohin willst du fliehn?

DER MANN Ich bleibe nicht hier.

DIE FRAU In den Feldern werden sie dich mit Hunden jagen. Auf der Straße schleppen dich die Soldaten fort.

DER MANN Ich will fort – fliehen!

DIE FRAU Horch! Schon höre ich sie kommen! Die Polizei kommt! Ich stelle mich vor die Tür, hinter der du dich versteckst, ich spreche mit den Polizisten, die dich verhaften wollen! *Zu den Offizieren* Genau so ist es damals gewesen, Euer Gnaden, Herren Offiziere! *Sie schiebt den Mann in das »Versteck« hinter der Tür und stellt sich davor* Ihr da! Nicht so rasch, nicht so unhöflich! Kommt man so in ein fremdes Haus? Und was schnüffelt ihr denn herum? Wollt ihr eine Schale Ziegenmilch vielleicht? – Ein halbes Hühnchen? – Nichts da! Sucht bei den Reichen! – Nein, von der Tür gehe ich nicht weg! – Wir sind arme Leute, ihr Herren, bei uns findet ihr nichts als einen Sack Maisstroh mit Flöhen, wenn ihr ausruhen wollt, und gesalzene Kohlstrünke, wenn ihr Hunger habt, und eine Tür, wieder hinauszugehen, wenn ihr gnädig sein wollt, aber ich winke euch nicht nach! Nein, – durch diese Tür, vor der ich stehe, lasse ich euch nicht ein! Ihr sucht meinen Mann, was hat er euch denn getan? – Hat er gestohlen? Hat er betrunkenen Lärm gemacht? – Hat er euch vielleicht ausgelacht? Das sieht ihm ähnlich, die Götter verzeihen ihm! – Nein, – hier nicht hinein! Meinen Mann – ihr bekommt ihn nicht! Ich lasse es nicht zu! *Die – nur vorgestellten – Polizisten haben die – ebenfalls nur vorgestellte – Tür aufgerissen, die Frau beiseite gedrängt. Die Frau wendet sich um, sieht hinter die »Tür«: der Mann ist verschwunden. Großes Gelächter der Offiziere und aller Soldaten auf der Mauer.*

DER DÜNNE OFFIZIER Wo ist denn dein Mann, Frau?

DER DICKE OFFIZIER Hast du gesehen, wie er fortgerannt ist?

DER DÜNNE OFFIZIER Hinter die Mauer ist er gegangen!

DER DICKE OFFIZIER Da gefällt es ihm besser!

DER DÜNNE OFFIZIER Angst hat er nicht vor der Polizei, sondern vor dem Leben mit dir!

DER DICKE OFFIZIER Er kommt nicht wieder, Frau! Geh nach Hause!

DER DÜNNE OFFIZIER Wir raten dir gut, geh nach Hause! Du hast dein Spiel verloren.

DER DICKE OFFIZIER Ist nicht auch dein erster Mann freiwillig gegangen?

DER DÜNNE OFFIZIER Und hast du nicht das hübsche Metalltäfelchen zurückerhalten, wie es sich gehört? Geh, geh in dein Dorf und zeig es den Wäscherinnen.

DIE FRAU *verzweifelt* Hsüeh Li! Hsüeh Li!
Großes Gelächter der Soldaten auf der Stadtmauer.
Wo ist der Kaiser?

DER DÜNNE OFFIZIER Der Kaiser hat sich amüsiert. Aber er ist schon vor einiger Zeit gegangen.

DIE FRAU *in immer wilderem Zorn* Fort ist er! Hat sich wohl schlafen gelegt? Aber wenn ich schreie, wacht er da nicht auf? Kaiser! Kaiser! Hör mich an, Kaiser! Sag: war dir das schlimm, als es mir schlecht ging? Zugesehn hast du und bist wortlos gegangen! Ich hasse dich – du sollst fallen! Herunterfallen sollst du in deiner goldenen Fischhaut. Ein Popanz bist du! Ich lache, wenn dir das Sägemehl aus dem zerbrochenen Kopf rinnt! Und ihr da, Offiziere, was habt ihr für feine Plätze euch reserviert, ihr alle da oben, wie weit könnt ihr ins Land sehn! Wie fein könnt ihr reden! Redet wohl über mich! Laßt nur! Ich lache euch aus! Ich hör! nicht hin! Ich ruf! überall: hört nicht auf die Dummköpfe da oben! Hier unten ist mein Platz! Ich seh nicht weit. Ich hör nicht mehr, als die Nachbarn sagen. Ich bin nicht klüger als mein Lehrer! Aber ich lebe! Ich lebe! Wenn ich nicht richtig gelebt hab, woran liegt's?
Die Offiziere sind weggegangen.
Wißt ihr's? Ihr nicht, nein! Denn euer Platz da oben ist im leeren Wind! Ich lach über Eure Aufgeblasenheit! Wie ihr euch da aufgeputzt habt! Prächtig und dick wie Kapaune! Wie ihr da redet! Salbungsvoll – in den Wind! – Was hab ich denn getan? Bemüht hab ich mich, gut zu sein, Schlechtes ist daraus geworden! Ist es nicht so? Zusammen sein wollt ich mit dem Mann. Bemüht hat er sich, wie er konnte, – aber fort ist er gegangen! Warum? Wissen das eure Gesetze? Gibt da eure Gerechtigkeit Auskunft, eure Güte? Popanze! Ich lach, wenn ihr den Mund aufreißt! – Wo ist der Mann denn hingegangen? Hsüeh Li, hör' mich! Komm raus! Du kommst nicht! Mein Mann kommt nicht, er ist tot! Ein Stein, ein Klumpen Erde, tot! Hsüeh Li kommt nicht, er ist ja freiwillig gegangen! Fort bist du gegangen, Feigling! Faulpelz! Nutzloses Vieh! Geh zu den Mördern, bist selbst einer! Meinst wohl, ich wein dir nach?

Bild dir das nicht ein! Ausräuchern mit Feuer werd ich die Hütte, damit dein Gestank rausgeht! Die ganze Welt soll ein Rauch sein, der in die Augen frißt, damit der Gestank weggeht von dem Mann! – – Ihr da oben, ihr Goldgestickten mit euren schönen Gesetzen und mit eurer schönen Weisheit und mit eurer schönen Moral, warum sagt ihr mir nicht, warum es in der ganzen Welt so stinkt? Ihr steckt eure Nasen doch höher als ich! Müßt doch wissen, warum! Pah, stinkender, toter, grüner, madenzerfressener Kadaver, ich halt mir die Nase zu! Ich spuck dich an! *Sie läuft gegen die Mauer* Laßt mich ein! Gebt mir den Weg frei! Mauer da, dicke Mauer, geh weg! Geh weg! Dicke, große, alte, stupide Mauer! – Ich, Fan Chin-ting, steh hier unten. Ich will nicht da stehn! Ich will durch! Ich werd mit meinem Kopf gegen dich schlagen, bis du einstürzt! Dich hasse ich am meisten! Was ist es, Mauer, daß ich nicht mit dem Mann zusammenkomme? Warum ist er fortgegangen? Warum verstehn wir uns nicht? Wir können doch sprechen! Warum stehst du da, Mauer? Warum bin ich hier unten, der Mann aber auf der anderen Seite? Warum sind alle Gesetze nichts wert? Aller guter Wille nichts wert? Alle Hoffnung nichts, alle Sorge nichts, alle Klugheit nichts, alle Liebe nichts, nichts, nichts! Gib Antwort! Warum stehst du da, Mauer? Schweig nicht! Warum stehst du da? Gib Antwort! Antwort! *Sie trommelt in unsinnigem Zorn gegen die Mauer* Ich hasse dich! Ich spucke dich an! Ich lach dich aus! ich verfluch dich! Ich verfluch dich! Ich! Ich! Ich! Ich! Ich! Ich! Ich!

Ein Soldat von der Wache ist hereingekommen, sein Gesicht ist durch ein Visier verdeckt, aber man erkennt an der Stimme, daß es der Mann ist, der vorher mit ihr gehen wollte. Er ist nun wieder starr, unpersönlich, teilnahmslos. Er stößt die Frau mit der Lanze an.

DER SOLDAT Geh weiter! Niemand hört dir zu!

Die Frau schreckt auf, starrt den Soldaten an.

Uraufführung: Bühnen der Hansestadt Lübeck, 1961.
Regie: Ulrich Brecht.

Ich meine, daß das Theater im Grunde eine Sache für wenige ist, und ich ziehe deshalb die kleinen Theater vor. Sie fordern vom Zuschauer nicht den neutralisierenden Respekt vor der Kunst: er sitzt näher dran, sieht wie's gemacht wird, sitzt auch meist nicht so bequem und ist nicht ganz so gut angezogen. Er will nicht unbedingt erhoben sein: Interesse zieht ihn an. Daß dies nun keine echte, definierbare Gesellschaft ist, und daß wir in unserem Lande offenbar gänzlich auf sie verzichten müssen, ist das wirklich so schlimm? Hier sitzen Leute, irgendwelche, und das ist mir recht. Ich schreibe nicht für und nicht gegen eine bestimmte Gesellschaft, also brauche ich auch nicht so zu tun, als gäbe es sie. Ich denke mir, mein Publikum bringt ebensowenig Voraussetzungen mit ins Theater wie ich, es ist unsicher, skeptisch, vielleicht sogar ein bißchen mißtrauisch. Es stellt Fragen, aber es erwartet vom Autor keine Antworten, denn wie, wenn er sich nicht einem der großen materialistischen oder metaphysischen Weltentwürfe zuordnet, kann er sie geben?
Theater ist für mich eine Art Experiment: der immer wieder unternommene Versuch, den jetzt lebenden Menschen mit dem, was ihn bewegt, was ihn ängstigt, was er schafft und was ihn begrenzt, auf der Bühne sichtbar zu machen. Die Mittel, deren ich mich bediene, sind, glaube ich, so alt wie das Theater selbst: die der Maske, der Verwechslung, der Vorspiegelung, des Spiels im Spiel – sie alle dienen dazu, die Bühnenexistenz des Schauspielers großartig und fragwürdig zugleich erscheinen zu lassen und damit, denn wir sind an dem Experiment beteiligt, uns selbst, unsere Wertsetzungen, unsere gesellschaftlichen Normen, unsere Moral in Frage zu stellen.
Gesellschaft im Herbst, mein erstes Stück, brachte auf der Suche nach einem vermuteten Schatz eine immer größer werdende groteske Marionettengesellschaft von Spekulanten in der Halle eines alten Schlosses zusammen, die sich, immer mehr verfallend und durch Verschläge unterteilt, allmählich in eine Art Notaufnahmelager verwandelte. – *Freiheit für Clemens:* ein junger Mann, den man in ein Gefängnis gesperrt hat, lernt unter Aufsicht und Anleitung seines Aufsehers gewisse Formen des Gehens, des Reagierens, des Sprechens, die ihm den Aufenthalt auf engstem Raum allmählich erträglich, schließlich angenehm machen; er schrumpft auf die Bedingungen der Zelle zusammen und verzichtet deshalb am Ende darauf, die Tür, die ihm geöffnet wird, zu benutzen. Das Stück war für mich der Versuch, einen zunächst konturlosen Menschen auf der Bühne, im Spiel zu formen und mehr und mehr festzulegen: ein artistischer Balanceakt, ein Spielstück vor allem, in dem der Dialog dazu diente, die Figuren im richtigen Verhältnis und im Gleichgewicht zu halten. – In der *Kurve* sitzen zwei Brüder, ein Bastler und ein Verfertiger von Reden, in idyllischer Landschaft. Sie warten darauf, daß an der gefährlichen Kurve über ihnen Autos abstürzen, und sie töten einen Verunglückten, der die Straße absichern lassen will, denn

sie wollen weiter basteln und Leichenreden halten. Die genaue Logik des Handlungsablaufs sollte hier in einem grotesken Mißverhältnis zum moralischen Leerlauf der Dialoge stehen: die Rede, das Engagement, bedarf des Opfers. – Die *Große Schmährede an der Stadtmauer* benutzt eine Situation aus einem chinesischen Schattenspiel: am Fuß der riesigen Mauer steht eine Frau und fordert vom Kaiser ihren Mann, der zu den Soldaten ging. Daraus ergab sich das Spiel: Mann und Frau, die sich in Wahrheit nicht kennen, müssen sich einer Prüfung unterziehen, sie müssen zeigen, daß sie zueinander gehören und wie sie zusammen gelebt haben. Der Mann jedoch besteht die Prüfung nicht, er verschwindet wieder hinter der Mauer. – Ein Stück muß »stimmen« – was nicht einfach eine Frage des Kostüms oder der politischen Richtung ist, im Gegenteil, es haben häufig genug gerade die Stücke versagt, die ihren Effekt von der Aktualität und von der Alltagskleidung erhofften. Auf der Suche nach Figurationen für unser nachpsychologisches Zeitalter scheinen mir die kühle Allegorie, die distanzierende Historie, ja selbst die vielverachteten Klischees, wenn sie richtig verwandt werden, brauchbarer zu sein als die genauen Porträts unserer Zeitgenossen mit allem, was ihnen privatim in den Kleidern hängt. Denn es soll ja nicht ein Ausschnitt aus der Wirklichkeit gegeben werden, sondern eine Übersetzung, und ihr Leben müssen die Figuren auf der Bühne aus sich selbst heraus neu erschaffen. Daß ein Stück »stimmt«, hängt für mich davon ab, ob es sich auf dem schmalen Grat zwischen dem Artistischen und dem Wirklichen, ohne dem einen allzugroße Freiheit ins Unverbindliche zu lassen und ohne dem andern Gewalt anzutun, aus eigenem Gesetz mühelos bewegen kann.

Die Fabel: für mich ist eine gute, erzählbare story wichtig. Genau besehen entscheidet sie schon fast alles. Sie formt die Charaktere, sie bringt sie in die Situationen, in denen sie sich entfalten, in denen sie aus sich herausgehen und in denen sie sich verbergen – sie entfernt die Figuren immer mehr von mir und von dem, was ich ihnen anfangs gelegentlich als »persönliches Anliegen« gern mit auf den Weg gegeben hätte, und macht sie zu selbständigen Wesen innerhalb dieser Gemeinschaft, die ich erfunden habe. Das ist nützlich. Ich habe eine ganze Liste solcher Fabeln, Szenen, Konstellationen gefunden im Alltag oder in Zeitungen, auch in Büchern – etwa unter den Fabeln Saltykows oder im Londoner Skizzenbuch von Dickens – oder von Fotos abgelesen, brauchbar oder unbrauchbar, auf jeden Fall wohl anders als die Stoffe früherer Dramatiker, etwa der Sudermannzeit. Einmal natürlich liegt das daran, daß eine gute story nicht *absolut* gut ist, sie muß – ganz abgesehen davon, was ich »damit sagen will« – mir liegen, ich muß damit umgehen können. Zum andern scheint mir das, was *unsere* Zeit treffen soll, nicht recht in eine story faßbar, deren Gültigkeit noch vor vierzig Jahren unbestritten gewesen wäre. Die unzähligen dramatischen

Versuche mit Atomforschern, denen das Gewissen schlägt, oder etwa die fortschrittlichen Stücke östlicher Färbung, in denen sich Bauern zuerst gegen die Entwicklung stemmen, schließlich aber doch zur sozialistischen Einsicht gelangen, geben darüber Auskunft. Das Schema Erst-nicht-und-dann-doch, nach dem man Ende des 19. Jahrhunderts evangelische Pfarrer auf die Bühne stellte, die durch die Lektüre von Darwin in tragischen Konflikt gerieten, später vornehmlich Künstler, Ärzte, einsame Forscher, die sich meist durch eine Liebesbegegnung zu dem durchringen mußten, was sie für die Nachwelt interessant gemacht hat, und schließlich heute Atom- und Agrarreformprobleme – dieses Schema schließt durch seine Vereinfachung die Wirklichkeit aus. Jedermann weiß, daß private und für sich genommen vielleicht durchaus dramatisch ergiebige Gewissensentscheidungen – etwa eines Atomforschers – nur dekorativen Wert haben. Nicht daß die Atombombe zu furchtbar wäre, um dramatisch abgehandelt zu werden, man fürchtet sie doch gewiß nicht mehr als man im Dreißigjährigen Krieg die Schweden gefürchtet hat oder eine Illustriertenleserin den Krebstod oder ein alter Mann die Einsamkeit – eher im Gegenteil: dies sind konkrete, dem Menschen erfahrbare, unmittelbar berührende Schrecken, während ich tatsächlich niemand kenne, der sein Leben so einrichtet, als fiele nächste Woche die Bombe. Das ist vielmehr eine abstrakte Vorstellung, sie hindert den Menschen nicht, heute »sein Apfelbäumlein zu pflanzen«, und mithin scheint sie mir mit Menschen nicht darstellbar, also auch nicht dramatisch zu sein.

Was meinen Stücken und, wie ich meine, einigen Stücken meiner Zeitgenossen einen kennzeichnenden Akzent gibt, ist vielmehr ein Gefühl der Ortlosigkeit. Sie versuchen, ohne ein festes Wertsystem auszukommen, sie wissen, daß sie die Welt nicht bessern, ja sie bauen nicht einmal auf die Sicherheit der Wahl zwischen Gut und Böse, Freiheit und Unfreiheit – also auch nicht auf den positiven Helden und den sonst immer wirksamen Durchbruch von Nacht zu Licht. Welches Licht denn? Eine Dramatik der Absage also, des »Ich-weiß-nicht«, des absoluten Scheins, der vorgetäuschten Haltung statt des metaphysischen Halts: keine Tragödien, sondern Farcen, Grotesken, Parabeln, keine geistigen Auseinandersetzungen – Argumente sind vertauschbar, Rhetorik ist bloßes Schönsprechen – sondern *Auswirkungen:* kleine Leute, nicht große. So fällt vielleicht bei einer Reihe dieser erfundenen Figuren ein gewisser exzentrischer Zug auf: der Drehpunkt ihrer Bewegung liegt sozusagen nicht in der Mitte, ja er ist auf der Bühne nicht findbar, jedenfalls nicht mit den Mitteln der Psychologie. Denn diese Figuren, deren Konstellation mich interessiert, deren Bewegungen ich fixiere, haben, so scheint es, kein bemerkenswertes Innenleben, ihre Seelenkämpfe sind nicht echt, sie funktionieren oder sie gehen kaputt, nichts anderes. (Ausgenommen zwei Personen: die alte Gräfin in »Gesell-

schaft im Herbst« und die junge Fischersfrau in der »Schmährede«: beide versuchen, durch einen puren Akt der Imagination die anonyme, bloß funktionierende Automatenwelt zu überwinden.) Aber dies alles ist vielleicht schon zu weit gedacht: mir kommt es vor allem darauf an, die Handlung auf das Äußerste und Sichtbarste zu treiben, damit sich ihre Akteure nicht in die Reflexion oder in die Idee oder in Erklärungen verlieren können: da nämlich, wo das Spiel nicht mehr hinreicht, wären sie nichts mehr, verlören sie ihre Wahrheit.
Diese Figuren – um sie noch einen Augenblick zu betrachten – sind nun manchmal bunt ausstaffiert, und sie haben, das macht sie erkenntlich, einen großen Bruder, den Clown; nicht den melancholischen oder sentimentalen, sondern den dummen, der meint, er machte alles richtig, und doch macht er alles falsch; der das Schreckliche schön findet, weil er es nicht versteht; der betrogen wird, wenn er betrügen will. Ich muß gestehen, diese Bruderschaft ist mir jetzt ein klein bißchen verdächtig, sie wirkt, wenn sie nicht einen echten sozialen Untergrund hat, leicht literarisch, unverbindlich. Trotzdem: der Clown, eine Fiktion, um sich verständlich zu machen – immerhin unter dem Arsenal von Figuren, die sich für mein Theater anbieten, die legitimste; denn unsere Könige und Narren sind tot, die Teufel und Erzengel haben sich verflüchtigt, die Dirne, der Bettler waren schon seit jeher poetische Treibhauspflanzen ohne Theaterblut; der Arbeiter, der Offizier, der Beamte, der Bürger – das Kabarett hat sie zu Pappzielscheiben gemacht. Gut, also der Clown, er gefällt mir, weil er keine Moral hat und weil er zum Lachen bringen will, nichts sonst; er hat das ausprobiert, bis es einmal geklappt hat, und nun macht er's immer wieder, er kann es im Schlaf. Jetzt versucht er angestrengt dahinterzukommen, warum er gefangen, sein Wächter aber frei ist, eine gewaltige Denkarbeit, die ihm immer wieder mißrät; jetzt läßt er sich mit offenem Mund erzählen, wie der Ministerialdirigent die Straße ausbauen wird, und darüber wird er plötzlich todtraurig. Diese schnelle Verwandlung seines Gesichts, wenn er es kapiert hat, so schnell, daß man das heitere unter dem traurigen noch sieht, er kann es so rasch nicht zudecken: darauf kommt es nun an. Und was sie reden, das ist natürlich lakonisch, das sitzt so dicht auf der Geste, auf den Verwandlungen des Gesichts wie möglich. – Dies genügte mir vorerst. Es waren Entwürfe von Figuren da, sie waren verständlich, ein Schauspieler konnte sie ausführen, und sie waren beweglich genug, um meine Geschichte ohne viel Drumherum herunterzuspielen.
Aber Theater kann nicht im leeren Raum spielen. Ich glaube, daß ein Autor, der für die Bühne schreibt und der sein Metier ernst nimmt, ohne das, was man ungefähr mit dem Wort Realismus bezeichnet, nicht auskommt. Sicher, es gibt da Ausflüchte: etwa im Dialog die Methode, törichte Fragen zu stellen, um geistreiche Antworten zu erhalten, auf diese Weise kann man ein ganzes Stück an Pointen entlang abhaspeln;

erprobt ist auch das Milieu »bessere Gesellschaft«, es enthebt den Autor der Bemühung um Details, weil man übereingekommen ist, daß in diesem Genre vornehmlich heiter und angenehm geplaudert wird; und es gibt eine Reihe von avantgardistischen Turnübungen, für die sich die Akteure wie von ihren Kleidern so auch von jeder Art Realität freimachen. Auch das ist Theater, gewiß. Und manchmal macht es auch Spaß. Für mich aber ist es nun wichtiger geworden, meine Handlung gesellschaftlich zu determinieren, gerade dann, wenn sie sich ins Phantastische, ins Überdimensionale oder ins Groteske bewegt. Denn es ist ja auch nicht »der Mensch« auf der Bühne, ihn gibt es nicht, sondern ein *bestimmter* Mensch, und er kann keine vier Schritte machen, keinen Schuh ausziehen und kein Bonbon lutschen, ohne die Frage an den Autor zu stellen: warum so und nicht anders? Ich habe mir natürlich ein Bild von den Personen gemacht, die jetzt anfangen wollen zu existieren, und ich weiß sehr viel mehr über sie, als ich zugebe und zeige, das gibt mir ihnen gegenüber eine gewisse Sicherheit. Während sie sprechen, frage ich sie ab, ich passe gut auf und merke, ob sie die Wahrheit – *ihre* Wahrheit – sagen, oder ob ich mich hier und da vielleicht in ihnen getäuscht habe. Manchmal haben sie große Mühe, über eine bestimmte Situation hinwegzukommen, und ich muß alle Kunst aufbieten, um ihnen – so unauffällig wie möglich, versteht sich – zu helfen. Manchmal auch haben sie mehr recht als ich, und ich bin gezwungen, ihnen nachzugeben: dann streiche ich meinen Einfall, mein Dialogstück, meinen Aktschluß stillschweigend wieder aus. Dies alles kann ich nur tun, wenn ich mit der Wirklichkeit vertraut bin. Ideen helfen da nichts.
Und das Milieu natürlich gehört dazu – aber nicht das »interessante Milieu«, das bisweilen einem Roman auf die Sprünge hilft; es soll keinen besonderen Reiz haben, das einfachste, am leichtesten Begreifbare ist am besten: kleinbürgerlich-bundesdeutsch – man weiß Bescheid; China – man versteht sich; antikes Rom – längst bewährt. Damit ist der Bühnenrahmen gegeben, die Bühne geschaffen, konkret genug, um meine erfundene Wirklichkeit Zug um Zug kontrollierbar zu entfalten, in Spiel zu verwandeln und, wenn es gut geht, als Wahrheit sichtbar werden zu lassen.

T. D.

(Nachwort zu »Große Schmährede an der Stadtmauer«, Drei Stücke, Köln 1962)

Rameaus Neffe
von Denis Diderot

Übersetzt und für die Bühne bearbeitet

Personen

DIDEROT
RAMEAU

Ort der Handlung Paris, Café de la Régence
Zeit 1762

DIDEROT *vor dem Vorhang* Bei schönem wie bei schlechtem Wetter ist meine Gewohnheit, um fünf Uhr abends im Palais Royal spazieren zu gehn. Ich unterhalte mich mit mir selbst über die Politik, über die Liebe, über den Geschmack oder über die Philosophie, ich überlasse meine Gedanken ihren Launen. Ich lasse sie dem ersten Einfall folgen, der mir kommt, er sei weise oder töricht. So sieht man in der Allée de Foi die jungen Flanierer einem Dämchen nachstellen, das herausfordernd, mit frechem Blick, nasehoch daherkommt; aber gleich verlassen sie die eine wegen einer andern, ärgern sie alle und binden sich an keine. Meine Gedanken sind meine Dirnen. –

Der Vorhang öffnet sich. Ein kleiner Seitenraum im Café de la Régence, Schachspieler und Gäste nebenan; hier ein paar leere Tische, ein verlassenes Schachspiel, ein benutztes Kaffeegeschirr. Diderot geht in das Café, legt seinen Mantel ab, dabei weiter redend und erklärend, sieht sich um, sucht einen passenden Tisch, nimmt Platz.

Wenn es zu kalt oder regnerisch ist, flüchte ich mich in das Café de la Régence. Da sehe ich zu meiner Unterhaltung den Schachspielern zu. Paris ist der Ort in der Welt und das Café de la Régence ist der Ort in Paris, wo man dieses Spiel am besten spielt. Eines Nachmittags war ich dort, beobachtete viel, sprach wenig und hörte so wenig wie möglich dem Geschwätz zu, als einer der sonderbarsten Menschen auf mich zukam, den dieses Land je hervorgebracht hat: Eine Zusammensetzung von Hochmut und Gemeinheit, von gesundem Menschenverstand und Tollheit. Die Begriffe von dem, was ehrbar und was unehrbar ist, müssen in seinem Kopf ganz sonderbar verwirrt sein: denn er zeigte, was die Natur ihm an guten Eigenschaften gegeben hat, ohne Prahlerei, was sie ihm an schlechten gab, ohne Scheu. Und nichts gleicht ihm weniger als er selbst. Manchmal sieht er mager und verfallen aus, wie ein Schwindsüchtiger im letzten Stadium, man könnte seine Zähne durch die Backen zählen. Im Monat drauf ist er feist und vollgefressen, als habe er nur immer bei einem Bankier zu Mittag gegessen. Heute mit schmutzigem

Hemd, mit zerrissener Hose, in Lumpen, die Schuhe ausgetreten, geht er mit gesenktem Kopf, drückt sich vorbei, man möchte ihn heranrufen, ihm einen Groschen schenken. Morgen gepudert und gelackt, die Perücke frisch in Locken, trägt er den Kopf hoch, Sie könnten ihn für einen ordentlichen Menschen halten. – Ich schätze solche Originale nicht. Aber gelegentlich können sie mich doch festhalten, weil ihr Charakter vom Gewöhnlichen absticht und weil sie diese eintönige Langeweile unterbrechen, in die uns unsere Erziehung, unsere gesellschaftlichen Konventionen, unser gewohntes gutes Benehmen gebracht haben. Kommt so einer in die Gesellschaft, bringt er sie zur Gärung. Er schüttelt durcheinander, er beunruhigt, provoziert Zustimmung und Ablehnung, er treibt die Wahrheit hervor, er macht die Anständigen kenntlich und entlarvt die Schurken, jedem gibt er etwas von seiner eigentlichen Persönlichkeit zurück: ein Mann also, dem ein Vernünftiger zuhört.

Diesen da kannte ich seit langem. Er ist der Neffe Rameaus, des berühmten Komponisten, dem wir eine Anzahl Opern verdanken, Opern, in denen man Harmonie findet, Singstücke, wirre Ideen, Lärm, Geistesflüge, Triumphzüge, Glorien, Gemurmel, Viktorien, Arien, die nicht aufhören. Ein Neffe des Mannes, der den altmodischen florentiner Stil zu Grabe getragen hat und der selbst bald von den neuen italienischen Virutosen begraben wird, was er vorausahnt und was ihn mißmutig und zänkisch macht. Denn niemand hat schlechtere Laune, nicht einmal eine hübsche Frau, die morgens aufwacht und einen Pickel auf der Nase entdeckt, als ein Autor, der sich bedroht sieht, seinen Ruf zu überleben. Der Neffe dieses Rameau also kommt in das Café.

Rameau kommt herein, legt den Mantel ab, der vom Regen naß ist, zupft sich die verschobene Perücke, den schäbigen Rock zurecht in der Art eines Menschen, der den Umgang in der Gesellschaft gewohnt war, ärgert sich über die nassen Füße, will sich setzen. Er bemerkt Diderot.

ER Ah, – Sie da, Herr Philosoph! Und was machen Sie hier unter den Tagedieben? Verlieren Sie auch Ihre Zeit mit dem Holzschieben da?

ICH *wendet sich an die Zuschauer* So nennt man hier verächtlich das Schachspiel. *Zu Rameau* Nein. Aber weil ich nichts Besseres zu tun weiß, macht es mir Spaß, ein bißchen denen zuzusehn, die es gut schieben.

ER Also ein seltnes Vergnügen. Légal und Philidor ausgenommen, die andern verstehn nichts.

ICH Herr von Bissy?

ER Der! Ein Schauspieler, wie Demoiselle Clairon Schauspielerin ist: beide verstehn so viel, wie von einer Sache erlernbar ist.

ICH Sie sind anspruchsvoll. Ich sehe: nur die Elite lassen Sie gelten.

ER Ja, im Schach, in der Poesie, in der Musik und den andern Albernheiten. Was soll da die Mittelmäßigkeit?

ICH Fast geb ich Ihnen recht. Aber lassen wir das. Ich habe Sie eine Ewigkeit nicht gesehn. Ich denke nie an Sie, wenn ich Sie nicht sehe. Aber wenn ich Sie treffe, freut es mich. Was haben Sie gemacht?

ER Dasselbe wie Sie und wie alle: Gutes, Böses, nichts. Hunger gehabt und gegessen – wenns etwas gab. Dann hatte ich Durst und habe bei Gelegenheit getrunken. Dann ist mir der Bart gewachsen und den hab ich abrasieren lassen.

ICH Schade, – das einzige, was Ihnen zum Weisen fehlt.

ER Richtig. Ich hab eine Stirn groß und gerunzelt, den kühnen Blick, die vorspringende Nase, die Augenbrauen schwarz und dick, das ganze Gesicht ein Viereck. Und das gewaltige Kinn, wenn das von einem Bart bedeckt wär, das könnt sich in Erz gegossen oder in Marmor sehn lassen.

ICH Um Sie neben Caesar, Mark Aurel und Sokrates zu stellen.

ER Besser steh ich zwischen Diogenes und Phryne. Ich bin unverschämt wie der eine – und zu den Dämchen da geh ich gern.

ICH Und es geht Ihnen noch immer gut?

ER So so. Aber heut nicht besonders.

ICH Wie? Einen hübschen Schmerbauch und ein Gesicht . . .

ER Ein Gesicht, man könnte es für die Kehrseite halten. Wies kommt? Die schlechte Laune, die meinen lieben Onkel ausdörrt, mästet offenbar seinen lieben Neffen.

ICH Apropos, der Onkel! Sie sehen ihn manchmal?

ER Ja, auf der Straße vorbeigehn.

ICH Er unterstützt Sie nicht?

ER Tut er wirklich einmal etwas für andere, dann weiß er davon selbst nichts. Er ist Philosoph auf seine Art: er denkt nur an sich, und die übrige Welt ist ihm *mit einer Bewegung* – Wind, nichts. Frau und Kind können sterben, nach Belieben, wenn nur die Glocken, die sie zu Grab läuten, schön in der Duodezime und Septime klingen, – recht so! Ein glücklicher Mann! Das schätz ich besonders an den Genies, daß sie nur für eine Sache gut sind. Die und nichts sonst. Sie wissen nicht, was das heißt: Bürger sein, Vater, Bruder, Vetter, Freund. Unter uns, ich möchte sein wie sie, aber nur nicht wünschen, daß jeder so sein möchte. Menschen, gut, muß es geben, aber Menschen von Genie nicht. Nein, die nicht! Die sinds, die unsre Welt verändern. Und weil in den kleinen Dingen die Dummheit so allmächtig ist, geht die Veränderung nicht ohne Charivari. Ein Teil verändert sich, wie sichs die Herren gedacht haben, der andre bleibt wie er war: da haben Sie die beiden Evangelien, ein Harlekinsrock! Die wahre Weisheit – für unsre Ruhe und für die Ruhe aller – das ist die Weisheit des Mönchs im Rabelais: das Seine tun, so lala, vom Herrn Prior nur Gutes reden und die Welt laufen lassen, wie sie will. Sie läuft gut, denn die Leute wollens nicht besser. Wär ich in der Geschichte bewandert, ich würd Ihnen zeigen, daß alles Übel hier unten immer von den Genies gekommen ist. Aber ich weiß nichts von Geschichte, weil ich überhaupt nichts weiß. Der Teufel hol mich, wenn ich jemals etwas gelernt hab! Und leb doch dafür nicht schlechter. Ich war mal zum Mittag bei einem französischen Minister, der hatte Verstand für drei. Er zeigte uns so klar, wie zweimal zwei vier ist, daß für die Völker nichts nützlicher ist als die Lüge, nichts verderblicher als die Wahrheit. Die Beweise hab ich vergessen, aber sie waren einwandfrei: das Genie ist ein Greuel. Entdeckt man bei einem Kind diese gefährliche Gabe, soll mans ersticken oder in die Kloake werfen.

ICH Aber wer vom Genie so übel redet, hält sich meist selbst für eines.

ER Wahrscheinlich glaubt es jeder von sich, in seiner Kammer. Aber man sagts nicht öffentlich.

ICH Aus Bescheidenheit. Sie aber haben einen wirklichen Haß auf die Genies?

ER Für mein Leben!

ICH Aber ich erinnere mich an eine Zeit, als Sie verzweifelt waren, bloß ein gewöhnlicher Mensch zu sein. Sie werden nie glücklich, wenn das eine wie das andre Sie peinigt. Sie sollten zu sich selbst stehn und dabei bleiben. Was aber die Genies betrifft: man wird das Zeitalter verachten, das keine hervorgebracht hat. Früher oder später stellt man ihnen Statuen auf, verehrt man sie als die Wohltäter der Menschheit. Ihren Minister in Ehren, aber ich glaube, wenn die Lüge in einem Augenblick nützen kann, so schadet sie gewiß auf die Dauer. Deshalb komme ich zu der Überzeugung: ein genialer Mensch, der einen allgemeinen Irrtum enthüllt oder einer neuen Wahrheit zum Sieg hilft, verdient immer unsre Verehrung. Sokrates oder seine Richter: wer von beiden ist heute der Entehrte?

ER Was halfs ihm! Hat man ihn deswegen weniger umgebracht? Und war er nicht auch ein schlechter Bürger? Er hat ein schlechtes Gesetz verachtet, und das hat die Dummen ermutigt, die guten Gesetze zu verachten. War das etwa nicht aufsässig und eigensinnig? Fast haben Sie mir ja schon recht gegeben: Genies taugen nicht viel.

ICH Hören Sie, Rameau. Eine Gesellschaft sollte keine schlechten Gesetze haben. Hätte sie gute, sie käme nicht darauf, das Genie zu verfolgen. Wie aber: Wäre nun ein Mann von Genie im Umgang hart, schwierig, unerträglich oder auch ein Verbrecher, was würden Sie daraus folgern?

ER Daß man ihn ersäufen sollte.

ICH Langsam, Freund! Ich will ja nicht Ihren Onkel als Beispiel nehmen. Aber Racine? Der war ein Genie und galt nicht für einen guten Menschen. Voltaire?

ER Ich steh zu meiner Meinung.

ICH Was wäre Ihnen lieber: daß Racine ein guter Mensch gewesen wäre, guter Ehemann, der regelmäßig jedes Jahr seiner Frau ein legitimes Kind macht, guter Vater, Onkel, Nachbar, braver Kaufmann, pünktlich in seinem Kontor, – aber nicht mehr als das; oder er wäre hinterhältig gewesen, ohne Rückgrat, krank vor Ehrgeiz, neidisch, – aber der Autor von Theaterstücken: Andromache, Phädra?

ER Für ihn wär es wohl besser gewesen, er hätte zu der ersten Gattung gehört.

ICH Da haben Sie mehr recht, als Sie ahnen.

ER So sind Sie! Sagt unsereins mal was Rechtes, so ists wie bei den Narren ein Zufall. Nur Sie, Sie verstehen sich selbst! Ja, Herr Philosoph, ich weiß, was ich sag, so gut wie Sie.

ICH Also: warum besser für ihn?

ER Weil ihm die schönen Stücke, die er geschrieben hat, keine zwanzigtausend Francs eingebracht haben. Weil er als Seidenhändler in der Rue Saint-Denis oder Saint-Honoré, als Großhändler, als angesehener Apotheker ein gewaltiges Vermögen gescheffelt und sich damit seine Vergnügungen gekauft hätte. Er hätte von Zeit zu Zeit für einen armen Spaßmacher wie mich ein paar Goldstücke springen lassen, und man hätte ihm gelegentlich ein hübsches Mädchen verschafft, wenn ihm der eheliche Beischlaf zu langweilig geworden wäre. Wir hätten excellent bei ihm gegessen, ausgesuchte Liköre getrunken, vortrefflichen Kaffee, wir hätten Landpartien gemacht – Sie sehen, ich versteh mich drauf. Lachen Sie nur. Jedenfalls wär es für seine Umgebung besser gewesen.

ICH Das glaub ich – vorausgesetzt, daß er seinen rechtmäßig erworbenen Reichtum nicht auf unrechte Weise verwendet hätte: etwa alle Spieler aus dem Haus geworfen, alle diese Schmarotzer, alle diese faden Jasager und unnützen Tagediebe. Totgeschlagen den Zuhälter, der ihn von der rechtmäßigen Langeweile seines ehelichen Beischlafs abhält.

ER Totschlagen! Totschlagen! Wir haben eine Polizei! Wir leben in einem Rechtsstaat! Zuhälter! Das ist eine anständige Beschäftigung, das! Da sind ehrenhafte Leute in gehobenen Stellungen drein verwickelt! Und wozu, beim Teufel, soll man denn sein Geld verwenden, wenn nicht fürs Amüsement? Da möcht ich lieber ein Bettler sein, als daß ich Vermögen hab und darfs nicht ausgeben dafür! – Aber Racine! Der Mann ist nur gut für Leute, die ihn nicht kennen, und gut für eine Zeit, wo er selbst bei den Würmern liegt.

ICH Richtig. Aber in tausend Jahren wird er Tränen entlokken, in allen Ländern der Erde wird man ihn bewundern. Er fördert die Humanität, das Mitleid, die Empfindung. Einige Menschen haben durch ihn gelitten, die sind tot, die interessieren kaum. Gut, es wäre besser gewesen, wenn die Natur mit dem Talent eines großen Menschen auch die Anständigkeit eines guten Menschen gegeben hätte. Er ist ein Baum, der einige Bäume um ihn herum vertrocknen ließ, aber seine Wipfel hat er bis in die Wolken erhoben, seine Äste weit ausgestreckt. Vergessen wir einen Augenblick unseren Punkt in Raum und Zeit, richten wir unsern Blick auf die Zeitalter nach uns, auf die fernen Länder, auf die Völker, die geboren werden. Denken wir an das Wohl unserer Gattung! Und wenn wir nicht großmütig genug sind, wollen wir wenigstens der Natur verzeihen, daß sie weiser gewesen ist als wir.

ER Aber wenn die Natur ebenso mächtig wie weise ist, warum hat sie ihre Genies nicht ebenso gut wie groß gemacht?

ICH Mit dieser Forderung stürzen Sie die Ordnung der Welt um.

ER Richtig! Es kommt wohl darauf an, daß wir beide da sind, Sie und ich, und daß wir das auch sind: Sie und ich. Alles andere mag gehn, wie es kann. Die beste Ordnung der Welt, sag ich, ist die, in der auch ich meinen Platz hab, und die beste aller Welten kann mir gestohlen bleiben, wenn ich, i c h, nicht drin bin.

ICH Jeder denkt da wie Sie, und doch will jeder der bestehenden Ordnung den Prozeß machen, ohne zu bedenken, daß es ihm dabei selbst an den Kragen geht.

ER Ja, das ist wahr.

ICH Akzeptieren wir also die Dinge, wie sie sind, lassen wir, was wir nicht genug kennen, um es loben oder tadeln zu können, auf sich beruhn. Es ist wohl weder gut noch böse, weil es notwendig ist.

ER Das ist Philosophie, da misch ich mich nicht ein. Was ich weiß, ist: daß ich ganz gern ein andrer wär als ich, – wenns sein muß, sogar ein Genie. Ja, ich gestehs, da ist was, das sagt mirs. Hör ich einen von der Sorte loben, ich möcht rasend werden. Neidisch bin ich! Hör ich was von ihrem Privatleben, das sie herunterreißt, das hör ich gern – ah, das bringt uns näher! Und ich ertrag meine Mittelmäßigkeit leichter. Ja, ja, mittelmäßig bin ich und sauer! Noch nie hab ich singen hören: »Profonds abîmes du Ténare, nuit, éternelle nuit . . .«, ohne mir schmerzlich zu sagen: da, das wirst du nie machen! So war ich eifersüchtig auf meinen Onkel. Der große Rameau! Fänden sich bei seinem Tod in seiner Schublade ein paar gute Klavierstücke für mich: ich würd nicht lang überlegen, ich zu bleiben und er zu sein.

ICH Wenn das Ihr ganzer Kummer ist, der lohnt nicht.

ER Nichts! Nichts! Augenblicke, die gehn vorüber. *Er singt ein paar Takte aus der Arie »Profonds abîmes . . .«* Da! Und hier drin sagt es zu mir: Rameau, die Arie hättest du selbst gern gemacht! Und hättest du sie gemacht, du würdest auch zwei oder drei andere machen können. Und wenn du mehr von der Sorte gemacht hast, singt und spielt man dich überall. Wenn du über die Straße gehst, kannst du den Kopf hoch tragen, dein Gewissen sagt dir: du hast deine Verdienste. Die andern zeigen mit Fingern: da geht er, der die hübschen Gavotten komponiert hat!
Er singt und tänzelt.

ICH *wendet sich an die Zuschauer* Nun sang er die Gavotte. Dann, mit gerührter Miene, wie einer, der vor Freude zittert, und mit wirklichen Tränen in den Augen fuhr er fort –

ER *bricht den Gesang ab* Ich hab eine Villa!

ICH *wendet sich an die Zuschauer* Und er mißt sie mit seinen Armen aus.

ER Ein weiches Bett!

ICH *wendet sich an die Zuschauer* Auf dem er sich räkelt.

ER Gute Weine!

ICH *wendet sich an die Zuschauer* Die er auf der Zunge schmeckt.

ER Eine schicke Equipage, hübsche Frauen –

ICH *wendet sich an die Zuschauer* Denen er gleich an die Brust faßt und die er gierig ansieht.

ER Hundert Lakaienseelen täglich mit Weihrauch! Man sagt

dir morgens, daß du ein bedeutender Mann bist. Du liest im Lexikon, daß du ein bedeutender Mann bist. Und abends bist du überzeugt davon. Und der bedeutende Mann, Rameau, der Neffe, schläft mit dem sanften Gemurmel der Elogen in seinen Ohren ein. Selbst im Schlaf zeigt er eine zufriedene Miene, er holt ruhig Atem und schnarcht wie ein bedeutender Mann.

Er hat sich niedergesetzt und ahmt den glücklichen Schlaf des Zufriedenen nach.

ICH *nach einer Pause* So glauben Sie, daß der Glückliche ruhig schläft?

ER *aufwachend* Wie sonst! Wenn ich abends in meine Dachkammer krieche, ich, Rameau, der arme Teufel, zusammengeschrumpft unter der Decke, dann drückt es mir auf die Brust, mein Atem geht schwer, ein unterdrücktes Stöhnen. Nein, das ist nicht das große Schnarchen eines Finanzmanns! Bei dem zittern die Wände, und die ganze Straße läuft unten zusammen! – Aber was mich heut ärgert, ist nicht der schlechte Schlaf.

ICH Der ist schlimm genug.

ER Mir ist etwas Schlimmeres passiert.

ICH Was?

ER Sie haben sich immer ein bißchen für mich interessiert, weil ich ein armer Teufel bin. Sie finden mich im Grund verächtlich, aber unterhaltsam.

ICH Das ist wahr.

ER Gut, und ich sags Ihnen.

ICH *wendet sich an die Zuschauer* Und nachdem er den Verzweifelten gespielt hat –

ER Sie wissen, ich bin ein Ignorant, ein Dummkopf, ein Verrückter, unverschämt, das, was unsere Bürger einen Strolch nennen, ein Schlitzohr, ein Vielfraß . . .

ICH Was für eine Lobrede!

ER Alles richtig und wahr. Keinen Widerspruch also, bitte! Niemand kennt mich besser als ich, und dabei verschweig ich noch einiges.

ICH Ich will Sie nicht ärgern, drum widerspreche ich nicht.

ER Gut also, ich verkehrte mit Leuten, die mich gut leiden konnten, eben weil ich alle diese Qualitäten besaß.

ICH Wie! Bis heute hab ich geglaubt, man verbirgt sie vor sich selbst und verachtet sie bei andern.

ER Verbergen, kann man das? Und bei andern verachten? Meine Leute jedenfalls waren großzügiger, und mir gings gut bei ihnen. Ich war Hahn im Korb. Ich wurde verhätschelt. Ihr kleiner Rameau, ihr hübscher Rameau, ihr Rameau der Narr, der Unverschämte, der Freßsack, der Spaßvogel, das fette Tier. Jedes dieser trauten Beiwörter war mir ein Lächeln wert, eine Zärtlichkeit, einen kleinen Schlag auf die Schulter, eine Ohrfeige, einen Fußtritt, bei Tisch einen guten Bissen, nach Tisch eine Freiheit, die ich mir nahm, als wärs nichts. Denn ich selbst bin nichts. Man macht aus mir, was man will, mich störts nicht. Und die kleinen Geschenke so nebenbei ! Dummer Esel, ich! Alles hab ich jetzt verloren! Alles verloren, weil ich ein einziges Mal Menschenverstand zeigte! Ein einziges Mal in meinem Leben! Daß mir das passiert ist!

ICH Was wars denn?

ER Eine Frechheit, unvergleichlich, nicht zu verstehn, nicht zu verzeihn!

ICH Die Sie gesagt haben?

ER Rameau, Rameau, hat man dich dafür in die Gesellschaft aufgenommen? Die Unverschämtheit, ein bißchen Verstand zu haben! Rameau, Freund, das soll dich lehren, so zu bleiben, wie Gott dich gemacht hat und wie deine Gönner dich haben wollen. Bei den Schultern gepackt und vor die Tür gesetzt: Fort, Schuft, laß dich nicht wieder sehn! Und dann weggegangen und auf den Finger gebissen! In die verfluchte Zunge hättest du vorher beißen sollen! Jetzt stehst du auf der Straße, ohne einen Pfennig, und weißt nicht, wohin. Hattest ein Bett, und jetzt wieder ins Stroh zwischen die Kutschen des Herrn von Soubise!

ICH Und kein Mittel, Sie wieder einzuführen? Ihre Entgleisung so unverzeihlich? Ich ginge wieder hin, an Ihrer Stelle. Sie brauchen Sie nötiger, als Sie glauben.

ER Ja, ja! Jetzt, da sie nicht mehr über mich lachen können, langweilen sie sich wie die Hunde.

ICH Also gehen Sie hin. Ich ließe ihnen keine Zeit, sich eine lohnendere Beschäftigung auszudenken.

ER Da hab ich keine Angst, sie finden keine.

ICH Aber jemand könnte Sie ersetzen.

ER Kaum.

ICH Na! Aber ich ging doch hin, mit diesem entstellten Gesicht, diesem irren Blick, den zerzausten Haaren – in dem wahrhaft tragischen Zustand, wie Sie da stehen! Ich würfe mich zu Füßen der göttlichen Dame, ganz unten, Gesicht gegen die Erde, mit tiefer, schluchzender Stimme: Pardon, Madame, ich bin unwürdig, gemein. Es war ein unglücklicher Augenblick! Sie wissen doch, ich hab meinen gesunden Verstand sonst nie, und ich verspreche Ihnen, nie wieder welchen zu haben!

ER *hat zu den Worten die Pantomime gespielt und spricht weiter* »Ja, meine kleine Königin! Ja, das versprech ich, in meinem ganzen Leben nie wieder!« *Er springt auf.* Sie haben recht! So ist es am besten. Sie ist gut, Monsieur Viellard sagt, sie ist gut. Ich weiß, sie ist gut. – Aber sich erniedrigen vor einem solchen Affengesicht! Zu Füßen einer elenden kleinen Schauspielerin um Erbarmen flehen! Schauspielerin! Sie hat Angstträume vor den Pfiffen im Parkett! Und ich, Rameau, der Neffe des Mannes, den man den großen Rameau nennt! Ich, der ich Klavierstücke komponiert habe, die niemand spielt, aber die vielleicht die einzigen sind, die auf die Nachwelt kommen! Nein, Monsieur, das geschieht nicht! Da ist eine gewisse Würde in der menschlichen Natur, die erstickt niemand. Die wacht auf einmal auf, ein Nichts, eine Mücke weckt sie! Ja, ein Nichts! Denn es gibt auch Tage, da macht es mir gar nichts aus, so niederträchtig zu sein, wie man mich haben will. Da küß ich der kleinen Hus für zehn Pfennig den Hintern.

ICH Das glaub ich: der ist zart und rund. Die Erniedrigung nähm wohl auch einer auf sich, der sonst empfindlicher ist als Sie.

ER Verstehen Sie mich: man kann einen Hintern direkt oder symbolisch küssen. Fragen Sie den dicken Bergier, der küßt den Hintern seiner Madame auf beide Arten – was mich da betrifft, mir gefällt keine.

ICH Wenn Ihnen mein Vorschlag nicht gefällt, dann haben Sie wenigstens den Mut zum Bettler.

ER Bettler! Das ist hart! Solang es so viele Dummköpfe gibt, auf deren Kosten man leben könnte! Und dann: sich selbst verachten müssen, das ist unerträglich!

ICH Wie? Das Gefühl kennen Sie?

ER Nur zu gut! Wie oft hab ich mir gesagt: Rameau, es gibt 10 000 gedeckte Tische in Paris, jeder hat 15 bis 20 Gedecke, und keins für dich? Volle Geldbeutel werden rechts und links ausgeschüttet, und kein Stück fällt heraus für dich? Tausend kleine Literaten ohne Talent und Verdienst, tausend primitive Intriganten, gekleidet wie Gekken, und du läufst nackt herum? So unfähig bist du? Kannst du nicht schmeicheln wie einer von denen da? Kannst du nicht lügen, Versprechen halten und nicht halten wie einer von denen da? Auf allen Vieren kriechen wie einer von denen da? Und verstehst du dich nicht drauf, die Liebesaffaire von Madame zu unterstützen, das Briefchen von Monsieur zuzustecken, wie einer von denen da? Kannst du nicht einen jungen Mann ermutigen, und Mademoiselle, daß sie ihn anhört? Wie einer von denen?

Er spielt die folgende Szene mehr und mehr aus.

Einem kleinen Bürgermädchen begreiflich machen, daß sie schlecht angezogen ist? Hübsche Ohrringe stünden ihr gut, ein bißchen Rouge, Spitzen, ein Kleid nach polnischem Schnitt, wär das nichts? Und diese zierlichen Füßchen, gemacht, um so stumpf über die Straße zu gehn? Nein, nein! Da kenn ich einen gut aussehenden Mann, schon älter, nun ja, wohlhabend, den Rock goldbestickt, Equipage, sechs Lakaien, von der langen Sorte. Und dieser Herr . . .? Hat Sie gesehn, en passant, findet Sie entzückend, ißt, trinkt nicht mehr, schläft nicht mehr, und wenn er nun stirbt? – Aber mein Papa! – Nun ja, Ihr Papa! Wird ein bißchen ungut sein, am Anfang. – Und meine Mama, die mir immer predigt, ehrbar zu bleiben, nichts ginge über die Unschuld auf der Welt? – Alte Vorurteile, das heißt nichts. – Und mein Beichtvater? – Den sehen Sie nicht wieder. Oder, wenn Sie ihm unbedingt Ihre Geschichte erzählen wollen, das kostet ein paar Pfund Zukker, ein bißchen Kaffee. – Nein, das ist ein würdiger Mann! Bloß weil ich das Liedchen sang » Komm in meine Zelle«, hat er mir die Absolution verweigert. – Natürlich: weil Sie nichts geboten haben! Wenn Sie so in Spitzen zu ihm gehen ... Ah, Spitzen? – Und was die brillantnen Ohrringe betrifft, meine ich ... Brillantne Ohrringe? – Ja. – Wie die von der Marquise, die bei uns ab und zu Handschuhe kauft? – Genau solche. In einer flotten Equipage, Apfelschimmel, zwei Lakaien, von der langen Sorte, ein kleiner Mohr hintendrauf und ein Läufer vornweg und ... – Zum Ball? – Zum Ball, zur Oper. Schon schlägt das Herzchen höher. Und ich spiel so mit einem Stück Papier zwischen den Fingern, so. – Was ist das? – Was? Nichts. – Aber es sieht aus, als ob ... – Ein Briefchen. – Und für wen? – Für Sie, wenn Sie ein bißchen neugierig sind. – Neugierig! Das bin ich! Geben Sie her! – Sie liest. Eine Zusammenkunft? Unmöglich! – Auf dem Weg zur Messe. – Mama geht immer mit mir. Aber wenn er hierher käme, ein bißchen früher ... Ich steh früh zuerst auf und bin auch immer zuerst im Geschäft. – Er kommt, er gefällt, und kurz drauf, in der Dämmerung, ist die Kleine verschwunden. Da hab ich meine 2000 Taler! – Und ein solches Talent besitzt du, und dir fehlts an Brot? Pfui, pfui, Unglückseliger! – Da hören Sie den Text meiner Monologe, die ich oft führe. Sie sehen daraus, ich kenn die Selbstverachtung, die Gewissensqual darüber, daß ich die Gaben, die mir der Himmel schenkt, nicht genug nutze.

ICH *wendet sich an die Zuschauer* Ich hörte ihm zu, und als er die Szene des Verführers und des jungen Mädchens spielte, wußte ich nicht, sollte ich lachen oder mich entrüsten. Er bemerkte meine Verwirrung und fragte –

ER Was haben Sie?

ICH Nichts.

ER Sie scheinen verwirrt.

ICH Ja, das bin ich.

ER Aber was raten Sie mir?

ICH Von etwas anderem zu reden. Unglücklicher! In welche Verworfenheit sind Sie geboren oder gefallen!

ER Nehmen Sies sich nicht zu Herzen. Ich habs nicht erzählt, um Sie hinterher anzupumpen. Ich hab Ersparnisse im Strumpf. Richtig, ich hab was beiseite gelegt, die Zeit ist darüber vergangen, also ist es auch mehr geworden.

ICH Weniger, wollen Sie sagen.

ER Nein, mehr. Man wird jeden Augenblick reicher. Einen

Tag weniger zu leben, das bedeutet: einen Taler mehr haben. Das Wichtigste im Leben ist doch nur, frei und leicht jeden Abend auf den Abtritt zu gehn. O stercus pretiosum! Kostbarer Kot! Da haben Sie die großartige Formel des Lebens in allen Ständen! Im letzten Augenblick sind alle gleich arm, Samuel Bernard, der mit Bankrottmachen 27 Millionen hinterläßt, wie Rameau, den Wohltätigkeit ins Leichentuch legt. Sehen Sie mal diese Hand an, die war steif gespannt wie der Teufel, die zehn Finger zehn Stäbe in einer Handwurzel aus Holz. Aber ich hab sie geknickt, gebrochen. Du willst nicht gehn? Und ich, bei Gott, ich sag dir, gehn sollst du! Und es geht!

ICH *wendet sich an die Zuschauer* Dabei ergriff er mit der rechten Hand die Finger und das Handgelenk der linken, riß es herauf und herunter, die Fingerspitzen berührten den Arm, die Gelenke knackten . . . *Zu Rameau* Sie verletzen sich!

ER Keine Angst! Die sinds gewohnt. Sie wollten nicht, vor 15 Jahren, aber sie habens lernen müssen, auf den Saiten herumspringen. Auch jetzt! Ja, auch jetzt!

Er imitiert das Violinspiel, summt ein Allegro, sein rechter Arm ahmt die Bewegung des Bogens nach, die Finger der linken Hand springen virtuos auf dem Hals der Violine. Ein falscher Ton läßt ihn innehalten. Er stimmt die Saite neu, zupft sie, prüft, ob der Ton jetzt rein ist. Dann fährt er da im Spiel fort, wo er aufgehört hat. Er klopft mit dem Fuß den Takt, wirft den Kopf hin und her, wie ein Virtuose spielt er mit seinem ganzen Körper.

ICH *wendet sich an die Zuschauer* Ist es nicht schmerzlich, an dem, der uns das Vergnügen ausdrücken will, nur die Marter zu sehen, die es ihm macht? Zieht einen Vorhang zwischen mich und diesem Menschen, einen Vorhang, der verbirgt, daß er sich wie ein Gefolterter winden muß! Aber mitten in der heftigsten Bewegung, bei einer harmonischen Stelle, wo der Bogen sanft über mehrere Saiten hinstirbt, verändert sich sein ganzes Wesen.

Rameau, berauscht von den Klängen, die er hervorzaubert, lächelt verzückt, in Ekstase. Hält inne, lauscht den Tönen nach. Schiebt dann das imaginäre Instrument unter den linken Arm, läßt den Bogen sinken.

ER Wie gefiels Ihnen?

ICH Bravo!

ER Es geht so. Da steh ich den andern nicht nach. Was mein Metier betrifft, ich versteh mich ein wenig darauf, das ist schon mehr als nötig. Muß man denn bei uns das auch verstehn, was man lehrt?

ICH Nicht mehr, als man verstehn muß, was man lernt.

ER Richtig, ja, richtig. Jetzt Hand aufs Herz, Herr Philosoph: Es gab doch eine Zeit, da waren Sie nicht so gefüttert wie jetzt?

ICH Ich bins auch jetzt nicht besonders.

ER Aber Sie würden doch heute nicht mehr in den Luxemburg gehn im ... erinnern Sie sich? ... Im ...

ICH Ja, ich erinnere mich.

ER Im Überrock aus grauem Plüsch.

ICH Ja. Nein.

ER Abgeschabt da am Ellenbogen. Die Manschetten zerrissen. Schwarzwollene Strümpfe, hinten mit weißem Faden gestopft.

ICH Schon gut.

ER Und was haben Sie da gemacht auf dem Seufzerweg?

ICH Eine traurige Figur.

ER Und von da weg über die Straße.

ICH Richtig.

ER Sie gaben Mathematikstunden.

ICH Ohne etwas davon zu verstehn. Darauf wollen Sie doch hinaus, oder?

ER Richtig.

ICH Ich habe selbst dabei gelernt, als ich Schüler unterrichtete, und einigen habe ich etwas Rechtes beigebracht.

ER Möglich. Aber mit der Musik ists nicht wie mit der Algebra. Heute, da Sie ein feiner Herr sind ...

ICH Nicht so fein.

ER In der Wolle sitzen.

ICH Nun ja.

ER Jetzt brauchen Sie Lehrmeister für Ihre Tochter.

ICH Noch nicht. Die Mutter tut das Nötige. Ich will Frieden in meinem Haus.

ER Frieden im Haus! Den hat man nur, wenn man Knecht oder Herr ist. Herr muß man sein! Ich hatte eine Frau,

Gott sei ihr gnädig, aber wenn sie störrisch wurde, erhob ich mich und sagte wie Gott: es werde Licht! Und es ward Licht. So blieb Frieden. Wie alt ist Ihr Kind?

ICH Das gehört nicht zur Sache.

ER Wie alt ist es?

ICH Verdammt, lassen Sie mein Kind und sein Alter! Reden wir von den Lehrern, die es haben wird.

ER Nichts eigensinniger als ein Philosoph! Wenn ich Sie ganz untertänig bitte, könnte ich dann von dem Herrn Philosophen nicht erfahren, wie alt ungefähr Mademoiselle seine Tochter ist?

ICH Acht Jahre, wenn Sie wollen.

ER Acht Jahre! Schon vier Jahre sollte sie Klavierstunde haben!

ICH Aber vielleicht liegt mir gar nicht daran, daß sie etwas lernt, womit sie so wenig anfangen kann.

ER Aber was soll sie denn sonst lernen?

ICH Vernünftig denken, wenn es möglich ist.

ER Mit Ihrer Vernunft! – Lassen Sie sie lieber hübsch, unterhaltend, kokett sein!

ICH Die Natur ist stiefmütterlich genug mit ihr gewesen, sie gab ihr eine empfindliche Seele. Da soll ich sie den Mühseligkeiten des Lebens aussetzen, als ob sie mit einem Herz aus Stein geboren wäre? Nein. Wenns möglich ist, lehre ich sie das Leben mit Mut ertragen.

ER Aber sie kann ja ruhig hysterisch sein, leiden und gereizte Nerven haben, wie sie will, – wenn sie nur dabei . . . wie? keinen Tanz?

ICH Soviel als nötig ist, damit sie sich ungezwungen bewegen kann.

ER Gesang?

ICH Damit sie lernt, gut zu sprechen.

ER Musik?

ICH Wenn ich einen guten Lehrer in der Harmonie fände, gut, zwei Stunden täglich, auf zwei Jahre.

ER Und anstelle dieser wichtigen Dinge . . .

ICH Setze ich Geschichte, Geographie und vor allem die Lehre von der Moral.

ER Es wär leicht, Ihnen zu beweisen, wie nutzlos diese Kenntnisse in unserer Welt sind, was sag ich: nutzlos?

Gefährlich! Aber daß ich bei der Sache bleibe: muß sie nicht wenigstens zwei oder drei Lehrer haben?

ICH Sicher.

ER Ah, da sind wir wieder! Und Ihre Lehrer, glauben Sie, verstehn sich auf Geschichte und Geographie, die sie unterrichten? Unsinn! Wenn sie genug Kenntnisse hätten, würden sie nicht lehren.

ICH Warum nicht?

ER Weil sie ihr Leben verbracht hätten zu studieren. Man muß tief in die Kunst oder Wissenschaft eingedrungen sein, um nur die Anfangsgründe zu besitzen. Und Mitte und Ende einer Wissenschaft klären dann erst die Finsternisse des Anfangs auf.

ICH *wendet sich an die Zuschauer* O Narr, Erznarr! dachte ich: wie kommts, daß ein boshaftes Hirn so viel Gescheites und Verrücktes zugleich vorbringt!

ER Gibts der Zufall ein, so bleibts drinnen. – Aber soviel ist sicher: wenn man nicht alles weiß, weiß man nichts richtig. Sehn Sie, Herr Philosoph, ich denk mir, die Physik wird immer eine armselige Wissenschaft sein, ein Tropfen Wasser mit einer Stecknadelspitze aus dem Ozean geschöpft, ein Sandkörnchen aus der Alpenkette. Besser, sag ich, weiß ich gar nichts als so wenig. Und so weit war ich, als ich mich zum Musiklehrer erklärte. Was denken Sie?

ICH Schon gut. – Sie gaben Unterricht, sagen Sie?

ER Ja.

ICH Und verstanden haben Sie nichts davon?

ER Nicht das Geringste. Aber wenigstens verdarb ich die Kinder nicht. Kamen sie später zu einem guten Meister, so hatten sie nichts zu verlieren, da sie nichts gelernt hatten, und das heißt doch: viel Zeit und Geld gewonnen.

ICH Wie haben Sies aber fertiggebracht?

ER Wies alle machen. Ich komme an, werfe mich in einen Stuhl: ah, das schlechte Wetter wieder! Dann bring ich ein paar Neuigkeiten, Mademoiselle Lemiere sollte die Vestalin in der Oper singen, aber sie wird zum zweitenmal schwanger, man weiß nicht, wer sie ersetzt. Mademoiselle Arnould hat ihren kleinen Grafen versetzt, man sagt, sie verhandelt jetzt mit dem Kapital: dem reichen Bertin. Im letzten Liebhaberkonzert war eine Italienerin, die wie ein Engel ... Allons, Mademoiselle, das Notenbuch! – Und während die kleine Mademoiselle sich nicht übereilt, das Buch sucht, sie hat es verlegt, und das Dienstmädchen gerufen wird, plaudre ich weiter: die Clairon, unbegreiflich! Man spricht übrigens von einer sehr abgeschmackten Heirat der Mademoiselle ... wie heißt sie doch? der kleinen Puppe mit dem Mann, der sie ausgehalten und ihr nebenbei zwei, drei Kinder gemacht hat. – Gehen Sie, Rameau, das ist nicht möglich. – Übrigens geht das Gerücht, Voltaire sei tot. Um so besser. – Warum besser? Da gibt er uns gewiß wieder was Schönes zum besten. Das ist so seine Gewohnheit, vierzehn Tage nach seinem Tod. – Man hört mich an, man lacht. Er ist doch immer charmant! Inzwischen hat man das Notenbuch unter dem Sessel gefunden, da hat es der kleine Köter zerfetzt. Das schöne Kind setzt sich ans Klavier. Nun macht sie erst einen fürchterlichen Lärm darauf. Ich trete hinter sie und mache zur Mutter hin heimlich ein Zeichen des Beifalls. Die Mutter: nicht übel, sie muß nur wollen! Aber sie will nicht, sie verliert ihre Zeit lieber mit Schwätzen, Spielen und weiß Gott was. Kaum wenden Sie den Rücken, schon ist das Buch zu, und erst wenn Sie wieder da sind, wird es aufgeschlagen. – Weil aber nun doch etwas geschehn muß, nehm ich ihre Hände und setze sie anders. Ich tu böse: fis! fis! schrei ich, Mademoiselle, es ist ein fis! Die Mutter: Kind, hast du denn gar keine Ohren? Ich stehe nicht am Klavier, ich sehe nicht ins Buch, aber ich fühle trotzdem, es muß ein fis sein! Du machst dem Herrn unendliche Mühe. – Ich fang diese Schläge ein bißchen auf: Verzeihung, Madame, es könnte besser gehn, wenn Mademoiselle sich Mühe geben würde, aber so ganz schlecht ists doch nicht. – Ich hielte sie an Ihrer Stelle ein ganzes Jahr an der Gavotte. – Sie soll mir auch nicht los davon, bis sie leicht herunterläuft, aber das dauert nicht mehr so lange ... – Herr Rameau, Sie schmeicheln ihr, Sie sind zu gut ... So geht die Stunde vorbei.

ICH Und heute, ist es da anders mit Ihnen?

ER Natürlich! Ich komme, bin ernsthaft, öffne das Klavier, geh über die Tasten, immer eilig, und wenn ich einen

Augenblick warten muß, schrei ich, als ob man mir einen Taler stiehlt. In einer Stunde muß ich da und da sein, in zwei Stunden bei der Herzogin Soundso, zu Mittag bei der Marquise von ... und dann das Konzert bei Herrn Baron von ... Rue des Petits Champs.

ICH Und in Wirklichkeit erwartet Sie niemand!

ER Erraten!

ICH Und warum diese niederträchtigen Künste?

ER Niederträchtig? Die sind in meinem Stand üblich, also nicht niederträchtig. Man paßt sich an. Ich weiß schon, da kommen Sie gleich mit allgemeinen Grundsätzen, die jeder im Mund führt, denen aber keiner folgt. Aber, Herr Philosoph, wie es ein allgemeines Gewissen gibt – nicht wahr? – eine allgemeine Grammatik, so gibts auch in jeder Sprache Ausnahmen. Sie nennen sie doch, Studierte, na, helfen Sie mir!

ICH Idiotismen: Torheiten.

ER Stimmt. So hat jedes Metier seine Ausnahmen vom allgemeinen Gewissen, – nennen Sie sie meinetwegen Berufsidiotismen oder -torheiten.

ICH Ich verstehe. Fontenelle spricht gut, schreibt gut, dennoch wimmelt sein Stil von französischen Idiotismen.

ER Und der Minister, der Finanzmann, der Offizier, der Advokat, der Kaufmann, der Bankier, der Handwerker und der Gesangslehrer – alles ehrenwerte Leute, obwohl ihr Betragen in vielem vom allgemeinen Gewissen abweicht und voller moralischer Idiotismen ist. Je älter ein Beruf, um so mehr Idiotismen; je schlechter die Zeiten, desto häufiger die Idiotismen. Was der Mensch wert ist, ist sein Beruf wert, – schließlich aber kehrt sich das um: der Mensch ist so viel wert wie sein Beruf. Deshalb nimmt man ihn so wichtig.

ICH Versteh ich recht, so wollen Sie sagen: ein Beruf wird selten anständig ausgeübt oder: die Leute, die ihn ausüben, sind selten anständig.

ER Nie. Dafür aber sind die Schlitzohren, sobald sie ihr Kontor verlassen, meist durchaus rechtschaffen. So wär alles in der Ordnung, wenns nicht gewisse Leute gäbe, die man fleißig nennt, pflichttreu oder, was dasselbe ist, von morgens bis abends in ihrem Kontor, in der Werkstatt, und nichts weiter. Die sinds außerdem, die man schätzt, die Geld verdienen.

ICH Wegen der Idiotismen.

ER Sie haben mich verstanden. Also: ein Idiotismus ist: daß man sich soviel Kundschaft schaffen muß wie möglich. Eine allgemeine Dummheit ist es zu glauben, der Tüchtigste hätte die meisten. Ich geb meine Klavierstunde, geb sie gut: das ist die allgemeine Regel. Ich mach der Kundschaft vor, daß ich mehr geben muß, als der Tag Stunden hat: das ist der Idiotismus.

ICH Die Klavierstunde geben Sie gut?

ER So leidlich. Früher stahl ich meinem Schüler das Geld, jetzt verdien ichs wenigstens.

ICH Und gestohlen haben Sie und kein schlechtes Gewissen dabei gehabt?

ER Wenn ein Räuber den andern beraubt, lacht der Teufel. Die Eltern stinken vor Geld, das sie Gott weiß wie erworben haben: Adel, Großfinanz, Pfeffersäcke, Bankiers, Makler. Ich nun und andere wie ich – wir erleichtern ihnen die gute Tat der Wiedergutmachung. In der Natur frißt eine Gattung die andre, in der Gesellschaft frißt ein Stand den andern, und wir bestrafen einer den andern auf diese Weise, ohne daß das Gesetz sich einmischt. Die Deschamps *er macht eine Geste: Ballettmädchen* rächt den Prinzen am Finanzmann. Die Modistin, der Juwelier, das Dienstmädchen rächen den Finanzmann an der Deschamps, und schließlich ists nur der Einfältige, der zu kurz kommt, weil er niemanden gerächt hat. Mag er! Sie sehn daran, daß alle diese Ausnahmen vom allgemeinen Gewissen, über die Sie soviel Geschrei machen, die Empörung nicht wert sind. Denn es kommt allein darauf an, den richtigen Blick zu haben.

ICH Ich bewundre den Ihren.

ER Und das Elend, das Elend! Die Stimme des Gewissens ist schwach, wenn die Eingeweide schreien. Außerdem: wenn ich reich bin, eines Tages, muß ich auch zurückzahlen, und ich werds tun! Auf jede Art.

ICH Ich fürchte bloß, soweit kommts nicht.

ER Das fürcht ich auch.

ICH Wenns aber doch so weit kommt? Was tun Sie dann?

ER Was alle Bettler tun, dies zu was bringen: ich werde der infamste Schweinehund, den man jemals gesehn hat. Die schlechte Behandlung zahl ich zurück. Ich befehl gern: also befehl ich! Ich will gelobt sein: man soll mich loben! Alle die Klatschmäuler bezahl ich, und wie man mit mir gesprochen hat, sprech ich mit ihnen: Schurken, man unterhalte mich! Und man unterhält mich. Man reiße die anständigen Leute herunter! Und man reißt sie – wenn es noch welche gibt. Dann will ich Mädchen, wir duzen uns, wenn wir besoffen sind, und an gewissen Perversitäten solls nicht fehlen. Köstlich! Und dann beweisen wir: Voltaire ist ohne Genie! Montesquieu ist ein bloßer Schönredner, und solchen kleinen Moralpredigern wie Sie, Herr Cato, gehn wir über Bauch und Rücken weg. Sie verachten uns aus Neid, wie? Bescheiden sind Sie? Aus Hochmut! Und zur Enthaltsamkeit zwingt Sie die Not. Und Musik – ja, dann werden wir Musik machen!

ICH Schade, daß Sie ein Bettler sind. Die Würde des Menschengeschlechts!

ER Sie spotten? Dabei wissen Sie nicht, mit wem Sie es zu tun haben: Was ich Ihnen vorspiele, sind unsre Bürger und Hofleute. Die sagens oder sagens nicht, so jedenfalls leben sie. Und Sie? Sie bilden sich ein, Ihr Glück ist für alle geschneidert. Phantasterei! Das ist aus den Büchern! Ihre Überspanntheiten nennen Sie Tugend und machen Philosophie draus! Halt sich daran, wer will, aber stellen Sie sich vor, die Welt wäre weise und philosophisch, – verteufelt traurig wäre das! Ich halt mich an die Weisheit Salomos: guten Wein, hübsche Frauen, weiche Betten. Und was sonst: der Rest – eitel!

ICH Wie? Sein Vaterland verteidigen?

ER Eitel. Es gibt kein Vaterland mehr. Von einem Pol zum andern nur Unterdrücker und Unterdrückte.

ICH Seinen Freunden helfen?

ER Eitel! Hat man Freunde? Und wenn man welche hat, wollen Sie Undankbare aus ihnen machen? Dankbarkeit, wissen Sie, ist eine Last, und eine Last wirft man gern ab.

ICH Einen Beruf haben und da seine Pflicht tun?

ER Eitel: Beruf oder nicht. Es ist dasselbe. Reich muß man sein, darum will man ja den Beruf. Pflicht? Wohin führt die? Neid, Unruhe, Verfolgung. Kommt man damit weiter?

ICH Und die Erziehung der Kinder?

ER Eitel! Das macht der Lehrer.

ICH Und wenn der sich nach Ihren Grundsätzen verhält, wer wird dafür bestraft?

ER Ich nicht, was wollen Sie? Die Frau meines Sohnes vielleicht, oder der Mann meiner Tochter.

ICH Aber wenn sie zur Hure wird?

ER Das ist standesgemäß.

ICH Sich entehrt?

ER Man bleibt immer anständig, wenn man Geld hat.

ICH Und wenn sie sich zugrunde richtet?

ER Täte mir leid.

ICH Und um Ihre Frau kümmern Sie sich auch nicht sehr?

ER Gar nicht, wenns recht ist. – Die Welt wär nicht sehr lustig, wenn sie nach Ihrem Rat ginge und jeder nur an Pflicht und Gewerbe dächte.

ICH Warum nicht? Der Abend ist für mich der schönste, wenn ich mit dem Morgen zufrieden bin.

ER Für mich auch.

ICH Was die große Welt so wählerisch in ihrem Zeitvertreib macht, ist ihre innere Trägheit.

ER Glauben Sie das nicht! Diese Leute sind sehr geschäftig!

ICH Weil sie nie erschöpft sind, erholen sie sich auch nie.

ER Glauben Sie das nicht! Sie sind immer erschöpft.

ICH Das Vergnügen ist ihnen immer eine Beschäftigung, niemals ein Bedürfnis.

ER Um so besser. Denn Bedürfnisse sind immer eine Last.

ICH Alles nutzen sie ab. Ihre Seele ist stumpf. Da herrscht die Langeweile. Wenn einer sie umbrächte, mitten in ihrem Überfluß, der würde ihnen einen Gefallen tun. Denn sie kennen das Glück nur von der Oberfläche, die am schnellsten wegschäumt. Ich verachte die sinnlichen Genüsse nicht, gut essen und trinken; ich hab ein Herz und ein Auge, ich seh gern eine schöne Frau; ich spür gern in meinen Händen ihre festen runden Brüste, die Gier in ihren Blicken, ja, und ein Abend unter Freunden genossen! – Aber ich muß Ihnen gestehn: mir ist wohler, einem Unglücklichen geholfen, einen guten Rat gegeben, eine gute Seite geschrieben und der Geliebten Zärtlichkeit geschenkt zu haben, für die sie mich umarmt. Es gibt Taten, die möchte ich getan haben, und dafür gäb ich alles, was ich besitze.

ER So meinen Sie im Ernst, man müßte anständig sein?

ICH Um glücklich zu sein? Sicher.

ER Aber ich seh doch viel anständige Leute, die nicht glücklich sind, und Leute genug, die es sind, und sind nicht anständig!

ICH Das scheint Ihnen nur so.

ER Und warum krieg ich denn heut kein Abendessen? Nur weil ich einen Augenblick vernünftig und ehrlich war!

ICH Nein, weil Sies nicht immer waren. Weil Sie nicht rechtzeitig bemerkt haben, daß man sich vor allem unabhängig machen muß.

ER Unabhängig oder nicht: wie ichs mache, ists jedenfalls am bequemsten.

ICH Aber nicht am sichersten.

ER Aber passend für meinen Charakter.

ICH Vollkommen.

ER Und eben weil ich mein Glück machen kann durch die Laster, die mir natürlich sind, die mit den Sitten meiner Nation übereinstimmen und die nach dem Geschmack meiner Gönner sind – mehr als unbequeme Tugenden, durch die sie bloß gehemmt würden –: wärs doch albern von mir, wenn ich mich wie eine arme Seele quälte, um mich anders zu machen, als ich bin, mir Eigenschaften anquälen würde – schätzenswerte Eigenschaften, wenn Sie wollen –, die mich zu nichts führen, zu Schlimmerem als nichts. Denn ein Schmarotzer, wie ich, der von den Reichen lebt, darf der sich über sie entrüsten? Man lobt die Tugend, aber man läßt sie frieren, und in unserer Welt muß man die Füße warm halten. Außerdem hätt ich dann schlechte Laune: warum sind die Frommen so hart, so verbissen? Weil ihre Tugend wider die Natur ist. Sie leiden, und wer leidet, macht andre leiden. Sollte es Freund Rameau eines Tages einfallen, Tugend zu predigen, was wär er? Ein Heuchler. Rameau sei, was er ist: ein glücklicher Räuber unter reichen Räubern. Kurz und gut:

das Glück von ein paar idealistischen Schwärmern wie Sie soll mir gestohlen bleiben.

ICH Ich sehe, Sie können es nicht einmal kennenlernen.

ER Um so besser. Ich stürbe vor Hunger und Langeweile und wahrscheinlich vor Reue.

ICH Dann rat ich Ihnen, rasch in das Haus zurückzukehren, aus dem Sie sich unbedacht haben werfen lassen.

ER Wenn mir das aber wider den Strich geht?

ICH Das sollte mich wundern.

ER Ich will mich gern wegwerfen, aber ohne Zwang. Ich will gern von meiner Würde herab, aber ... Sie lachen!

ICH Ja, über die Würde.

ER Jedem die seine. Wenn man mir sagt: krieche! muß ich da kriechen? Die Würmer kriechen, ich auch, und so tun wirs, wenn man uns kriechen läßt. Aber wenn man uns auf den Leib tritt, bäumen wir uns auf. Überdies haben Sie keine Ahnung von der ganzen Geschichte: stellen Sie sich vor: eine melancholische mißmutige Person, der Hausherr; den Schlafrock dreimal herumgeschlagen; er mißfällt sich selbst, alles mißfällt ihm. Sie können Körper und Geist verrenken, wie Sie wollen, er lacht nicht. Mit Kälte betrachtet er die spaßigen Fratzen, die ich schneide. Lacht er? Lacht er nicht? Das muß ich mitten in der Arbeit fragen – Sie können sich denken, wie das dem Talent schadet. Unser Hypochonder, den Kopf in der Nachtmütze, die ihm über die Augen hängt, sieht wirklich aus wie eine dicke chinesische Puppe, unbeweglich, mit einem Faden am Kinn, der hängt herunter bis zum Sessel. Man wartet, bis der Faden gezogen wird, aber er wird nicht gezogen. Oder doch; jetzt: die Kinnlade klappt herunter, und ein Wort fällt heraus – ein Wort, das Sie lehrt, man hat Sie gar nicht bemerkt, Ihre Affereien waren für nichts. Es ist gesprochen. Die Feder schnurrt ab, der Mund klappt wieder zu.

ICH *wendet sich an die Zuschauer* Dabei machte er diesen Bertin nach, die Augen halb geschlossen, die Arme pendelnd, die Kinnlade auf und zu, wie ein Automat.

ER *imitierend* »Ja, Mademoiselle, ja, ja, ja, das muß man mit Feinheit behandeln« – Traurig, dunkel, wie das Schicksal; das ist unser Hausherr. Ihm gegenüber sitzt die Hus, eine

Schauspielerin, die ihre eigene Wichtigkeit zur Schau stellt. Man möchte ihr sagen, sie sei hübsch, denn sie ist es noch, obwohl sie im Gesicht einige Flecken . . . und was ihren Körper betrifft . . . Ich liebe das Fleisch, wenn es schön ist, aber zuviel ist zuviel. Und Bewegung ist das wichtigste für die Materie. Item ist sie boshafter, stolzer und dümmer als eine Gans; item will sie Geist haben; item man muß ihr versichern, daß sie welchen hat; item sie weiß nichts, und so etwas darf Entscheidungen fällen; item man muß ihre Entscheidungen beklatschen, mit Händen und Füßen. Wo nehmen die Weiber das her? Ohne Studium, nur durch die Gewalt des Triebes! Das grenzt ans Wunder. Und dann kommen Sie mir noch und sagen: Erfahrung, Studium, Nachdenken, Erziehung tun was dazu – und solch dummes Geschwätz. Also: zehnmal am Tag das Knie nieder, den andern Fuß nachgezogen, die Arme ausgestreckt gegen die Göttliche! Wer unterwirft sich gern dieser Rolle, wenn ihn nicht der Aufruhr in seinen Eingeweiden dazu zwingt!

ICH Ich hätte nicht gedacht, daß Sie so empfindlich sind.

ER Ich bins auch nicht. Ich sah erst, wies die andern machen, das machte ich nach, und ein wenig besser. Denn ich bin ein besserer Schauspieler. Ich habe kleine Töne, die ich mit einem Lächeln begleite; unendlich viele Nuancen des Beifalls. Jetzt bring ich Mund und Augen, jetzt die Stirn mit ins Spiel. Ich hab eine Art, den Rücken zu beugen, die Schultern zu heben, zu senken, die Finger zu spreizen, mit dem Kopf zu nicken, die Augen zu schließen und so bestürzt zu sein, als hätt ich eine Engelsstimme gehört, die vom Himmel tönt. Das kommt an. Ich weiß nicht, ob Sie die ganze Kraft dieser Bewegung erfassen? *Er macht eine Pose* Aber mit der hat mich noch niemand übetroffen. Sehen Sie her! Sehn Sie!

ICH Wirklich! Einzig!

ER Glauben Sie, es gibt ein Weiberhirn, das davon nicht weich wird?

ICH Man muß Ihnen zustimmen. Sie haben es in dieser Kunst am weitesten gebracht.

ER Aber am Ende muß man sich doch wiederholen. Geist und Kunst haben ihre Grenzen. Nur für Gott und für ein paar ganz seltne Geister geht es noch darüber. Bouret ist vielleicht einer. Die Sache mit dem Köter beschämt mich. Sie könnt einem das Metier verleiden.

ICH Was wars mit dem Köter?

ER Wo kommen Sie denn her? Im Ernst, Sie kennen die Geschichte nicht? Wie dieser seltne Mann es fertig brachte, seinen kleinen Hund von sich selbst ab und dem Herrn Minister anzugewöhnen, der ein Auge drauf geworfen hatte?

ICH Bedaure, ich weiß davon nichts.

ER Ganz Europa war darüber entzückt. Sie sind doch auch intelligent: jetzt sagen Sie, was hätten Sie an seiner Stelle getan. Stellen sich vor: Bouret wurde von seinem Hund geliebt. Stellen Sie sich vor: Der sonderbare Rock des Ministers erschreckte den Hund. Stellen Sie sich vor: es gab acht Tage, um die Schwierigkeiten zu überwinden. Man muß die schweren Bedingungen kennen, um die Leistung richtig einzuschätzen. Nun?

ICH Ich gestehs, leichtere Aufgaben dieser Art verwirren mich schon.

ER Hören und bewundern Sie: er läßt sich eine Maske machen, die dem Minister gleicht. Vom Kammerdiener leiht er sich seinen aufwendigen Rock. Er bedeckt das Gesicht mit der Maske, zieht den Rock an. Jetzt ruft er den Hund, karessiert ihn, gibt ihm Kuchen. Dann plötzlich, Dekorationswechsel: er ist nicht mehr der Minister – Bouret selbst ruft seinen Hund und peitscht ihn. Zwei Tage lang diese Pantomime, da läuft der Hund vor Bouret, dem Generalpächter, fort und hinüber zu Bouret, dem Minister. – Sie glauben mir nicht? Sie verdienen nicht, daß man Ihnen die Wunder um Sie herum zeigt.

ICH Ich glaube, ich habe wirklich davon zu wenig gesehn.

ER Benutzen Sie also den Zufall, der uns zusammengebracht hat.

ICH Gut, ja.

ER Rock und Perücke zu borgen – ich hatte die Perücke des Ministers vergessen. Sich eine Maske machen lassen, die ihm gleicht! Das nenn ich: sich ums Große bemühn! Diese Vorbilder sind entmutigend, man bedauert sich selbst, und das macht Langeweile. Die Maske! Die Maske! Einen Finger gäb ich drum, hätt ich die Maske erfunden!

ICH Aber Sie mit Ihrer Begeisterung für geniale Erfindungen, haben Sie denn gar nichts erfunden?

ER Verzeihen Sie, ja, zum Beispiel die bewundernde Stellung des Rückens, die ich Ihnen gezeigt hab: die ist mein geistiges Eigentum.

ICH Sie sollten so etwas aufschreiben. Schade um die Erfindungen, wenn sie verloren gehn.

ER Das ist wahr. Aber ich halte nichts von Methode und Gebrauchsanweisungen. Die Genies lesen wenig, sie bilden sich aus sich selbst. Denken Sie nur an Caesar, Turenne – und an Bouret! Wer hat Bouret Lektionen gegeben? Niemand. Die Natur macht den genialen Menschen. Meinen Sie, die Geschichte von dem Hund und der Maske ist irgendwo gedruckt worden?

ICH Wenn Sie aber in verlorenen Stunden herumliegen, wenn die Krämpfe Ihres leeren Magens oder der überfüllte Magen Sie nicht schlafen lassen . . .

ER Ich will mirs überlegen. Besser ists, große Sachen zu schreiben, als kleine tun. Das erhebt die Seele, die Vorstellungskraft erhitzt sich, gerät in Flammen, breitet sich aus! Wenn man sich aber in Gegenwart der kleinen ausgepfiffenen Schauspielerin Hus über die Dummheit des Publikums entrüsten muß, schrumpft sie ein.

ICH Es sind Ihnen aber immerhin aus Versehn ein paar bittere Wahrheiten entschlüpft, wie? Ich glaube, trotz Ihrer schlechten Rolle haben Sie doch im Grund eine zarte Seele.

ER Ich? Keine Spur! Ich habe den Geist rund wie eine Kugel: niemals falsch, wenns mein Vorteil ist, wahr zu sein; niemals wahr, wenns besser ist, falsch zu sein. Ich sag was mir so ins Maul kommt; Vernünftiges, um so besser! Ich hab in meinem Leben noch niemals gedacht, weder vor dem Reden, noch beim Reden und schon gar nicht danach. Deshalb nimmts auch niemand übel.

ICH Aber das wars doch mit den ehrenwerten Leuten, die Ihnen so viel Gutes getan haben!

ER Das war ein Malheur, ein falscher Augenblick. Mir ging es zu gut, das konnte nicht dauern. Wir haben, wie Sie wissen, die zahlreichste und erlesenste Gesellschaft. Jeder muß seine Zeche bezahlen: wenn die großen Tiere geschlachtet sind, gehts an die kleinen.

ICH Wissenschaft und Moral angreifen: ein teures Brot.

ER Ach, das hat keine Folgen: wir machen jeden runter, aber das macht nichts. Manchmal ist da bei uns der fette Abbé d'Olivet, der dicke Le Blanc, der Heuchler Batteux. Der dicke Abbé ist nur boshaft vor dem Essen, nach dem Kaffee wirft er sich in den Sessel, die Füße gegen den Kaminsockel gestemmt; da schläft er ein wie ein Papagei auf der Stange. Wenn dann der Lärm fürchterlich wird, gähnt er, räkelt die Arme, reibt sich die Augen: Wie? Was ist los? Hat Piron mehr Geist oder Voltaire? – Darum geht es gerade. – Wie? Geist, sagen Sie, und nicht: Geschmack? Geschmack hat Piron überhaupt nicht! – Gar keinen? – Gar keinen! – Und dann gehts los, über den Geschmack. Der Hausherr hebt die Hand, alles lauscht gespannt. »Der Geschmack«, sagt er, »der Geschmack . . . ist so eine Sache . . .« Ich weiß nicht, was für eine Sache, er wußte es selbst nicht. Manchmal haben wir Freund Robé bei uns. Ich hasse seine Verse, aber ich seh ihn gern lesen. Da sieht er aus wie ein aus dem Nest gefallener Vogel. Alle um ihn her seufzen: Ein wahrer Dichter! Unter uns: die Gedichte sind ein Durcheinander von konfusen Wortklingeleien. Manchmal erscheint auch so ein plattes Pinselgesicht, das hat aber Verstand wie der Teufel und ist boshafter als ein alter Affe. Gott hat ihn geschaffen, um die Voreiligen zu züchtigen, die nach dem Gesicht urteilen. Es ist üblich, sich auf Kosten eines Einfältigen lustig zu machen, also fällt man auf diesen; eine Falle für jeden, der neu in unsre Gesellschaft kommt, und fast alle fallen drauf rein. Manchmal hör ich überrascht die Bemerkungen, die der Narr über Menschen und Charaktere macht. Aus der schlechten Gesellschaft, sagt er mir, kann man Vorteil ziehn wie aus dem Laster. Man verliert seine Unschuld, aber zugleich seine Vorurteile: das entschädigt. In übler Gesellschaft, wo sich das Laster ohne Maske zeigt, lernt man es kennen. Er hat recht. Aber ich hab auch einiges gelesen.

ICH Was?

ER Ich habe gelesen und lese immer wieder: von La Bruyère die »Charaktere« und vor allem Molière.

ICH Das sind gute Bücher.

ER Sie sind viel besser als man denkt. Aber wer liest sie schon richtig!

ICH Jeder wie er kann.

ER Können Sie mir sagen, was man darin sucht?

ICH Unterhaltung und Einsicht.

ER Aber Einsicht in was? Darauf kommts an!

ICH In die Pflichten, die man hat, in das Wesen der Tugend. Haß auf das Laster.

ER Ich aber lerne daraus alles, was man tun soll, und alles, was man nicht sagen sollte. So also: wenn ich den Geizigen lese, denk ich mir: sei geizig, wenn du willst, aber nimm dich in acht, daß du nicht so sprichst wie ein Geiziger! Les ich den Tartuffe, denk ich: sei ein Heuchler, Rameau, wenn du willst, aber sprich nicht wie ein Heuchler! Behalt ruhig die Laster, die dir nützlich sind, aber verbirg den Anschein davon, der dich lächerlich macht. Und um ihn zu verbergen, muß man ihn kennen. Diese Schriftsteller haben ihn dir vortrefflich geschildert. Nein, ich gehör nicht zu denen, die die Moralisten verachten! Man kann von ihnen viel lernen, besonders von denen, die die Moral in Handlung umgesetzt haben. Glauben Sie nur nicht, daß ich der einzige bin, der auf diese Weise liest! Mein Verdienst ist nur, daß ich durch System das geleistet habe, was andre aus Instinkt tun. Daher macht die Lektüre sie nicht besser als mich, ja sie bleiben sogar gegen ihren Willen lächerlich, während ich es nur dann bin, wenn ich will. Dann aber bin ichs mehr als alle. Denn dieselbe Kunst, die mich lehrt, bei gewissen Gelegenheiten das Lächerliche zu vermeiden, lehrt mich auch, es überlegen anzuwenden. Da erinner ich mich an alles, was ich gelesen hab, und geb noch hinzu, was auf meinem eigenen Mist gewachsen ist – der trägt ja auch erstaunliche Früchte.

ICH Gut daß Sies sagen. Sonst müßte ich glauben, Sie widersprechen sich.

ER Keineswegs. Denn für den einen Fall, wo man das Lächerliche vermeiden muß, gibt es Gott sei Dank hundert, wo es verlangt wird. Keine bessere Rolle bei den Großen, als die eines Narren. Ich bin der Narr Bertins und einiger anderer, vielleicht auch der Ihre. Oder Sie sind der meine. Wer weise ist, hält sich keinen Narren. Wer sich einen Narren hält, ist nicht weise, wenn einer nicht weise ist, ist er ein Narr, und so ist, kann man sagen, der König der Narr des Narren. Im übrigen, denken Sie nur daran, daß in einer so veränderbaren Sache wie den Sitten nichts absolut ist, nichts in seinem Wesen wahr oder falsch: man muß also sein, wie es der Vorteil verlangt. Wenn zufällig die Tugend mein Glück gemacht hätte, wär ich tugendhaft geworden, oder hätts wenigstens simuliert, wie die andern. Man hat mich lächerlich haben wollen, da bin ich: lächerlich! Lasterhaft bin ich von Natur aus. Wenn ich sag: lasterhaft, rede ich in Ihrer Sprache, denn es könnte sein, daß Sie Laster nennen, was ich Tugend nenne, und Tugend, was für mich das Laster ist. – Übrigens kommen zu uns auch die Autoren der Komischen Oper, die Schauspieler und Schauspielerinnen, auch die Direktoren, alles Leute mit Verdiensten. Ja, und unsere Literaturkritiker! L'année littéraire, der Observateur –

ICH Unmöglich! Die beiden verachten einander.

ER Alle Bettler versöhnen sich um den Suppentopf. Der verfluchte Oberservateur littéraire, zum Teufel die ganze Sippschaft! Das ist der Hund, der Abbé Redakteur, der stinkende Wucherer, der schuld ist an meinem Unglück! Er erschien gestern zum erstenmal. Es wird aufgetragen, man gibt dem Abbé die Ehre und setzt ihn obenan. Ich komm rein, ich seh ihn. Wie, Abbé, sag ich, Sie präsidieren? Gut, für heute! Aber morgen, bitt ich mir aus, rücken Sie um einen Teller herunter; übermorgen einen andern Teller, und so von Teller zu Teller, rechts und links bis auf den Platz, den ich einmal vor Ihnen eingenommen habe, Fréron nach mir, Dorat nach Fréron, Palisson nach Dorat, dann werden Sie fest sitzen neben mir plattem Schuft qui siedo sempre come un maestoso cazzo fra duoi coglioni, – der ich immer wie eine majestätische Hure zwischen zwei geilen Böcken throne! Der Abbé, ein guter Teufel, der alles leicht nimmt, lacht. Mademoiselle Hus, die Hausherrin, lacht ebenfalls. Alle Welt lacht, ausgenommen der Hausherr Bertin, der sich ärgert und mir Vorwürfe macht.

– Rameau, Sie sind unverschämt! – Ich weiß: unter dieser Bedingung haben Sie mich aufgenommen. – Ein Schuft! – Wie andre auch. – Ein Bettler! – Wär ich sonst hier? – Ich laß Sie rauswerfen! – Danke, nach dem Essen geh ich allein. – Das rat ich Ihnen! – Man ißt weiter. Ich verlier keinen Bissen. Dann entschließ ich mich wegzugehn. Ich hatte mein Wort vor so viel Leuten gegeben, da konnt ich nicht zurück. Ich brauche viel Zeit, suche im Zimmer herum, mein Stock, mein Hut sind nicht da. Immer rechne ich damit, der Hausherr wird erneut in Schimpfworte ausbrechen, jemand wird vermitteln und wir würden uns vor lauter Streiterei wieder versöhnen. Ich dreh mich dahin, dorthin. Aber der Hausherr Bertin ist düster, schwärzer als Apoll im Homer, als er die Pfeile auf die Griechen schießt. Er hat die Mütze noch tiefer im Gesicht als sonst, geht auf und ab, die Hand unterm Kinn. Mademoiselle Hus, die Hausherrin, kommt zu mir ... – Aber Mademoiselle, was ist denn da so besonders? War ich denn heute anders als sonst? – Sie sollen fort. – Ich geh. Aber ich habe den Hausherrn nicht beleidigt. – Aber man lädt den Herrn Abbé ein und Sie ... Den hätte man nicht einladen sollen! Zusammen mit mir und den andern Literaten hier. – Also, kleiner Rameau, bitten Sie den Abbé um Verzeihung! Sie nimmt mich bei der Hand, sie zieht mich zum Stuhl des Abbé. Abbé, sag ich, das ist doch alles lächerlich, nicht war ...? Und fang an zu lachen, der Abbé lacht mit. Also, so bin ich entschuldigt. Aber jetzt noch zu dem andern. Ich weiß nicht, wie ich meine Entschuldigung vorgebracht habe, etwa: Mein Herr, hier steht der Narr ... Schon längst bin ich ihn leid! Ich will ihn nicht mehr reden hören! – Genug, es war schlimmer als vorher. Mitten in dieser Szene ging mir ein verderblicher Gedanke durch den Kopf. Ein Gedanke, der mich verschlossen machte, ein Gedanke des Hochmuts: ohne dich können sie nicht sein! Ich bin ein wesentlicher Mann!

ICH Gewiß, Sie sind nützlich, aber die sind es noch mehr. Ein so gutes Haus finden Sie nicht wieder, aber sie, – für einen Narren finden sie hundert.

ER Hundert Narren wie mich? Platte Narren, ja. Aber man ist bei der Narrheit wählerischer als bei Talent oder Tugend. Ich war ein unerschöpflicher Sack voll Frechheiten. Jeden Augenblick tat ich einen Streich, daß die Tränen lachten, ich war für sie ein ganzes Tollhaus.

ICH Und hatten dabei immerhin Tisch, Bett, Kleidung und ein Salär jeden Monat.

ER Das ist die Habenseite. Aber die Lasten! Hörte man nur das Gerücht, ein neues Theaterstück werde geschrieben, so mußt ich bei jedem Wetter hinaus, alle Dachkammern von Paris durchstöbern, bis ich den Autor gefunden hatte. Ich mußte mir das Stück zur Lektüre schaffen und dabei merken lassen, jemand aus meiner Bekanntschaft könnte eine Rolle darin vorzüglich spielen. – Und wer, meinen Sie? – Wer! Was für eine Frage! Die Grazie, die Anmut selbst! – Ah, Sie meinen Mademoiselle Dangeville? Sie kennen sie? – Ja, ein wenig. Aber die ist es nicht. – Aber wer dann? – Ich sage den Namen leise. Die Hus. – Die! – Ja, die! wiederhol ich, ein bißchen verschämt, ich hab manchmal so eine Schamhaftigkeit. Bei dem Namen müßten Sie das Gesicht des Poeten sehn, wie es länger wird. Nun, ob er will oder nicht, ich muß ihn zum Mittagessen herbeischaffen. Er, der sich nicht gern festlegt, zieht sich zurück, dankt. Und wie ich dann, wenn ich das Geschäft nicht gemacht hab, behandelt werde! Ich bin das Glas Wasser nicht wert, das man mir hinstellt. – Schlimmer noch im Theater! Ich, mitten im Hohngelächter eines Publikums, das richtig urteilt – Sie können sagen was Sie wollen –, allein muß ich klatschen. So lenk ich die Blicke von der Bühne ab, auf mich. Neben mir hör ich, wie man flüstert: Das ist einer von den verkleideten Lakaien ihres Beischläfers! Wie käm der sonst dazu? Aber es ist doch der Hunger, der alles entschuldigt.

ICH Selbst die Übertretung des bürgerlichen Gesetzes!

ER Und dann im Haus, die Oberaufsicht über die Katzen! Ich war überglücklich, wenn Micou mich freundlich mit der Tatze schlug, mir die Manschette, die Hand zerriß. Criquette hat die Kolik, ich bins, der ihr den Bauch reibt. Früher hatte Mademoiselle Vapeurs, jetzt sinds die Nerven. Reden wir nicht von den andern leichten Indispositionen, bei denen man sich vor mir nicht geniert. Gut so. Ich bin nicht lästig. Irgendwo hab ich gelesen, daß ein König mit dem Beinamen Der Große manchmal über die Rükkenlehne vom Nachtstuhl seiner Maitresse gebeugt stand und sich unterhielt. Man macht sichs bequem unter Hausgenossen, und ich war einer. Ich bin der Apostel der Bequemlichkeit. Ich predigte durch mein Beispiel. – Mademoiselle Hus übrigens fängt an, ein bißchen schwer zu werden. Sie müßten die Geschichten darüber hören.

ICH Die erzählen Sie doch, hoff ich, nicht weiter?

ER Warum nicht?

ICH Jedenfalls ist es undankbar, sich über seine Wohltäter lustig zu machen.

ER Entschließt man sich, mit unsereinem zu leben, und hat nur ein bißchen Verstand, dann muß man auf den schwärzesten Undank gefaßt sein. Es gibt da eine stillschweigende Übereinkunft: man wird uns Gutes tun, und früher oder später vergelten wirs mit Bösem. Diese Übereinkunft, besteht sie nicht auch zwischen dem Menschen und seinem Affen?

ICH Da haben Sie recht.

ER Übrigens, was die hübschen pikanten Geschichten sind, ich erfind keine. Ich mach da den Umträger. Man erzählt sich, vor ein paar Tagen, gegen fünf Uhr morgens . . .

ICH Reden wir von was anderem. Ich habe schon die ganze Zeit eine Frage auf den Lippen.

ER Und warum kommen Sie damit nicht raus?

ICH Ich möchte nicht indiskret sein.

ER Ich hab Ihnen doch so viel gesagt, da wüßt ich nicht, was ich noch geheim halten sollte.

ICH Sie wissen sicher, was ich von Ihrem Charakter halte.

ER Natürlich. Ich bin in Ihren Augen ein verworfener Mensch, ich bins auch in meinen, aber nicht oft. Sie sind beständiger in Ihrer Verachtung.

ICH Aber warum haben Sie mir Ihre ganze Schändlichkeit gezeigt?

ER Einen guten Teil haben Sie schon gekannt, da dacht ich: zeig ich Ihnen den Rest, dann gewinn ich.

ICH Und warum?

ER Wenn es wichtig ist, überlegen zu sein, dann besonders im Bösen. Auf einen kleinen Filou spuckt man. Aber dem großen Verbrecher kann man eine gewisse Hochachtung nicht versagen. Man schätzt alles in allem die Einheit des Charakters.

ICH Aber diese schätzenswerte Einheit haben Sie noch nicht. Ich finde Sie manchmal wankend in Ihren Prinzipien. Ich weiß nicht, ob Sie es in der Bosheit schon so weit gebracht haben wie möglich.

ER Hab ich in meiner Bescheidenheit nicht vollkommenere Wesen über mir anerkannt? Bouret – hab ich nicht mit der höchsten Bewunderung von ihm gesprochen? Bouret ist, nach meiner Meinung, der höchste Mensch.

ICH Aber gleich nach Bouret kommen Sie?

ER Nein.

ICH Wer dann?

ER Der Renegat von Avignon.

ICH Über den habe ich noch nie reden hören. Aber das muß ein erstaunlicher Mann sein.

ER Das ist er auch.

ICH Die Geschichte großer Menschen hat mich immer interessiert.

ER Das glaub ich. Dieser da lebte bei einem guten, redlichen Abkömmling Abrahams in Spanien.

ICH Bei einem Juden.

ER Bei einem heimlichen Juden. Der Renegat verstand es, zuerst sein Mitleid, dann sein Wohlwollen, schließlich sein vollkommenes Vertrauen zu gewinnen. Sehen Sie, so geht das immer: wir vertrauen so auf unsere guten Taten, daß wir auch dem vertraun, den wir damit überhäuft haben. Da soll es keine Undankbaren geben, wenn wir die Menschen der Versuchung aussetzen, es ungestraft zu sein! Das ist ein richtiger Gedanke, aber unser Jude kam nicht drauf. Er gestand dem Renegaten, daß er mit gutem Gewissen kein Schweinefleisch essen könne. Jetzt werden Sie sehn, welchen Nutzen ein fruchtbarer Geist aus diesem Bekenntnis ziehn kann. Ein paar Monate vergingen. Unser Renegat verdoppelte seine Anhänglichkeit. Sobald er glaubte, daß sein Jude jetzt genug geschmeichelt und überzeugt davon sei, er habe keinen besseren Freund als ihn . . . Bewundern Sie nur die Umsicht dieses Menschen! Er übereilt nichts. Er läßt den Apfel reif werden, ehe er ihn vom Baum schüttelt. Zu viel Eifer könnte sein Projekt zum Scheitern bringen. Größe des Charakters zeigt sich meist in der natürlichen Ausgewogenheit gegensätzlicher Eigenschaften.

ICH Lassen Sie die Betrachtungen, fahren Sie lieber in der Geschichte fort.

ER Das geht nicht so. Ich hab so meine Tage, da muß ich Betrachtungen anstellen, – eine Krankheit, man muß sie austragen. Wo war ich?

ICH Bei der innigen Freundschaft des Juden mit dem Renegaten.

ER Gut. Jetzt war der Apfel reif ... Aber Sie hören mir nicht zu! Was denken Sie?

ICH Sonderbar: Ihre Stimme ist so ungleich, mal hoch, mal tief.

ER Spricht das Laster immer mit der gleichen Stimme? Also: er kommt eines Abends zu seinem Freund, verstört, die Stimme gebrochen, das Gesicht leichenblaß, schlotternd an allen Gliedern – Was haben Sie? – Wir sind verloren! – Verloren? Wie? – Verloren! Ich sag es Ihnen! Verloren ohne Rettung! – Erklären Sie sich – Einen Augenblick, ich muß mich von dem Schrecken erholen. – Beruhigen Sie sich, sagt der Jude, anstatt ihm zu sagen, du bist ein abgefeimter Schurke. Ich weiß nicht, was du mir zu sagen hast, aber du bist ein Schurke! Den Schrecken da: spielst du mir vor!

ICH Und warum hätte er das sagen sollen?

ER Weil er schlecht gespielt hatte, übertrieben! Das ist mir ganz klar. Aber unterbrechen Sie mich nicht wieder. – Wir sind verloren, verloren ohne Rettung! – Fühlen Sie denn nicht die Effekthascherei in dem wiederholten: verloren? – Ein Verräter hat uns bei der Inquisition denunziert, Sie als Juden, mich als Renegaten, als infamen Renegaten! Sie sehn, der Mann gebraucht die abscheulichsten Ausdrücke und wird nicht rot dabei. »Infam«. Sich beim rechten Namen nennen, das braucht Mut, mehr als man denkt. Sie wissen nicht, was es kostet, bis man soweit kommt.

ICH Nicht so recht. Aber dieser infame Renegat ...

ER Der Jude erschrickt, rauft sich den Bart, wirft sich auf die Erde. Er sieht schon die Häscher an seiner Tür. Er sieht sich schon mit dem San Benito geschmückt und den Holzstoß in Flammen. Mein Freund, mein guter, mein einziger Freund, was soll ich tun ...? Was zu tun ist? Zeigen Sie sich in aller Gelassenheit, wie gewöhnlich. Die Nachforschungen des Tribunals sind geheim, aber langwierig. Sie müssen die Verzögerung nutzen, um alles zu verkaufen.Ich miete ein Schiff, oder ich lasse es mieten durch einen dritten. Ja, durch einen dritten, das ist besser. Dorthin schaffen wir Ihr Vermögen – denn auf Ihr Vermögen sind sie vor allem scharf. Und wir suchen uns, Sie und ich, unter einem anderen Himmel die Freiheit, unserm Gott zu dienen und unserm Gewissen zu folgen. In unserer gefährlichen Lage kommt es vor allem darauf an, nichts Unbedachtes zu tun. – Gesagt, getan. Das Schiff ist gemietet, mit Lebensmitteln und Matrosen versehn. Das Vermögen des Juden ist an Bord. Morgen, bei Sonnenaufgang, wollen sie Segel setzen. Sie können ruhig zu Abend essen, ruhig schlafen. In der Nacht steht der Renegat auf, nimmt des Juden Brieftasche, seinen Beutel, seine Juwelen, geht an Bord, und fort ist er. – Und Sie glauben jetzt, das ist alles? Denken Sie! Gut, Sie verstehen nichts davon! Ich, als man mir die Geschichte erzählte, erriet gleich, was ich Ihnen jetzt verschwiegen hab, um Ihren Scharfsinn zu prüfen. Nichts? – Sie haben gut dran getan, ein Ehrenmann zu sein; in unserer Branche wären Sie immer nur ein kleiner Gauner geworden. Bis jetzt ist auch der Renegat nicht mehr. Ein mieser Spitzbube, nicht eben ein Vorbild. Das Erhabene seiner Bosheit kommt erst jetzt: er selbst nämlich hat seinen guten Freund, den Juden denunziert. Die Heilige Inquisition reißt ihn noch in der gleichen Nacht aus dem Schlaf und macht ein paar Tage später ein hübsches Lustfeuerchen mit ihm. Also wurde der Renegat ruhiger Besitzer des Vermögens von einem, dessen Volk unseren Herrn und Heiland gekreuzigt hat.

ICH Ich weiß nicht, was mich mehr erschreckt, das Verbrechen Ihres Renegaten oder der Ton, in dem Sie davon sprechen.

ER Sehn Sie! Sehn Sie! Wie ich Ihnen gesagt hab! Das Schreckliche der Tat hebt Sie über die Verachtung weg. Deshalb bin ich auch so aufrichtig zu Ihnen. Sie sollten sehn, daß ich wenigstens ein Original in der Gosse bin.

Stellen Sie mich in eine Reihe unter die Gauner der Weltgeschichte, dann ruf ich: Vivat Mascarillus, forbum Imperator! Allons, lustig, Herr Philosoph! Chor!

Er singt ein Triumphlied, indem er Bläser, Oberstimmen und Instrumente imitiert.

Vivat Mascarillus, forbum Imperator!

ICH *wendet sich an die Zuschauer* Ich wußte nicht, sollte ich bleiben oder fortgehn. Die Gegenwart eines Menschen, der über ein abscheuliches Verbrechen wie ein Kenner über Malerei oder Poesie sprach, wurde mir allmählich unerträglich.

ER Was haben Sie? Fühlen Sie sich nicht wohl?

ICH Es geht vorbei.

ER Sie sehn aus wie von einem schlimmen Gedanken gepeinigt.

ICH Mag sein.

Rameau geht auf und ab, tänzelnd, pfeifend.

ICH Was machen Sie da?

ER Nichts.

ICH Das ist ermüdend.

Rameau pfeift weiter.

ICH Wie kommts, daß Sie ein so sichres Gefühl für die Schönheiten der Musik haben und zugleich so blind sind, was die Moral betrifft?

ER Offenbar, weils dafür ein Organ gibt, das ich nicht habe. Oder vielleicht habe ich immer mit guten Musikern, aber schlechten Menschen zusammengelebt, da ist mein Ohr fein, aber mein Herz taub geworden. Oder es könnte auch ein bißchen in der Familie liegen. Der väterliche Erbteil muß wohl hart und stumpf sein, das hat den ganzen Rest geprägt.

ICH Lieben Sie Ihr Kind?

ER Ob ich es liebe! Den kleinen Wilden! Verrückt bin ich mit ihm!

ICH Und Sie bemühen sich nicht ernsthaft, in ihm den verfluchten väterlichen Erbteil zu unterdrücken?

ER Das wäre, glaub ich, nutzlos. Ich tu da nichts; ich laß ihn kommen, ich prüf ihn. Er ist schon gefräßig, aufdringlich, faul, verlogen – also wird er wohl nicht aus der Art schlagen.

ICH Und Sie machen einen Musiker aus ihm, später, damit die Ähnlichkeit vollkommen ist?

ER Einen Musiker! Einen Musiker! Manchmal seh ich ihn zähneknirschend an und sag ihm, wenn du jemals eine Note liest, dreh ich dir den Hals um.

Ich Aber warum?

ER Weil es zu nichts führt!

ICH Es kann doch zu allem führen.

ER Ja, wenn man vorzüglich ist. Aber wer ist sicher, daß sein Sohn ein Wunderkind wird? 1000 zu eins wette ich, er wird nur ein miserabler Saitenzupfer wie ich.

ICH Ich denke, das genügt doch, um sein Glück zu machen, – das einzige, das Sie im Auge haben.

ER Natürlich! Geld! Geld! Geld ist alles! Und der Rest ohne Geld ist nichts! Mein Sohn soll sich nicht Flausen von schönen Maximen in den Kopf setzen, die er erst wieder vergessen müßt, damit er nicht betteln muß. Wenn ich einen Louisdor besitz, was nicht oft vorkommt, stell ich mich hin vor ihn, nehm das Geldstück aus der Tasche, zeig es ihm mit Bewunderung, die Augen zum Himmel! Ich küsse das Goldstück vor seinen Augen. Und damit er noch besser begreift, wie wichtig das heilige Stück ist, komm ich ins Stammeln, zeig ihm mit dem Finger alles, was man damit erwerben kann: ein hübsches Röckchen, ein hübsches Mützchen, ein süßes Stück Schokolade. Dann steck ich den Louisdor in meine Tasche, stolziere auf und nieder, heb die Rockschöße an, als könnte ich fliegen. So bring ich ihm bei: da sind die Moneten, und die machens.

ICH Besser gehts nicht! Aber wenn er nun, ganz durchdrungen von dem Wert des Louisdors, eines Tages . . .

ER Verstehe. Darüber muß man die Augen schließen. Es gibt ja auch kein moralisches Prinzip, das nicht seine ungute Seite hat. Wenns zum Schlimmsten kommt: eine böse Viertelstunde, und alles ist vorbei.

ICH Auch nach diesen nötigen und klugen Einsichten bestehe ich auf meiner Meinung: Ihr Sohn sollte Musiker werden. So kann er sich den Großen am raschesten nähern, ihren Lastern dienen und aus seinen eigenen Nutzen ziehn.

ER Ja. Aber ich habe Projekte, von denen versprech ich mir mehr. Ah – wenns nur ein Mädchen wär! Aber weil mans nicht bestimmen kann, muß man nehmen, was kommt, das beste draus machen. Nur nicht dem Kind, das in Paris leben muß, eine spartanische Erziehung geben! Die meisten machens so. Das ist, als ob die Väter auf das Unglück ihrer Kinder studiert hätten. Nennen Sie meine Erziehung schlecht, so ist die Gesellschaft schuld, nicht ich. Was gehts mich an. Ich will meinen Sohn glücklich, will sagen, reich und mächtig. Ich kenn ein wenig die Schleichwege, die dahin führen, und will sie ihm zur rechten Stunde zeigen. Wenn Sies Übel nehmen, Ihr andern, Ihr Weisen, – der Erfolg spricht mich frei. Er wird Geld haben, ich sags Ihnen. Und wenn er genug hat, wird ihm nichts fehlen – nicht mal Ihre Hochachtung.

ICH Da könnten Sie sich irren.

ER Oder er pfeift auf sie. Auch gut. Die meisten sind da unbekümmert.

ICH *wendet sich an die Zuschauer* Darin war nun viel von dem, was man allgemein denkt, wonach man wohl handelt, was man aber nicht ausspricht. Er bekannte sich zu seinen Lastern, die auch die Laster der andern sind, also war er kein Heuchler. Ich zitterte, was aus seinem Knaben werden sollte unter solch einem Meister.

ER Seinem Sohn die Laster beibringen, die zum Reichtum führen, das genügt nicht. Das wichtigste sind die Dissonanzen in der gesellschaftlichen Harmonie, die muß man anbringen können, vorbereiten, erhalten. Nichts ist so platt wie eine Folge vollkommener Akkorde. Da muß etwas sein, das sticht.

ICH Sehr gut. Durch den Vergleich führen Sie mich wieder zur Musik. Ich danke Ihnen: denn, um die Wahrheit zu sagen, ich schätze Sie als Musiker höher denn als Moralisten.

ER Dennoch bin ich in der Musik subaltern und sehr hoch in der Moral.

ICH Ich zweifle. Aber wenn es so wäre, ich bin ein Biedermann, und Ihre Grundsätze sind nicht die meinen.

ER Umso schlimmer für Sie! Ah, wenn ich Ihr Talent hätte!

ICH Lassen wir meine Talente, kommen wir zu Ihren.

ER Wenn ich mich ausdrücken könnte wie Sie! Aber ich rede so ein Kauderwelsch, halb wie Leute von Welt, halb wie vom Markt. Und Sie. Wieviel Talent vertan, weil Sie den Wert nicht kennen!

ICH Ich bekomme so viel an Wert zurück, als ich einzahle.

ER Wärs so, Sie hätten nicht den groben Rock da an!

ICH Es gibt Leute, für die ist Reichtum nicht das Höchste. Verrückte Leute.

ER Verrückt, ja. Mit dieser Verrücktheit wird man doch nicht geboren. Die legt man sich zu. Die ist doch nicht in der Natur.

ICH Des Menschen?

ER Des Menschen. Ich bin sicher, wenn ich meinen kleinen Wilden losließe, einfach so, – er wollte elegant gekleidet sein, gut essen, Liebkind bei den Leuten, Liebhaber der Frauen sein und alles Glück des Lebens in der Hand haben.

ICH Richtig. Wäre der kleine Wilde sich selbst überlassen, er drehte seinem Vater den Hals um und schliefe mit seiner Mutter.

ER Das beweist die Notwendigkeit einer guten Erziehung. Wer streitet die ab? Und was ist denn eine gute Erziehung: sie soll uns auf bequeme Weise alle Genüsse verschaffen, ohne Konflikte mit denen da oben.

ICH Fast stimme ich da mit Ihnen überein. Aber wir wollen dem nicht weiter nachgehn.

ER Warum nicht?

ICH Weil ich fürchte, unsere Übereinstimmung ist nur so obenhin.

ER Was tuts!

ICH Ich sage: lassen wir das. Lieber Rameau, sprechen wir von der Musik. Wie kommts, Sie können sich mit Leichtigkeit in die schönsten Stellen der großen Meister einfühlen, gebt sie mit dem Enthusiasmus, zu dem sie Sie inspirieren, wieder – und Sie haben dennoch nichts gemacht, das etwas wert ist.

ER Die Sterne! Die Sterne! Als die Natur Pergolesi machte, da lächelte sie. Ein ernstes und eindrucksvolles Gesicht machte sie, als sie meinen lieben Onkel Rameau formte, den man noch zehn Jahre den großen Rameau nennen wird und dann vergessen. Als sie aber seinen Neffen zusammenknetete, da schnitt sie eine Fratze, und wieder eine Fratze, und dann noch eine Fratze.

ICH *wendet sich an die Zuschauer* Darüber schnitt er die verschiedensten Gesichter, Verachtung war darin, Geringschätzung, Ironie. Er schien einen Klumpen Ton in den Händen zu halten und amüsierte sich über die lächerlichen Formen, die er ihm gab. Dann warf er ihn von sich und sagte . . .

ER So machte sie mich und warf mich neben die andern Hohlköpfe. Alle wollten sich totlachen, als sie mich sahen. Und ich stemmte die Fäuste in die Seiten und lachte mich auch zu Tode, als ich die sah. Ihr kennt doch das Sprichwort: Das Geld der Dummköpfe ist das Erbteil der Klugen. So fühlte ich gleich. Die Natur hatte mein legitimes Erbteil in die Geldbeutel der Dummen gelegt, und so versuchte ich tausend Tricks, es wieder an mich zu reißen.

ICH Die Tricks kenn ich, und habe sie bewundert. Aber bei so viel Talent, warum haben Sie nicht wenigstens versucht, etwas Würdiges zu schaffen?

ER Das ist, wie ein Weltmann zum Abbé Le Blanc sagte . . . der Abbé sagte: die Marquise von Pompadour nimmt mich bei der Hand und trägt mich bis an die Schwelle der Akademie; da zieht sie ihre Hand zurück. Ich fall und brech mir beide Beine. Der Weltmann antwortet: Abbé, da müssen Sie sich aufraffen und die Tür mit dem Kopf einstoßen! Der Abbé antwortet: Das hab ich auch versucht, aber wissen Sie, was mir davon geblieben ist? Eine Beule an der Stirn!

Er schlägt seinen Kopf mit der Faust.

Ich glaube manchmal, es ist doch drin. Aber ich kann schlagen, es kommt nichts heraus. Oder man will mir nicht antworten. – Bin ich allein, nehm ich die Feder, ich will schreiben. Ich zerbeiß mir die Nägel, reib die Stirn. Gehorsamster Diener! Guten Abend! Der Gott ist abwesend. Ich dachte, ich hätte Genie, aber am Ende der Zeile les ich, daß ich ein Dummkopf bin! Ein Dummkopf! Ein Dummkopf! Aber wie kann man sich auch erheben, wenn man mit solchen Leuten umgehn muß: Heute wars auf dem Boulevard sehr charmant . . . die junge Soundso ist mit Diamanten bedeckt, die sie wenig kosten. – Sie meinen, die sie viel kosten? – Aber nein! – Madame Dieunddie hat Zwillinge bekommen. Recht, dann erhält jeder Vater das seine . . .

ICH Sie sollten Wasser trinken und sich selbst suchen.

ER Und das so ins Ungewisse? Und den Namen, den ich trag? Rameau! Rameau heißen, das ist nicht angenehm! Es ist ja mit der Begabung nicht wie mit dem Adel, daß sie sich fortpflanzt und in aller Herrlichkeit wächst vom Großvater zum Vater, vom Vater zum Sohn, vom Sohn zum Enkel, ohne Verdienst. Mit dem Talent ists ganz anders: wenn man den Ruf des Vaters erhalten will, muß man geschickter sein als er; und das Genie geerbt haben. Das ist mir ausgeblieben. Aber die Hand ist geschickt, der Bogen geht und der Topf kocht: wenns nicht der Ruhm ist, so ist es Bouillon.

ICH Ich ließe mirs nicht nur gesagt sein. Ich würde es versuchen.

ER Ich war noch nicht vierzehn, da sagt ich mir zum erstenmal: Rameau, was hast du? Du träumst! Was träumst du? Du möchtest gern etwas gemacht haben – oder machen? – was die Welt bewundert. Gut so. Blas und beweg deine Finger. Schneid dir das Rohr zurecht, dann wirds eine Flöte. Alles mögliche ging mir durch den Kopf. Einmal wollt ich in eine Provinztruppe eintreten, gut oder schlecht, für die Bühne oder fürs Orchester. Dann wollt ich mich malen lassen, ein Bild, das man an der Stange umträgt, und ich hätt dazu meine Geschichte ausposaunt: da ist die Stadt, in der ist er geboren! Da ist der Abschied von seinem Vater, dem Herrn Apotheker! Da kommt er in die Hauptstadt und sucht die Wohnung seines Onkels! Da liegt er seinem Onkel zu Füßen, der jagt ihn aber fort! Und so weiter. Ich stand am andern Tag auf, entschlossen, ich wollt hin zu den Straßensängern. Und das hätt ich auch nicht schlecht gemacht. Wir hätten unter den Fenstern meines lieben Onkels konzertiert, der wär vor Wut geplatzt, aber ich fing was andres an.

Er spielt einen Mann, der die Geige hält und auf ihr Töne greift, dann im Übergang einen armen Mann, der schwach ist, die Knie schlottern ihm. Dann einen Sterbenden, der noch ein Stück Brot verlangt. Mit einer Bewegung des

Fingers gegen den halbgeöffneten Mund. Das versteht man. Man wirft mir einen Groschen zu, wir zanken uns darum, zu dritt, oder zu viert, Hungrige. Und dabei denkt einmal groß! Macht was Würdiges!

ICH Das ist schwer.

ER Hinab und hinab! So bin ich in das Haus da gefallen, wo ich Hahn im Korb war. So bin ich wieder verstoßen, muß wieder die Darmsaiten kratzen und die Bewegung mit dem Finger machen. So! Nichts ist beständig. Heute oben, morgen auf dem Rad unten!

Er ist in den Nebenraum gegangen, wo er mit einem Gast spricht.

Monsieur, ich bitt Sie, eine kleine Prise! Eine hübsche Dose haben Sie da! Sie sind Musiker? – Nein? Umso besser für Sie! Der Zufall wills, daß ich einer bin, ich. *Er kommt zurück.* Obwohls vielleicht auf Montmartre in einer Mühle einen Mühlknecht gibt, der hört sein Leben lang nichts als das Klappern seiner Mühle und hätte vielleicht die schönsten Melodien erfinden können! Rameau, zur Mühle! Zur Mühle! Da gehörst du hin!

ICH Die Natur stellt jeden an seinen Platz.

ER Trotzdem, das Durcheinander! Was mich betrifft, ich hab die hohe Warte nicht, von der herab alles gleich aussieht. Der Mann, der einen Baum mit der Schere stutzt, und die Raupe, die daran das Blatt frißt, von oben herab gesehn sind beide Insekten. Jeder tut das seine. Hocken Sie sich auf einen Planeten und teilen von da herunter das Geschlecht der Ameisen ein in schwarze, rote und weiße, oder die Menschengattung in Tischler, Zimmerleute, Dachdecker, Tänzer, Sänger – Ihre Sache! Da misch ich mich nicht ein. Ich bin in dieser Welt und bleibe darin. Aber wenns in der Natur ist, Hunger zu haben – ich komm wieder auf den Hunger zurück, weil der mich immer beschäftigt –, so denk ich, das ist keine gute Ordnung, die mir nicht immer etwas zu fressen gibt. Ein bedürftiger Mensch läuft nicht wie ein anderer. Er springt, er kriecht, er krümmt sich, er schleppt sich hin. Nicht wie ein anderer! Er bringt sein Leben damit zu, Positionen zu entdecken und auszuführen.

ICH Positionen?

ER Fragen Sie die Schauspieler. Und die Welt bringt im Original noch viel mehr hervor, als die Kunst nachahmen kann.

ICH Ah, nun steigen Sie doch auf den Planeten und teilen von oben herunter die verschiedenen Pantomimen der menschlichen Gattung ein.

ER Nein, nein, ich sags Ihnen. Ich bin zu plump, um mich aufzuschwingen. Das laß ich den Vögeln. Ich bleib an der Erde kleben. Da mach ich meine Pantomime und seh mit Vergnügen, wie sie die andern machen. Ich bin gut in der Kunst. Urteilen Sie selbst!

Er spielt den Beflissenen: Er ist aufmerksam auf alles; etwas fällt herunter, er hebt es auf; er rückt ein Kissen zurecht; er zieht die Vorhänge zu usw.

Das ist meine Pantomime.

ICH Aber nach Ihrer Rechnung gibt es viele Bettler in unsrer Welt. Und ich kenn niemand, der nicht ein bißchen in Ihrem Tanz mitmacht.

ER Da haben Sie recht. Es gibt im ganzen Königreich nur einen, der aufrecht geht: der König selbst. Der Rest macht Pantomime.

ICH Der König! Dazu wär noch was zu sagen: Glauben Sie nicht, da ist von Zeit zu Zeit ein kleines Füßchen, ein kleines Näschen, und er muß da ein bißchen Pantomime machen? Wer einen andern braucht, ist bedürftig und wird also zum Mimen. Der König vor seiner Mätresse und vor Gott. Der Minister spielt den Kriecher vor seinem König. Die Menge der Ehrgeizlinge tanzt ihre Pantomime auf hunderterlei Art, einer grotesker als der andere, vor dem Minister. Der vornehme Abbé mit Überschlag und langem Mantel macht wenigstens einmal in der Woche seine Pantomime vor dem, der ihm die Benefizien gibt. Was Sie die Pantomime der Bettler nennen, ist in Wahrheit das große Welttheater.

ER Das tröstet mich.

ICH Aber es gibt doch einen, den spreche ich frei von der Pantomime: den Philosophen, der nichts hat und nichts verlangt.

ER Wo ist denn das komische Tier? Wenn es nichts hat, leidet es.

ICH Nein. Diogenes spottet über alle Bedürfnisse.
ER Aber man muß bekleidet sein.
ICH Nein. Er ging nackt.
ER Manchmal wars kalt in Athen.
ICH Weniger als hier.
ER Man aß aber!
ICH Sicher.
ER Auf wessen Kosten?
ICH Der Natur. An wen wendet sich der Wilde? An die Erde, an die Tiere, an die Fische, Bäume, Kräuter, Wurzeln, Bäche.
ER Schlechte Tafel!
ICH Sie ist groß!
ER Aber schlecht serviert.
ICH Und dennoch trägt man sie ab, um unsern Tisch zu decken.
ER Aber Sie müssen doch zugeben, daß der Fleiß unserer Köche und Zuckerbäcker noch ein bißchen dazutut. Und dann hat Diogenes doch auch seine Pantomime gemacht, wenn nicht vor Perikles, dann sicher vor der hübschen Lais oder der hübschen Phryne.
ICH Da irren Sie sich wieder: andre mußten die Dame bezahlen, die sich ihm aus Vergnügen gab.
ER Aber wenns vorkam, daß die Dame belegt war und der Zyniker hatte es eilig?
ICH Er ging in sein Faß und fand sie entbehrlich.
ER Und das, meinen Sie, soll ich auch tun?
ICH Ich will verdammt sein, wenns nicht besser ist als sich zu prostituieren.
ER Aber ich brauche ein gutes Bett, einen warmen Rock im Winter, einen leichten im Sommer und noch so ein paar Dinge. Und die möchte ich lieber der Wohltätigkeit verdanken als meiner Arbeit.
ICH Weil Sie eine schmutzige Seele sind.
ER Das habe ich schon gesagt.
ICH Sicher haben die Dinge der Welt ihren Preis. Aber Sie verkennen den Wert des Opfers, das Sie bringen, um sie zu erlangen. Sie tanzen, Sie haben getanzt und werden die abscheuliche Pantomime immer weiter tanzen.
ER Es macht mir nichts aus, heut nicht, morgen nicht. Im-

merhin, ich seh aus dem, was Sie da sagen, daß meine kleine Frau so eine Art Philosoph war. Manchmal fehlte uns das Brot, wir hatten keinen Pfennig. Wir hatten allen Trödel versetzt. Ich hatte mich aufs Bett geworfen, ich zerschlug mir das Hirn, um einen Menschen zu finden, der mir einen Taler vorstreckt, den ich nicht zurückgebe. Sie dagegen ist munter wie ein Zeisig, setzt sich ans Klavier, singt und begleitet sich dazu. Eine Nachtigallenstimme! Schade, daß Sie sie nicht gehört haben. Wenn ich in einem Konzert spielte, nahm ich sie mit. Unterwegs sagte ich ihr: Allons, Madame, man soll Sie bewundern, zeigen Sie Talent, Ihren Charme, verführen Sie, seien Sie hinreißend! Wir kamen an, ich spielte, sie war hinreißend, sie verführte, sie zeigte ihren Charme. Außer ihrem Talent hatte sie noch ein Mündchen, gerade groß genug für den kleinen Finger, Zähne, eine Perlenkette, Augen, Haut, Wangen, Brüste, Rehfüßchen und Schenkel – zum Modellieren. Das war ein Gang, ein Hintern! Gott, was für ein Hintern!
Er geht auf und ab und ahmt den Gang einer koketten Frau nach.
Überall führte ich sie hin, in die Tuilerien, ins Palais Royal, auf die Boulevards. Morgens, wenn sie über die Straße ging; die Haare locker herunter, und das Jäckchen, so! Sie wären stehngeblieben, um ihr nachzusehen. Schlank, mit vier Fingern könnten Sie sie umspannen und berühren sie nicht. Wer ihr nachging und sie sah, die kleinen Füßchen immer voreinander, und sah ihren Hintern unter dem engen Rock – der ging schneller. Sie ließ sie heran, dann drehte sie sich plötzlich um und blitzte aus den zwei großen schwarzen Augen: da standen sie! Denn sie war von vorn nicht schlechter als von hinten. Aber sie ist fort, verloren, und alle meine Hoffnungen auf Glück mit ihr dahin! *Verzweifelt* Nein! Nein! Darüber komm ich nicht weg! Nie! – Früher oder später hätt ich sie an einen Bankier verschachern können! – – – So hab ich jetzt das Käppchen genommen.

ICH Aus Kummer?

ER Um meinen Klingelbeutel immer auf dem Kopf parat zu haben. *Er nimmt sein geistliches Käppchen ab und hält es wie ein Bettler hin. Diderot zögert, tut dann eine Münze hinein.* Ich muß in die Oper. Sehn Sie einmal auf die Uhr.

ICH Was wird gespielt?

ER Von einem Neuen. Es sind schöne Passagen in seiner Musik. Schade, daß sie nicht von ihm sind. Unter den Toten sind immer einige den Lebenden im Weg. Wenn auch! – Halb sechs. Leben Sie wohl, Herr Philosoph. Nicht wahr, ich bin immer derselbe?

ICH Ja, zum Unglück.

ER Lassen Sie mich das Unglück noch einige Jahre genießen. Der lacht gut, der zuletzt lacht.
Er geht tänzelnd hinaus.

Uraufführung: Städtische Bühnen Nürnberg/Fürth, 1963.
Regie: Rolf Lansky.

Bemerkung zur Übersetzung

Diderots Dialog *Rameaus Neffe* ist kein Theaterstück. Es waren, um ihn auf die Bühne zu bringen, einige Textumstellungen und größere Kürzungen notwendig. Vor allem mußte die Sprache den Bedingungen der Bühne angepaßt werden. Die bekannte Übersetzung Goethes, die in der Diktion der Klassik und nicht im Hinblick auf das Theater geschrieben ist, rückt den realistischen Vorgang von der Bühne ab. Das Deutsch der Goetheschen Übersetzung ist heute geschichtlich, die Sprache des französischen Originals hingegen hat kaum an Aktualität verloren. Die unterschiedliche Entwicklung und Wandlung beider Sprachen erlaubt und macht es geradezu notwendig, von einer im zwiefachen Sinne klassischen Übersetzung abzugehen. Es kam mir alles auf die gestische Genauigkeit, auf Unmittelbarkeit und auf das bühnenmäßige Sichtbarmachen des Gesprächs an; es sollte nicht Konversation bleiben. ICH und ER spielen einen Konflikt durch, dessen Aktualität in der damaligen Gesellschaft wie in der heutigen motiviert ist und den, so viel ich sehe, gesellschaftliche Veränderungen nicht lösen können. Er gehört zum Menschen. T. D.

Die Mohrin

Personen

AUCASSIN
NICOLETTE
BEAUCAIRE
VIZGRAF
CIRAGE
VALENCE
KARTHAGO
ZWEI SCHWARZE MINISTER
EIN SULTAN
KÖHLERVATER
SEINE BEIDEN SÖHNE
KRÄUTERJAKOB
FÖRSTER
EIN GRAF AUF DER JAGD
DREI DELPHINE
GASTON EIN BIEDERMANN
PIERRE EIN BIEDERMANN
HEIDI EIN STARLET
EINWOHNER VON TORELORE
(von den anderen Personen dargestellt)
ALTER DIENER
JUNGER DIENER
HERR UND FRAU B.
SOLDATEN

1

Eine ohrenbetäubend laute und plärrende Musik. Sie hört unerwartet auf. Zimmer.
Vizgraf und Nicolette.

VIZGRAF Du, sei dankbar. Wenn ich dich nicht aus Afrika mitgebracht hätte, damals warst du ein Baby, nicht einmal das, ein Deckenbündel, mit Lederriemen verschnürt, nur der Geruch menschlich, – du hättest heute nicht teil an der Gnade unseres Herrn Jesus Christus, –

NICOLETTE Amen.

VIZGRAF – sondern wärst ein schmutziges Heidenkind, unbekleidet, schwarzfüßig, freßgierig. Denn die Heiden, das kannst du noch nicht wissen, fressen viel. Später wärst du verheiratet worden, dann verprügelt, dann geschlachtet. So aber, weil ich dich aus Menschlichkeit mitgenommen habe, weil du geschrien hast, und weil wir die Stadt abgebrannt, die Einwohner erschlagen hatten und weil überhaupt dort Verhältnisse herrschten wie nur in einem barbarischen Land, durftest du hierzulande eine höhere Schulbildung genießen, lerntest Tischmanieren, das Vaterunser, Kochen, etwas Latein und unser geliebtes Altfranzösisch, kennst dich in den wichtigsten moralischen Prinzipien aus. So naht der Augenblick, in dem dich die Liebe zu einem Manne entflammen wird.

NICOLETTE Nie!

VIZGRAF Rede nicht dauernd dazwischen. Du wirst, weil du eine höhere Bildung genossen hast, natürlich mit der Liebesempfindung in der rechten Weise umgehen: keusch sein, also nicht gleich ins Bett springen, wenn es gemacht ist. Bescheiden sein: nicht mehr von einem Mann verlangen als seine Hand. Du wirst bestimmte Interessen vortäuschen, etwa Numismatik, – o, die Numismatik! Sie bildet den Menschen. Man lernt die Eigentümlichkeit von Land und Leuten kennen –, aber natürlich nur, wie es einer Frau geziemt, um dem Mann zu gefallen, nicht aus eigenem Vergnügen an der Sache. Kurz, deine Aufgabe als gebildete Europäerin wird es sein, nicht deine Empfindungen zu entfalten, sondern die des Mannes zu wecken. Über die wirtschaftlich – sozialen – kulturellen Hintergründe brauchst du dir keine Gedanken zu machen, darum kümmre ich mich selbst. Die Person, um die es sich handelt, werde ich dir jetzt nennen. Komm näher, es ist politisch.

NICOLETTE Ich liebe bereits.

VIZGRAF Voreiliges Kind! Wer ist es?

NICOLETTE *zeigt ihre Puppe* Jeannot.

VIZGRAF Den liebst du?

NICOLETTE Sehr! Ich will sterben für ihn!

VIZGRAF Gib her! *Er nimmt ihr die Puppe ab, zerbricht sie, wirft sie fort* Er heißt Aucassin.

NICOLETTE *weint heftig* Mein armer Jeannot! *Sie hebt den Puppenkopf auf, faßt sich* Aber Aucassin? Der hat auch so eine Mütze?

2

Saal. Der alte Beaucaire sitzt auf einem Thronsessel, neben ihm der Vizgraf. Der Graf von Valence kommt herein, gefolgt von drei Leuten, die große Bilder tragen und nebeneinander aufstellen. Es sind die Portraits seiner häßlichen Schwestern.

BEAUCAIRE Jetzt soll der Graf Bougars von Valence sprechen. Ich bin überzeugt, er hat sich vorbereitet. Sie hatten einen guten Weg?

VALENCE Staubig.

BEAUCAIRE Aber das Land reich, fruchtbar, die Teiche dick von Fischen! Überall liegen die Bauern im Heu und vermehren sich! Was, Vizgraf?

VIZGRAF Ein besonders glückliches Land!

BEAUCAIRE Aber der Graf von Valence will wohl einen Vorschlag machen?

VALENCE Er betrifft die leidige Frage der Grenzziehung zwischen Ihrem Land und meinem, verbunden mit den agrarpolitischen, geopolitischen und finanzpolitischen Problemen beider Länder.

BEAUCAIRE Er meint, er hat Schulden?

VALENCE Ich schlage vor, wir machen beide Länder zu einem.

BEAUCAIRE Ein guter Vorschlag, es soll Beaucaire heißen.

VALENCE Weder Beaucaire noch Valence. Wir könnten uns darüber einigen, sobald Ihr Sohn an einer meiner Schwestern Gefallen gefunden hat.

BEAUCAIRE Eine großartige Idee, wie, Vizgraf? Was macht mein Sohn?

VIZGRAF Er sammelt Münzen.

BEAUCAIRE Kinderei! Ich muß mich um ihn kümmern. – Graf Valence, wann sind Sie auf die großartige Idee gekommen?

VALENCE Mein Vater hatte sie. Einmal vor sechsunddreißig Jahren *zeigt das erste Bild,* einmal vor zweiunddreißig Jahren *zeigt das zweite Bild,* einmal vor dreizehn. *Zeigt das dritte Bild: eine Göre.*

BEAUCAIRE Vor zweiunddreißig und dreizehn Jahren, und dazwischen, Valence, hat er vergessen, darauf zu denken?

VALENCE Da gab es den berühmten Krieg, der in die Geschichtsbücher eingegangen ist.

BEAUCAIRE Richtig! Das war auch eine vortreffliche Art zu denken. Da haben sich viele Leute die Köpfe zerbrochen.

VIZGRAF Es kam aber nichts heraus.

BEAUCAIRE Zeig einmal!
Die Bilder werden vorgeführt Unsere Wälder, Kuhherden und Fischteiche, wirklich, da sind Probleme. Sie meinen, wir lösen sie auf diese Weise?

VALENCE Ich wette drei gegen einen, Beaucaire.

BEAUCAIRE Das will heißen: Sohn, Gürtel und Augen zu, du wirst Politiker! Ob er daran Geschmack findet? *Er betrachtet die Bilder.*

VIZGRAF Nämlich er ist sonderbarer Gemütsart.

BEAUCAIRE Gemütsart hin und her, Vizgraf, du ärgerst mich.

VALENCE *führt das erste Bild vor* Meine Schwester Anna, die Strickerin. Sie hat ihren Namen bekommen, weil sie aus Fürsorge für den Winter das übrige Jahr mit Stricken verbringt, auch alle Damen im Haus dazu anhält. Wir könnten eine Industrie mit ihren Pullovern und Wollhosen gründen, nur fehlt es uns an den Schafen. Darum, Beaucaire, wäre es ökonomisch gedacht, wenn Ihr Land mit dem unseren zusammengeschlossen würde.

BEAUCAIRE Nicht übel. Holt mir einmal den Aucassin!

– *Zeigt auf das zweite Bild* Die?

VALENCE Helene, das Pinselchen, Sauberkeit geht ihr über alles.

BEAUCAIRE Eine schöne ökonomische Tugend.

VALENCE Sie kann kein Krümelchen im Bett liegen sehn, sie fegt es weg. Sie verwendet in ihrer Unterhaltung mit Vorliebe Worte wie reinen Tisch machen, eine saubere Sache, wegputzen, reinen Wein einschenken, und sieht bei neuen Bekanntschaften nicht wie manche Ärzte in die Augen, sondern auf die Schuhe, um zu sehen, wie das Herz ist.

BEAUCAIRE *besieht seine Schuhe, alles besehn ihre Schuhe, peinliches Schweigen. Dann sagt er* Eine Grenzbereinigung wäre auf jeden Fall wünschenswert. Wo steckt denn mein Sohn?

VIZGRAF Er ist noch ziemlich jung.

BEAUCAIRE Mach mich ärgerlich, Vizgraf! *Zeigt auf das dritte Bild* Die da?

VALENCE Hedwiga, die Rohrflöte, sie singt alle Volkslieder, auch Kunstlieder und Schlager unseres Landes mit angenehmster Stimme, Liebeslieder vor allem; und sie macht, wenn sie von einem Mann spricht, vor diesem Wort immer eine Pause, weil sie das Wörtchen Ehe hinzudenkt. Zumal sie die älteste ist, wäre sie für eine Vereinigung unserer Länder vorzüglich geeignet.

BEAUCAIRE Einleuchtend. Die natürliche Annäherung ist die beste. Ohne Umschweife ins Bett und vereint! Warum wird mein Sohn Aucassin nicht geholt, Vizgraf!

VIZGRAF *gibt einen Wink* Aucassin! *Man läuft und ruft.*

AUCASSIN *kriecht unter dem Thron vor, er sieht zerzaust aus* Die gefällt mir nicht. – Die auch nicht. – Die auch nicht! –

VIZGRAF Der junge Herr ist jetzt anwesend.

BEAUCAIRE Wie siehst du aus? Die Haare! Die Hände nicht gewaschen! Faß die Bilder nicht an! Es sind die Schwestern dieses Herrn – verbeug dich! – und du wirst dich an eine dieser ehrenwerten Damen gewöhnen müssen, denn sie wird dir ins Bett gelegt.

VIZGRAF Politisch.

AUCASSIN Und sauber? Keinen Staub läßt sie, in den ich

Gesichter schreiben kann? Ihre Haut so sauber, ich kann keine Dreckröllchen herunterreiben? So sauber?

VALENCE Das ist eine Taktlosigkeit – *Er will sein Schwert ziehen.*

BEAUCAIRE Sachte, Valence! Wenn ichs recht sehe, bieten Sie tatsächlich nicht die erste Garnitur. Aber die Politik. Hier sind noch zwei andere, Sohn!

AUCASSIN Die da? Anna? O Wolle, Wolle, Wolle, es gibt nichts Schlimmeres als Wolle! Da liege ich lieber im Ameisenhaufen als in Ihren Wollsachen, Fräulein Anna!

VALENCE *zieht* Flegel!

AUCASSIN Aber die dritte! Hedwiga gefällt mir! Haben Sie schön gebetet? Wir wollen zu Bett! Ziehn Sie ihren schwarzen Wollstrumpf aus, Madame, machen Sie den Mund zu! Unter die Decke! So. So. So. Wir wollen ... es wäre schön ... wir sollten ... ich will Ihnen ein paar römische Münzen zeigen, die ich gesammelt habe. Warum hören Sie nicht auf zu singen! Jetzt wollen wir ... *zu den Umstehenden* Zürnen Sie wie Sie wollen, aber ich weiß mit ihr nicht weiter. – Gute Nacht, Mädchen! *Er schlüpft unter dem Bild durch.*

VALENCE Das bedeutet Krieg!

Er schlägt zu, aber Aucassin entschlüpft ihm, Valence zerschlägt das Bild. Aucassin springt hinter das andere.

BEAUCAIRE *aufspringend* Krieg! Das wetzt den Blick, macht Appetit! Wir wollen ein Beefsteack essen! Ich breche die Verhandlung ab!

AUCASSIN *zu Valence, der wild zuschlägt* Geben Sie acht auf Ihre vergilbten Schwestern, Herr.

VALENCE *sticht durch die zweite, um Aucassin zu treffen* Daß du sie mit deinen Schmutzfingern nicht anlangst!

AUCASSIN *stößt mit dem Kopf von hinten durch das dritte Bild* Sie hätten gern einen Mann! Die armen Schwestern!

VALENCE In Beaucaire wird es bald keinen mehr geben! Wir sehn uns auf dem Feld, morgen!

Ab mit seinen Leuten, hinter Aucassin her, der aus der Tür rennt.

BEAUCAIRE *reibt sich die Hände* Auf dem Schlachtfeld, dem Rummelplatz! – – Aber er ist ein Kalbskopf, mein Sohn. Ich muß mit ihm reden, Vizgraf.

VIZGRAF Aucassin!

AUCASSIN *kommt durch die Tür, hinter der er sich versteckt hat, zurück* Vater? Ich gehe jetzt wieder in den Garten.

BEAUCAIRE Blumen pflücken? Nichts da! Vizgraf, er soll ein Schwert kriegen! Um sich haun! Und ein Pferd unter den Arsch.

AUCASSIN Da fall ich runter!

BEAUCAIRE Dann laß ihn festbinden, Vizgraf! Die Füße unter dem Bauch zusammen! Aber er soll reiten! – Wir haben einen Krieg vor der Tür, mein Sohn, da gehn die Blumen kaputt. Freu dich! Mir zuckts in den Fingern! Gib ihm ein Schwert, Vizgraf!

Vizgraf winkt, Aucassin bekommt ein Schwert.

Hau zu, mein Sohn!

AUCASSIN Das gefällt mir nicht.

BEAUCAIRE Du sollst zuhaun! *Aucassin kann mit dem Schwert nicht umgehn* Ich schick dir einen türkischen Fechtmeister, mein Sohn, der soll dirs beibringen, bis du ihn mitten durchhaust. Und kämm dir die Haare! Es gibt Krieg!

Aucassin reitet auf seinem großen Schwert ab.

BEAUCAIRE Was macht er so den ganzen Tag?

VIZGRAF Die Numismatik beschäftigt ihn.

BEAUCAIRE Vizgraf, du ärgerst mich. – Nichts mit Frauen?

VIZGRAF Nichts, nichts.

BEAUCAIRE Und so kritisch mit den Schwestern vom Valence? Vizgraf, da ist was dahinter, ich wills wissen. Er hat Ideale aus Fleisch. *Für sich* Nach dem Beefsteack geh ich in den Garten. Ich will mich hinter den Busch setzen – *zum Vizgraf* Laß Waffen ausgeben! Und Wein! Und Sprichwörter! Trommel dazu! Die Scherenschleifer kriegen Arbeit! – Mein Sohn, Vizgraf, muß ein Mann werden!

Ab.

3

Garten. Büsche. Bank.

AUCASSIN *kommt mit einem Kasten, setzt sich auf die Bank. Er öffnet den Kasten und nimmt Münzen heraus* Alexander wollte nach Indien und ließ eine Münze davon prägen.

– Alexander – die Palme, Alexander *er dreht die Münze* Nach Indien bist du nicht gekommen, das war auf der andern Seite. Aber die Münze: gedreht, gewendet, jahrhundertelang. Und der fromme Papst Sylvester hatte eine Vision von der Jungfrau, rund, schön, glatt in der Tasche. Souvenir, Souvenir. Und die kleine Münze da – Diokletian – Wechselgeld beim Weinhändler, Lohn für den Briefträger – Diokletian, in die Sparbüchse getan, verwettet, verschenkt – Diokletian, alles mit ihm, alles durch ihn: das heißt doch herrschen im Volk! Berühmt sein! Aucassin – stünd das hier, und mein Bild darauf! Aber wenn ich eine Münze machen wollte, – das ist so ein Gedanke! Zur Hochzeit! Oder wenn ich ein Mann bin? Oder? Ich würde mich abbilden, so, mit der Münze in der Hand, und auf dieser Münze wäre wieder ich mit der Münze und auf der Münze wieder, und wieder, und wieder – bis mein Kopf ein Punkt ist.

Er nimmt Münzen aus dem Kasten und versinkt in Betrachtung. Nicolette kommt, betrachtet Aucassin eine zeitlang, überlegt, verschwindet, kommt mit einem Paravent wieder. Den stellt sie vor dem Waschkübel auf. Sie schickt sich an, ein Bad zu nehmen. Sie zieht ihre Schuhe aus. Da Aucassin sie nicht bemerkt, stößt sie plötzlich einen spitzen, erschrokkenen Schrei aus, Aucassin bemerkt sie noch immer nicht.

NICOLETTE Wie haben Sie mich erschreckt!

AUCASSIN *bemerkt sie, schreckt auf.*

NICOLETTE Rühren Sie sich nicht von der Stelle!

AUCASSIN Aber ich wollte nur . . .

Er betrachtet wieder Münzen.

NICOLETTE *ärgerlich über den Mißerfolg* Wie heißen Sie eigentlich?

AUCASSIN Aucassin.

NICOLETTE Ich Nicolette.

AUCASSIN *schweigt.*

NICOLETTE Nicolette und Aucassin, das klingt schön. Oder Aucassin und Nicolette. Warum haben Sie keine Mütze auf?

AUCASSIN Eine Mütze?

NICOLETTE Ja, – so eine!

AUCASSIN Niemand trägt so eine Mütze.

NICOLETTE *weint vor Zorn* So eine Gemeinheit! Sie sind ein gemeiner Betrüger!

AUCASSIN Ich verstehe nicht, was Sie meinen.
Er wendet sich seinen Münzen zu.

NICOLETTE Was denken Sie?

AUCASSIN An einen Krieg. An drei Schwestern. An eine Münze.

NICOLETTE Sie sind gar nicht modern.

AUCASSIN Was meinen Sie damit?

NICOLETTE Modern ist eben anders.

AUCASSIN Ich weiß nicht.

NICOLETTE Sein Sie doch nicht gleich beleidigt, dafür kann man Ihnen wenigstens ruhig die Kleider anvertrauen.

AUCASSIN Ja.

NICOLETTE Das ist auch was wert.

AUCASSIN Ja.

NICOLETTE Ich meine: meine Kleider. Ich will mich nämlich ausziehn.

AUCASSIN Ja.

NICOLETTE *ärgerlich, weil Aucassin sich nicht um sie kümmert* Wissen Sie, was eine Dame alles anhat?

AUCASSIN Nein.

NICOLETTE Weil ich es ausziehen werde! Zuerst das Kleid, dann den grünen Unterrock und dann die Strümpfe. Lange Strümpfe! Müssen Sie abends auch immer alles ordentlich auf einen Stuhl legen? *Da Aucassin nicht hinsieht, ruft sie wütend* Und dann ... *Sie geht zu ihm hin* Was machen Sie denn da? Sind das Käfer?

VIZGRAF *taucht hinter einem Busch auf, wo er gehorcht hat, und gibt Nicolette ein Zeichen: Das sind Münzen! – und versteckt sich wieder.*

AUCASSIN Münzen.

NICOLETTE Gerade hab ich es auch bemerkt. Das ist aber interessant.

AUCASSIN *erfreut* Das interessiert Sie?

NICOLETTE Brennend. Die Numismatik hat mich immer brennend interessiert.

AUCASSIN Wirklich?

NICOLETTE *kommt ihm ganz nah* Die Numismatik bildet den Menschen.

AUCASSIN Das finde ich blöd.

NICOLETTE Man lernt Land und Leute kennen.

AUCASSIN Land? Leute? Was ist das?

NICOLETTE Sie verstehn auch gar nichts!

AUCASSIN *zeigt eine Münze* Das ist Alexander.

NICOLETTE Ich möchte auch auf einer Münze abgebildet sein.

AUCASSIN Du?

NICOLETTE Ja, damit mich alle Leute in der Hand reiben und küssen.

AUCASSAIN *zeigt ihr eine andere Münze* Das sind Romulus und Remus.

NICOLETTE Oder wir könnten beide auf einer Münze sein: Aucassin und Nicolette.

AUCASSIN *zeigt unbeirrt eine andere Münze* Der heilige Bonifatius.

NICOLETTE *stößt, wie aus Versehen, den Kasten um* Gott, jetzt sind sie heruntergefallen!

Aucassin und Nicolette sammeln die Münzen auf und tun sie wieder in den Kasten.

NICOLETTE Wie muß ich sein, damit ich auf eine Münze komme?

AUCASSIN Du mußt zum Beispiel für eine sehr gute Sache kämpfen.

NICOLETTE Schön, das will ich! Ich will die alten Leute verbrennen lassen.

AUCASSIN Oder du mußt alles verschenken, was du hast, wie die heilige Notburga.

NICOLETTE Schön, das mach ich! Bis auf den gelben Hut.

AUCASSIN Oder du mußt zu den Armen gehen.

NICOLETTE Das ist dein Ernst? Die sind doch häßlich! Ich hab mirs überlegt, ich will doch nicht auf eine Münze.

AUCASSIN Sind die denn nicht schön?

NICOLETTE Das ist Schwindel. Ich glaub nicht, daß ein einziger von denen da wirklich so was getan hat.

AUCASSIN Wie denn? Du meinst, die haben nur gedacht, wie sie gut leben, sonst nichts? *Er steigt auf die Bank* Keine Ideale? Keine Lust zu töten, zu sterben für eine Sache? Kein Reich gegründet? Keine Heiden bekehrt? Keine Reisen gemacht nach Indien, Ägypten? Nicht gekämpft, damit alles besser wird?

NICOLETTE Ich steig jetzt in die Badewanne.

AUCASSIN Du weißt nichts!

NICOLETTE *zieht sich aus* Hilf mir, das Kleid!

AUCASSIN Nichts, das ist schade. Und ich, wenn ichs bedenke, weiß auch nichts. *Er steigt von der Bank.*

NICOLETTE *das Kleid überm Kopf* Ich ersticke!

BEAUCAIRE *steht hinter einem Busch auf, sieht zu Nicolette hinüber, die, das Kleid über dem Kopf, halb ausgezogen dasteht, während Aucassin noch immer bei seinen Münzen in Gedanken versunken steht.*

BEAUCAIRE Luder! *Er versteckt sich wieder.*

NICOLETTE Sehn Sie denn nicht, daß ich in einer peinlichen Lage bin? Ich ersticke!

AUCASSIN Gleich! Gleich! *Er schließt den Kasten ab.*

NICOLETTE Schnell! Kein Mann darf eine Dame in solch einer Situation allein lassen.

AUCASSIN *zu ihr* Wo hängt es?

NICOLETTE *Kopf im Kleid* Da! Da!

AUCASSIN *arglos* Da?

NICOLETTE Nein, da nicht! Da!

AUCASSIN Da?

NICOLETTE Da! Du Trottel! Der Knopf ist nicht auf! Da hängts! Machen Sie doch den Knopf auf!

AUCASSIN Den?

NICOLETTE Ja, den! Schnell, ich ersticke!

AUCASSIN *öffnet den Knopf.*

NICOLETTE Gott sei Dank!

AUCASSIN *hält den Knopf und das Kleid fest.*

NICOLETTE Nun lassen Sie doch los!

AUCASSIN Der Knopf! Der Knopf!
Reißt den Knopf ab.

NICOLETTE Sind Sie verrückt geworden?

AUCASSIN *plötzlich gierig* Und den andern Knopf, den!

NICOLETTE Lassen Sie mich los! Was fällt Ihnen ein! Meine Knöpfe! Das gehört sich nicht!
Der alte Beaucaire taucht wieder hinter dem Busch auf, hinter dem anderen Busch der Vizgraf. Beide bemerken einander und machen entsprechende Gebärden, Vizgraf: ich bedaure ... Beaucaire: sieh mal an, deine Tochter also ...!

AUCASSIN *in hemmungsloser Gier* Die andern Knöpfe! Noch mehr? Alle? Da! Und den noch! *Er reißt Nicolette das Mieder vom Leib* Das ist eine! Die da! Wunderbar! Wer hat die hingenäht?

NICOLETTE Er ist total verrückt geworden! Hilfe! Er ist verrückt geworden!

AUCASSIN Karthagische Münzen!

Er reißt ihr, um die Münzen zu bekommen, die Kleider vom Leib.

BEAUCAIRE *springt hinter dem Busch auf* Sieh hin, Vizgraf, deine Tochter!

VIZGRAF *springt ebenfalls hinter seinem Busch auf* Nicht meine Tochter! Pflegetochter!

BEAUCAIRE Aber eine Hexe! Ein Wachsgesicht hab ich von Sohn und macht das! Will springen auf einmal! – Wache! – Sie hats gemacht! Die Hexe da! Ich spürs selbst in meinen Knochen, wie sies macht! Die muß ins Loch, Vizgraf! Wache! *Wache kommt.* Festhalten! An den Armen, und die auf den Rücken, und fest!

Die Soldaten packen Nicolette.

VIZGRAF Etwas sanfter!

NICOLETTE *beißt einen Soldaten, der schreit auf* Ich hab einen Giftzahn!

BEAUCAIRE Beißt und ist kein Tier? Das muß fort! Es hat die Tollwut! Seht nur meinen Sohn an! Das Gesicht! Die Zunge aus dem Maul! Ich kenn ihn nicht wieder! Das ist die Hexe! Das ist nicht natürlich!

NICOLETTE Aucassin! Sag, was hier war!

AUCASSIN *starrt sie an.*

BEAUCAIRE Verhext, verhext!

NICOLETTE Das möcht ich wissen, was ihn verhext hat! Ich bins nicht. Aucassin, sag, ich bins nicht!

VIZGRAF Kind, sei still jetzt. Es wird sich klären.

BEAUCAIRE Schlimm, Vizgraf!

VIZGRAF Sie ist in dem Alter.

BEAUCAIRE Alter hin und her, das ärgert mich. Schafft sie weg!

Nicolette wird von den Soldaten weggeschleift.

NICOLETTE Aucassin, red doch ein Wort! Stehst da! Die Zunge streck ich dir raus! Pah! *Sie spuckt nach ihm*

Schade, so weit gehts nicht. *Spuckt wieder* Komm doch näher! Traust dich nicht! Traust dich nichts sagen, und die schleifen mich fort! Komm näher! So! *Aucassin geht einen Schritt auf sie zu. Sie spuckt* So! Da! Jetzt hast dus! Daran denk!
Sie wird weggezogen.

BEAUCAIRE Sohn, da hast dus mit einer Hexe, und der Krieg braucht dich. Ich hol den Fechtmeister.

AUCASSIN *steht immer noch wie versteinert und sieht der schimpfenden Nicolette nach.* Wunderbar!

BEAUCAIRE Hexerei und basta! Ins Loch! Steine drauf! *Er will gehn.*

AUCASSIN *hinter seinem Vater her* Halt, Vater! Einen Augenblick!

BEAUCAIRE Wie, Sohn? Du hast die Sprache wieder? Weißt, was Vater heißt? Was Krieg heißt?

VIZGRAF Ja, er spricht.

AUCASSIN Ich will einen Vertrag mit Ihnen machen.

BEAUCAIRE Einen Vertrag! Klingt das gut, Vizgraf? Daß ich mirs anhör?

AUCASSIN Ich muß sie wiedersehn.

BEAUCAIRE Wen?

AUCASSIN Nicolette.

BEAUCAIRE Wer ist das? Vizgraf, wer ist das? Schnell. Sohn, wir haben Arbeit, der Krieg.

AUCASSIN Ich will einen Vertrag machen: Ich mach den Krieg mit . . .

BEAUCAIRE Klingt gut, er macht mit. Er wird ein Mann.

AUCASSIN Zieh auch alles an, Helm, Handschuh, Schwert, wenn Sie wollen, unter der einen Bedingung . . .

BEAUCAIRE Bedingungen stellt er seinem Vater, Vizgraf!

AUCASSIN . . . daß Sie mich, wenn ich als Sieger zurückkehre, Nicolette sehn lassen, nur ein paar Worte mit ihr sprechen, sie einmal küssen.

BEAUCAIRE Die Hexe?

VIZGRAF Der Feind läuft in der Überzahl heran. Dreitausend Mann zu Fuß, vom Norden herunter. Im Westen die Reiter. Der Valence führt sie persönlich. Wir aber, leider . . .

BEAUCAIRE Gut. Ich sags zu.

AUCASSIN Das haben Sie gehört, Vizgraf? Gärtner, das haben Sie gehört?

Gärtner kommt hinter einem Busch vor, wo er gelauscht hat

Und der Busch da, hat es auch gehört?

Er schlägt auf den Busch, dahinter springt die dicke schwarze Cirage auf und fort.

Und die Hecke, der Busch? Der Busch?

Er schlägt in Hecke und Büsche, da laufen die zwei Diener, der alte und der junge, davon.

Alle haben es gehört und tragen es weiter: mein Vater hat zugesagt!

BEAUCAIRE *humpelt ab* Ja, ja ja ja ja ja.

AUCASSIN *steht da und übt einen Schlachtruf* Nicolette! In den Hals gestochen! Nicolette! Zugeschlagen! Nicolette! Nicolette!

Er verwüstet das Blumenbeet.

4

Hohe Mauer. Oben humpelt der alte Beaucaire heran, hinter ihm der Vizgraf.

BEAUCAIRE Hierher! Wenn ich da hinüber seh, seh ich den Feind, ja?

VIZGRAF *setzt sich die Brille auf* Noch nicht, er muß erst über den Hügel kommen!

BEAUCAIRE Der verdammte Hügel! Wie der stört! Und die unsern?

VIZGRAF Sind um das Waldstück herumgezogen, gemäß unserer Strategie.

BEAUCAIRE Freuen sich auf den Kampf? Singen? Gib mir die Brille!

VIZGRAF *ruft* Die Brille!

BEAUCAIRE Das wird ein schöner, blutiger Tag! Gib mir mein Schwert in die Hand! *Man gibt ihm das Schwert und die Brille.*

Und einen Sessel!

Man trägt einen Sessel herein, in dem er sich, das Schwert in der Hand, ächzend niedersetzt.

So. Wie sieht es aus?

VIZGRAF Jetzt haben sie das Dorf in Brand gesteckt!
BEAUCAIRE Schön! Grausam! – Und die unsern?
VIZGRAF Rächen sich! – Schlachten zwanzig Gefangene!
BEAUCAIRE *fuchtelt mit dem Schwert* Krieg! Krieg! Aber ich seh nichts, schade, schade! Meine alten Augen sind ausgebrannte Kohlen.
VIZGRAF Jetzt kommen die vom Valence über den Hügel, schwärmen aus! Eine Vorhut der unsern bemerkt sie.
BEAUCAIRE Meine Augen! Ich kann sie aufreißen, aber ich seh nichts!
VIZGRAF Gleich geraten sie aufeinander!
BEAUCAIRE Den Trommler her! Vizgraf, den Trommler! Ich wills wenigstens hören! Und den Pfeifer dazu! – Fiel schon einer tot hin?
VIZGRAF Noch nicht. Da seh ich Aucassin, er reitet hinter den anderen.
BEAUCAIRE Er soll vor den andern reiten! Vorwärts! Schlägt er schon um sich?
VIZGRAF Er hält sich am Pferdhals fest.
BEAUCAIRE Den Lehrer, ders ihm beigebracht, laß ich hängen!
VIZGRAF Hier sind Pfeifer und Trommler.
Pfeifer und Trommler sind aufgetreten.
BEAUCAIRE Schnell , stellt euch hier her, du da, du auf der andern Seite, und paßt pestilenzialisch auf. Fällt einer von den Unsern, bläst du deine Pfeife.
PFEIFER *bläst.*
BEAUCAIRE Aber leise. Die Seele fährt zart in den Himmel, ein Wind! Und du, wenn du einen Feind stürzen siehst, haust auf die Trommel.
TROMMLER *schlägt einmal auf die Trommel.*
BEAUCAIRE Schwächling! So schlägt man! *Er schlägt selbst heftig auf die Trommel* So! So! So!
PFEIFER *pfeift.*
VIZGRAF Stimmt, da seh ich einen fallen.
BEAUCAIRE Und Aucassin?
VIZGRAF Reitet nach vorn!
PFEIFER *bläst.*
TROMMLER *schlägt einmal.*
PFEIFER *pfeift einmal.*

TROMMLER *schlägt viermal.*
BEAUCAIRE Die fallen um! Wir gewinnen! Wir haben gewonnen!
PFEIFER *pfeift fünfmal.*
BEAUCAIRE Lauter die Trommel! Ich hör sie nicht!
VIZGRAF Das war erst die Vorhut. Jetzt rennen sie übers freie Feld. Sie schießen Pfeile ab.
BEAUCAIRE Die unsern?
VIZGRAF In den stürmenden Haufen!
PFEIFER *pfeift vielemale.*
VIZGRAF Die andern haben geschossen!
BEAUCAIRE Und Aucassin?
VIZGRAF Reitet weiter.
Pfeifen und Trommeln.
Mitten in das Getümmel.
BEAUCAIRE Schlägt um sich?
VIZGRAF Hält sich am Pferd fest.
BEAUCAIRE *schreit gegen das Pfeifen und Trommeln* Er soll schlagen! Meine Pest von einem Sohn! Wer gewinnt?
Es wird heftig ans Tor geschlagen.
VIZGRAF Die Unsern klopfen ans Tor, sie wollen herein.
BEAUCAIRE Pech! Kochendes Wasser! Steine! Unrat! *Es wird gegossen.*
PFEIFER *pfeift einen sehr langen Ton.*
BEAUCAIRE *wütend* Lassen sich totmachen wie Mäuse. Hör auf zu pfeifen! Ich kanns nicht hören!
VIZGRAF Hört auf zu schütten!
Pfeifen hört auf.
BEAUCAIRE Aucassin?
VIZGRAF Mitten in den Feind geritten! Dort drüben!
BEAUCAIRE Schlägt um sich?
VIZGRAF Hält sich am Pferd fest. Jetzt haben sie ihn gefangen! Vom Sattel gerissen! Schleifen ihn weg! Hierher!
BEAUCAIRE *sieht weg* Ich seh ihn nicht, seh ihn nicht! Oh, wie blind sind meine Augen! Was machen die Unsern?
VIZGRAF Sammeln sich. Vögel sind in der Luft. Es ist besser, wir verlassen die Mauer.
BEAUCAIRE Müssen wir weg? Aber der Trommler soll dableiben! Ich sitz oben hinter dem Fenster, ich will hören!
Humpelt mit Vizgraf ab. Pfeifer folgt, denn es fliegen Pfeile.

– Unten wird Aucassin von feindlichen Soldaten hereingeschleppt, er läßt alles willig mit sich geschehen.

1. SOLDAT Das bist du doch, wie?
Reißt ihm den Helm ab Aucassin?

AUCASSIN Ja.

2. SOLDAT *reißt ihm das Schwert weg* Also: Kopf ab! *Zum ersten Soldaten* Halt ihn an den Haaren!

1. SOLDAT *zum zweiten* Schön glatt geschlagen!

AUCASSIN Mein Kopf?

1. SOLDAT Wird gut bezahlt, Junge.

AUCASSIN Aber wenn Sie den abschlagen ...

2. SOLDAT *mit Aucassins Schwert* Ruhig gehalten! Und den Hals nach vorn!

AUCASSIN Wie denke ich dann an Nicolette?

1. SOLDAT Adieu und dann nicht mehr, wie ein Geschäftsmann, der auf Reisen geht.

AUCASSIN Dann nicht mehr? Affengesicht! *Schlägt ihn* Nicht mehr an Nicolette? *Er reißt ihm das Schwert aus der Hand* Nicht mehr? *Sticht ihn nieder* Morgen und in alle Ewigkeit nicht mehr? *Er schlägt um sich* Nicht mehr an Nicolette?
Er schlägt die Soldaten nieder und stürzt mit geschwungenem Schwert hinaus, während oben der Trommler, mit jedem gefallenen Feind die Trommel schlagend, immer heftiger und dann ununterbrochen schlägt.

VIZGRAF *kommt oben auf die Bastion* Aucassin schlägt sie in die Flucht!

BEAUCAIRE *humpelt nach* Aucassin? Siehst du hin und sagst: Aucassin? Es ist mein Sohn? Der sie schlägt?

VIZGRAF Und die unsern haben die Courage wieder! – Stürzen ineinander! Durch das Wäldchen! Wälzen sich den Hügel hinauf!

BEAUCAIRE Aucassin?

VIZGRAF Jetzt hat er den Graf von Valence gefangen genommen!

BEAUCAIRE *tanzt* Sieg! Sieg! Sieg! Sieg!
Trommelschläge vereinzelter, hören auf.

PFEIFER *pfeift noch einmal.*

TROMMLER *schlägt zweimal.*
Stille.

VIZGRAF Frieden.

Aucassin kommt unten mit dem gefangenen Valence.

AUCASSIN Vater! Vater!

BEAUCAIRE Ruft da mein Sohn?

AUCASSIN Vater, komm herunter!

BEAUCAIRE Mein Sohn? Hat zweihundert Kerle abgestochen und noch das Kinderstimmchen?

AUCASSIN Ich hab ein Geschenk für dich, das will ich vorführen.

BEAUCAIRE Die Treppe ist so steil, Sohn.

VIZGRAF Er hat den Valence.

BEAUCAIRE Den muß ich sehn. Ich komme.

Er humpelt ab und erscheint unten an der Tür, geht aber in die falsche Richtung.

AUCASSIN Ich bitt dich, Vater, sieh hierher.

BEAUCAIRE Söhnchen, was führst du da an der Kette? Einen Tanzbären? Ein Schweinchen zum Markt?

AUCASSIN Es ist der Graf von Valence.

BEAUCAIRE Der? Ich wills fühlen! *Er zwickt Valence* Fleisch! Wahrhaftig! Aber ob es vom Menschen ist? *Tritt ihn mit dem Fuß* Rührt sich nicht! Schreit nicht! Spricht nicht! Ist er denn schon tot?

AUCASSIN *zu Valence* Sagen Sie ihm, wer Sie sind!

VALENCE Graf von Valence.

BEAUCAIRE So klein, so schwach! Das war nicht schwer, ihn zu fangen, Sohn.

AUCASSIN Er hat zwei Dörfer unseres Landes abgebrannt und die Bauern erschlagen.

BEAUCAIRE *schlägt ihn* Meine armen Bauern! Meine fleißigen Landsleute! Bestie!

AUCASSIN Er ist mit einer Übermacht gegen uns gezogen und hat uns in die Flucht getrieben bis an die Mauer.

BEAUCAIRE *tritt ihn mit dem Fuß* Mit einer Übermacht! Hasenherz!

AUCASSIN Und einen Preis auf meinen Kopf gesetzt! Wars so?

BEAUCAIRE *schlägt Valence* Meines Sohnes Kopf! An den armen Vater hast du nicht gedacht, Flegel!

AUCASSIN Nun denk an dein Versprechen, Vater.

BEAUCAIRE Ich übertrage dir mit sofortiger Wirkung den Oberbefehl über unsere Armee.

AUCASSIN Keine Ausflüchte, – dein Versprechen!

BEAUCAIRE Du bekommst ein Schloß drüben, über der Rhône. Ich will es sofort mit dem Architekten besprechen.
Will ab.

AUCASSIN Bleib! Weißt du nicht mehr, was du mir versprochen hast?

BEAUCAIRE Mein armer, alter Kopf! Was denn? Vizgraf, was habe ich versprochen? Aber solch eine ernste Schlächterei mußtest du mitmachen, da hüpft das Blut.
Will gehn.

AUCASSIN Hast dus vergessen?

BEAUCAIRE Ich will den Vizgraf fragen. Vizgraf! Vizgraf!
Er eilt in die Burg, schlägt die Tür zu.

AUCASSIN *trommelt gegen die Tür* Vater, du hast es versprochen! Wenn ich siegreich aus dem Krieg komm, darf ich Nicolette sehn, zwei oder drei Worte mit ihr sprechen, sie zweimal küssen! Du hast es versprochen!

VIZGRAF Das ist wahr.

BEAUCAIRE *oben, äfft Aucassin nach* Zwei Worte sprechen! Zweimal küssen! Torelore! Kinderei!

AUCASSIN Wirst du dein Wort halten?

VIZGRAF Das müssen Sie halten, sonst ist es gegen die Ehre.

BEAUCAIRE Plärrst du auch? – Torelore, nichts da!

AUCASSIN Komm wieder herunter, Vater, damit wir die Sache ausmachen.

BEAUCAIRE Sohn, ich bleibe lieber hier oben, damit du eine starke männliche Stimme bekommst.

AUCASSIN Ist das dein letztes Wort?

BEAUCAIRE Was meinst du, Vizgraf, ist das mein letztes Wort?

VIZGRAF *will sprechen* Bedenken Sie . . .

BEAUCAIRE Bedenken! Du sollst es bedacht haben, eh du sprichst! *Ruft hinunter* Er war mein letztes!

AUCASSIN O dieser verdammte alte Lügenvater!

BEAUCAIRE Er beschimpft seinen leiblichen Vater, Vizgraf! Was soll ich tun?

VIZGRAF Das soll man ihm nicht erlauben. Es ist unhöflich.

BEAUCAIRE Guter Rat! Wache! *Er humpelt ab.*

VIZGRAF Die jungen Leute! Und die alten Leute! Es ist schwierig! *Er geht hinterher.*

AUCASSIN Graf von Valence, Sie haben mit Ihren Soldaten die Felder niedergetrampelt, die Gehöfte angezündet, die Städte niedergebrannt, unsere Leute totgestochen, die Frauen vergewaltigt, das Vieh geschlachtet, keine Katze, kein Kind verschont ...

VALENCE Davon war schon die Rede. Machen Sie es kurz.

AUCASSIN Wenn Sie frei wären, würden Sie dann Ihre Untaten verdreifachen?

VALENCE Ja, für meine drei Schwestern!

AUCASSIN Geben Sie mir Ihre Hand darauf.

VALENCE Das kann ich nicht. Sie sind beide in Ketten.

AUCASSIN *löst ihm die Ketten* Nicht mehr. Jetzt, Graf von Valence, schlag und brenn! Schlacht das Vieh und die Bauern! Spieß die Weiber auf! – Ihre Hand, Valence!

VALENCE *gibt Aucassin die Hand, der zuckt unter dem Druck zusammen.*

AUCASSIN Und fort, fort, fort! Über die Brücke!

Valence rasch ab. Aucassin sieht ihm nach. Zieht eine Münze aus der Tasche. Kriegsknechte kommen, schlagen einen Sack über Aucassin, fesseln ihn, schleifen ihn fort.

BEAUCAIRE *erscheint mit dem Vizgraf wieder oben* Ist niemand mehr unten? Es ist so eine Luft, eine Luft, die will ich atmen.

VIZGRAF Ein schöner Abend.

BEAUCAIRE Die Hexe muß weg.

5

Zwei Vermummte kommen an die Burg. Der alte Beaucaire öffnet vorsichtig ein Fenster.

BEAUCAIRE Du bist der Metzger Gaston?

GASTON Ja, und mein Handwerkszeug hab ich bei mir. *Er zeigt sein Messer.*

BEAUCAIRE Und du der Schuhflicker Pierre?

PIERRE Mit meinem Hämmerchen. *Zeigt seinen Schusterhammer.*

BEAUCAIRE Heute nacht könnt ihr euer Meisterstück machen. Hier – den Schlüssel. *Gibt Gaston, dem Metzger, einen Schlüssel.*

GASTON Aber sie soll eine exotische Schönheit sein. Da bin ich menschlich, das könnt mich erotisieren.

BEAUCAIRE Exotisch? Gaston, ich wollte, du dächtest an deine Frau bei der Arbeit.

GASTON Gott behalte sie, sie starb am Kropf.

BEAUCAIRE Kropf? Hexerei! Besprochenes Kraut, der böse Blick! Tödlich! Die kleine Schwarze, zu der ihr geht, hat den Blick! Schön, du Einfalt? Eine Hexe! *Zu Pierre, dem Schuhflicker* Du scheinst mir klüger, du hast die nachdenkliche Physiognomie.

PIERRE Auf exotische Schönheit reagiere ich nicht, denn ich hab meine Erfahrung. Aus dem Orient, Herr, kommt nichts Gutes. Wenn sie aber um ihr Leben bettelt?

BEAUCAIRE Wo bist du geboren, Schuster Pierre?

PIERRE In Beaucaire.

BEAUCAIRE Und zur Schule gegangen?

PIERRE In Beaucaire.

BEAUCAIRE Auf dich ist Verlaß!

GASTON Ich hab mirs jetzt auch überlegt, das Exotische überwind ich.

BEAUCAIRE Lauft und lauft!

Schlägt das Fenster zu. Die Vermummten schleichen davon.

6

Nicolette im Gefängnisturm, oben. Die dicke schwarze Amme Cirage unten.

CIRAGE Der edle Herr Aucassin ... Also, ich sag es trotzdem, der edle Herr Aucassin ...

NICOLETTE »Edel!« Dafür hast du mindestens zehn Groschen kassiert! Du drückst dich doch sonst nicht so gewählt aus.

CIRAGE Nicht der edle Herr Aucassin, wollt ich sagen, sondern: der wackre Herr Aucassin! Wacker! Sie hören zu?

NICOLETTE Fang nur nicht noch mal von vorn an!

CIRAGE Der ... Herr Aucassin besteigt sein Streitroß oder meinetwegen sein Pferd und rennt los.

NICOLETTE Angeklammert mit Armen und Beinen herum, ein Äffchen!

CIRAGE Ein Wunder! Ein Wunder! schreien sie alle. Wie er den Spieß hält! Furchterregend!

NICOLETTE Unter dem Pferdebauch!

CIRAGE Und da steht vor ihm so ein grobes Stück Fleisch in Eisen, das spießt er auf. Da! Das war ein Graf oder Herzog und ist jetzt nichts mehr. Da! Das ist für Nicolette! Ein andrer steht da, Aucassin, der tüchtige Aucassin, sticht, sticht, zwei auf einen Spieß, zwei krähende Hähnchen! Nicolette! Alle haben es gehört: er hat das Wort Nicolette dabei auf den Lippen.

NICOLETTE Das soll einer gehört haben?

CIRAGE Ja, er hats gerufen. Geschrien hat ers wie einer, der . . . aber ich wills Ihnen nicht sagen, wie.

NICOLETTE Du lügst, Cirage.

CIRAGE Sie wollen es nicht zu Ende hören. Da schweig ich.

NICOLETTE Du sollst die Wahrheit sagen.

CIRAGE Also: der stößt zu! So! Aufgespießt! Den! Und den! Und »Nicolette« gestöhnt, geschrien, wie einer, der . . . ich will sagen: das ist ein Mann für die heißen Tage.

NICOLETTE Ich seh jetzt, daß du eine schmutzige Phantasie hast. Da hör ich erst recht nicht zu.

CIRAGE Schmutzige Phantasie, Kind! Ich erhitz mich noch, wenn ich dran denk. Schön ist das! – Und davor hat er zu seinem Vater gesagt – da ist nichts von Stoßen und Schrein, sondern da geht es um einen Vertrag, den er mit seinem Vater gemacht hat –: Vater, hör mich an! Unter einer einzigen Bedingung . . . Sie wollen es nicht hören?

NICOLETTE Doch, aber die Wahrheit, Cirage!

CIRAGE Jetzt bin ich beleidigt. Ich schweige.

NICOLETTE Dann lüg, lüg nur!

CIRAGE Vater, die Bedingung, daß ich in den Krieg gehe, ist: daß du mich nach siegreicher Beendigung desselben Nicolette sehen läßt, solang, bis ich zwei oder drei Worte mit ihr gesprochen und sie ein einziges Mal geküßt habe. Das ist der Wortlaut.

NICOLETTE Einmal geküßt.

CIRAGE Ein Kuß, aber mit dem hörts nicht auf.

NICOLETTE Pfui!

CIRAGE Dann schweig ich, aber ich red doch weiter. Aucassin und Nicolette, wenn ich das erleb! Ein einziges Mal, wenn die sich hinlegen, wälzen sich, der Augenblick! Da geh ich hinterher hin und richt das Gras auf.

NICOLETTE Hör auf. Du hast nur Schmutz in deinem faulen Kürbiskopf.

CIRAGE Aber die Liebe! Die macht alles. Geht durch die Wand. Schüttelt die Toten! Hört weit, wenn einer schreit. Aucassin ist im Turm, seit gestern.

NICOLETTE Eingesperrt?

CIRAGE Schlägt seinen schönen Kopf gegen den Stein blutig. Blutet, weint, wegen Nicolette. Still! Ich kanns hören!

NICOLETTE *horcht* Ich hör nichts.

CIRAGE Aber ich hörs.

NICOLETTE Cirage, ich hab richtig Angst, so still ist es.

Beide horchen.

CIRAGE Jetzt hör ich nichts mehr.

NICOLETTE Wirklich nichts?

CIRAGE Die Wächter haben ihn stillgemacht.

NICOLETTE Du mußt richtig hören! Die Luft anhalten!

CIRAGE Ich halt die Luft an, den ganzen Kopf hab ich voll Luft!

NICOLETTE Jetzt sei doch mal still! – Ich hörs!

CIRAGE Daß Sie das hören, jetzt wo sogar der Wind aus der andern Richtung kommt!

NICOLETTE Wieviel hat er getötet?

CIRAGE Siebenunddreißig, zwölf davon Grafen, Päpste und Könige.

NICOLETTE Und immer dabei »Nicolette« gerufen?

CIRAGE So, daß es ein Schlachtgeschrei war für alle.

NICOLETTE Red nicht immer! Sei lieber still und horch!

Sie horchen.

CIRAGE Es hat aufgehört.

NICOLETTE Wie weit ist es bis zum Turm?

CIRAGE Zum Turm? Durch den Garten, das sind fünfhundert Schritt. Auf den Apfelbaum klettern – aber der ist mit Leim bestrichen, wegen dem Ungeziefer. Und über die Mauer. Aber da sind die Wachen.

NICOLETTE Liebe Cirage, was soll ich auch drüben? Ich will ja gar nicht rüber.

CIRAGE *klettert die Leiter rauf* Was ist mit Ihnen?

NICOLETTE *heult* Ich weiß nicht, ich bin wütend.

CIRAGE Also! Dann schlafen Sie!

NICOLETTE *legt sich hin* Jetzt seh ich im Mondlicht, was für ein hübsches Mädchen du früher gewesen bist.

CIRAGE Ich hatte über sechshundert Liebhaber und jetzt keinen!

NICOLETTE Cirage, nun versteh ich alles.

CIRAGE *singt mit krächzender Stimme*

Aucassin und Nicolette,
o wie die sich lieben!

NICOLETTE Ich kann einfach nicht schlafen.

CIRAGE *singt*

Lieben sich im Pflaumenbaum.
Lieben sich darunter.

NICOLETTE Cirage! Hilf mir doch!

CIRAGE Ich helf dir ja.

NICOLETTE Ich hab lauter Ameisen im Bett. Sie krabbeln mir über den Bauch und zwischen meinen Brüsten rauf.

CIRAGE *singt*

Lieben sich im Distelfeld.

NICOLETTE Cirage, hier halt ichs nicht aus. Ich hab auch schon geträumt, sie stechen mich tot.

CIRAGE Was für schreckliche Träume. Aber totstechen, das heißt vielleicht was andres, wenn mans richtig deutet.

NICOLETTE Ich will zu ihm.

CIRAGE Zu Aucassin?

NICOLETTE Ich bitt dich, liebe Cirage, laß mich hinunter. Du mußt hier oben am Fenster sitzen, in meinem weißen Kleid, dann sehn dich die Wächter. Ich will in deinem schwarzen Tuch fortrennen.

Sie gibt Cirage ihren weißen Schleier.

CIRAGE Die Braut in weißem Kleid. So saß ich auch einmal. Da lief der Bräutigam aber fort.

NICOLETTE Cirage, du bist so schön wie früher, ich sehs!

CIRAGE Da verwechseln sie mich mit dir, wenn sie kommen. »Guten Morgen, schöne Nicolette!« Aber ich darf nicht sprechen, denn die Stimme hab ich von einem Hund.

NICOLETTE In zwei Stunden bin ich am Wald, und geh hinein, und fort! Das Tuch!

CIRAGE *hüllt sich in Weiß* So! Übers Gesicht! Mein Mund, ein Erdloch! Und über die Schultern?

NICOLETTE Das da!
CIRAGE So hol ich mir noch einen jungen Mann.
NICOLETTE Ich kann unmöglich noch länger warten!
CIRAGE Mein Gott, auf einmal die Hetze!
NICOLETTE *wickelt sich in die schwarzen Tücher der Cirage* Wie kommts, Cirage, daß du alt geworden bist?
CIRAGE Wenn ich das nur wüßte.
NICOLETTE So sehr viele Liebhaber, das macht wahrscheinlich alt.
CIRAGE Aber die Liebe!
NICOLETTE Einen! Aucassin!
CIRAGE Einen! Das hab ich auch gesagt! Einen! Einen! Immer nur einen! Einen! Sechshundertmal einen!
NICOLETTE Leb wohl, liebe Cirage. Ich denk immerzu an dich, wenn ich fort bin.
CIRAGE Geh, sei glücklich.
NICOLETTE *steigt hinunter, dreht sich um* Aber, was machen sie mit dir?
CIRAGE Mich werden sie umbringen.
NICOLETTE *aber schon gleichgültig* Das sollen sie nicht! Mein gutes Ammchen!
CIRAGE So lieb! Laß nur! Ich sitz hier oben in Weiß und bin glücklich!
NICOLETTE *aber sie steigt endgültig dabei hinunter* Jetzt möcht ich am liebsten gar nicht weg von dir.
CIRAGE Ich seh dir nach, soweit ich sehen kann. Geh nur.
NICOLETTE Ja, paß höllisch auf! Ich werd mich viermal nach dir umdrehen und winken. *Sie geht weg.*
CIRAGE *oben am Fenster, sieht Nicolette nach* Gutes Kind, vergiß nicht die alte Cirage!
CIRAGE Ich seh dir nach, soweit ich sehn kann. Geh nur.
NICOLETTE *dreht sich um und winkt.*
CIRAGE Das erste Mal. – Gutes Kind!
NICOLETTE *geht weiter, bleibt am Busch stehen, dreht sich um, winkt kurz, geht dann rasch weiter.*
CIRAGE *winkt* Ja, ja, ja, ich habs gesehn! Das liebe Kind!
NICOLETTE *steigt auf den Apfelbaum, rasch hinauf und, ohne sich umzusehen, auf die Mauer und springt rasch drüben hinunter.*
CIRAGE *will winken, als Nicolette am Apfelbaum steht, be-*

merkt, daß Nicolette sich nicht mehr umsieht Jetzt hat sie mich schon vergessen.

7

NICOLETTE *geht durch den Garten. Sie kommt an den Turm, in dem hinter einem Gitter Aucassin gefangen sitzt* Hallo! Aucassin! Aucassin! Hör doch, Aucassin!

AUCASSIN *am Gitter* Nicolette!

NICOLETTE Na, das dauert ja ziemlich lang, bis du hörst.

AUCASSIN Ich hab auf der Erde gelegen.

NICOLETTE Erst hast du nach mir geschrien wie verrückt, daß mans gegen den Wind gehört hat, und jetzt merkst du nicht mal, daß ich gekommen bin.

AUCASSIN Ich hab nicht geschrien.

NICOLETTE Ich habs doch selbst gehört.

AUCASSIN Ich hab da auf der Erde gelegen.

NICOLETTE *wütend* Verdammter Schwindel!

AUCASSIN Nicolette, ich liebe dich.

NICOLETTE Das schwarze Aas, die Cirage! Die hat gesagt, sie hört dich rufen.

AUCASSIN Du selbst hast es also nicht gehört?

NICOLETTE Natürlich nicht! Meinst du, ich setz mich da die ganze Nacht hin und horch!

AUCASSIN Aber du bist doch gekommen!

NICOLETTE Weil die Cirage immer geheult hat: der arme Aucassin . . . hab ich gedacht: will doch mal hingehn, und da bin ich. Es geht dir aber gut, ich seh schon. Und wenn ich fort bin, ich mein: ganz fort, dann wirst du auch wieder freigelassen. Also gut, daß ich fortgeh, ich mein: ganz fort.

AUCASSIN Und nicht wiederkommen?

NICOLETTE Soll ich vielleicht schön sitzen bleiben, bis sie mich abstechen?

AUCASSIN Ich will meinen Vater bitten, bis er mich rausläßt, mit dem Gesicht auf seinem Fuß: Vater, laß mich frei! Ich will mich klein machen! Und wieder groß, wie er will! Dann kann er nicht anders. Und dann laufen wir zusammen weg.

NICOLETTE Daraus wird doch nichts.

AUCASSIN Du kommst allein ja gar nicht durch.

NICOLETTE Erst geh ich mal nach Valence, da hetz ich den Graf gegen Beaucaire, dafür krieg ich Geld und werd eine interessante Person. Und dann hab ich einen Skandal mit allen Baronen, und wenn einer von denen unverheiratet ist, werd ich Frau Baronin, oder ich schmeiß das Porzellan kaputt. – Ich schick dir später eine Gemme, ich hab nämlich noch eine, da am Strumpfband. Da soll keiner ran als du.

Sie schlägt ihr Kleid hoch.

AUCASSIN Und wenn ichs nicht überleb?

NICOLETTE Das sind so Sprüche, die sagen alle Männer.

AUCASSIN Nein, Nicolette, es ist mein Ernst. Ich schlag meinen Kopf gegen die Mauer.

NICOLETTE Ein Mann kann ja gar nicht so lieben wie eine Frau. Das ist nämlich die menschliche Natur.

AUCASSIN So ein Unsinn! Eine Frau liebt ja nur, weil sie sich sonst langweilt. Das ist doch bewiesen mit der Geschichte des Grafen von Perpignan.

NICOLETTE Die Geschichte will ich gar nicht hören.

AUCASSIN Die war aber so: Die Gräfin von Perpignan legte ihr Strickzeug weg und sagte: Gehn wir auf den Ball? – Nein. – Auf Reisen? – Nein. – Kommt ein Musiker? – Nein. – Also, sagte sie seufzend: ins Bett! So wurde das Geschlecht der Grafen von Perpignan gegründet. Du glaubst es nicht?

NICOLETTE Was? Ich hab gar nicht zugehört. Aber so viel ist sicher, die Männer gehn mit den Frauen nur ins Bett, damit sie ihre langweiligen Geschichten loswerden.

AUCASSIN Ich erzähle keine Geschichten!

NICOLETTE Zum Beispiel der Ritter Bertrand aus der Nähe von Avignon.

AUCASSIN Der ging mit dir ins Bett?

NICOLETTE Der wollte seine Geschichte loswerden. Er erzählte seiner Dame alles, was er um ihretwillen getan hatte, und darüber schlief sie so fest ein, daß sie erst am Morgen aufwachte, als ihr Mann zurückkam. Was sagst du dazu?

AUCASSIN Weil die Geschichte nicht von dir handelte, hab ich nicht weiter zugehört.

NICOLETTE Du sollst aber zuhören.

AUCASSIN Hat man schon mal gehört, daß eine Frau einem Mann von Herzen ergeben war?

NICOLETTE Mein Fuß tut weh, vom Herlaufen.

AUCASSIN Der Mann aber – davon gibt es Beweise. Der Beweis von dem Hund zum Beispiel.

NICOLETTE Hunde mag ich nicht.

AUCASSIN Ein Herr liebte eine Dame und bediente sie ...

NICOLETTE Welcher Herr?

AUCASSIN Den Namen weiß ich jetzt nicht mehr.

NICOLETTE Und die Dame?

AUCASSIN Warte, sie hieß ... Claudia.

NICOLETTE Das soll ein Beweis sein!

AUCASSIN Und er kratzte an ihrer Tür, sie ließ ihn aber nicht ein. Sie rief: Fort! Da winselte er. Sie rief: Kusch! Da verkroch er sich. Und als sie einmal gnädig war, ihn anzuhören, da winselt er, da knurrt er, da bellt er, da hatte er die menschliche Sprache verloren, und sie legte ihn an eine Kette. Eines Nachts aber ...

NICOLETTE Das ist ein Märchen!

AUCASSIN ... schlich ein Liebhaber zur Tür der Dame, da sprang der Hund von der Kette und biß den Mann. Der schrie. Die Dame aber ließ den Mann ein und sagte: der Köter wird bissig, und gab ihm Rattengift.

NICOLETTE Ich kann Hunde auch nicht leiden. Es ist aber erwiesen, daß die Frau einen Mann ganz wunderbar verwandeln kann, sogar, wenn er ein dummer Pinsel ist.

AUCASSIN Wenn du jetzt von dir sprichst, hör ich nicht zu.

NICOLETTE Ich meine den stummen Advokaten von Toulouse.

AUCASSIN Von dem hab ich nie gehört.

NICOLETTE Dann hör nur zu: Der alte Advokat war mickrig und geizig und sprach mit keinem Menschen, alle Verwandten ärgerten sich über ihn. Da kam eine Wäscherin zu ihm ins Haus, die tats für nichts und hatte Sommersprossen, schmutzige Füße, vorn nichts, hinten nichts, und stotterte, wenn sie gefragt wurde. Die kam in das Haus und blieb drin. Hörst du zu?

AUCASSIN Sommersprossen!

NICOLETTE Das Haus blieb verschlossen, zwei, drei Jahre, da

dachten die Verwandten, jetzt ist der alte Filz tot, also gingen sie vor das Haus und wollten die Tür aufbrechen. Aber da wurde oben auf dem Balkon ein Laden aufgestoßen, und heraus kam wer?

AUCASSIN Die mit den Sommersprossen.

NICOLETTE Und der stumme Advokat. Der sieht unten seine Verwandten, und die sehn herauf. Und der Advokat legt seine Hand auf die Schulter des Mädchens – das ist natürlich auch zwei, drei Jahre älter jetzt, vorn und hinten –, und die andere Hand legt er auf das Balkongitter. Und was sagt er? Der nie gesprochen hat?

AUCASSIN Ich hab nicht zugehört.

NICOLETTE Er sagt nichts. Aber er singt eine Arie. Er singt und singt. Da gingen die Verwandten wieder nach Haus, mit der Erbschaft wars nichts.

AUCASSIN War das ein Opfer für die Wäscherin? Eine Frau muß ein Opfer bringen können.

NICOLETTE Ich hab mir den Fuß verknackst, zum Beispiel.

AUCASSIN Und ich bin im Gefängnis.

NICOLETTE Und ich ...

AUCASSIN Und ich ...

NICOLETTE Da kommt jemand!

Der Metzger Gaston und der Schuster Pierre schleichen vorüber. Nicolette versteckt sich im Busch.

AUCASSIN Und aus der Geschichte von der großen Zehe ...

NICOLETTE Pst!

Die Mörder sind vorbeigegangen. Nicolette kommt hinter dem Busch vor und spricht jetzt gleichzeitig mit Aucassin weiter.

AUCASSIN Die bekannte Geschichte von der Zehe, die dem Ritter Claude gehörte ...

NICOLETTE Übrigens ist es auch erwiesen, daß die Eigensucht den Mann so stark beherrscht, schon durch die Tatsache ...

Da Aucassin weiter redet, ruft sie Pst! *und duckt sich einen Augenblick hinter dem Busch. Aucassin, erschrocken, verstummt. Nicolette kommt rasch wieder vor und spricht weiter* Das nämlich ist erwiesen: die Männer schicken eine Frau lieber zu den Wölfen ...

AUCASSIN Das ist gelogen!

NICOLETTE . . . zu den Wölfen, als daß sie sie in die Arme eines andern Mannes lassen. Aus Egoismus!

AUCASSIN Das ist nicht wahr. Aber der Ritter Claude hatte eine große Sehnsucht nach einer Dame, die ihn nicht mehr liebte.

NICOLETTE Aus purer Eigensucht!

AUCASSIN Da sie mich nicht mehr liebt, will ich sie vergessen, sagte der Ritter Claude.

NICOLETTE Egoismus! Alle Männer sind Egoisten!

AUCASSIN Er bemerkte aber, daß seine Hand noch nach dem Taschentuch griff, das sie ihm früher geschenkt hatte. Also schlug er die Hand ab. Aber als er schlief und aufwachte, hatte er den Namen der Dame auf den Lippen.

NICOLETTE Wie hieß sie?

AUCASSIN Also schnitt er sich die Zunge heraus. Wie er aber morgens aus dem Schloß ging, ging er, obgleich er in den Wald wollte, den Weg nach links in die Stadt.

NICOLETTE Aha, sie war eine Krämertochter.

AUCASSIN Das fiel ihm auf, und er schnitt sich das linke Bein, das den ersten Schritt gemacht hatte, ab. Und die Nase, weil sie nach ihrem Taschentuch verlangte, und die Ohren, weil sie ihren Namen hörten, und immer mehr schnitt er ab . . .

NICOLETTE Und nichts blieb übrig.

AUCASSIN Doch: eine Zehe. Die aber, kaum war sie allein, lief aus der Burg und lief flink wie eine Maus zu der Dame.

NICOLETTE Und eine Frau, wenn sie einmal einem Mann gehört, geht nicht mehr weg. Er kann machen, was er will.

AUCASSIN So gewaltig ist die Liebe des Mannes.

NICOLETTE Das kann ich beweisen mit der Frau des Landedelmanns Garin. Der wollte von ihr fort, weil er dumm war. Sie aber war klug. Lag er im Bett einer andern, lag sie unter dem Bett. Kam er in eine fremde Stadt, saß sie schon auf dem Marktplatz. Und als er übers Meer fuhr, und die Fischer warfen die Netze aus: fischten sie sie raus. So ist die Liebe einer Frau.

AUCASSIN Die Geschichte ist ganz unglaubhaft, denn die Frauen können nicht schwimmen.

NICOLETTE Doch! Jede Frau kann sich in einen Fisch verwandeln.

AUCASSIN Nur damit sie recht behält.
NICOLETTE Sie behält recht, weil sie recht hat!
AUCASSIN Aber wer immer nur recht behalten will, der liebt nicht richtig.
NICOLETTE Siehst du! Immer willst nur du recht behalten! Und jetzt geh ich.
AUCASSIN Bleib noch! Einen Augenblick! Versprich mir, daß du nicht nach Valence gehst!
NICOLETTE Warum denn nicht! Das ist doch eine hübsche Stadt!
AUCASSIN Wegen der Barone.
NICOLETTE Schlägst du mir denn was Besseres vor?
AUCASSIN Wohin du willst. Aber nicht zu den Baronen und Rittern.
NICOLETTE Dann zu den feschen Kaufleuten in Marseille.
AUCASSIN Ich schlag meinen Kopf gegen die Mauer!
NICOLETTE Dann zu den Wurzeln und Pilzen und Wölfen.
AUCASSIN Ja, dahin.
NICOLETTE Zu den Wölfen?
AUCASSIN Ja.
NICOLETTE Zu den reißenden Wölfen mit den gelben Augen?
AUCASSIN Nicht nach Valence, nicht nach Marseille.
NICOLETTE Aber zu den Wölfen! Die können mich zerreißen, aber die Barone sollen mich nicht anfassen.
AUCASSIN Die Kaufleute auch nicht.
NICOLETTE Gut. Dann zu den Wölfen. Ich opfere mich. *Sie geht.*
AUCASSIN *nachrufend* Nicolette! Bleib noch! Wenn sie dich zerreißen! Den Kopf ab! Die schöne Hand ab! Das Füßchen! Nicolette! Bleib! Geh! Aber nicht zu den Baronen!
NICOLETTE *kehrt um* Siehst du – ich hab doch recht! *Sie läuft fort.*

8

Der Schuster und der Metzger schleichen zum Turm. Klopfen an. Sehen hinauf: oben die weißverkleidete Cirage.
PIERRE Poch. Wer ist da? Der Schuster Pierre.
GASTON Ich möcht meinen Namen lieber nicht nennen. Sie könnt ihn behalten.

PIETTE Gaston, Dummkopf! Wir haben doch die Instrumente dabei, um ihr Gedächtnis herauszuoperieren.

GASTON Klopf nochmal.

PIETTE *klopft mit dem Hammer* So viel für die Höflichkeit. Jetzt ziehn wir den Schlüssel aus der Tasche und machen auf.

Sie schließen die Tür auf und treten ein, kommen oben in das Zimmer, wo die verkleidete Cirage vor dem Spiegel sitzt.

GASTON *zu Pierre* Pierre, jetzt sag du was.

PIERRE Schöne Dame . . .

CIRAGE *kreischt vor Lachen.*

PIERRE Schöne Dame . . .

CIRAGE *kreischt vor Lachen.*

GASTON Nochmal, Pierre!

PIERRE Schöne Dame, Sie sollten uns nicht für ungebildete Ausländer halten, weil wir Ihr Boudoir in dicken Schuhen betreten. Wir sind aus der guten Stadt Beaucaire. Das ist unsere gute Stadt. Und die Schuhe sind nicht von der gewöhnlichen Art. Der Schuster Pierre hat sie selbst gemacht. Und der Schuster Pierre, das weiß ich und kanns beschwören, versteht viel von Politik. Wenn man ihn fragt: Pierre, warum gehn die Preise so hoch, dann gibt er Antwort und sagt . . .

GASTON *schiebt ihn weg*
Wir gehen nun einmal gern in solche Häuser, schöne Dame.

CIRAGE *kichert.*

PIERRE Da lacht sie!

GASTON Das darf nicht sein!

PIERRE Das ist sehr gegen unsere Ehre! Und wir finden, die schöne junge Dame sollte nicht immerfort in den Spiegel sehn, wenn zwei Herren mit ihr plaudern. *Er zerschlägt mit dem Hammer den Spiegel* Wir sind keine ungebildeten Menschen. Wir sind nur vom Schicksal aus der Bahn geworfen. Das sind die ökonomischen Veränderungen, wie wir Schuster sagen. Aber das berechtigt die Dame in keiner Weise zu lachen oder gar um ihr Leben zu bitten.

GASTON Pierre, sie bittet gar nicht.

PIERRE Bittet nicht! Bittet nicht! Aber sie wird bitten! Ja, meine Dame, wir sind gekommen in der lobenswerten Absicht, Ihnen mit dem Hämmerchen da gegen den Kopf zu klopfen. Und dieser Herr hat ein anderes Instrument bei sich, denn er ist der Schlächter Gaston.

GASTON Sag ihr, warum wir das tun müssen.

PIERRE Nicht etwa, weil wir dafür bezahlt bekommen.

GASTON Das bringt nämlich nicht mehr als Kälberschlachten.

PIERRE Sondern die Ordnung! Die Ordnung! Es soll keine Hexe in unsrer Stadt Beaucaire sein, die die Kinder schlecht macht und das Korn schwarz!

GASTON Ein Gewitter war neulich, das hat uns gewarnt.

PIERRE Und weil Sie eine Dame sind, wollen wirs auf die höfliche Tour machen.

GASTON Wie der Graf mit der Gräfin.

PIERRE Aber Sie sagen ja gar nichts? Schade, ich wäre sonst in der Lage, Ihnen dialektisch zu antworten. Nicht einfach: Halts Maul, sondern: Ganz wie Sie meinen, junge Frau, jedoch . . . Auf das »Jedoch« legen wir besonderen Wert.

GASTON *faßt sie an* Pierre, jetzt zittert sie! Das kenn ich von den Kälbern!

PIERRE Dann das Tuch weg und rasch!

Reißt ihr das Tuch vom Kopf, erkennt die grinsende Cirage darunter.

GASTON Das ist sie nicht! Das ist sie!

PIERRE Heilige Mutter, eine Verwandlung oder Metamorphose, wie wir Schuster sagen.

CIRAGE Bin ich nicht schön genug?

GASTON Schön . . . aber wie ein Pudding.

PIERRE Die können wir nicht totmachen, Gaston. Das ist ein Zeichen.

GASTON Das deutet auf . . . ich kanns nicht erklären.

PIERRE Aber das Exotische! Das juckt mich! Ich möcht das Hemd vom Bauch reißen.

CIRAGE Ein schöner dicker Bauch!

GASTON Pierre, weils keine Dame ist, sondern eine gewöhnliche Exotin, kann mans machen.

PIERRE Da muß ich nachdenken.

GASTON Mir ist das jetzt direkt eine Gewißheit. Ich hab das Gefühl dafür, bin doch keine Heide! – Komm, mein schwarzes Lämmchen!

CIRAGE Mein Böckchen! Komm!

Er stürzt auf sie.

PIERRE Aber das Messer weg. Gaston! Und das Licht! Man weiß nicht. *Er zerschlägt die Lampe* Es darf nicht sein. Aber es ist so.

9

Waldrand. Nicolette kommt rasch gelaufen, bleibt stehn.

NICOLETTE Weg das Kleid! Ich kann nicht laufen mit dem Fetzen. *Sie reißt den Überrock Cirages herunter* So. Jetzt in den Wald. Puh! Schwarz! Hallo! *Horcht* Der hört nicht. Gut, hinein! *Will mutig hinein, bleibt aber nach ein paar Schritten stehn* Ich lach dich aus! – *Horcht wieder* Ich weiß, du bist da! Versteck dich nur, ich kann beißen, ich kann . . . *Sie läuft weg* Ich kratz dir die Augen aus! *Macht Krallenhände* Ich hab Krallen! Ich bin eine Hex! *Geht mutig auf den Wald zu, bleibt stehn, ruft, um das Phantom zu erschrecken* Hex! Hex! – Ja, da läufst du! Wart, ich erwisch dich! Hinterher! *Sie läuft gegen den Wald, bleibt aber wieder stehn* – Nein, in der Stadt bleib ich nicht. Da sitzen die alten Leute vor den Türen, die ganze Nacht. – Wer ruft mich? Du? *Läuft in den Wald* Du?

DER FORSTMEISTER *hinter einem Baum, stößt einen röhrenden Schrei aus* Uahhhh!

NICOLETTE *springt erschrocken in einen Busch.*

FORSTMEISTER *kommt mit der Armbrust hinter dem Baum vor.*

NICOLETTE *erhebt sich aus dem Busch* Na hören Sie mal! Bin ich erschrocken! Wer sind Sie denn?

FORSTMEISTER Der Forstmeister.

NICOLETTE Aber warum schrein Sie denn so? Sie wollen mir wohl imponieren?

FORSTMEISTER Unerfahrenes Kind! Das ist ein Brunftschrei.

NICOLETTE *verständnislos* Ach so.

FORSTMEISTER Den stößt der Hirsch aus. Damit lockt ein Hirsch den andern.

NICOLETTE Na gut. Aber warum müssen Sie so schrein?

FORSTMEISTER *röhrt* Uahh!

Von fern röhrt eine Antwort.

Hörst du? Die Antwort! Mit meinem Schrei locke ich ihn her, verstehst du?

NICOLETTE Verstehe. Ein Trick. Das finde ich interessant. Das will ich auch lernen. *Sie röhrt aus Leibeskräften* Uaah!

FORSTMEISTER Unerfahrenes Kind! *Er röhrt* Uahh! Ganz von innen heraus aus der Tiefe, aus der Brust. Nicht da vorn! Sieh her, so! *Röhrt* Uahhh!

Die Antwort näher.

Hörst du, das ist der ursprüngliche Schrei der Natur. In der Natur ist etwas, das will sich paaren.

Sieht Nicolette an.

Aber wie kommst du eigentlich hierher?

NICOLETTE *bemerkt ihr zerrissenes Kleid* Zu Haus hab ich fünfundzwanzig schöne Kleider. *Sie schreit* Au-ca-ssin!

FORSTMEISTER Dummes Kind, du verdirbst mir die Jagd. *Röhrt* Uahh!

Antwort von der andern Seite, ziemlich nah Jetzt ist er da drüben! Wir müssen in den Busch!

NICOLETTE *betrübt* Ich schrei, bloß mir antwortet niemand.

FORSTMEISTER Weil dus nicht richtig machst, Kind. – Da knackt es! *Es röhrt* Uahh!

Röhrende Antwort, sehr nah.

Paß auf! Duck dich in den Strauch! Achtung! Ich schieß!

Sie ducken sich, der Forstmeister mit gespannter Armbrust im Anschlag. Stille. Es knackt gegenüber im Gebüsch: heraus tritt vorsichtig ein Graf, wie der Forstmeister mit der Armbrust im Anschlag. Er bleibt auf der Lichtung stehn, röhrt noch einmal. Lauscht auf Antwort.

NICOLETTE *lacht laut.*

FORSTMEISTER Dummes Luder! *Er tritt heraus* Der Herr Graf! Ich habe die Ehre.

GRAF Der Herr Forstmeister! Es war ein Hirsch in den Büschen, dem bin ich nachgepirscht.

FORSTMEISTER Ich habe ihn auch gehört, Herr Graf.

GRAF So bin ich wohl ein bißchen weit in Ihr Revier gekommen.

FORSTMEISTER Der Jagdeifer, Herr Graf!

GRAF Ja, man vergißt sich. Grüßen Sie den Herrn Grafen.

FORSTMEISTER Danke, Herr Graf.

Graf ab.

NICOLETTE Ein schöner Schwindel mit den Hirschen!

FORSTMEISTER In der Natur, unerfahrenes Kind, geschieht vieles unerwartet.

Von einer andern Seite, sehr fern, ist ein röhrender Schrei zu hören. Das ist der echte! Dort hinüber!

Er geht lauschend über die Lichtung, röhrt noch einmal zur Antwort und schlägt sich dann in die Büsche.

NICOLETTE *sieht ihm nach, faßt sich ein Herz und ruft aus Leibeskräften, mit möglichst tiefer, röhrender Stimme* Au- ca- ssin! Au- ca- ssin!

Jakob, der alte Kräutermann, erhebt sich hinter einem Busch, wo er geschlafen hat.

KRÄUTERJAKOB Was ist denn das für ein ungewöhnliches Tier?

NICOLETTE *erschrocken, springt ins Gebüsch, faucht heraus* Ein wildes, rohes, das beißt und springt, Gift im Zahn, auf der gespaltenen Zunge, tollwütig, wenn mans anfaßt.

KRÄUTERJAKOB Also: ein hungriges Tier. Da, iß ein paar Beeren, die helfen.

Gibt ihr Beeren.

NICOLETTE *kommt aus dem Busch, ißt* Aber viel helfen sie nicht. Der Mund wird nur schwarz.

KRÄUTERJAKOB *will ihr nach* Du kannst ihn mit meinem Bart abwischen.

NICOLETTE Nee, so nicht. Wer bist du denn überhaupt?

KRÄUTERJAKOB Jakob. Ich sammle Kräuter.

NICOLETTE Auch Liebeskräuter? Kennst du die?

KRÄUTERJAKOB Natürlich. Der Wald ist voll davon, riech mal: da riechst du das Liebeskraut. Greif mal ins Moos: da hast dus. Und sieh mal her.

NICOLETTE Gib mir ein Liebeskraut.

KRÄUTERJAKOB Das Eisenkraut, zum Beispiel, ist so eine Pflanze. Der Saft steigert die Sinneslust. Der Hauswurz, auch gut für Liebestränke. Und der Brennesselsamen.

NICOLETTE Gib her!

KRÄUTERJAKOB Willst du es essen?

NICOLETTE Ich doch nicht! Ich brauchs doch nicht!

KRÄUTERJAKOB Also dein Liebhaber!

NICOLETTE Ja. Das soll ihn hertreiben.

KRÄUTERJAKOB Er muß es zuvor essen.

NICOLETTE Da, nimms zurück. Es nützt nichts.

KRÄUTERJAKOB Hat er dich verlassen? Hat er dich schon mal geliebt und jetzt nicht mehr? Oder haßt er dich? Oder kennt er dich gar nicht? Hat er dich schon einmal nackt gesehn?

NICOLETTE Alles Unsinn. Du verstehst überhaupt nichts. Aucassin, das ist Aucassin.

KRÄUTERJAKOB Ich muß es wissen. Es ist wichtig für die Mischung.

NICOLETTE Er soll herkommen! Hilf mir, er soll herkommen!

KRÄUTERJAKOB Da kann ich nicht helfen. Ich spür aber, wenn ich dich anseh, selbst eine ... Ich will dir einen schönen Saft kochen.

NICOLETTE Du mit mir? Bist du verrückt?

KRÄUTERJAKOB Wenn du das Säftchen trinkst, bin ich ein Prinz, flackernd, ein Lustfeuerchen!

NICOLETTE *energisch* Danke.

KRÄUTERJAKOB Schade, schade, schade. Ich verkauf meine Kräuter an die feinste Gesellschaft, da muß doch ein Spaß sein.

NICOLETTE Schämen Sie sich!

KRÄUTERJAKOB Aber mir selbst helfen sie nicht.

NICOLETTE Vielleicht gibt es eine andre Kräutersorte, die dir nützlich ist! Wenn du schon alles mit den Kräutern machen mußt!

KRÄUTERJAKOB *resigniert* Das Melancholiekraut brauch ich nicht. Denn ich bin traurig, daß ich alt bin.

NICOLETTE Aber gibs mir für Aucassin! Der soll das heulende Elend kriegen!

KRÄUTERJAKOB Die Wurzel, die mutig macht – den Mut hätte ich, aber ...

NICOLETTE Gibs her! Das geb ich Aucassin!

KRÄUTERJAKOB Aber das Schlafkraut, das kann ich nehmen. Mohn! Das gibt lustige Träume.

NICOLETTE Ja, behalts, ich brauchs nicht.

KRÄUTERJAKOB Also, das eß ich – *Er ißt es* – und schlaf ein. *Er legt sich hin und schläft ein.*

NICOLETTE Schlafen soll er nicht! Er soll ... Weißt du was? Ich glaub, deine Kräuter sind auch Schwindel! Ich bin ja schon so oft beschwindelt worden! Wenn ich dir das erzähle! Alter! Hallo! *Betrachtet ihn* Prompte Wirkung! Hätte ich nicht gedacht. Also nehm ich die andern Kräuter doch mit, für später. Aber wenn der hier liegen bleibt, fressen ihn die Ameisen auf. Egal. Wenn ich nur jetzt den Mut hätte weiterzugehen. Alles ist so ein verdammter Schwindel! Ah, da ist die Rübe, die den Mut macht, davon beiß ich ab. *Sie ißt* So. Und jetzt: vorwärts! *Sie geht mutig weiter und kommt zur Köhlerhütte* Ist das ein Haus? Ein Maulwurfshaufen? Kommt jemand raus, wenn ich dranschlag?

Sie schlägt gegen die Hütte.

IGNAZ *im Innern* Vater, da is was!

KÖHLERVATER Wann was is, nimm den Prügel!

IGNAZ Da is wer.

KÖHLERVATER Ein Viech?

IGNAZ Ja, ein Mensch.

KÖHLERVATER Der möcht uns armfressen? Treib ihn weg!

IGNAZ Sch! Sch! Sch! – Der geht net.

NICOLETTE Komm lieber raus, damit wir vernünftig miteinander reden können.

KÖHLERVATER Schau raus!

IGNAZ Naa, ich nicht, der Dominik ist größer.

DOMINIK *kommt heraus, zu Nicolette* Wer bist denn du? Bist du eine Kuh aus der Stadt?

KÖHLERVATER *kommt auch raus* Das ist eine Hex! Da muß man sagen: Hebe dich fort! Und mit dem Fuß zweimal aufstampfen.

DIE KÖHLER *stampfen zweimal mit dem Fuß auf und murmeln* Hebe dich fort!

IGNAZ *sieht aus der Hütte* Sie steht aber noch da!

KÖHLERVATER Weg da! Wir sind gottesfürchtige Leut. Wir glauben an Gott.

IGNAZ Vater, die is schwarz!

KÖHLERVATER Schwarz is koa Mensch net. Weg da!

NICOLETTE Ich denk nicht dran, fortzugehen, im Gegenteil, ich setz mich hier hin. Wenn ihr nicht so ungewaschen wärt, würde ich euch die Hand geben. *Zum Jungen* Nimm mal den Ast weg!

IGNAZ *nimmt den Ast weg.*

NICOLETTE *setzt sich* So, da sitz ich.

KÖHLERVATER *gibt Ignaz eine Ohrfeige* Halt dich zurück.

NICOLETTE Das ist ein höflicher Junge. Da hast du einen wertvollen Knopf. Den hab ich zufällig noch im Strumpf.

IGNAZ *traut sich nicht.*

KÖHLERVATER *will ihn nehmen.*

IGNAZ *nimmt ihn rasch weg.*

DOMINIK Der ist aus Gold. Von dem kauf ich mir ein Messer.

NICOLETTE Ein bißchen kämmen muß ich mich. Ich seh ja aus wie eine Wilde! Eine Schande! Halt mal den Spiegel!

IGNAZ *will vor, Dominik aber ist schneller, hält den Spiegel.*

NICOLETTE So. Überall Dreck im Haar. Na, und das Gesicht! Kein Wunder, daß ihr erschrocken seid! – Wo ist denn mein Stift? Rose aurore, nein, der ist zu dunkel. Ich nehm Pastell am Nachmittag.
Sie schminkt sich.

DIE KÖHLER *staunen.*

NICOLETTE Um es euch geradeheraus zu sagen: Ihr kennt doch den Graf von Beaucaire!

DIE KÖHLER *sehen sich an.*

NICOLETTE Na, den Alten! Dem gehört doch das Land hier!

DOMINIK Dem gehört es?

IGNAZ Die Bäum da? Die Ameisen? Der Marmeladentopf?

DOMINIK Sakradi!

NICOLETTE Und ihr habt doch sicher von der tollen Liebesgeschichte gehört, die man sich überall erzählt, von Aucassin und . . .

DIE KÖHLER *sehen sie verständnislos an.*

NICOLETTE Darüber werden sogar schon Gedichte gemacht. Na, egal. Ich bitte nur einen von euch, in die Stadt zu gehn und dem Aucassin zu sagen . . . das ist der Sohn: er sieht melancholisch aus, daran erkennt man ihn sofort.

DOMINIK Melancholisch? Was ist das?

KÖHLERVATER Rindvieh! So wie wenn du in einen sauren Apfel beißt.

IGNAZ Sauer! Das mag ich!

NICOLETTE Siehst du, du bist der klügste. Da hast du einen Groschen.

IGNAZ Davon kann ich mir ein Messer kaufen.

NICOLETTE Und geh einer nach Beaucaire, es liegt in dieser Richtung. Und sag . . .

DOMINIK Wenn du zehn Groschen zahlst.

KÖHLERVATER Rindvieh, dreißig! – Nichts für ungut. Er ist halt noch dumm.

NICOLETTE Gut, dreißig, aber wer geht, der muß es geschickt machen.

DOMINIK Im Reden, da sind wir geschickt.

NICOLETTE Wer soll gehn von euch, für meine dreißig Groschen?

KÖHLERVATER Wir alle drei sind da recht geschickt.

NICOLETTE Das will ich sehn. Sagt mir jetzt einmal, wer ich bin? Eine Dame?

DOMINIK *verstockt* Keine Dame.

KÖHLERVATER *verstockt* So eine Frage, da sagen wir nichts drauf.

IGNAZ *fröhlich* Ich weiß! Eine Hirschkuh!

NICOLETTE Du bist richtig! Dich schick ich! Du gehst nach Beaucaire, sagst dem Aucassin, er soll in den Wald kommen, die Hirschkuh jagen.

DOMINIK Und auch dreißig Groschen mitbringen!

KÖHLERVATER Ich geh mit.

NICOLETTE Keiner soll mitgehn. Lauf, rasch! Wenn er in drei Tagen das Tier nicht gejagt hat, sagst du, jagt ers nie mehr. Lauf! *Sie legt den Schminkstift weg und den Spiegel, steht auf* So, jetzt seh ich wieder menschlich aus. Ich geh da hinüber, da seh ich den Weg. Hier, die dreißig Groschen. *Sie wirft ihnen Geld hin und geht ab.*

DIE KÖHLER *fallen über das Geld her, zählen.*

KÖHLERVATER Dreißig Groschen!

DOMINIK Das ist so viel wie ... *Sie hören auf zu zählen.*

KÖHLERVATER Ein sauberes Küchenmesser!

10

Festmusik. Beaucaire auf erhöhtem Sessel. Vizgraf. Aucassin abseits.

BEAUCAIRE *unterbricht die Musik* Wir sind glücklich! Der Krieg ist gewonnen, wir beklagen etwa zweitausend Gefallene, hauptsächlich Bauern und Gemeine; das macht, der Krieg räumt auf unter den Dummen. Die Grenzstreitigkeiten sind aus der Welt, Valence gehört uns, wir sind für den Frieden. Wir essen Salat. Die Hex ist fort, in ein Loch gefallen, die Musikanten haben dicke Köpfe vom Blasen, ich bin bester Laune, und mein Sohn Aucassin ist auch glücklich. Nur: er läßt den Kopf hängen.

VIZGRAF Er ist eine problematische Natur.

BEAUCAIRE Hin und her problematisch! Aucassin!

AUCASSIN Vater?

BEAUCAIRE Ich bin mild bis in die Fußzehen, gut bis in die Haarwurzeln, meine Finger sind pelzig vor Freundlichkeit, daß ich mich wundre. Und du verstockt, warum?

AUCASSIN Wegen Nicolette.

BEAUCAIRE *wütend* Will ich nicht hören und hörs nicht! – Also: warum?

AUCASSIN *schweigt.*

BEAUCAIRE Windsack von einem Sohn, man wird dich aufheitern!

VIZGRAF Sie sollten, das finde ich auch, eine Idee fröhlicher sein, junger Herr.

AUCASSIN Und wie macht man das? Vizgraf, mach es mir vor! *Er schneidet eine Grimasse* So?

BEAUCAIRE Was gibt es für Darbietungen?

VIZGRAF Den Kunstvogel des Herrn Bartholomé.

BEAUCAIRE Hat man den ausprobiert? Ist er neumodisch? Ist er komisch?

VIZGRAF Eine ausgezeichnete Attraktion. Herr Bartholomé hat ein Beglaubigungsschreiben des Herrn Bischof von Tours vorgezeigt, dahingehend: er habe darüber das Mittagessen vergessen. Denn es ist eine sehr komische Nummer und behandelt das Problem Mann und Frau.

BEAUCAIRE Mann und Frau, das alte Zeug! Krieg nicht? Politik nicht? Nichts von der schlimmen Vergangenheit? – Aber wir wollen sie sehn.

Herr und Frau Bartholomé treten ein mit einem Vogel im Käfig. Musikalisch-pantomimische Szene.

HERR BARTHOLOMÉ Ich bin der Herr Bartholomé.

FRAU BARTHOLOMÉ Ich bin die Frau dieses Herrn B.
und lieb ihn liebevoll jede Nacht.

HERR BARTHOLOMÉ Ich hab Frau B. etwas mitgebracht.

Er zeigt ihr den Vogel.

FRAU BARTHOLOMÉ Ein zauberhaftes, süßes Tier.

HERR BARTHOLOMÉ Das Tier, das schenk ich, schenk ich dir.

FRAU BARTHOLOMÉ Doch singts auch eine Melodei?

HERR BARTHOLOMÉ Die, liebe Liebe, bringen wir dem Tierchen bei.

FRAU BARTHOLOMÉ Was, mein Herr B., soll es denn singen?

HERR BARTHOLOMÉ Von unserer Liebe soll es singen.
Fang nur an, Frau Bartholomé!

FRAU BARTHOLOMÉ *zu dem Vogel* Be be be be be be

HERR BARTHOLOMÉ *zum Vogel* Vor Liebe ich ganz vergeh.

FRAU BARTHOLOMÉ Und sie tut auch manchmal weh. –
Ti ri li. *Der Vogel singt nach.*

HERR BARTHOLOMÉ Und macht auch manchmal Müh.

FRAU BARTHOLOMÉ *spricht* Unverschämt!

HERR BARTHOLOMÉ La la la

Der Vogel singt nach.

FRAU BARTHOLOMÉ Wär nur mein Mann nicht da!

HERR BARTHOLOMÉ *spricht* Was soll das heißen?

FRAU BARTHOLOMÉ Was es heißt! *Singt*
Sum sum sum.

Der Vogel singt nach.

HERR BARTHOLOMÉ Meine Frau ist ziemlich dumm.

FRAU BARTHOLOMÉ *singt* Ti ri li.

Der Vogel singt nach.

Mein Mann ist ein Stück Vieh.

Während jetzt der Kunstvogel eine wundervolle Koloraturarie singt, streiten sich Herr und Frau Bartholomé und wollen einander an den Hals.

HERR BARTHOLOMÉ Ich drehe dir den Hals um!

FRAU BARTHOLOMÉ Ich spuck dir ins Froschgesicht!

HERR BARTHOLOMÉ Ich tret dich in den Arsch!

FRAU BARTHOLOMÉ Da hast du ihn!

HERR BARTHOLOMÉ Fettwampe!

FRAU BARTHOLOMÉ Ochsenkopf!

Sie prügeln einander wütend. Schließlich sagt Frau Bartholomé

Stell doch das Ding ab!

HERR BARTHOLOMÉ *zieht ein riesiges Messer und schneidet dem Vogel den Hals ab.*

FRAU BARTHOLOMÉ Gottseidank! Man verstand sein eignes Wort nicht!

HERR BARTHOLOMÉ *verbeugt sich* Das ist das Ende der Geschichte
vom armen Herrn Bartholomé
und seiner schönen Gemahlin, Frau B.

Beide ab mit dem Kunstvogel, von dem er den Körper, sie den abgeschnittenen Kopf trägt.

BEAUCAIRE *klatscht* Eine natürliche, volkstümliche Historie! Ihnen hats wohl nicht so gut gefallen, Vizgraf?

VIZGRAF *lächelt* Feinsinnig!

BEAUCAIRE Hin und her, feinsinnig! Sie hat Wahrheit.

Alle klatschen, außer Aucassin.

Ich möcht wissen, was mit meinem Sohn ist. Er hat einen Wurm im Kopf. Sind noch Attraktionen vorgesehen?

VIZGRAF Eine Quadrille.

BEAUCAIRE Gut, die wollen wir mitmachen.

Er steht auf, großer Tanz der ganzen Gesellschaft. Die Musikanten blasen aus Leibeskräften. Aucassin, aufgefordert, tanzt mit, wendet sich dann weg, bleibt abseits.

BEAUCAIRE *während des Tanzes* Mein Sohn Aucassin, bin ich nicht dein Vater, der dich äffisch liebt? Ich bins. Ich sag dir, du mußt überwinden. Laß es dir sagen, Sohn, überwind dein Gelüst, wenn du eins hast. Ich muß meins auch überwinden, zum Schlachten, Abstechen, und die Freßlust. Ich könnt in den Tisch beißen. Aber ich tus nicht. Wie das manchmal zuckt, innen! Aber die Politik verhinderts! Der Mensch muß fertig werden mit dem, was er im Bauch hat; sonst ists nichts. Überwind dein Gelüst, wie ich meins. O das Fleisch! Das Fleisch! Und die Zähne faulen ab.

VIZGRAF Herr Graf, die Quadrille!

BEAUCAIRE Die Musik lauter! Wie der mich anschweigt!

Tanzt weiter. – Ignaz kommt herein mit einem Stock, sieht die tanzenden Paare, staunt.

EIN TÄNZER Da ist jemand, der auch tanzen will!

TÄNZERIN Schöner schwarzer Mann, darf ich um Ihre Hand bitten?

IGNAZ Ich hab den Stecken.

Alle lachen.

EIN ANDERER TÄNZER So spricht einer, der die Frauen kennt!

EINE TÄNZERIN Dann tanz mit deinem Stecken!

Man tanzt.

IGNAZ *zu Aucassin* Bist du der Sohn zu dem da?

AUCASSIN Ich wollte, ich wärs nicht.

IGNAZ Naa, des is guet!

AUCASSIN Dann erklär mir, warum es gut ist!

IGNAZ Du hast so schöne Schuh an!

AUCASSIN *zieht seine Schuhe aus und gibt sie dem Köhler* Wenns das ist! Da hast du sie!

IGNAZ *zieht die Schuhe an* Da hast du sie! Da hast du sie! Und schon hab ich sie! Aber das schöne Messer, wenn ich das jetzt auch noch hätt!

AUCASSIN *gibt es ihm* Da hast dus!

IGNAZ *zerrt an Aucassins Mantel* Und so ein Gewand brauchert ich auch noch!

AUCASSIN Jetzt wirst du unverschämt.

Schlägt ihn.

IGNAZ Das will ein kultivierter Herr sein und schlagt zu! Ich soll dir sagn, im Wald, wos heuer so viel Pilz gibt, und das beste Holz steht hinterm Berg, da haben wir noch viel Arbeit. Ich soll dir sagn, du sollst auf die Jagd.

AUCASSIN Du sollst mir sagen! Und wer hats dir gesagt?

IGNAZ Sie selber, die Hirschkuh!

AUCASSIN Die Hirschkuh! Dumm!

IGNAZ Mir wenn sies gesagt hätt, ich hätt meinen Stecken genommen und wär ihr nach!

AUCASSIN *drängt ihn ärgerlich weg* Geh mit deiner Hirschkuh!

IGNAZ Sie ist brunftig. Uahh! So schreins, die Hirsch. Mir hörns im ganzen Wald. Uahh!

AUCASSIN *packt ihn* Ich wills nicht hören!

IGNAZ Uahh!

AUCASSIN Aufhören! Aufhören! *Er zerrt an seiner Bluse, die Münze fällt heraus* Wo hast du die her?

Aucassin hebt die Münze auf.

IGNAZ Das sag ich net!

AUCASSIN Dummkopf! Wo ist dein Wald?

IGNAZ Ja, da is schön. Schön!

AUCASSIN Zeig mir!

IGNAZ Bei der Tür naus und auf der Seiten weiter.

VIZGRAF Aucassin, Sie sind angeregt?

AUCASSIN Ich muß jagen, Vizgraf, ich hab eine Jagdlust, wenn ich das Stück Wurzel sehe, ich riech den Wald, ich will Tannenzapfen essen.

VIZGRAF Aber junger Herr, seien Sie vernünftig.

Aucassin ab.

BEAUCAIRE *kommt heran* Was ist los mit meinem Sohn?

Musik hört auf.

VIZGRAF Er will auf die Jagd.

BEAUCAIRE Die Jagd, die Launen. Durch die Büsche und Zweige ins Gesicht geschlagen! Aber das ist gut! Der Knirps da soll noch einen Tanz machen.

IGNAZ Das kann ich net.

BEAUCAIRE Du sollst aber! Du hast ja die Tanzschuhe an! Hopp! Und hopp! Springen! Im Kreis! Auf einem Bein! Ja, auf einem Bein sollst du!

Ignaz tanzt zur Musik, immer heftiger, in Aucassins Schuhen. Alle stehn herum, lachen, klatschen in die Hände.

VIZGRAF Das ist barbarisch. Wir sollten damit aufhören.

BEAUCAIRE Barbarisch hin und her, wir hören nicht auf. Mir gefällts! Weiter! Weiter! Weiter! Und weiter!

Ignaz tanzt weiter.

11

Nun geht Aucassin auf die Jagd, geht in den Wald, um Nicolette zu suchen. Die Köhler schleichen ihm nach. Er kommt zu einer Laube, Nicolette hat sie gebaut. Sie legt noch ein paar Zweige zurecht. Aucassin bemerkt sie nicht, er geht weiter. Sie bemerkt ihn nicht, geht auf die andere Seite der Laube. Aucassin kehrt noch einmal um, Nicolette kommt hinter der Laube vor. Sie sehn sich, sie sind stumm vor Entzücken. Sie gehn, ohne den Blick voneinander zu wenden und ohne einander zu berühren, in die Laube; sie verschwinden darin. – Der Köhlervater und Dominik schleichen an die Laube heran.

KÖHLERVATER *sieht durch ein kleines Loch in der Laube* Jetzt hams sich.

DOMINIK Laß mich auch schaun!

KÖHLERVATER Da ist nichts zum Sehen!
DOMINIK Aber die sind doch jetzt . . .
KÖHLERVATER Trotzdem, nichts.
DOMINIK Aber die machen doch was!
KÖHLERVATER Die schaun sich an!
DOMINIK Machens denn net . . .
KÖHLERVATER Was denn! Naa, nix, schaun sich bloß an.
Der Kräuterjakob ist herangekommen.
KRÄUTERJAKOB Unbeweglich! Impotentia coeundi.
DOMINIK Ich möchts wissen! Ich möchts sehn!
KÖHLERVATER Halts Maul! – Jetzt . . .
Aus dem Innern der Laube ist jetzt ein wunderbares Geigenduo zu hören, das bis zum Ende der Szene andauert.
DOMINIK Hat sie was an?
KÖHLERVATER Das Kleid, ja, und dann noch was, unter dem Kleid.
DOMINIK Aber was machens denn?
KÖHLERVATER Nix, nein, doch was!
DOMINIK Was denn?
IGNAZ *kommt gelaufen* Vater! Vater!
DOMINIK Still bist, Ignaz.
IGNAZ Ich hab an Hasn abstocha.
DOMINIK Still!
IGNAZ *eigensinnig* Und an Mann abstocha.
DOMINIK Still!
IGNAZ *böse* Und den Grafensohn hab ich abstocha!
DOMINIK *gibt ihm eine Ohrfeige* Da drin is er!
KÖHLERVATER Still seids!
DOMINIK *drängt sich ran* Was machens jetzt?
IGNAZ *drängt sich auch ran* Ich wills auch sehn! Ich auch!
KÖHLERVATER *schlägt die Söhne weg* Weg da! Da ist nichts zum Sehen! Ich sags euch dann! *Er sieht hin.*
IGNAZ Du mußt es aber auch richtig sagen!
KÖHLERVATER Sie machen . . .
KRÄUTERJAKOB Der Krokus, der stachelt die Sinnenlust. Und die Malve, das war schon den Pythagoräern bekannt, ist eine heilige Pflanze.
DOMINIK *bedrängt den Alten* Was? Was?
KÖHLERVATER Hurnböck! Nix wird gsagt!
Das Geigenduo geht weiter.

12

Aucassin und Nicolette reitend.

NICOLETTE Über das Feld?

AUCASSIN Und weiter.

NICOLETTE Wie weit ist es über das Feld?

AUCASSIN Eine halbe Stunde.

NICOLETTE Und zum Hügel?

AUCASSIN Bis heute abend.

NICOLETTE Und dann?

AUCASSIN Weinberge. Weinberge und wieder ein Hügel.

NICOLETTE Und dann?

AUCASSIN Weinberge und Hügel.

NICOLETTE Und dann?

AUCASSIN Hügel. Ich weiß nicht.

NICOLETTE Du weißt nicht?

AUCASSIN Hügel, Hügel.

NICOLETTE Du hast was!

AUCASSIN Nichts.

NICOLETTE Doch! Du denkst was!

AUCASSIN Komisch, ja.

NICOLETTE Sags!

AUCASSIN Ich dachte: die Liebe kann auch nicht ewig sein.

NICOLETTE So was denkst du! Deine? Meine? Meine Liebe ist ewig!

AUCASSIN Meine auch.

Sie reiten lange weiter.

13

Aucassin und Nicolette zu Fuß, müde.

AUCASSIN Da sind wir.

NICOLETTE Du sagst: da sind wir, als wären wir hier erwartet. Ich hab jetzt auch genug. Ich setz mich hin und bleib. Die Pferde sind tot, die Füße tun weh. Ich möchte sie ins Wasser hängen.

AUCASSIN Das Mittelmeer ist bestimmt nicht weit. Ich riech es.

NICOLETTE Dann will ich ans Meer.

AUCASSIN Aber alles andre ist wahrscheinlich noch ziemlich weit.

NICOLETTE Was denn?

AUCASSIN Was uns so einfällt: die Liebe zu dritt, die Berge unter Wasser, die Telegraphie.

NICOLETTE *breitet ein Tischtuch aus zum Picknick* Iß was. Brot, hier ist das Messer. Und die Serviette. Man ißt mit Servietten.

AUCASSIN *nach hinten gewendet, wo der vage Umriß einer Stadt deutlich wird* Ich will fragen.

Geht weg, zu dem Wegweiser, den man jetzt bemerkt: ein unbeweglicher Mann mit ausgebreiteten Armen, die Finger grotesk vergrößert.

AUCASSIN *ruft* Heda! Wie weit ist es noch?

WEGWEISER Wohin?

AUCASSIN Nach Konstantinopel zum Beispiel?

WEGWEISER *zeigt eine Richtung* Dahinaus.

AUCASSIN Zum Platz, wo sie die Sonne steigen lassen, morgen früh?

WEGWEISER Dahinaus!

AUCASSIN Zur sogenannten ewigen Liebe?

WEGWEISER Dahinaus!

AUCASSIN Zur ewigen Verdammnis?

WEGWEISER Dahinaus!

AUCASSIN Zu den fleischfressenden Pflanzen?

WEGWEISER Dahinaus!

AUCASSIN Zu den unerbittlichen Vätern?

WEGWEISER Dahinaus!

AUCASSIN Dummes Holz, immer dasselbe und im Kreis herum! Jetzt sag mir, wie heißt die Stadt da?

WEGWEISER *schnurrt im Kreis* Torelore.

Die Stadt fluoresziert.

AUCASSIN Ein erstaunliches Stück Welt, wo alles so weit weg ist. Nicolette, ich hab Lust, in die Stadt zu spazieren.

NICOLETTE Iß lieber was! Marmelade, Eier, Käse, alles ist da. Da ist ein Saft, den trink!

AUCASSIN Eine wunderbare Stadt!

NICOLETTE Es ist Saft vom Eisenkraut, ärztlich empfohlen.

AUCASSIN *abwesend* Es flirrt so, es sind Fische in der Luft.

NICOLETTE Trink doch, bitte, trink!

AUCASSIN Willst du nicht mitkommen?

NICOLETTE Wir wollen vernünftig essen, wie es sich gehört, und du sollst auch trinken.

AUCASSIN *abwesend* Ein Wind weht die Vögel aus den Bäumen!

NICOLETTE Aucassin!

AUCASSIN *abwesend* Ja.

NICOLETTE *läuft rasch auf ihn zu und beißt ihn.*

AUCASSIN *schreit auf* Tier!

NICOLETTE Mir tuts weh, wenn du fort bist.

AUCASSIN Ich will den Herrn dieser Stadt begrüßen. *Er geht auf die Stadt zu.*

NICOLETTE *schüttet den Becher aus* Saft vom Eisenkraut, aber er wirkt nicht.

Sie geht, verschwindet im Dunkel. Die Stadt mit ihrer Mauer und mit den Fenstern darin beginnt jetzt immer stärker zu leuchten.

AUCASSIN *ruft* Wo ist Ihr König?

DREI BÜRGER *sehn aus drei Fenstern* Tot!

Sie brechen in schallendes Gelächter aus.

AUCASSIN War er denn kein guter König, meine Herren?

2. BÜRGER *traurig* Ein sehr guter. Ein ganz ausgezeichneter König.

AUCASSIN Und starb er wie ein guter König im Bett?

1. BÜRGER Im Bett, ja.

2. BÜRGER Mit einem Messer im Kopf.

3. BÜRGER *lacht schallend.*

AUCASSIN So hat man also, wenn ich recht verstehe, einen Despoten umgebracht?

Immer mehr Bürger, alle aus Fenstern in der Mauer.

AUCASSIN Und wer hat ihn getötet? Ihr?

DIE BÜRGER *lachen.*

AUCASSIN Aber das war doch eine gute Tat, und Sie wollen sie nicht getan haben?

DIE BÜRGER *binden sich hastig Servietten um den Hals* Wir haben es nicht getan! Nein! Wir haben es nicht getan! Wie kommen wir dazu! Nein!

AUCASSIN Zeigt mir den Mann, der den Despoten gestürzt hat! Ich will ihn begrüßen!

ALLE BÜRGER *zeigen mit den Fingern* Da kommt er!

Der Popanz, eine etwa vier Meter große hohle Marionette, kommt mit einer Kinderschar herein. Die Kinder haben übergroße Glasaugen; sie tragen Roben und Perücken von Richtern, sind aber ganz ausgelassen und müssen von ihrem Lehrer zur Ordnung gehalten werden.

AUCASSIN Was machen sie mit ihm?

1. BÜRGER Eine ordentliche Gerichtsverhandlung.

AUCASSIN Und wer sind die Richter?

BÜRGER *durcheinander* Die Kinder! Die kleinen Kinder! Die lieben Kinder! Die unschuldigen Kinder!

Die Kinder haben in einer Schulbankreihe Platz genommen. Der Lehrer, der jetzt entfernt dem Vizgraf gleicht, hebt einen Zeigestock.

LEHRER Ich komme nunmehr zur Sache.

Die Kinder lassen sich nicht stören.

LEHRER Ihr müßt aufpassen. Man hat euch vereidigt.

1. KIND Das ist aber eine große Puppe!

2. KIND Das ist keine Puppe. Das ist ein Großpapa.

3. KIND Das ist kein Großpapa. Mein Großpapa ist tot.

LEHRER Meine Herren Richter, wir müssen nunmehr zur Sache kommen. Diese Person hat ein Attentat auf den regierenden König begangen. Es ist unsere Aufgabe, über diesen Fall Klarheit zu schaffen und, wenn es einen Schuldigen geben sollte, denselben zu richten.

2. KIND Ist der König da hingefallen?

4. KIND Und die Krone?

3. KIND Ich möchte eine Krone haben!

2. KIND Ich möchte ein Auge haben!

LEHRER Aber der König, meine Herren Richter, bedenken Sie, ist tot!

1. KIND Die schöne Puppe!

ALLE KINDER *weinen.*

3. KIND *zum 2. Kind* Hör auf zu weinen!

2. KIND Ich weine, weil mein Großvater tot ist.

3. KIND Aber wir müssen einen neuen König haben!

1. KIND Ich bin der König!

2. KIND Aber ein König muß alles erraten können.

1. KIND Warum?

2. KIND Wenn er nicht alles erraten kann, muß er sterben.

4. KIND Dann soll der dort König sein!

2. KIND Wenn er nicht alles erraten kann, schmeißen wir ihn um!

1. KIND Bum!

2. KIND König, König, hör mal!

3. KIND Wir wollen dich was fragen!

AUCASSIN Ich will König sein! Ich will dieses Land regieren!

LEHRER Dann bitten wir, treten Sie ein. Aber seien Sie vorsichtig.

Aucassin schlüpft von hinten in den ausgehöhlten Popanz und spricht durch dessen Mund.

3. KIND Wo kommen die Kinder her?

AUCASSIN *im Popanz* Durch die Augen herein, durch die Augen wieder hinaus.

DIE KINDER *klappen ihre Augen auf und zu* Richtig! Richtig!

4. KIND Wie werde ich groß?

AUCASSIN *durch den Popanz* Indem du dich aufblähst.

KINDER *klatschen* Er weiß alles! Er ist König!

AUCASSIN *im Popanz* Meine Herren, verehrte Anwesende, da ich König bin, befehle ich, daß sofort ein Fest veranstaltet wird.

KINDER *springen auf, rennen fort* Ein Fest! Mit Schlangen! Mäusen! Köpfen! Scheren! Zangen! Feuern! Messern!

Ohrenbetäubende Musik. Vier Schweine kommen herein, wie zu einem Ballett, sie fangen einen Metzger – der dem Metzger Gaston gleicht – fesseln ihn, werfen ihn nieder und schlachten ihn.

1. SCHWEIN *hält das Herz des Metzgers hoch* Das Herz?

ALLE SCHWEINE Gedünstet!

2. SCHWEIN *hält den Kopf hoch* Den Kopf?

ALLE Gekocht! Gekocht!

3. SCHWEIN Die kleine Zehe!

DIE SCHWEINE Laßt sie laufen!

4. SCHWEIN Macht ein Feuer! Feuer!

Sie machen ein Feuer.

AUCASSIN Seid ungeheur fröhlich! Macht einen großen, reichen Tisch für alle ausländischen Gäste! Vergeßt um Gottes willen die Servietten nicht!

Er steigt mit dem Popanzkopf aus der Figur, die als leeres Gerüst stehn bleibt. Alle setzen sich zum Essen.

BOTE *rasch herein* König, Sarazenen sind gelandet.

LEHRER Da muß man fragen: woran erkennt man sie?

BOTE An den nackten Füßen.

LEHRER Das ist unzureichend.

BOTE An den Dolchen im Hals, an den gebratenen Fischen und Menschen, an der Religion.

AUCASSIN Gut, es wird ein Krieg daraus! Meine Herren, wir werden einen Krieg führen.

DIE BÜRGER Während des Essens ist das sehr unangenehm.

LEHRER Und unpassend.

AUCASSIN Wo sind die Frauen und Mädchen? Hat man sie eingesperrt? Versteckt man sie? Sie sollen den Krieg führen!

Trommeln. Die Frauen und Mädchen kommen mit Spießen.

Frauen, Frauen, Frauen! Entweicht euren Gefängnissen! Das schöne Geschlecht, unterworfen sind alle, die euch lieben. Darum greift zu den Waffen, geht zu den Wölfen, vertreibt die Sarazenen aus dem Land! Wir werden euch, während wir hier zur Tafel sitzen, keinen Augenblick vergessen!

Die Frauen und Mädchen ziehen zur Trommelmusik ab. Schlachtlärm hinter der Bühne. Die Bürger essen heftig.

1. SCHWEIN Es ist fachmännisch zubereitet, mit Majoran und Rosmarin.

2. SCHWEIN Wir tranchieren es auf der Schüssel.

3. SCHWEIN Eine köstliche Duftwolke steht über dem blauen Fleisch. Fliegenschwärme erheben sich aus seinem Innern.

LEHRER Haltet euch grade und sauber. Verletzt nicht die Gebote des Anstands, nehmt das Messer in die rechte, die Gabel in die linke Hand.

Es wird still hinter der Bühne.

AUCASSIN Die Mahlzeit beendet! Wir haben gesiegt. Faltet die Servietten zusammen!

Die Frauen kommen zögernd wieder herein, jede hat einen Sarazenenkopf auf dem Spieß. Sie stecken die Spieße in eine Reihe hinter der Tafel.

AUCASSIN Da sind sie ja! Gerade zur rechten Zeit. Wir sind fertig.

EIN BÜRGER Es hat köstlich geschmeckt.

2. BÜRGER Wir haben alles aufgegessen.

LEHRER Angesichts dieser großen Erfolge ist es wünschenswert, daß Sie eine Rede halten.

AUCASSIN Gut, ich rede! Die alte Welt ist kaputt, der alte König ist tot, die alte Währung ungültig. Eine neue Zeit ist angebrochen, denn der König ist frei, er herrscht unumschränkt, die Kinder sind frei, denn sie sitzen zu Gericht, die Frauen sind frei, denn sie führen Kriege, sogar die Schweine sind frei, sie haben den Metzger geschlachtet. Ein denkwürdiger Tag also, wir wollen deshalb eine Münze prägen. Ich bitte euch und befehle euch, geht hinaus unter den Prägestock. Der steht hinter der Tür. Wenn ihr wiederkommt, seht ihr mich glücklich.

LEHRER Zuerst die Frauen, dann die Männer. Die Frauen sollen in Silber geprägt werden, die Männer in Gold.

Die Frauen und Bürger gehen, einer hinter dem andern, hinaus.

AUCASSIN Vizgraf, ich bin souverän. Sehn Sie einmal in den Himmel hinauf.

LEHRER Ein schöner, leerer, staubloser Himmel.

Die Kinder stürmen herein.

1. KIND Ein Vögelchen!

2. KIND Eine Taube!

1. KIND Ich will die Taube sein!

3. KIND Da fliegt sie, Herr Lehrer!

LEHRER *sieht hinauf* In der Tat. Es handelt sich um eine Brieftaube.

Die Taube fliegt schnurgerade herein, bleibt in der Luft stehn, läßt einen Brief fallen und fliegt schnurgerade wieder hinaus.

1. KIND *hat den Brief aufgefangen, öffnet ihn, weint* Ich kann nicht lesen!

2. KIND Ich kann lesen! *Nimmt ihn dem 1. Kind ab, sieht hinein.*

3. KIND *nimmt den Brief, versucht zu lesen, buchstabiert, hört auf zu lesen, winkt das 4. Kind heran.* Hilf mir.

2. KIND Ich möchte lieber singen.

ALLE ANDEREN KINDER Lesen, lesen!

Sie scharen sich um den Brief und sprechen im Chor, der sehr eingelernt klingt.

Der alte Graf Carin von Beaucaire ist gestorben.

1. KIND Der alte Graf Garin von Beaucaire ist gestorben.

2. KIND *zieht eine Flöte aus der Schürze und spielt ein paar Töne.*

ZWEI KINDER *singen*
Aucassin ist nun selbst –

ALLE KINDER *singen*
Graf von Beaucaire.

LEHRER Bezaubernd! Ein improvisatorisches Element!

ALLE KINDER *singen, vom Lehrer ermutigt*
Graf von Beaucaire!

AUCASSIN Gebt mir den Brief!

LEHRER Der Graf von Beaucaire möchte den Brief haben.

1. KIND Den geben wir aber nicht!

2. KIND Damit baun wir ein Papierschiff.

3. KIND Und schiffen uns ein.

Alle Kinder laufen mit dem Brief weg.

AUCASSIN Graf von Beaucaire! Hört, ich bin Graf von Beaucaire!

Die Bürger und Frauen kommen im Aufzug herein, anstelle der Köpfe haben sie jetzt große flache Münzen mit dem Bildnis Aucassins. Musik.

LEHRER Eine kostbare, eine exquisit schöne Sammlung! Eine wertvolle Erinnerung an diesen bedeutungsvollen Tag. Sie werden sie wohl mit nach Beaucaire nehmen.

AUCASSIN Nach Beaucaire! Weißt du, wo das liegt? Wir gehn nach Beaucaire! Komm, Nicolette, wir gehn nach Beaucaire zurück, dort werden wir zusammen auf einem Stuhl sitzen, wir sehn uns den Sonntag im Land an! Nicolette! Wo steckst du denn? Gute Leute, habt ihr eine Dame nicht gesehn, ich ließ sie am Strand, eh ich in diese Stadt ging. Sie hatte die Schuhe ausgezogen. Sie war doch am Strand. Sagt doch!

1. FRAU *hat einen Becher in der Hand* Aber die Sarazenen ...

2. FRAU *hat eine Serviette in der Hand* Und die Sarazenen ...

3. FRAU *hat einen Käse in der Hand* Denn die Sarazenen ...

AUCASSIN Die Sarazenen! Was für ein Wort! Sarazenen! Sarazenen! Sarazenen!

ALLE *sehen ihn an und lachen schallend* Sarazenen! Sarazenen!

Die Kinder kommen neugierig zurück.

1. KIND Guck mal, der Mann!

AUCASSIN *läuft fort* Ich bin der Graf von Beaucaire! *Er reißt sich den Popanz-Kopf ab.* Ich bin der rechtmäßige Graf von Beaucaire! Ich bin – jawohl, ich bin der rechtmäßige ...

Die Stadt Torelore verblaßt und verschwindet. Es wird still. Aucassin steht jetzt plötzlich allein. Er bemerkt das Tischtuch mit dem verlassenen Frühstück. Er reißt das Tischtuch hoch, alles purzelt durcheinander.

14

Meerfahrt. Das große Segelschiff fährt übers Meer. Nicolette steht am Heck und horcht auf den Gesang der Delphine.

1. DELPHIN *singt*
Felix qui potuit rerum cognoscere causas.

2. DELPHIN *singt*
Discite iustitiam moniti et non temnere divos.

3. DELPHIN *singt*
Naturam expelles furca, tamen usque recurret.

ALLE DREI DELPHINE *singen*
Quis quid ubi quibus auxillis
cur quodomodo quando

1. DELPHIN *singt*
Contraria contrariis curantur

2. DELPHIN *singt*
Similia similibus curantur

3. DELPHIN *singt*
Fluctuat nec mergitur.

ALLE DREI DELPHINE *singen*
Quis quid ubi quibus auxillis
cur quomodo quando.

DER KAPITÄN Heda! Was singen die Delphine?

NICOLETTE Ich verstehs nicht. Es ist lateinisch.

15

Karthago. Die Stadt, maurisch. Das Meer. Am Strand geht der alte König Karthago mit seinen drei schwarzen Ministern. Der schöne dicke Sultan. Musik.

KARTHAGO Diese Morgenspaziergänge! Diese Traurigkeit! Diese Morgenspaziergänge!

DIE MINISTER Gesund für den Kreislauf, gesund für den Kopf, gesund für die Füße, gesund für die Verdauung!

KARTHAGO Aber die Traurigkeit! Meine Gedanken sind bei einem Leberfleck – winziges Eiland in makelloser Unendlichkeit! Verlorenes Paradies! – Seht ihr etwas auf dem Meere?

DIE MINISTER *sehn hin* Nichts.

KARTHAGO Kein Ungeheuer, aus dem Schaum? Keine feindliche Flotte? Keiner, der ertrinkt? Keine Gesandtschaft auf einem Floß, mit Wimpeln? Eure Phantasie ist matt. Ich kann meinen Leberfleck nicht vergessen.

SULTAN Aber es gibt doch gewisse Freuden, die ablenken.

KARTHAGO Gut gesprochen, Sohn meines Freundes, aber wie ein junger Mann! Als ich so alt war wie du, habe ich mir Freuden verschafft: Ich sah gern Schiffe untergehn, da draußen, ließ es machen, langsam wie die Sonne ins Meer. Flöten spielten dazu, ein bißchen geschmacklos, wenn ichs jetzt bedenke. Und die Freuden der Feldschlacht, zu befehlen: diese Zweitausend zu Pferd, hinein ins Feuer! Sie rennen hinein, und nicht einer kommt zurück!

SULTAN Ich machte wohl gern mal sowas.

KARTHAGO Sohn meines Freundes, du willst Verantwortung, das ist hoch hinaus. Die trag ich nun einmal allein. Meine Ministerien? Meine Minister horchen an den Türen, schaffen Verwicklungen, aber es ist nicht leicht, dabei ungeschoren zu bleiben.

SULTAN Ich würde gern meine Männlichkeit zur Wirkung bringen.

KARTHAGO Ja, das wollt ich auch, o Jugend! Die Frau starb im Kindbett, und was danach kam . . . Die Frauen verderben alles. *Zu den Ministern* Steigt einmal auf den Baum und seht, ob ein Schiff kommt.

MINISTER *auf dem Baum* Es kommt!

KARTHAGO Seht ihr, es gibt noch Überraschungen! Hat es kostbare Ladung?

DIE MINISTER *auf dem Baum, spähend* Eine Dame.

SULTAN Interessant!

KARTHAGO Nicht so voreilig! Aus gutem Haus?

DIE MINISTER *im Baum* In einer Hängematte! Schaukelnd!

KARTHAGO Vornehm. Das gibt Lösegeld. Empfangt sie.

Die Minister und, besonders eilig, der Sultanssohn eilen zu der Stelle, wo jetzt das Schiff mit Nicolette landet.

KAPITÄN *ruft* Wir bringen unserem König eine Sklavin.

KARTHAGO *winkt ab* Danke, danke. Sprecht ihr, Minister!

NICOLETTE *steigt aus dem Schiff* Sand! Alles geht in die Schuhe. Ich muß sie ausziehn. Halte mir mal die Schuhe!

Sie gibt dem verblüfften Sultanssohn ihre Schuhe.

Wie heißt denn die Stadt?

SULTAN Karthago, meine Dame.

NICOLETTE *sieht hin* Nicht besonders attraktiv. Aber die Rundbögen hab ich schon irgendwo gesehn.

SULTAN Das ist der maurische Stil.

NICOLETTE Und der alte Mann da?

SULTAN Der König dieses Landes.

NICOLETTE *zu Karthago* Guten Tag! Mir kommen die Rundbögen bekannt vor, ich weiß aber nicht, habe ich sie in einem Buch gesehn oder auf einer Reise.

KARTHAGO *zu den Ministern* Sprecht ihr!

1. MINISTER Sie sind also weit gereist?

NICOLETTE Ziemlich. Aber ich habe auch viel gelesen. Außerdem spreche ich drei Sprachen, lateinisch, griechisch und altfranzösisch.

2. MINISTER *zum 1. Minister* Danach taxiere ich sie auf ein Lösegeld von tausend Golddukaten. Rede weiter, schönes Kind. Wo kommst du her?

NICOLETTE Aus Beaucaire. Eine wundervolle Stadt. Na, ich bin weg. Ihr habt sicher von der wunderbaren Liebesgeschichte gehört. Alle Leute reden davon. Ich heiße Nicolette.

KARTHAGO *zum Minister* Sprecht ihr, sprecht ihr!

1. MINISTER Nein, wir haben nichts davon gehört.

NICOLETTE *empört* Wie ist das möglich? Was ist das hier für ein Land?

KARTHAGO *gibt den Ministern einen Wink.*

3. MINISTER Wir wissen, wir wissen.

NICOLETTE *böse* Es scheint mir aber nicht so! *Weint* Ich arme unglückliche Nicolette!

2. MINISTER *zum 1. Minister* So empfindlich! So adlig! Das

gibt zweitausend Golddukaten. *Zu Nicolette* Dein Vater, schönes Kind?

NICOLETTE Kenn ich nicht.

2. MINISTER Verschweig uns nichts. Es ist nur geschäftlich. Wir möchten nur wissen,an wen wir uns wegen des Lösegeldes wenden sollen.

NICOLETTE Ich weiß es nicht.

1. MINISTER Ist es der Graf von Beaucaire, der Stadt, aus der du kommst?

NICOLETTE Der! Wegen dem mußte ich ja in den Wald rennen, er wollte mich umbringen. Aber Aucassin kam dann nach, und wir haben uns in einer berühmten Laube gefunden. Die Liebe war stärker.

SULTAN *begeistert* Schön!

KARTHAGO Beherrsche dich! Dies ist ein diplomatisches Verhör.

NICOLETTE Aus Ärger darüber ist der alte Beaucaire wahrscheinlich geplatzt. Das alte Kanonenrohr!

2. MINISTER *zum ersten* Sie redet nicht gerade edel. Wertmindernd.

1. MINISTER Aber von Adel, schönes Kind, bist du doch sicherlich?

NICOLETTE Wegen dem Vizgraf? Der ist gar nicht mein richtiger Vater, das habe ich erst später erfahren. Sonst wäre die Affäre nicht so tragisch gewesen. Aber das Getuschel hinter dem Rücken! Gerüchte! Seht sie doch an, hat sie nicht negroide Züge? Vielleicht war der Vater eine Kröte? Ein Negerhäuptling?

1. MINISTER Schrecklich, schrecklich, schrecklich.

2. MINISTER *zum 1. Minister* Fast wertlos.

1. MINISTER Aber, schönes Kind, du hast doch sicher in Erfahrung gebracht, wer dein richtiger Vater ist?

NICOLETTE Ich hab mich erkundigt, der Vizgraf, mein Pflegevater, hat mich geraubt, als ich ein Baby war. Leider muß das in einem ganz unzivilisierten Land gewesen sein, denn ich war einfach mit Lederriemen verschnürt.

KARTHAGO *aufmerksam* Lederriemen? *Zu den Ministern* Sprecht ihr!

DIE MINISTER Lederriemen?

NICOLETTE Das hat sich natürlich herumgesprochen, und der

alte Beaucaire hat wütend durch die Zähne geblasen, als er unsere Liebe bemerkte. Die Mesalliance! Er saß hinterm Busch und paßte auf.

KARTHAGO Geraubt? *Zu den Ministern* Sprecht ihr!

DIE MINISTER Geraubt?

NICOLETTE Es wird ja auch gleich immer alles schlimmer gemacht, als es ist. Es war nicht weit davon, sie hätten mich als Hexe verbrannt. Puh, die Flammen, die Leute!

KARTHAGO *kommt erregt heran* Als Baby? *Zu den Ministern, die zu Nicolette die Frage wiederholen wollen* Schweigt! – *Zu Nicolette* Kind, ich bin der König von Karthago . . .

NICOLETTE Ich weiß.

KARTHAGO *verwirrt, aufgeregt* . . . dieser Stadt, und befehle dir, knie vor mir nieder.

NICOLETTE *kniet nieder* . . . und Angst hatte ich dann natürlich, und dann dachte ich, wenn mich nur mein Aucassin nicht verläßt, der kam ja dann auch, und wir sind zusammen geritten, immer weiter, und schließlich . . . hat er sich erkältet. *Sie senkt den Kopf und weint.*

1. MINISTER So sind die Männer.

3. MINISTER Wir wissen, wir wissen.

NICOLETTE Ja, die Männer! Aber wir haben uns doch so geliebt! Er kann mich doch nicht vergessen haben!

KARTHAGO *in großer Erregung zu den Ministern* Ihren Nakken !Unter dem Haar! Links!

DIE MINISTER *nehmen das Haar der knieenden Nicolette auf die Seite und sehn hin* Ein Muttermal!

KARTHAGO Steh auf, Kind! Der Leberfleck! Sei froh! Ich bin dein Vater!

NICOLETTE *steht auf* Sie? Du? – Aber wenn Aucassin . . .

KARTHAGO Kind, vergiß diesen Knaben. Eines Grafen Sohn! Der edelste Kalif wäre froh, wenn er dich zur Frau bekäme! Ich bin dein Vater! Diese Freude! Kommt alle her! Es wird ein Fest gemacht, mit Illuminationen! Ist nicht ein Friede zu schließen? In die Stadt! Ich bin dein Vater!

Zum Sultanssohn Wenn ich dir nur etwas Gutes tun könnte! Aber die Ministerien sind besetzt.

SULTAN *schüchtern* Ich brächte gern meine Männlichkeit mehr zur Entfaltung.

NICOLETTE *bemerkt jetzt erst den Sultanssohn, der die Schuhe hält* Wer ist das?

SULTANSSOHN Sultan Soliman der Siebenundfünfzigste, Sohn des Sechsundfünfzigsten, Herrscher über zwei afrikanische Reiche.

NICOLETTE Herrlich! Trag mir die Schuhe nach.

Sie geht mit dem König ab, sieht sich aber noch einmal nach dem Sultanssohn um, bleibt stehn, bewundernd.

Wenn Aucassin das sähe! Wenn er das sähe! Wenn er das nur sähe!

KARTHAGO Dein Verlobter!

SULTANSSOHN *bezaubert* Glücklich!

Alle in die Stadt.

16

Karthago. Zimmer.

NICOLETTE *Am Fenster, lockend* Wind! Wind! Wind! *Am Fenster der anderen Seite* Hier herein! Wind, komm! Komm ums Haus herum! *Zur Tür* Komm durch die Tür, mein galanter Herr aus Frankreich.

Sie öffnet die Tür, aber der Wind kommt nicht herein. Sie geht zum Kamin.

Komm, Wind! Bleib nicht da oben sitzen! Komm, ich hab einen Georgette-Schal für dich! *Sie wickelt ihr Seidentuch aus dem Haar, hält es hin* Da hast dus, aber sag mir was!

Der Wind kommt und weht das Tuch aus ihrer Hand aus dem Fenster.

Wie geht es Aucassin?

DER WIND *weht einzelne Silben heran, die sich zu dem Satz zusammensetzen*

Er ist Graf von Beaucaire, er ist Graf von –

NICOLETTE *dem Wind nach, zum Fenster* Halt, lauf mir nicht weg! Graf von Beaucaire? Dann ist der Alte tot, Gott sei Dank! – Komm herein, zärtlicher, schöner Wind, hier schenk ich dir noch ein Tuch!

Sie nimmt ein Tuch von ihren Schultern, hält es hin Was macht er, mein Aucassin?

DER WIND *weht Silben heran* Er ist betrübt, er ist –

NICOLETTE Schönen Dank, dann liebt er mich noch. Aber ich hab es eigentlich nicht anders erwartet. Unsere Liebe ist schließlich einmalig. – Und woran denkt er? Ich laß dich nicht raus, wenn du mir nicht noch was sagst!

Sie schlägt die Tür zu, durch die der Wind hinauswollte. Hier: Mein Taschentuch! Sieh es dir an, es ist ein Geschenk von meinem Verlobten! Häkelspitze! Ich schenk es dir. Woran denkt er, mein Aucassin?

WIND *entführt das Taschentuch aus dem Fenster* Ans Heiraten, ans Hei –

NICOLETTE Schwätzer! Raus mit dir!

Sie rennt, schlägt und bläst gegen den Wind Hör ich mir dein dummes Geschwätz an! – Raus! Da, durchs Schlüsselloch! – Da, durch den Kamin, daß du schwarz wirst! *Sie verscheucht den Wind durch den Kamin. Dann steht sie einen Augenblick erschöpft, wütend und ratlos. Dann rennt sie zum Fenster und ruft hinaus* Wind, halt noch einen Augenblick! Sag ihm, ich bin verlobt! Mit einem Sultan! Ein Prachtexemplar! Ich bin ganz toll nach meinem Sultan!

Der Sultan ist hereingekommen, mit dem Taschentuch Nicolettes in der Hand. Auf Zehenspitzen, entzückt lauschend, nähert er sich Nicolette am Fenster.

SULTAN Ich habe dieses Tüchelchen gefunden, es hing in den Büschen. *Gibt es ihr* Wie bin ich glücklich!

NICOLETTE *fährt herum* Glücklich, du Tropf? *Ohrfeigt ihn* Glücklich? Immer sagst du: Glücklich! Als ob das so einfach wär! Glücklich! *Ohrfeigt ihn* Ich muß rennen, die anderen Tücher auflesen! *Sie läuft aus der Tür, kommt noch einmal zurück, sagt* Vorsichtshalber schließ ich die Tür ab!

Sie schließt die Tür zu, läuft davon.

17

Cirage, fantastisch aufgeputzt als Hofdame. Nicolette bei ihr, am Schminktisch.

NICOLETTE Er?

CIRAGE Er! Er! Ach, das Fräulein, daß es da ist! Wie sind Sie gekommen?

NICOLETTE Geflogen.

CIRAGE Geflogen? So? *Sie macht eine Flugbewegung* So jung, und Sie können fliegen! Und ich so alt und geh wie eine Ente!

NICOLETTE Auf einem Vogel.

CIRAGE Auf einem großen bunten Vogel! Nein, ich glaubs nicht.

NICOLETTE Unten zieht alles langsam vorbei, die Erde ist unbewohnt, Inseln, unbewohnt, das Meer, keine Schiffe, und die Hügel der Provence: Hügel, Weinberge, einer nach dem andern, Hügel, Weinberge.

CIRAGE So schön kann nur einer sprechen, ders von oben gesehn hat. Geflogen, das Fräulein! Aber ich glaubs doch nicht.

NICOLETTE Hier hast du eine Feder.

CIRAGE Geflogen ist sie, ja! Eine Feder!

NICOLETTE Und mein Pflegevater?

CIRAGE Ist fein, ist vornehm, er ist Museumsdirektor.

NICOLETTE Natürlich, die Münzsammlungen! – Und er?

CIRAGE Er! Die Freude, wenn Sie zusammenkommen!

NICOLETTE Aber da sind doch andre Anwärterinnen?

CIRAGE Schwarze, weiße, alles. Aber wenn Sie kommen ... Er will eine, die soll sein, wie Nicolette war.

NICOLETTE Und wie war die?

CIRAGE So – genau so!

NICOLETTE Ich weiß nicht. Meinst du? Nicht weißer? Kreide, Kreide! Ich war gewiß weiß, Cirage. Kreide!

Sie reibt sich hastig das Gesicht mit weißer Kreide ein.

CIRAGE Die andern haben sich schwarz gemacht, aber wie Sie war keine.

NICOLETTE Ach, Cirage! *Umarmt sie, reibt das Gesicht an ihrem Gesicht* Da: es geht ab. Du bist weiß an der Stelle, und ich schwarz! Es geht ab, ab! *Sieht in den Spiegel* Und schwarze Rinnen, von den Tränen.

CIRAGE Schwarz wie ein Engel.

NICOLETTE Ich muß mir was ausdenken. – Ah, der Gärtner?

CIRAGE *entrüstet* Nichts hab ich mehr mit dem, seitdem ich Ehrendame bin.

NICOLETTE Ich meine: er arbeitet noch in den Gärten?

CIRAGE Nichts, ich schwörs! Er ist alt, ich bin alt, da sind die Ameisen fort.

NICOLETTE Unter der Schloßmauer? Die Beete? Die Büsche? Das Spalierobst an der Mauer?

CIRAGE Ja, da pflanzt er. Aber ich geh schon lang nicht mehr hin, als Ehrendame.

NICOLETTE *steht auf* Ich muß mit dem Gärtner sprechen! *Ab.*

CIRAGE Aber du bist noch nicht fertig, Kind! So eilig! – Geflogen! Auf gewaltigen Flügeln! Übers Meer und hierher! Da ist die Feder!

Sie tänzelt, als wollte sies selbst versuchen, mit der Feder, wird plötzlich stutzig, sieht die Feder an.

Aber die ist ja von einer Henne!

18

Saal in Beaucaire. Alles schwarz. Ein Waschbottich, eine Gartenbank, ein Bild mit Aucassin und Nicolette. Statuen von Nicolette. Eine große Vase. Zwei Diener, ein alter und ein junger, reinigen die Gegenstände.

DER ALTE DIENER So war sie nicht. Diese Person hat einen Saft in die Augen gespritzt, damit die Pupille groß wird. Und die Frisur, natürlich, die Frisur macht das meiste. Der junge Herr fällt da auf einen ordinären Modetrick herein. So war sie nicht.

DER JUNGE DIENER Egal, wie sie war. Da bin ich nicht kleinlich.

DER ALTE DIENER Egal! Das kann einer sagen, der sie nicht gekannt hat. Ich habe sie gekannt.

DER JUNGE DIENER Wenn der Herr aber selbst drauf reinfällt – der hat sie doch auch selbst gekannt!

DER ALTE DIENER Das war die Jugend. Die sieht noch nicht alles.

DER JUNGE DIENER Das sagst du mir! Ich bin ein Frauenkenner, weißt du. – Die aus Toulouse wirds machen. Wetten?

DER ALTE DIENER Ich wette um so etwas nicht.

DER JUNGE DIENER Geh, du bist fad. Das Silberstück, das ich heute früh eingenommen hab, für eine Sonderleistung, tät ich gern wieder verwetten. Aber wenn du nicht willst, leg ichs anders an. Ich hab so meine kleinen Passionen.

DER ALTE DIENER Behalt sie für dich.

DER JUNGE DIENER Egal, ob die Person eine Ähnlichkeit mit dem Original hat oder nicht. Wenn sies versteht, daß er die Illusion behält – darauf kommt es an. Es verändert sich ja nun mal alles in der Welt. In zwei Jahren verändert sich bei den Damen schon die Frisur, in drei Jahren die Fettpölsterchen an den Hüften, in fünf die Haut auf der Hand, und lachen dürfen sie dann überhaupt nicht mehr, da wird das Gesicht rissig. Hab ich recht? Und weil sich bei den Frauen alles so kolossal verändert, muß ichs immer neu haben, und immer von einer andern. Da bin ich ein Frauenkenner geworden, notgedrungen.

DER ALTE DIENER Es kommt darauf an, daß einer alt wird mit dem, was er hat. Ich habe eine Frau zu Haus, die hat den Blick von toten Vögeln, und die Adern stehn dick heraus an den Beinen, und wenn sie in der Tür steht und keift, horch ich auf die Stimme, denn sie war früher anders und ist doch dieselbe: »Guillaume! Guillaume!«

DER JUNGE DIENER Ich will einfach alles probieren, alle Körper und die Bewegungen alle, und immer mehr, bis, na, bis eben alles hin ist.

DER ALTE DIENER Die aus Toulouse wirds nicht machen.

DER JUNGE DIENER Und die aus Perpignan? Aus dem Dorf bei Avignon? Die kleine Angestellte? Die Rothaarige vielleicht?

DER ALTE DIENER Sie war anders. Ich hab sie gekannt.

DER JUNGE DIENER Ich rat dir: geh mal in die Stadt und auf die Gassen, so gegen Abend: da zeigen dir zweihundert junge Mädchen von Beaucaire, wie sie war: da bist du überstimmt an jeder Straßenecke.

DER ALTE DIENER Ich brauchs nicht zu sehen. Ich hab die Vergeßlichkeit nicht.

DER JUNGE DIENER Oder tu mal einen Blick in die Vase da!

DER ALTE DIENER Ich wollte Blumen hineintun, aber es wurde verboten.

DER JUNGE DIENER Sieh mal hinein.

DER ALTE DIENER *sieht in die Vase.*

DER JUNGE DIENER Und die? Könnt es die machen, vielleicht?

DER ALTE DIENER *grinst.*

VIZGRAF *würdevoll, als Museumsdirektor, kommt.*

Die beiden Diener lassen schwarze Vorhänge vor den Fenstern herunter.

AUCASSIN *kommt rasch herein. Er bemerkt sofort den alten Diener, der noch immer lächelt* Du hast gelacht.

DER ALTE DIENER Ich sah ... ich weiß nicht, was ich sah ...

AUCASSIN Entlassen. Weggehn!

DER ALTE DIENER *bleibt stehn* Herr, als ich vor fünfundvierzig Jahren ...

AUCASSIN Entlassen, entlassen.

Vizgraf winkt. Der alte Diener geht.

AUCASSIN *zu dem jungen Diener* Halt ihn noch fest! Sah er nicht unglücklich aus, beim Hinausgehen? Er soll ein doppeltes Gehalt haben, bevor er geht.

DER JUNGE DIENER Es wird ausgerichtet. *Ad spectatores* Ausgerichtet? Nein, das Geld in die eigne Tasche, aber nicht lachen, sauber verdient, aber nicht lachen. *Er grinst und wird wieder ernst* Traurig sein! Denn merke: die Welt ist schlecht. *Ab.*

AUCASSIN Herr Museumsdirektor?

VIZGRAF *zeigt einige Münzen* Wir haben zwei neue Stücke erworben. Eine Drachme, späthellenistisch. Mit einem Delphinmotiv. Das andere Stück, mit dem Porträt des Königs Psammetich, ägyptisch, interessanterweise Falschgeld, man erkennt es an der Rückseite.

AUCASSIN Und die Kleine aus Lyon? Zu vorlaut, wie? Oder sind wir zu kritisch?

VIZGRAF Man muß in diesen Dingen außerordentlich kritisch sein.

AUCASSIN Und die aus Avignon? Die Wäscherin?

VIZGRAF Ein einziges wertloses Stück untergräbt bereits den Ruf des Sammlers.

AUCASSIN Da haben Sie recht. Ich hätte keinen besseren Direktor des Museums finden können als Sie.

VIZGRAF Geschmeichelt, geschmeichelt.

AUCASSIN Wenn ich sie habe, wollen wir eine Münze prägen lassen; die soll jeder bekommen in meinem Land. Aber Nicolette ...

VIZGRAF Das Profil! Darauf müssen Sie unbedingt achten.

AUCASSIN Ich meine die echte, hatte die nicht eine stärkere Ausstrahlung? Erinnern Sie sich einmal, Vizgraf!

VIZGRAF Ich erinnere mich gut, ja, sie hatte die Ausstrahlung. Das ging sofort über. Mit geschlossenen Augen spürte mans, wenn sie im Zimmer war. Sie war manchmal versteckt irgendwo, im Schrank, in einer Wanduhr, man wußte, daß sie da war. Da war ein Tremolo in der Luft.

AUCASSIN Das ist bei den andern nicht. Aber da draußen stand noch eine, die von vorgestern.

VIZGRAF Ich sah sie. Gutes Profil.

AUCASSIN Die, meine ich, hatte das ... na, eben da!

VIZGRAF Das Profil.

AUCASSIN Sie soll hereinkommen. Ich glaube, die kommt unseren Vorstellungen am nächsten.

VIZGRAF *gibt einen Wink.*

HEIDI *kommt herein, ganz Starlet, mit geschäftsmäßiger Sicherheit* Hallo!

AUCASSIN Das war vorgestern? Nicht vor sechs Jahren?

HEIDI Vorgestern. Vor sechs Jahren war ich doch erst ... Sie beleidigen mich.

AUCASSIN Warum?

HEIDI Na, vor sechs Jahren!

AUCASSIN Und du heißt?

HEIDI Nicolette.

VIZGRAF *klatscht in die Hände* Bravo.

AUCASSIN Und was wünschst du?

HEIDI Ich wollte mich erkundigen, wie meine Vorstellung vorgestern angekommen ist.

AUCASSIN Was meint sie, Vizgraf?

HEIDI Die Szene am Gitter, meine ich: Der Abschied, als ich zu den Wölfen ging.

AUCASSIN Ach ja, zu den Wölfen! Ganz gut. Gefühl fehlte ein bißchen. Nicolette wollte sich opfern.

HEIDI Gefühl wollte ich aufsparen für die Laube. Das ist ja auch die ergiebigere Szene. Da schenkt man nicht alles vorher weg.

VIZGRAF Sie spricht von der künstlerischen Ökonomie.

AUCASSIN Sechs Jahre. Ist es eine lange Zeit?

HEIDI Ich bin nun mal der Typ. Am stärksten bin ich, wenn ich ganz zurückgenommen spiele.

AUCASSIN Ich bitte dich, setz dich noch einmal auf den Stein da, wie damals, als ich dich verloren hatte. Wo ging ich eigentlich hin? Das ist eine sehr wichtige Szene. Wie du sie spielst: darauf kommt es an.

HEIDI *zieht ihren Mantel aus und setzt sich in theatralisch-sentimentaler Haltung auf einen Stuhl wie auf eine Felsenklippe* Aucassin, mein Freund! Mein süßer Freund! Warum bist du fort? Warum warum warum warum?

AUCASSIN *erregt* Ich weiß es nicht. Ich denk nach und find keinen Grund.

HEIDI *sieht ihren Erfolg, noch theatralischer* Kann man denn seine Liebe vergessen?

AUCASSIN Nein! Hör auf! So wars! So hat sie gedacht! Ich überleg mir die Antwort heute, morgen, immer. Geh jetzt. Du hörst von mir, morgen früh.

HEIDI *steht auf, sachlich* Heißt das . . . ich bin engagiert?

AUCASSIN Sags ihr, Vizgraf, und führ sie hinaus. Laß mich allein.

VIZGRAF *zu Heidi, die er hinausführt* Es heißt . . . ja es heißt, so gut wie sicher.

HEIDI *kehrt um, fällt Aucassin um den Hals* Prachtjunge! *und rafft ihr Handtäschchen auf und geht hinaus.*

AUCASSIN *allein, verdattert* Prachtjunge– das hätt sie nicht sagen dürfen. *Traurig* Die Stimmung ist hin.

NICOLETTE *steckt ihren Kopf aus der Vase, weiß wie ein Schneeball* Das find ich auch.

AUCASSIN *der sie nicht erkennt* Wie kommst du denn herein?

NICOLETTE Dumme Frage. Mit der Vase.

AUCASSIN Das ist nicht gestattet.

NICOLETTE Kindische Vorschriften. Hältst du dich denn daran?

AUCASSIN Hinter meinem Rücken! Meine Leute sind also bestechlich!

NICOLETTE Gott sei Dank. Es sind Menschen, wie früher, vor sechs Jahren.

AUCASSIN Vor sechs Jahren. Das ist lange her.

NICOLETTE Ich find, das ist wie gestern, oder vorgestern, zur Not.

AUCASSIN Aber manche beleidigt es. – Du willst natürlich auch Nicolette heißen.

NICOLETTE Natürlich. Ich bin es. Seh ich nicht aus wie sie?

AUCASSIN *sieht hin* Das Gesicht, ja. *Nicolette steigt aus der Vase* Und das andre ... zu grob.

NICOLETTE Das liegt jetzt an dem Kleid. Soll ich gleich die Geschichte mit dem Bottich spielen?

AUCASSIN Damit fangen alle an, weil sie denken, das ist leicht.

NICOLETTE Ich wills nur, weil Sie behaupten, das Gesicht wär in Ordnung, aber das andere ...

AUCASSIN Ich mein nicht den Körper, ich mein, wie du da hereinkommst, in einer Vase versteckt, die ordinäre Frechheit, Raffinesse, keine Poesie.

NICOLETTE Ach! Sie meinen die Münzen!

AUCASSIN *wendet sich ab* Du bist einfältig.

NICOLETTE *beginnt zu spielen, die Szene am Bottich; sie fängt an, sich auszuziehn; stößt plötzlich, um Aucassin aufmerksam zu machen, einen Schrei aus.*

AUCASSIN *wütend* Ich will das nicht hören!

NICOLETTE Wie haben Sie mich erschreckt!

AUCASSIN *auf sie zu* Und jetzt bitte ich: geh raus.

NICOLETTE Rühren Sie sich nicht von der Stelle! Mit mir können Sie das nicht machen!

AUCASSIN Zieh dich wieder an.

Er nimmt die beiden Münzen des Vizgrafen und wendet sich ab; setzt sich auf die Gartenbank.

NICOLETTE Ich will ja keinen Skandal machen. Ich bin ja nicht wie die meisten. *Ärgerlich über ihren Mißerfolg* Wie heißen Sie eigentlich?

AUCASSIN *er hat diese Szene schon so oft gespielt, daß er die Antwort im Schlaf gibt* Aucassin.

NICOLETTE Ich Nicolette.

AUCASSIN *schweigt.*

NICOLETTE Aucassin und Nicolette. Das klingt schön.

AUCASSIN *schweigt.*

NICOLETTE *lacht; dann* Komisch. Ich muß lachen. Wissen Sie, warum?

AUCASSIN Da ist nichts zu lachen.

NICOLETTE Na, über das Bild da. So soll das gewesen sein? Das sind ja zwei Bleistifte im Bett, so keusch. Aucassin der eine Bleistift und Nicolette ... der andere? Das ist wohl stilisiert?

AUCASSIN Dummheit! In der Kunst muß alles ein bißchen anders sein als gewöhnlich, damit es seinen Effekt macht.

NICOLETTE Aber genau so hab ich mir die Liebe früher vorgestellt.

AUCASSIN Ich sag dir, ich will nichts mehr hören! Meinst du, Nicolette hätte so einen Unsinn geredet? Sie hatte die Unschuld, nicht die Dummheit! Aber den Unterschied kennst du nicht.

NICOLETTE Du mit deinen Münzen!

AUCASSIN Ja, es sind schöne Münzen! Mit spielenden Delphinen, zum Beispiel.

NICOLETTE Die Numismatik bildet den Menschen. Man lernt Land und Leute kennen.

AUCASSIN Richtig!

NICOLETTE Das find ich heute blöd.

AUCASSIN Merkwürdig, das fand ich früher auch.

NICOLETTE Sie verstehn überhaupt nichts mehr.

AUCASSIN Aber die Numismatik . . .

NICOLETTE Ja, darum. – Delphine, das sind kluge Fische. Sie sprechen lateinisch.

AUCASSIN Märchen!

NICOLETTE *sieht auf die Münze* Ah – späthellenistisch!

AUCASSIN Nein, römisch.

NICOLETTE Späthellenistisch.

AUCASSIN Ah, du mußt also Recht haben.

NICOLETTE Ich muß Recht haben, weil ich recht habe.

AUCASSIN Hier, das ist Alexander der Große.

NICOLETTE Ja. – Aber das ist doch Psammetich.

AUCASSIN Wer?

NICOLETTE Das ist doch ägyptisch! Und zeig mal: Tatsächlich: eine antike Fälschung! Falschgeld!

AUCASSIN Wie kommst du darauf?

NICOLETTE Na, das sieht man doch. Dreh mal um: da! Die Rückseite! Das ist ganz eindeutig Falschgeld.

AUCASSIN Du mischst dich aber auch in alles rein.

NICOLETTE Die Numismatik hat mich immer brennend interessiert.

AUCASSIN Die Mädchen heute! Wollen in alles reinreden! Nicolette war ganz anders.

NICOLETTE Das möcht ich wissen! Wie die war!

AUCASSIN Münzen, sagt sie: ich möchte auch auf eine Münze geprägt sein.

NICOLETTE Stimmt. Da hast du ausnahmsweise mal recht. Das hab ich gesagt, nur anders. – Wie muß ich denn sein, um auf eine Münze zu kommen?

AUCASSIN Heilig, wie die Notburga, zum Beispiel. Alles verschenken.

NICOLETTE Bis auf den blauen Strohhut.

AUCASSIN Zu den Armen gehn.

NICOLETTE Immer der Aufwand mit den Armen! Das ist auch so ein Trick.

AUCASSIN Oder wir müßten ein ideales Liebespaar sein.

NICOLETTE Was du dir so unter Liebe vorstellst: deine Münzen, schöne Köpfe, edle Profile! Aucassin, du bist verrückt von deinen Münzen. Ich pfeif drauf!

AUCASSIN Was fällt dir ein! Wer bist du denn eigentlich?

NICOLETTE Und du? Wer bist du? So hätt Aucassin nie geredet.

AUCASSIN Nicht so? Und das weißt du?

NICOLETTE Natürlich weiß ich es. Ich war ja dabei. Ich hab es ja gehört, was der Herr damals sagte. Ich bin Nicolette, verstehst du es denn nicht?

AUCASSIN Das ist die Rolle, aber du kannst sie nicht.

NICOLETTE Die Rolle! Ich bin diese Person. Das ist ein Unterschied.

AUCASSIN So, du bist sie! Du!
Er lacht.

NICOLETTE Da brauchst du nicht zu lachen. Sieh mich lieber mal richtig von oben bis unten an! *Sie reißt ihre Perücke vom Kopf.*

AUCASSIN *sieht sie an.*

NICOLETTE Na?

AUCASSIN Du bist . . .

NICOLETTE Na?

AUCASSIN Nein, so war sie nicht. Nein, so war sie nicht.

NICOLETTE Und der Leberfleck? *Sie schiebt ihr Haar zur Seite.*

AUCASSIN Was für ein Leberfleck?

NICOLETTE Daran hat mich mein Vater nach sechzehn Jahren wiedererkannt.

AUCASSIN Nicolette hatte keinen Leberfleck.

NICOLETTE Das ist empörend! Da – sieh ihn dir an!

AUCASSIN Ich will nicht. *Er dreht sich ab* Ich habe eine Erinnerung, verstehst du? Was geht es mich an, wer du bist, ob du einen Leberfleck hast.

NICOLETTE Deine Erinnerung! Und wie ist die? So vielleicht? *Sie schneidet eine Fratze* Oder so? *Sie lehnt sich elegisch hin* Oder so? *Sie tut wie ein kleines Mädchen* So? *Sie läuft wie eine Zierpuppe.*

AUCASSIN Ich will dich nicht! Will nicht! Du zerstörst mir alles!

NICOLETTE Dann stell sie dir doch hin, deine Wachspuppen! Die da hat den Gang! Die hat das Kopfnicken, nicht ganz, den Augenaufschlag vergißt sie immer! Die hat die Stimme, die Beine, den Bauch! Stell die dir alle auf! Lauf hin und her in deinem Museum! Schön sind sie, alle, bleiben auch schön! Sind ja tot! Tot und schön, das ist eins! Hätt ichs nur gewußt, ich wär bei meinem Sultan geblieben. Der hatte eine zarte Haut wie ein Kaninchen. *Sie schlägt die Statuen kaputt.*

AUCASSIN *hält sich die Ohren zu* Vizgraf! Vizgraf! Laß sie wegbringen! Weg! Aus der Burg! Aus der Stadt!

NICOLETTE *reißt ein Fenster auf* Kommt, kommt! Seht Euern Herrn im Museum! Seht, wie er seine Liebe verstößt, weil er sie nicht vertragen kann! Sie ist ihm nicht schön genug! Kommt! Sie hat die richtigen Augen nicht! Sie hat die Stimme nicht! Kommt! Sie hat eine Runzel! – Kommt! Jetzt soll er seine schöne Liebe haben! Tot! *Sie springt mit einem Schrei aus dem Fenster.*

AUCASSIN *starr vor Schrecken, sieht zum Fenster* Nicolette!

VIZGRAF *kommt mit Leuten* Das Fenster ist auf, junger Herr? Das Licht? Der Luftzug? *Will es schließen.*

AUCASSIN Sie war es! Schnell! Unten! Sie ist tot! Ich habe sie aus dem Fenster gestürzt!

Er läuft ab. Der junge Diener schließt das Fenster sorgfältig. Vizgraf und Leute gehn in sinnloser Geschäftigkeit hin und her und schließlich durch die Tür ab.

NICOLETTE *kommt durch eine andere Tür herein, sie humpelt ein bißchen, und ihr Kleid ist zerrissen* Danke, Gärtner! Es hat prima geklappt. Ein bißchen verstaucht, macht nichts.

Ich kann schon wieder ganz gut gehen. *Mit verzerrtem Gesicht* Es macht nichts, überhaupt nichts. – *Sie humpelt zum Fenster und sieht vorsichtig hinunter* Da rennt er. Den Mantel verloren, die Aufregung! Also, das hat gewirkt. Der Gärtner kriegt eine Prämie für das Netz im Spalier. Er kommt zurück!

Sie stellt sich auf die Seite.

AUCASSIN *eilig herein* Blind, meine Leute! Sie muß in den Büschen liegen! Sie hat sich weggeschleppt. Wahrscheinlich, an der Mauer, sterbend . . .

NICOLETTE *tritt vor* Ja, bis hierher.

AUCASSIN Nicolette!

NICOLETTE Vorsicht, ich bin lädiert. Der Fuß ist verknackst.

AUCASSIN Was hab ich gemacht!

NICOLETTE Ich humple jetzt ein bißchen, das stört dich sicher.

AUCASSIN Ist es schlimm? Komm, leg dich!

NICOLETTE Es geht schon, danke. Ich mein nur: weil Nicolette früher einen anderen Gang hatte . . .

AUCASSIN Aber du bist es! Du lebst!

NICOLETTE Und die Nase?

AUCASSIN Ja!

NICOLETTE Und die Runzel?

AUCASSIN Ja!

NICOLETTE Und du bist ganz sicher?

AUCASSIN Alle Fenster auf! Licht! Vögel! Himmel! Das ganze Land herein!

NICOLETTE Pst! Jetzt nicht! Später!

Umarmung. Leute kommen herein, immer mehr, Bläser und Geigenspieler, sie blasen und geigen aus Leibeskräften.

VIZGRAF *kriecht zwischen den Füßen herum und sammelt die Scherben der Statuen* Das sammle ich auf. Das muß erhalten werden. Das wird alles wieder gebraucht.

Uraufführung: Städtische Bühnen Frankfurt am Main, 1964.
Regie: Gerhard Klingenberg. Uraufführung der Opernfassung (Musik: Günter Bialas): Bayerische Staatsoper, 1969.
Regie: Dietrich Haugk

Der Richter von London

Eine realistische Komödie nach Thomas Dekker

Personen

DER KÖNIG
LORD LINCOLN
ROWLAND LACY, sein Neffe
ASKEW
SIR ROGER OTLEY, Bürgermeister von London
HAMMON
WARNER
SIMON EYRE, Schuhmachermeister, später Richter von London
HODGE }
FIRK } seine Arbeiter
RALPH }
DODGER, ein unangenehmer Mensch
EIN HOLLÄNDISCHER SEEMANN
EIN GREIS
EINE GREISIN
EIN HAUSMEISTER
ROSE, Otleys Tochter
SYBIL, ihre Dienerin
MARGERY, Simon Eyres Frau
JANE, Ralphs junge Frau

Ort der Handlung: London und Umgebung
Zeit: 17. Jahrhundert

1.

Bei Lord Lincoln.
Lincoln, sehr alt, kränklich, Otley, Bürgermeister von London, ein jovialer, gesunder Mann. Die Beiden begegnen einander mit schneidender Kälte.

LINCOLN Sir, mein Haus ist Eures.

OTLEY Lord, danke.

LINCOLN Was ich sagen wollte, ich höre, mein Neffe Lacy Rowland hat sich kürzlich in Eure Tochter, – sie heißt Rose?

OTLEY Ja, Rose, Lord.

LINCOLN . . . vergafft.

OLTEY Und Rose liebt Euren Neffen Lacy. Mich ärgerts.

LINCOLN Wie?

OTLEY Mich ärgerts Lord.

LINCOLN Daß sie durch Heirat eine Lincoln würde, ärgert Euch?

OTLEY Um Euretwillen, Lord. Wir sind bürgerlich, das heißt, sie liest Romane, wird rot und schlägt die Augen runter und hat Straßenklatsch im Kopf. Ist das eine Partie für einen Lincoln?

LINCOLN Schlimmer, Otley wäre es für Eure Tochter. Mein Neffe, ich rede offen, ist ein Schlawiner, vor einem Jahr schickte ich ihn mit Scheckbuch, Empfehlungsschreiben, Dienern und Köchen, wie sichs gehört, auf den Kontinent, nach Italien. Im Rheinland bleibt er hängen, Geld, Diener, Empfehlungsschreiben sind verjubelt und er, Lacy, der sich jetzt geniert heimzukommen, geht nach Wittenberg und arbeitet dort – bei einem Schuster. Was sagt Ihr?

OTLEY Alle Achtung!

LINCOLN Denkt weiter! Denkt weiter! Ein halbes tausend Pfund, das Eure Tochter in die Ehe bringen würde – mehr als soviel hat Lacy auf dieser einen Reise vertan! Laßt Euch nicht mit dem Adel ein, Sir Otley! Sucht einen Mann für Eure Tochter, der redlich ist!

OTLEY Danke Lord. Um Euren Neffen Lacy, den ich verehre, von seiner Torheit abzubringen, habe ich meine Tochter nach Old Ford aus der Stadt geschafft, dort wird sie fromm, die Gegend ist ländlich.

LINCOLN Ich habe, besorgt um die Ehre Eurer Tochter, die ich hochschätze, mich für meinen Neffen beim König verwendet. Er zieht morgen mit den Londoner Kompagnien nach Frankreich.

OTLEY Möge der Krieg nicht länger dauern als bis Euer Neffe zur Vernunft gekommen ist.

LINCOLN Aber auch nicht eher zu Ende sein.

OTLEY Es lebe England.

LINCOLN Sir Oltey, wir verstehn uns.

Lacy und Askew kommen.

LACY Onkel!

LINCOLN Lacy! Alle fertig?

LACY In vier Tagen gehe ich mit den Kompagnien in Dieppe an Land.

LINCOLN Tapfer, Lacy!

LACY Die Regimenter aus Herfordshire und Essex sind noch zu Schießübungen in Tothillfields, die Londoner und die aus Middleessex sind in Tinsbury einquartiert. Es herrscht eine gute Stimmung unter den Leuten. – Herr Bürgermeister Otley!

OTLEY Die Stadt, Sir, gab unseren Truppen den Sold für vier Monate im voraus. Wir haben uns aber im Rat besprochen, Euch aus freien Stücken 20 Pfund zusätzlich zu geben, aus großer Verehrung für Lord Lincoln.

LINCOLN Dafür danke ich.

OTLEY Lord, wenn Ihr zu mir kommt, ist mein Haus das Eure.

Ab.

LINCOLN Die zwanzig Pfund, Neffe, macht er aus einem andern Grund locker. Im Ernst und unter unseresgleichen, ich wünsche nicht, daß du auf ein Londoner Bürgermädchen scharf bist, – ernstlich scharf mein ich, und Sir Otley in seinem dummen Stolz sieht es auch nicht gern. Erinnere dich, mein lieber Neffe Lacy, was für ein ehrenhafter Auftrag dir durch unserer Majestät Gunst zugefallen ist. Vermehre sein Vertraun zu dir mit Taten.

LACY Ich denke daran, Onkel!

LINCOLN Du bist mein Erbe. Gib es nicht weg um nichts.

LACY *verbeugt sich.*

LINCOLN Hier sind dreißig Portugiesische. Hier, Askew, auch

dreißig für dich. Ich warte auf gute Nachrichten aus Frankreich.

Er geht ab.

ASKEW Dein Onkel will dich weghaben.

LACY Ich habe noch ein wichtiges Geschäft in London, Askew. Geh du inzwischen mit den Kompagnien nach Dover voraus, dort treffe ich dich. Oder, sollte ich länger brauchen, setz nach Frankreich über und wir sehn uns später. Das Geld bitte ich, Vetter ...

ASKEW Behalts vorerst, Lacy. Ich denke an eine Möglichkeit, bald mehr zu haben.

LACY Als Freund gedacht. Ich brauchs hier auf friedliche Art.

ASKEW Doch sei vorsichtig, Lacy. Was du da vorhast, ist Desertion.

2.

Platz. Soldaten sind angetreten, werden gemustert, gezählt, aufgerufen. Lacy, Askew. – Simon Eyre kommt mit seiner Frau Margery, mit seinen Gesellen Hodge und Firk und mit der weinenden Jane. Sie bringen Ralph zum Sammelplatz.

SIMON *zu Jane* Hör auf mit dem Geflenn! Das läuft! Rotz und Wasser, aus allen Löchern! Jane, dreh den Hahn ab! Ich geb dir mein Wort, ich spreche jetzt für deinen Mann, ich mach das!

HODGE *deutet mit dem Finger* Chef! Da sind die Obersten!

SIMON Finger weg, Hodge! Sie denken, du legst an über Kimme und Korn, da mußt du mit!

FIRK Aber er hat richtig gezielt, das sind die Offiziere! Drück ab, Hodge!

SIMON Frieden, Frieden, Frieden, Firk! Hört auf! Weg da! Ich bin hier unter den Anwesenden die Persönlichkeit, die am besten wirkt, oder seht ihr eine andere? Also will ich sprechen, und wenn es vor dreizehn Päpsten wäre! – Meine Herrn Hauptleute, Obristen, Kommandeure! Tapfre Männer, tapfre Heerführer und Furiere, denn ich war einmal Furier, und weiß, was die Tapferkeit für einen Hunger macht. Möge es euch angenehm und angelegen sein, mir Gehör zu schenken! Ich bin Simon Eyre, ja, der bin ich! Bekannt als der verrückte Schuster in der Towerstreet, wenn Euch das lieber ist! Und die Flutsche da, mit dem Mund wie ein Himbeerpudding, das ist meine herzliebe Gattin. Sie hat es mir oft bewiesen. Hier ist Hodge, mein guter Vorarbeiter, zeig dich! Er ist vom Land und kennt das Leben auf dem Land. Und hier ist Firk, flink mit dem Mund, gut für die Kundschaft. Und das ist Jane – heul nicht! Sonst ein anständiges Mädchen, aber durch das Wasser ist alles hin. Wir alle sind gekommen im Ehrengeleit dieses ehrenwerten Herrn Ralph, geführt in Euren Listen unter dem Namen Ralph Dampart, für uns ist er einfach Ralph, das genügt uns. Laßt ihn hier, bitte ich Euch, Kommandanten und Heerführer, wir haben unsere Gründe, darum zu bitten. Und so wahr ich Simon Eyre heiße und Handwerksmeister bin, kauft Euch Sporen, ich mach Euch die Stiefel dafür umsonst sieben Jahre lang.

MARGERY Sieben Jahre lang, Mann?

SIMON Ruhig, Tucke! Ich weiß, was ich sage!

FIRK Jawohl, Herr General, Ihr tut einen guten Gottesdienst, wenn Ihr den da und seine Frau beisammenlaßt! So eine Jungverheiratete, was macht die? Hat das Handwerk ihres Mannes gerade erst kennengelernt und er stößt mit der Ahle so gut und sicher als irgendeiner in unserer Genossenschaft!

JANE Ich bitte die Herrn, laßt ihn hier.

LACY Freunde, ich habe nicht die Macht, glaubt mir. Die Londoner sind eingezogen und bezahlt vom Bürgermeister.

MARGERY Wenn ich als Frau und Gattin sprechen darf, meine Herrn, bedenkt doch die Umstände, sie hat sich kürzlich vermählt. Die schöne Musik, der Segen! Mein Bibelspruch war damals: er soll dein Herr sein, und hinterher das Essen! Ein Ferkel am Spieß! Aber kommt Zeit, kommt Rat! Ihr Ehemann ist jung, wenn auch ein bißchen finster im Gesicht. Ich stand hinter dem Paar in der Kirche. Aber kommt Zeit, kommt Rat!

SIMON Schluß, Mastgans, mit der Predigt! Amen! – Seht Euch diesen Mann an! Unsern Mann! Der da! Kommandeur, Ihr wollt ihn nicht freigeben?

LACY Meine Frage dagegen, Simon Eyre! Ich kenne Euch als einen Patrioten! –

SIMON Ja, Kommandeur, da kennt Ihr mich!

LACY Wollt Ihr, daß unsere Sache auf den normannischen Feldern gut vertreten wird?

SIMON Verfängliche Frage? Die Franzosen machen nun mal in der letzten Zeit viel Ärger, Sir.

MARGERY Aber unser Ralph ist ein guter Mann!

SIMON Ruhig, Tucke!

LACY Weil er gut ist Frau, muß er mit. Da ist ja auch die Ehre Eures Berufs auf dem Spiel.

SIMON Die Ehre unseres Berufs, dagegen läßt sich nichts sagen.

JANE Heißt das, er muß gehn?

SIMON Maggy, du hast wieder zur Unzeit geredet. Das heißt, Jane, . . . es gibt Dinge, die müssen sein, wie die Schuhe, lieber angezogen und gut gelaufen, als in der Hand getragen. Also geh, Ralph, und ihr, laßt ihn fröhlich gehn! Er kann gut laufen, ißt gut, trinkt gut und all das andere! Ruhig, Jane, er muß mit, nichts zu machen!

FIRK *singt* Ein Bauer stand auf zum Morgenrot
und schlug seine Legehenne tot!

SIMON Zeig mir deine Hand, Jane. Eine feine Hand, eine saubere Hand, die hübschen Fingerchen, – – – was auch, hör auf mit dem Geflenn, arbeiten mußt du, das ist gesund und du kommst über die Zeit. – Ralph! Komm noch einmal her, Ralph! Hier sind fünf Sixpence für dich, schlag dich gut für die Ehre der Genossenschaft, für die adligen Herrn Schuhmacher, die Blüte von St. Martin, für die tollen Burschen von Bedlam, Fleetstreet, Towerstreet und Whitechapel!

MARGERY Und von den Franzosen ist keiner größer als einsfünfzig, das ist wahr und hat mich immer gewundert. Aber kommt Zeit, kommt Rat.

FIRK Hier, Ralph, sind noch drei Twopence, zwei nimm nach Frankreich mit, der dritte ist für unsere armen Seelen in St. James' Inn. Kummer macht trocken.
Er steckt ein Geldstück wieder ein.

LACY Ralph heißt du?

RALPH Ja, Sir.

LACY Wir bleiben zusammen. Ich lasse wie du eine junge Frau in London zurück.

SIMON Ein guter Offizier, der Sir Lacy Rowland.

FIRK Also hau ab, Ralph, und steck deinen Pfriemen in ein Franzosenleder.

Dodger kommt.

DODGER Sir Lacy, auf dem Rathaus wartet Euer Onkel mit dem Bürgermeister auf den Vorbeimarsch der Truppe.

LACY Sagt, wir kommen.

Dodger ab.

Auf den Dodger paß auf, Askew. Ich fürchte, er geht mit nach Frankreich, um zu spionieren.

Lacy und Askew ab.

JANE Ralph . . .

MARGERY Sie kann nicht sprechen, weil sie weint. So ist es mir in der Kirche ergangen, als der Pfarrer zu mir sagte: dominus vobiscum.

SIMON Schmalznudel, mach mir den braven Soldaten nicht unruhig! Leb wohl, Ralph! Geh!

RALPH *holt ein paar gestickte Schuhe aus dem Rock, zu Jane* Da hätt ich was.

JANE *gibt keine Antwort.*

RALPH Gefallen sie dir nicht?

JANE *sieht kurz hin* Schön sind die gemacht!

MARGERY Das sind Schuhe für eine edle Kurtisane, und sie achtet ihrer nicht!

RALPH Ich hab auch was reingestickt, Jane.

JANE *liest* »J.«

Sie sieht ihn an.

RALPH Und das Ornament. Fachmännisch.

JANE *sieht ihn an.*

RALPH Wenn ich hör, daß du fremdgehst, schlag ich dich tot.

MARGERY Ja, ja, die Liebe ist eine Himmelsmacht, da hast du ein Paar schöne gestickte Schuhe, Jane. Ich habe auch welche.

Trommeln. Die Soldaten formieren sich. Ralph läuft in die Reihe. Sie marschieren ab. Simon mit seinen Gesellen geht den abziehenden Truppen nach. Jane bleibt stehen, mit den Schuhen in der Hand.

3.

Garten in Old Ford.
Rose und Sybil auf zwei Leitern, sie pflücken Äpfel. Aber nur Sybil arbeitet.

ROSE Ich habe in einem neu erschienenen Roman gelesen ... Sybil, du hörst nicht zu?
SYBIL Da sind drei Äpfel und ich komm nicht ran.
ROSE Hör zu: da kommen zwei Menschen, die sich lieben auf eine wunderbare Insel ...
SYBIL Die sich lieben, ich hör schon.
ROSE Sie heißt Alania.
SYBIL Eine Erfindung also.
ROSE Nein, die gibt es wirklich. Ein englischer Seemann hat sie entdeckt.
SYBIL Die Seeleute, die ich kenne, haben keine ... haben kein Paradies entdeckt.
ROSE Dort gibt es keinen Streit darüber, wer hoch und wer niedrig ist.
SYBIL Und wer tut die Arbeit?
ROSE Jeder. So wie jetzt du und ich. Man sagt nicht: das ist ein Lord – alle Menschen sind gleich. Und Krieg gibt es dort überhaupt nicht, weil jeder den andern liebt.
SYBIL Da möcht ich nicht hin, Fräulein Rose.
ROSE Warum nicht?
SYBIL Ich streit mich gern.
ROSE Aber wenn Lacy und ich dort zusammen wären ...
SYBIL Lacy!
ROSE Sprich nicht so!
SYBIL Ich hab ja nichts weiter gesagt als: Lacy!
ROSE Nein, du hast gesagt: Lacy!
SYBIL Weil ich nun mal mißtrauisch bin in punkto Mann.
ROSE Aber Lacy ...
SYBIL Die Erfahrung kommt immer hinterher.
ROSE Bei dir vielleicht, Sybil ... deine Männer ...
SYBIL Eines Tages, wenn Ihr schon ein halbes Jahr glücklich verheiratet seid, oder laßt es meinetwegen ein Jahr sein, das ist bei den Männern verschieden ... ich meine: ... glücklich, eins in eins, Ihr seid er, und er ist Ihr ... eines Tages ...

ROSE Ob er vielleicht Nachricht nach London gegeben hat?

SYBIL Eines Tages habt Ihr eine kleine Auseinandersetzung, nichts besonderes und da sagt er plötzlich: Mein liebes Kind, nun hör mal gut zu ... Wenn ein Mann das eines Tages sagt, und mit so einem Ton, dann ist es aus, denn er ist wieder er, ich kenn das, und ich bin nichts, und Ihr seid auch nichts.

ROSE Sybil, geh nach London, horch überall herum, was du erfahren kannst! Und wenn du was erfährst, kommst du sofort wieder! Sybil! Rasch!

SYBIL *steigt mit dem Korb von der Leiter* Ich beeil mich ja schon! – Wieviel Äpfel habt Ihr in Eurem Korb?

ROSE Zwei.

SYBIL Mein Korb ist voll. Überlegts Euch lieber, mit Alania! *Ab.*

ROSE *pflückt nachdenklich einen dritten Apfel.*

4.

London, Straße.

LACY *hat die Kleidung eines Arbeiters in der Hand* Krieg! Krieg! – Gute Sache, der Krieg, ehrlich gesagt. Bei Simon Eyres ist eine Stelle frei geworden, weil einer in den Krieg mußte, also? Ralph hieß er, und ich konnte nichts machen, wirklich nicht, – schlechte Sache. Aber die Stelle bei Simon Eyre hätte ich gern für ein paar Wochen, also ganz gut, der Krieg. Kommts aber raus, daß ich desertiert bin, das ist für meinen Onkel Lincoln schlimmer als gefallen in Ehren, und die Erbschaft ist weg – gefährliche Sache also, so gesehn. Ich hoffe aber, die trüben Augen meines Onkels und aller Angehörigen meiner tapferen Familie sind auf die Schlachtfelder gerichtet, so daß ich Zeit und Ruhe hier in London habe, mein Fräulein Rose ausfindig zu machen – nützlich also, der Krieg, so betrachtet. Aber als Lacy Rowland, Kommandeur? In London? Was die Kleidung und den Krieg betrifft, ich denke schlecht darüber. *Er zieht sich um.*

Was die Finanzen betrifft, ich habe mit meinem Vetter Askew eine Absprache, es läßt sich da vielleicht ein Geschäft am Rande arrangieren, und das hilft mir weiter – mir und Rose, wenn ich sie gefunden habe. Glorreicher Krieg also, wenn ich ihn so sehe. Auf den Patriotismus verzichte ich. England, sing deine Nationalhymne! Ich bin ein holländischer Arbeiter, mit der Kleidung da und dem Handwerkszeug, und sage bloß: goede morgen, chef, en ook voor u, mevrouw.

5.

Werkstatt Simon Eyres. Früher Morgen.

SIMON Hallo, wo sind die Burschen, die Schürzen, die Schlampen? Sie schlingen die Brocken von meinem Tisch, aber aufstehn? Die Bude fegen? Nichts, wie? Komm raus da! Heda, Firk! Was für ein krummer Haufen Gestank unter der Decke! Firk, sag ich, auf! Und erst gefegt hier, gespritzt vorher, damit der Mief nicht die Nasen unserer frommen Nachbarschaft beleidigt! Dann, Firk, das Fenster groß auf! Luft, Firk!

Firk erhebt sich mühsam.

FIRK Chef? Habt Ihr schon einen hinter die Binde gekippt, weil Eure Kehle so vogelrein ist?

SIMON Gut gesagt, Firk! Und jetzt an die Arbeit! Wasch dein Gesicht, dann kriegst du meinen Segen.

FIRK Gesicht waschen? Bin ich ein Schmutzfink? Seht her, ist das Schmutz?

Hodge kommt herein.

SIMON Rübenkopf, voran! Guten Morgen, Hodge! Guten Morgen mein fleißiger Vorarbeiter!

HODGE Chef! Ihr kommt früh! Ich hätte noch eine Stunde schlafen können.

SIMON Schwätz nicht, an die Arbeit!

FIRK Chef, ich bin staubtrocken. Und da hör ich was von einem schönen Morgen sprechen. Das ist aus einem Lesebuch. Schöner Morgen! Wir müssen aufstehen, da scheiß ich auf den schönen Morgen.

Margery kommt.

SIMON Ah da kommt ja auch meine Fregatte angesegelt, soll

ich dir mal in die Segel blasen? Kehr um und ruf die Treppe rauf nach den Mägden!

MARGERY Du ungebildeter Mensch, was weißt du von einer Dame? Ich möchte wissen,wer von den Damen der Towerstreet um diese Zeit schon Toilette gemacht hat! Gott, nicht mal hell! Und schon das Geschrei im Haus!

SIMON Frieden, Margery, sei ruhig, ich bins auch! *Er schreit* Cecily Bumtrinket! Wo ist denn die Cecily Bumtrinket, deine Küchenschabe? Was? Hat sies wieder mit einem Mann im Schlaf?

MARGERY Das sind schreckliche Träume, die hatte ich früher auch.

SIMON Aufstehn muß sie! Reiß ihr das Bettuch weg! Ich mach sie munter!

FIRK Das sind trockene Drohungen. Es herrscht eine Dürre hier, Chef, nicht zum aushalten!

SIMON Mach den Laden auf!

FIRK *öffnet den Laden zur Straße.*

LACY *Hans singt draußen*

Er was eens een boer in Gelderland,
vrolyk waren zebyenn,
hy was zo dronken dat ny niet meer kan staan
op zyn beide been.
Tap een kanneke,
drink, schoon manneke.

FIRK Chef, das ist einer von unserer Genossenschaft, er singt was vom Trinken.

Er sieht aus dem Fenster.

Ein Ausländer! Sieht komisch aus! Stellt ihn ein, Meister! Mit dem haben wir Spaß. Und Spaß, Chef, macht schnelle Arbeit!

SIMON Frieden, Firk, laß ihn laufen. Ich brauch keinen neuen Arbeiter. Du tust es mit für Ralph.

MARGERY Nee, die fremden Arbeiter mit dem eigenartigen Geruch. Das ist nichts für die Wohnung.

HODGE Wenn Ihr ihn nicht nehmt, Chef, werdet Ihr bald Schwierigkeiten haben mit Eurem Personal. Ich sags nur wies ist. Und was den Geruch angeht, einen Geruch muß der Mensch haben, sagte zu Haus unser Bruder, der die Schweine gefüttert hat.

FIRK Richtig!

HODGE Ist das ein guter Mann, Firk?

FIRK *sieht aus dem Fenster* Paßt zu uns!

HODGE Deshalb sag ich jetzt frei heraus, Chef, lebt wohl! Chefin, lebt wohl! Eure Brotsuppe in Ehren, aber wenn Ihr einen so guten Mann wie den . . . Firk, ist er noch da?

FIRK Nicht mehr lang, mach schnell!

HODGE – also, wenn Ihr einen so guten Mann nicht nehmen wollt, ist auch der Hodge nicht mehr gut für Euch.

Er will gehn.

SIMON Bleib, guter Hodge! Ich schwör dir, dein Bruder hat recht mit den Schweinen! Sie müssen einen Geruch haben! Entschuldige dich, Maggy!

MARGERY Immer hält es mein Mann mit den Leuten!

FIRK Recht hat der Hodge! Und weil er geht, geh ich auch! Wir lassen uns nicht alles gefallen. Ich habe ein Angebot. Und wenn ich keins hätte, steck ich die Ahle lieber in die Wand als daß ich hier weitermache.

Will ebenfalls gehn.

SIMON Bleib Firk! Hodge, mein guter Vorarbeiter Hodge! Ich bin immer Euer Kumpel gewesen. Laßt die Alte sabbeln, das muß raus, sonst kriegt sie Blasen. Bleib, Firk! Sieh mal aus dem Fenster, wenn er Arbeit sucht, hier gibts welche.

FIRK *winkt aus dem Fenster* Jetzt kommt er.

LACY *Hans tritt ein* Goede morgen, chef, en ook voor u mevrouw.

SIMON Sag was, Firk!

FIRK Ich kann nicht viel reden mit dem ohne was zu trinken. Freund, du bist also auch von unserer Innung?

LACY Ja, ik ben een schoemaker.

FIRK Schoemaker, versteht ihr? Das heißt, er ist ein Schuhmacher. – Und hör, hast du, schoemaker, alle deine Werkzeuge dabei, die vier Sorten Ahle, die zwei Wachskugeln, das Handleder, das Daumenleder und einen guten Knochen von St. Hugos Gebein, um deine Arbeit glatt zu machen?

LACY Ja, ik heb myn werktuig by me, voor grote en kleine, dikke en dunne schoenen.

FIRK Nehmt ihn, er ist lustig.

SIMON Bist du auch geschickt? Kannst du mit dem Zeug umgehn? Wir sind keine gewöhnliche Flickbude, wir haben eine Fabrikation.

MARGERY Das ist was ganz anderes, aber kommt Zeit, kommt Rat.

FIRK Chefin, Ihr macht ihn ängstlich.

LACY Wat zegt u? Ik kan u niet verstaan.

FIRK So meint ers! *Er macht Lacy die Arbeit vor* Perfekt? *Zu Simon* Ik kan u niet verstaan, hat er gesagt.

MARGERY Großer Gott, unser Firk spricht holländisch! Das nimmt mit ihm kein gutes Ende.

LACY Ja, dat kan ik zeer zeker.

FIRK Ja, ja, hat er gesagt, aber er muß zuerst eine Kanne Bier stiften. Hodge und ich trinken zuerst, wir sind die alten.

SIMON Wie heißt du?

LACY Hans. Hans Meulter.

MARGERY Hans! Das ist ein gefährlicher Name!

SIMON Frieden, Pfannkuchen!

MARGERY Weil, Hans hieß der Sohn von unserer Küsterin, der starb mit zwei Jahren. Dann kam wieder einer, der hieß auch Hans, der ging nach Frankreich. Dann kam ein dritter Sohn, hieß auch Hans und starb an der Colera. Ein vierter war eine Fehlgeburt. Den fünften Sohn nannten sie Paul, aus dem wurde was, er hat jetzt geheiratet.

HODGE Hans, du gehörst jetzt zu unserer Innung, verstanden? Sei anständig, dann sind wir auch anständig, verstehst du? Wenn du nicht anständig bist – das wünsch ich dir nicht, Hans. Verstanden?

FIRK Unser Meister hat nämlich keine Plumpuddinge in seiner Werkstatt sitzen, verstehst du?

LACY Ik versta u. Ik moet een rondje geven. Zes pilsjes. Hier myn jongen, neem de schillingen en twee pence fooi voor jouw.

Er schickt einen Lehrjungen weg.

MARGERY Simon, es geht auf sieben!

SIMON Ist das wahr, mein Zifferblättchen? Sieben und das Frühstück nicht fertig? Lauf! Die Wurst und das Messer!

Margery ab.

Komm, Hodge! Folg mir, Hans. Sag ihm, Firk, er soll

folgen. Erst die Arbeit, dann das gute Essen. Sags ihm, Firk, auf holländisch!

Ab mit Hodge.

FIRK Langsam! Will sagen: verstan? verstan! auf gut holländisch. Und obwohl mein Meister so dumm ist, dich zuerst zu nennen, bin ich doch nicht so dumm, hinter dir her zu gehn. Ich bin der ältere im Dienst. Verstan?

Er geht hinaus, Lacy hinterher.

6.

Feld und Büsche bei Old Ford.

Warner und Hammon auf der Jagd, laufen herein.

WARNER Hammon, hierher! Er ist über die Hecke!

HAMMON Dann kommt er zurück! In dem Garten sind Leute.

WARNER Dort drüben! Ich hör ihn! Bleib stehn!

Sie stehn, die Gewehre im Anschlag.

HAMMON Was denkst du über die Frauen, Vetter?

WARNER Ein kapitaler Hirsch! Ich hab ihn rüberspringen sehen.

HAMMON Man kommt in das Alter zum Heiraten.

WARNER Dann heirate.

HAMMON Wir müssen durch die Hecke.

WARNER Du da! Ich da!

Sie kriechen an verschiedenen Stellen durch die Hecke.

HAMMON Die Anstrengung!

7.

Rose und Sybil im Obstgarten.

ROSE Bin ich erschrocken!

SYBIL Er lief direkt auf die Mauer zu, Pinclose schlug ihn mit dem Dreschflegel tot und Nick hat mit der Sichel . . .

ROSE Dar arme Tier!

SYBIL Ich sehs gern, wenn die Männer hitzig sind.

ROSE Sybil!

SYBIL Im Waschhaus haben sie ihn abgehäutet und in die Küche gebracht!

ROSE Da kommen Jäger! Sag nichts von dem Hirsch, Sybil, es ist Jagdfrevel.

WARNER *kriecht aus der Hecke* Hammon, Hammon! Komm hier durch! Hier ist ein Loch in der Hecke!

SYBIL Der amtliche Weg, mein Herr, führt außenherum!

HAMMON *kriecht ebenfalls durch die Hecke.*

WARNER Verzeihung, meine Damen. Kam hier nicht ein Bock?

ROSE Nein.

SYBIL *bemerkt Hammon* Doch! Es kamen zwei!

WARNER Er brach überraschend aus dem Busch und dann mit einem Sprung durch die Hecke. Ein kräftiges Tier.

HAMMON *stellt sich Rose vor* Hammon. Ich bin Hammon, der Pächter.

ROSE Und Ihr befindet Euch jetzt in Sir Otleys Obstgarten.

HAMMON Schön in der Blüte, wie man sieht.

ROSE In der Blüte? Die Äpfel sind doch schon reif, Sir Hammon, der Gärtner soll sie morgen abnehmen.

HAMMON Verzeihung, ich meinte ... *Er lächelt sie an.*

WARNER *zu Sybil* Aber er muß doch über die Wiese gekommen sein, auf das Haus zu!

SYBIL Es ging so schnell, ich hab ihn gar nicht richtig gesehn.

WARNER Ich trau Euch zu, daß Ihr so ein Tier versteckt haltet, wenns Euch zuläuft.

SYBIL Das käme drauf an.

WARNER Worauf?

Sie gehn beiseite.

ROSE *zu Hammon* Dies ist Euer Revier, rings um Old Ford?

HAMMON *ergreift ihre Hand und drückt sie an sein Herz* Hier! Hier, fühlt es, Fräulein!

ROSE Ich meine: hier herum? Vom Wald bis drüben an den Fluß?

HAMMON Ja. Von dort, bis dort und dort. Ich habe eine alte Freundschaft mit Eurem Vater wegen der Nachbarschaft.

ROSE Es macht sicher Freude, hier zu jagen.

HAMMON Aber auf Hirsche, mein Fräulein, macht es mir jetzt keine Freude mehr. Der Mensch ist nun mal so, wandelbar. Ich würde gern etwas anderes jagen.

ROSE Rebhühner?

HAMMON Ich meine ... *Er lächelt sie an.*

ROSE Im letzten Jahr gab es in dieser Gegend viele Wildschweine.

HAMMON Ich habe die Pacht und auch einiges Vermögen, Euer Vater weiß es. Es ist teils geerbt, teils erworben. Und heute Morgen, auf der Jagd, hatte ich plötzlich einen Gedanken, der Mensch ist ja so: plötzlich fällt ihm etwas ein. Und ich habe, wie es mir eingefallen war, meinen Vetter Warner gefragt, was er davon hält.

ROSE Euer Vermögen betreffend?

HAMMON Wie ich es anlegen könnte, mit einer Beteiligung zum Beispiel . . .

ROSE Kauft Schiffe und Grundstücke, höre ich die Freunde meines Vaters immer sagen, wenn sie bei uns sind.

HAMMON Nein, ich meinte . . . *Er lächelt sie an.*

SYBIL *zu Warner* Die Hand weg, Sir! Da kommt Sir Otley!

OTLEY *kommt* Hammon? Zu Besuch bei mir? Willkommen in Old Ford!

HAMMON Wir kamen mit der Jagd hierher, Sir Otley.

OTLEY Und hattet Pech mit einem Hirsch, ich sah schon die andern draußen.

HAMMON *stellt Warner vor* Dies ist mein Vetter Warner. Ein guter Jäger.

OTLEY Gebt mir die Ehre und bleibt über Mittag, es roch gut in der Küche.

HAMMON Danke, Sir Otley.

OTLEY Sei freundlich zu meinem Nachbarn Hammon, Rose!

HAMMON Wir hatten ein schönes Gespräch miteinander, das ich gern fortsetzen möchte.

ROSE Über seine Vermögensangelegenheiten, Vater.

OTLEY Wenn ich Euch raten kann, tu ichs gern.

Jagdhörner in der Ferne.

WARNER Laßt sie blasen. Wir bleiben.

Alle ab.

8.

Simon Eyres Werkstatt. Hodge, Firk, arbeitend. Lacy spricht mit einem holländischen Seemann.

KAPITÄN Het beste ist, dat u gelyk mee gaat, de vracht monsteren. Ik heb alle papieren aan boord, ook een brief van Sir Askew voor u, we kunnen de handel direkt afsluten.

LACY Ik kom mee. Maar ik wil, dat myn chef, Simon Eyre, ook mee komt. Ik wil da hy myn compagnon wordt.

KAPITÄN Maar we moeten de zaak geheim houden.

LACY Dat is ook myn belang.

Er geht mit dem Kapitän hinaus.

FIRK Unsern Chef zum Hafen schicken? Ist da was bei, Hodge?

HODGE Nee. Bloß da haben die Nutten den Fischgeruch, wenigstens zur Heringszeit. Da wird einem vom Festland übel.

FIRK Und wenn unser Chef da eine Schiffsladung kauft? Ist da was bei?

HODGE Bestimmt nicht, wenn er das Geld hat.

FIRK Wenns aber eine Schiffsladung ist, die durch den Krieg und solche Machenschaften . . ., wenns also ne Ladung ist, die man bei Nacht an Land bringen muß?

HODGE Macht nichts. Bei Tag oder bei Nacht, hat immer die dicke Margot gesagt, es kostet dasselbe. Das Licht brauchst du nicht bezahlen.

FIRK Und wenn der Hans unserm Chef das Geld auslegt? Ist da was bei?

HODGE Der Hans? Die ganze Summe für die Schiffsladung? Na hör mal!

FIRK Sonst kann der Chef doch das Geschäft nicht machen.

HODGE Soll er machen, Ehrensache! Aber der Hans . . .

FIRK Wenns also Ehrensache ist, ist nichts dabei, auch wenns unter der Hand gemacht wird.

HODGE Unter der Hand Firk, das kenn ich.

FIRK Da kommt der Chef. Also will ichs ihm sagen.

HODGE Aber die Chefin soll uns höflich kommen, Firk! Heut ist Montag.

Simon Eyre kommt mit Margery.

MARGERY Da sitzen sie rum und putzen sich die Nägel! Und wir müssen den Stundenlohn zahlen! Mann, äußere dich dazu!

FIRK Die Frau Chefin hat etwas gegen meine Person, Chef!

HODGE Ich hoffe, Ihr laßt Euren guten Vorarbeiter nicht beleidigen von ihr.

FIRK Wenn sie mich runtermacht, nehm ich sie hoch.

SIMON Frieden, Firk! Hodge, sei freundlich! Beim heiligen Hugo, der nasse Lappen von einem Weibsstück soll euch nicht ins Gesicht fahren! Komm mir nicht an meinen guten Firk, Maggy!

MARGERY So ist mein Mann! Keine Ehrfurcht vor seinem Weibe! Aber kommt Zeit, kommt Rat!

SIMON Ja, kommt Rat, sowie du still bist! Frieden! Bin ich nicht Simon Eyre? Seid Ihr nicht meine braven Männer, brave Schuhkünstler in meinem Unternehmen? Weg, nasser Lappen, wisch die Diele auf!

MARGERY Wenn das einer hört, ich schäme mich für meinen Gatten! Und die Pilzköpfe da . . .

FIRK Regt Euch nicht auf meinetwegen, Chefin, ich bleibe nicht länger. Da habt Ihr Euer Werkzeug, Chef, lebt wohl. Hodge, machs gut.

HODGE Nee, Firk, wenn du gehst, geh ich auch.

Beide wollen gehen.

MARGERY Laß sie gehn, Simon Eyre, sie haben keinen Benimm zu einer Dame.

FIRK Hodge, hast du das jetzt gehört?

HODGE Entschuldigung, meine Dame, sagte mein Schwager Tom und faßte eine im Dunkeln an. Das war aber ein Sack Kartoffeln.

MARGERY Kartoffeln! Das soll bestimmt wieder eine Gemeinheit gegen mich sein!

FIRK Und damit verabschieden wir uns.

SIMON Bleibt, bleibt, meine guten fleißigen Burschen! Ihr Säulen meines Geschäfts! Was? Vergeßt ihr über so einem Handtuchlappen euren Simon Eyre? Geh in die Küche, Maggy! Hast du nicht Kutteln verkauft in Eastship, und ich kam vorbei und hab dich in meinen Laden gesetzt? Und jetzt die Nase hoch? Schau her, du Kinderschreck, schau den Hodge an! Er hat das Gesicht von einem Lord.

FIRK Und hier ist ein Gesicht, das wird jede christliche Lady gern an ihren Busen drücken.

SIMON *zu einem Lehrburschen* Lauf und sag dem Schankwirt von Boatshead, er soll mir ein Dutzend Bierkrüge füllen!

HODGE Ein Dutzend! Ich bleib bei Simon Eyre, Firk, geh du allein.

FIRK Ich muß es jetzt meinem guten Chef sagen, das mit dem Schiff.

SIMON *zu dem Lehrjungen* Und wenn er dir mehr als zwei füllt, muß er selber zahlen, sags ihm.

Lehrjunge ab.

Was für ein Schiff, Firk?

FIRK Ich weiß nicht, ob es recht ist, Chef.

SIMON Bin ich nicht Simon Eyre, der weiß, was recht ist und was unrecht? Und weiß jeden Streit zu schlichten?

MARGERY Ja, mit Bier!

SIMON Kusch! *Margery ab.*

FIRK Ihr sollt zum Hafen gehn, da wartet der Hans auf Euch und eine gewisse dunkle Existenz. Und da macht Ihr den Handel.

SIMON Was für einen Handel?

FIRK Einen holländischen.

SIMON Guter Firk, du hast das zweite Gesicht, aber das ist auch dreckig.

FIRK Jetzt wollt ich, ich hätts nicht gesagt!

HODGE Da hast du was Dummes gemacht, sagte meine Mutter, als mein Vater in der Mistgrube ertrank.

SIMON Ihr wollt Euren Meister wegschicken! Das ist es! Und was arbeitest du, Hodge?

HODGE Ein paar Schuhe für unseres Bürgermeisters Tochter Rose.

SIMON Und du?

FIRK Ein paar Schuhe für Sybil, was ihre Dienerin ist. Wir sind im Geschäft miteinander.

SIMON Sybil? Für ein paar Knollenfüße, die im Dreck stehn! Du ruinierst meinen Laden mit deinem Geschäft, Firk! Hier! Das ist Maß genommen und in Auftrag gegeben von der Lady Bell, die ist mit dem König bekannt. Die mach gut, sie will damit eine Gräfin werden.

FIRK Aber nicht mit Schuhen an den Füßen, Chef . . . Ich weiß, wie das geht. Wenn die Gräfin werden will durch Gunst des Königs, macht sies barfuß.

HODGE Im Ernst, Chef, der Kapitän war selbst hier. Die Sache sieht wichtig aus.

SIMON Ein holländisches Schiff sagst du? Auf Mittag!
Er geht ab.

9.

In Lincolns Haus. Lincoln und Dodger.

LINCOLN Dodger, Neues aus Frankreich?

DODGER Mylord, um den achtzehnten ungefähr waren die Engländer und Franzosen fertig und jede Seite gab Befehl: los gings! Fünf Stunden gegeneinander, hin und her, und schließlich der Sieg über England. Glorious! An dem Tag lagen zwölftausend Franzosen da, nach oberflächlicher Schätzung, und viertausend Engländer, das ist nicht viel, viertausend, und keiner mit Namen darunter, außer einem Captain.

LINCOLN Und Lacy? War vorndran?

DODGER Man sah ihn nicht.

LINCOLN Er kniff doch nicht?

DODGER Es war nur, er kam nicht hin.

LINCOLN Du irrst dich, Dodger.

DODGER Lord, ich tät es gern.

LINCOLN Ich sah ihn auf das Schiff gehn. Oder nicht?

DODGER Sein Vetter Askew stand für ihn in Frankreich.

LINCOLN *schweigt.*

DODGER Mylord!

LINCOLN Und daß ich ihn liebte, Dodger? Nichts? Und daß der König ihm das Amt gab? Nichts? Bedauern wird ers, Dodger, wenn das wahr ist, sein Leben lang! Sonst, Dodger? Keine Nachricht?

DODGER Keine.

LINCOLN Keine schlechtere, Dodger, danke. O Lacy Rowland, ich bin so alt geworden, um für die Schande vor dem König krumm zu stehn! Zerschlag das Wappen, Lacy! Es war unsres, doch solls jetzt nicht mehr sein! Und weißt du, Dodger, wo er sich aufhält?

DODGER Lord, nein.

LINCOLN Hier in London? Ich weiß was mit ihm los ist, Dodger.

DODGER Lord?

LINCOLN Der König darf es nicht erfahren, hörst du? Ich genier mich!

DODGER Lord, ich schweige!

LINCOLN Dodger!

DODGER Ja.

LINCOLN Geh zu des Bürgermeisters Haus.

DODGER Und dort?

LINCOLN Geh da herum. Und hin und her. Doch unauffällig. Nichts von mir!

DODGER *verbeugt sich* Mylord!

10.

Auf dem Schiff. Der holländische Kapitän. Lacy sieht eine Liste durch.

LACY Hier is de complete lyst?

KAPITÄN Alles saat precies genoteerd. Sir Askew heft het ondertekend en intussen al een gedeelte van de koopsom voor uit betaaltd.

LACY En de scheepsvracht was ondertusen nog niet met brief en zegel verkocht?

KAPITÄN Verkocht, ja maar aan een fransman.

LACY Luister, ik wil deze vracht niet zelf kopen, maar ik stuur iemand, die ze koopt met myn geld. Ik heb myn redenen . . .

SIMON *draußen* Hans! Hans!

LACY Hier ben ik, chef.

KAPITÄN Komt binnen, meneer.

SIMON *kommt aufs Schiff* Meneer, Meneer? Die verdammte schaukelnde Nuckelpinne! Da hab ich Beine wie Samson, aber wenn ich keinen Boden drunter habe, Hans! Da krieg ich Butter in die Knie!

KAPITÄN We voelen ons geerd, meneer . . .

SIMON Was sagt er, Hans?

LACY Hy zegt, dat hy zich geerd voelt, met u deze koop aftesluiten.

SIMON Ich fühle mich ebenfalls geehrt . . . aber ich weiß nicht, was er sagt!

LACY De scheepskapitein wil zyn vracht zo snel mogelyk van de hand doen, en daar ik zelf . . . luistert u!

SIMON Ich höre.

LACY . . . en omdat ik zelf by deze koop niet onderhandelen kann, dacht ik eigenlyk aan u, temeer daar u door een snelle tergkoop in een paar dagen in staat zult zyn de geldsom voor het londense rechtersamt . . . Luistert u?

SIMON Ich höre! Verdammt ja! Aber ist das eine Sprache für eine saubere Sache? Ich versteh kein Wort von dem, was du sagst! Sprich wie ein Mensch oder ich sag dir leck mich am Arsch, das ist in jeder Sprache verständlich.
Er will ab.

LACY Chef, ich bitte Euch, bleibt.

SIMON Was? Du sprichst ja . . .

LACY Ja, Chef! Laßt Euch rasch erklären . . .

SIMON Und die ganze Zeit wie ein Pfannkuchen geredet? Wenn das nicht eine gottselige Verwandlung ist, ist eine Schweinerei dahinter, soviel ist sicher.

LACY Chef, ich bin der Lacy Rowland.

SIMON Heiliger Hugo! Aber der zog doch in den Krieg! Und nahm den Ralph mit! Ich habs doch gesehn.

LACY Um die Ecke Chef, und dann blieb er doch hier. Als Schuster.

SIMON Als Schuster? Stimmt, als Schuster. Aber warum als Schuster?

LACY Wegen einem Mädchen, Chef. Das soll aber niemand wissen und Ihr seht ein, da ich amtlich in Frankreich bin, kann ich meinen Namen nicht unter den Handel setzen, den ich hier vorhabe.

SIMON Sir Lacy . . .

LACY Sagt Hans.

SIMON Gut Hans. Aber ein Schlawiner bist du, egal wie du heißt. Was für ein Handel ist das? Und was soll ich dabei?

LACY Mein Vetter Askew schickt mir dieses holländische Schiff, er hat es aufgebracht, es hat kriegswichtige Ladung, die war nach Frankreich an die Franzosen verkauft.

SIMON Kassiert, das Schiff! Das war eine patriotische Tat, soviel ich sehe.

LACY Askew, der ein Drittel der Ladung aus eigener Tasche bezahlt hat, alles ist reell, schickt den Kapitän zu mir, ich soll die andern zwei Drittel bezahlen und die Ladung an einen englischen Händler weiterverkaufen. Da ich aber mit meinem Namen Kauf und Verkauf nicht unterzeichnen kann . . .

SIMON Sir Lacy, ist er denn nicht reell?

LACY Doch, aber ich bin ja amtlich in Frankreich, Chef.

SIMON Drum hast du an mich gedacht, in dem Handel? Ist der wirklich reell? Euren Namen wollt Ihr nicht hergeben, Sir Lacy?

LACY Hans.

SIMON Hans, ja. Hans, das ist ein Name, nicht von einem Fisch. Aber die Sache, Hans . . .

LACY Ich dachte daran, daß Ihr Richter von London werden wollt, und ich dachte, Ihr werdet ein guter Richter sein.

SIMON Das denk ich auch.

LACY Also?

SIMON Nichts also.

LACY Gemacht?

SIMON Wenn ich mit mir selbst im Streit liege, siegt immer der bessere Teil. Ich fühl mich nicht gut auf dem wackligen Kahn, Hans.

LACY Die Weisheit habt Ihr, Simon Eyre, die Reputation auch, aber es fehlt Euch doch . . .

SIMON Das Geld, ja, das Geld! Bloß an dem hängts! Richter von London. Und jetzt siehst du mich an, Hans, als ob ich nicht die Weisheit dazu hätte.

LACY Ich schieß Euch die Summe vor, ich kann es und tu es aus Freundschaft zu Euch, ist das reell? Und der Wiederverkauf ist schon eingeleitet, nur die Unterschrift ist zu machen und bringt die dreifache Summe ein.

SIMON So viel?

LACY Davon behalt ich die kleinere für mich, ich brauch sie für meine Flucht aus London. Die größere aber macht Euch zum Richter von London.

SIMON Die Weisheit, Hans, steht auf den Beinen Samsons! Richter von London! Da soll die Paragraphentiftelei Papier gewesen sein und Simon Eyre, wenn er Richter ist, benutzt sie für den Abtritt. Denn die Weisheit, Hans, kommt nicht aus dem Kopf, sondern . . .

KAPITÄN De tyd dringt, meneer.

LACY Also abgemacht, Chef?

SIMON Hans, ich verlaß mich auf dich. Und wenn ich Richter von London bin, sollst du . . . was? Desertiert? Hans!

LACY Es ist . . . ich darf Euch nicht sagen, wer sie ist. Aber sie ist ein schönes Mädchen.

SIMON Aber desertiert?

KAPITÄN Ik verzoek u, meneer, te ondertekenen.

LACY Verlaßt Euch drauf, in vier Tagen ist die Ladung verkauft, und Ihr könnt mit dem Geld Eure Angelegenheit in Ordnung bringen.

SIMON *unterschreibt* Ich unterschreibe. Die Sprache aber, in der das abgefaßt ist, ärgert mich. Ich versteh kein Wort davon. Meneer! Meneer! Und du ärgerst mich auch, Hans! Wenn ich dran denke, daß du mir in der Sprache gekommen bist und kannst doch reden wie ich! Da gibts keine Entschuldigung! – Hier habt ihr den Wisch. Ich geh! Runter von den Planken! Da steh ich nicht wie Simon Eyre! Wenn du aber in die Werkstatt kommst, Hans, oder es ist mir egal wie du heißt, ich bin auch anständig geboren, da reden wir anders miteinander!

Er geht schimpfend ab.

11.

Garten in Old Ford. Hammon sitzt auf einer Bank.

ROSE *kommt* Der lästige Mensch! – *Zu Hammon* Immer sitzt Ihr da, Sir Hammon!

HAMMON *lächelt sie an* Ja, immer. Oder fast immer. Gestern zum Beispiel war ich in London. Da traf ich meinen Freund Warner. Man kann sagen, er kennt die Welt, Fräulein Rose. Immer hat er Erfolg, die Leute sagen: Warner, der macht das.

ROSE Schön.

HAMMON Jetzt will er auch heiraten.

ROSE Das wird ihm wohl auch gelingen?

HAMMON Ja, er hat etwas in Aussicht.

ROSE Und was machen Eure auswärtigen Geschäfte, Sir Hammon?

HAMMON Danke, Fräulein Rose, danke!

ROSE Die zwingen Euch nicht, einmal auf Reisen zu gehn?

HAMMON Nein. *Er lächelt sie an* Ich möchte nicht reisen, Fräulein Rose.

ROSE Aber wird es Euch nicht langweilig hier?

HAMMON Nein. *Er lächelt sie an.*

ROSE Mir ist es oft langweilig.

HAMMON Man muß einen guten Gedanken haben, Fräulein Rose. Vorher habe ich auch oft gedacht, ... ich weiß nicht, was ich gedacht habe, aber jetzt habe ich auf einmal einen guten Gedanken. So ist eben der Mensch: hat er einmal einen guten Gedanken, schon leuchtet er.
Er lächelt sie an.

ROSE Gedanken habe ich auch, Sir Hammon.

HAMMON Schöne?

ROSE Schöne und nicht so schöne, es ist wohl dasselbe.

HAMMON Ja, eine Frau, das ist etwas Geheimnisvolles.

ROSE Und Ihr wollt wohl dahinterkommen?

HAMMON Ja.
Er lächelt sie an.

ROSE Dann solltet Ihr mehr in Gesellschaft gehn, Sir Hammon. In der Stadt.

HAMMON Nein.

ROSE Ich wäre lieber in der Stadt, und ich würde mich gern unterhalten.

HAMMON Ich möchte Euch etwas fragen, Fräulein Rose. Ich wollte Euch schon seit ein paar Tagen fragen, aber jetzt frage ich Euch ...

ROSE Da oben hängt noch ein Apfel, ich habe ihn beim Pflücken nicht gesehn! Ach, Sir Hammon, wenn Ihr die Freundlichkeit hättet, ihn herunterzuholen!

HAMMON Gern, Fräulein Rose.

ROSE Ich halte die Leiter.

HAMMON *besteigt die Leiter* Ich steige, ich fliege. Ihr befehlt, ich soll fliegen und ich fliege.

ROSE Da ist noch einer! Und noch einer! Sir Hammon! Ich bitte Euch sehr, noch ein bißchen höher! Dann könnt Ihr den andern auch noch pflücken.

HAMMON *im Baum* Da ich nun in Eurer Gunst so hoch gestiegen bin ...

ROSE Ihr werdet doch nicht schwindlig?

HAMMON . . . Fräulein Rose, möchte ich . . .

ROSE Vorsicht!

HAMMON Möchte ich diese schöne Gelegenheit benutzen . . .

ROSE Paßt auf! Der Ast ist morsch! Ihr müßt Euch an dem andern festhalten!

HAMMON Um Euch zu sagen, ob Ihr nicht, Ihr, Fräulein Rose und ich . . . ich meine, ließe sich machen, und Euer Vater, mit dem ich gewissermaßen eine freundliche Beziehung habe . . .

ROSE Da ruft Sybil nach mir! Ich muß ins Haus, Sir Hammon!

Sie wirft die Leiter um und läuft weg.

HAMMON . . . ich habe sogar mit ihm schon darüber gesprochen. Nicht direkt, sondern mehr über dieses und jenes, wie man so spricht, aber es war genau so, als ob wir darüber gesprochen hätten. Sehr freundschaftlich, Fräulein Rose, aber mehr in Vergleichen, mehr gedankenvoll. Versteht Ihr? Der Mensch hat ja die eine Seite und er hat auch die andere. Und wenn man verheiratet ist . . .

Otley kommt.

OTLEY Sir Hammon, he Sir Hammon! Ich höre Euch sprechen, wo seid Ihr denn?

HAMMON Auf dem Baum, Sir! Ich sprach mit Eurer Tochter, und ich hatte mir vorgenommen, ihr ein paar Äpfel zu pflücken.

OTLEY *stellt ihm die Leiter hin* Sie hat Euch in den Baum geschickt?

HAMMON Es war eine Übereinstimmung zwischen ihr und mir. Sie sagte: bitte, Sir Hammon, holt mir den Apfel herunter, und ich stieg hinauf. Sie fängt an, mich zu verstehen.

OTLEY Das wünsche ich Euch von Herzen, Sir Hammon, aber kommt nur herunter! Habt Ihr gehört, von Simon Eyre, dem Schuster?

HAMMON Ich bin seit längerer Zeit nicht in London gewesen, Sir Otley.

OTLEY Simon Eyre ist zu Geld gekommen, könnt Ihr Euch vorstellen, wie?

HAMMON Er hat Schuhe gemacht für die englische Armee, vermutlich.

OTLEY Nein, über Nacht, Sir Hammon! Und was meint Ihr, wie er es ausgeben will?

HAMMON Wohl mit Bodenspekulationen?

OTLEY Das wäre vernünftig. So nicht. Er will Richter von London werden. Er hat es sich in den Kopf gesetzt, nur so aus Spaß. Und er ist populär, ich bin sicher, er wird gewählt.

HAMMON *kommt herunter* Steckt etwas dahinter?

OTLEY Nichts, als daß die Gerechtigkeit in unserer Stadt in der nächsten Zeit ein paar Bocksprünge macht, Sir Hammon.

HAMMON Ich bin auch ein anderer Mensch geworden, Sir Otley, mehr beflügelt . . .

Er klopft sich die Kleider aus.

OTLEY *betrachtet den übel zugerichteten Hammon* Und die Rose, Sir Hammon, hat Euch in den Baum . . .?

12.

Bei Otley.

DODGER Ihr kennt mich, Sir Otley?

OTLEY Ja, ein Freund Sir Lincolns, – den ich verehre.

DODGER Der läßt Euch grüßen.

OTLEY Und ich grüße zurück, das ist eine alte Abmachung unter uns.

DODGER Läßt Euch grüßen – mit einer gewissen Nachricht.

OTLEY Ihr tut geheimnisvoll.

DODGER Es soll niemand erfahren, Sir Otley.

OTLEY Trag ich unter die Leute?

DODGER Nicht unter die Leute! Es könnte aber der König . . .

OTLEY Wir plaudern nicht zusammen, der König und ich.

DODGER Es handelt sich um Lacy Rowland.

OTLEY Der kommt doch nicht zurück?

DODGER Der Earl of Lincoln – Ihr kennt ihn ja, Sir Otley, ihr wißt, wie er um seinen Namen besorgt ist . . .

OTLEY Zu Recht! Zu Recht! Aber Lacy, sagt Ihr . . .

DODGER Wenn Ihr es den König wissen ließet, zum Beispiel, oder auch nur einem von den Herrn, mit denen er zu

Mittag speist ... Das sag ich nur so. Ihr wollt dem Lacy Rowland doch auch nicht wohl, in gewisser Weise und es wäre Euch angenehm, wenn er ...

OTLEY Heraus! Was ist mit Lacy?

DODGER Er ist nicht nach Frankreich.

OTLEY Wie?

DODGER Man sagt es nicht gern: desertiert!

OTLEY O Rose? Jetzt versteh ich was.

DODGER Der alte Lincoln schickt mich, Euch vertraulich zu sagen, Ihr sollt auf Eure Tochter aufpassen.

OTLEY Und Ihr, Dodger, ratet mir im Vertraun dazu, ich soll den Lacy beim König ...

DODGER Ich sagte nichts.

OTLEY Aber ...

Er geht weg.

13.

Bei Simon Eyre.

Firk, Lacy, Hodge.

MARGERY *läuft herein* Firk, Firk!

FIRK Ja! Ja!

MARGERY Ich bitte dich, lauf! Hörst du? Lauf, lauf, zur Guildhall, sieh, ob mein Gatte, der Meister Simon Eyre, die verehrungswürdige Stellung eines Richters auf sich genommen hat! Beeil dich, Firk!

FIRK Und unsere gnädige Frau wird dann also die Stellung einer Frau Richterin einnehmen?

MARGERY Die Ehre! Beeil dich, Firk!

FIRK Aber wird unserer gnädigen Frau auch nicht flau, wenn sie zum Bürgermeister bestellt wird, um einen Knix zu machen?

MARGERY Muß man einen Knix machen?

FIRK Ja, so! *Er macht den Knix vor.*

HODGE So schön kommt unsere Chefin aber nicht herunter, Firk. Die Knie sind zu dick.

MARGERY Ihr proletarischen Schmutzfinken!

FIRK Schmutzfink! Das laß ich nicht auf mir sitzen! Jetzt muß ich mir erst die Hände waschen.

Er wäscht sich umständlich.

MARGERY Firk! Firk! Guter Firk!

FIRK Ihr habt Schmutzfink gesagt.

MARGERY Richter von London! Wenn du nicht sofort läufst Firk, sag ichs dem Richter von London!

FIRK *trocknet sich langsam ab* Ich geh ja schon.

Er geht.

MARGERY Jetzt zu Euch, Hodge und Hans.

HODGE Danke, gnädige Frau, – gnädige Frau, müssen wir wohl jetzt sagen?

MARGERY Sag was du willst, Hodge, gnädige Frau, das ist eine christliche Redensart, aber kommt Zeit, kommt Rat. Wie geht es dir, Hans?

LACY Wat kan ik voor u doen?

MARGERY Hans und Hodge, ihr seht, Gott hat euren Chef gesegnet. Und wenn, will es das Schicksal, Simon Eyre Richter von London wird, – wir sind ja alle sterblich – dann werdet ihr sehn, ich bin gut zu euch. Ich rede mit euch wie ich immer mit euch geredet habe. Denn mein Gatte und ich, wir sind immer für das Volk eingetreten, und das Geschäft geht uns über alles. Kommt Zeit, kommt Rat. Bitte, Hans, zieh mir den Schuh an!

LACY *zieht Margery den Schuh an.*

MARGERY Nicht so! – Hodge, du kennst die Länge und die Beschaffenheit meines Fußes. Er ist nicht der kleinste, aber ziemlich klein. Gerade richtig. Bitte, Hodge, mach mir ein paar Schuhe aus Wildleder, Hodge, und mit hohen Absätzen, wegen der eleganten Gangart.

HODGE Wird gemacht, Chefin.

MARGERY Und kennst du einen französischen Hutmacher?

HODGE Ich kenn einen, der machts französisch, ist aber kein Hutmacher.

MARGERY Dann ein Perückenmacher! Einen Perückenmacher, glaube ich, muß ich auch haben. Wo kaufe ich denn echtes Haar?

HODGE Wenn ich mich das nächste Mal rasiere, Chefin, denk ich dran.

MARGERY Einen Hut! Seht einmal her! Wie sehe ich denn aus mit einem Hut?

HODGE Ihr müßt auch noch einen Schleier vors Gesicht ziehn, Chefin.

MARGERY Das ist wohl modern?

HODGE Ja, mein Onkel sagte das immer: deck das Gesicht zu, Betty, denn aufs Gesicht kommt es nicht an.

MARGERY Und wenn es heiß wird, muß man einen Fächer haben.

HODGE Mach ihr ein bißchen Wind, Hans!

MARGERY Ich kann vornehm mit euch reden, aber ihr seid immer ordinär! Ihr werdet nicht besser! Der eine bleibt wie er ist, der andere wird anders, das ist eins der erhabenen Wunder Gottes. Simon Eyre, mein Gatte, war einst ein Schuhmacher und wird jetzt . . . Firk! Warum kommt denn Firk nicht zurück! Hans, schau doch nicht so trübsinnig!

HODGE Chefin, wollt Ihr eine Pfeife? Riecht gut!

Er bläst sie an.

MARGERY Puh!

Ralph kommt in die Werkstatt. Er sieht zerlumpt aus, hinkt und hat den rechten Arm in einer Binde.

HODGE Da ist Kundschaft!

MARGERY Keine Zeit jetzt für Kundschaft, Hodge! Mach den Laden zu!

HODGE Ralph! Alter Ralph! Chefin, da steht der Mann von Jane! – Hans, grüß ihn! Das ist einer von unserer Innung, er war Soldat.

LACY Goede morgen.

MARGERY Gott, ich habe dich zuerst gar nicht erkannt! Wie geht es dir, guter Ralph? Hast du Firk nicht gesehn? Er muß draußen auf der Straße sein, er kommt von der Guildhall. Ich freue mich, Ralph, daß es dir gut geht. Nur finster siehst du immer noch aus, wie früher. Das ist nicht besser geworden.

RALPH Schlechter, Chefin.

MARGERY Hinkst du? Glaub mir, Ralph, es tut mir leid, daß du hinkst. Gott, wie ihm das Gesicht braungebrannt ist! Gut siehst du aus, Ralph! Nur das linke Bein . . .

HODGE Hast du Glück gehabt, Ralph, daß die Blessur nicht ein bißchen höher kam.

RALPH Ich freue mich zu sehn, daß es euch noch gut geht, Chefin.

MARGERY So gut auch nicht, Ralph. Aber Simon Eyre hat

alle Aussicht, für das nächste Jahr Richter von London zu werden.

HODGE Und wie wars in Frankreich?

RALPH Und in England, Hodge?

MARGERY Wir hatten furchtbar viel Schnee dieses Jahr, Ralph. Es schneite und schneite.

RALPH In Frankreich war das Wetter auch nicht gut, Chefin. Wo ist Jane?

HODGE Zeit, daß du dich um sie kümmerst, Ralph.

RALPH Was macht sie?

HODGE Was macht eine Frau ohne Mann? Da bin ich überfragt, Ralph. Jedenfalls Zeit, daß du für sie arbeitest.

MARGERY Du kannst wieder bei uns arbeiten, Ralph. Wenn ich Frau Richterin bin, kann ich ein Wort für dich einlegen.

RALPH Ich danke Euch, Chefin. Aber hier werde ich wohl nicht mehr arbeiten. Ich mach keine Schuhe mehr.

MARGERY Hört Euch das an. Jetzt wird er stolz, bloß weil er in Frankreich war. Ich werde auch verreisen, demnächst.

HODGE S'il vous plaît, Ralph. Da ist dein Platz!

RALPH Ihr habt aber einen andern eingestellt.

MARGERY Wenn Simon Eyre Richter von London ist, weiß er für alles einen richtigen Platz. Denn er ist mit Gottes Hilfe so weit gekommen. Heute ist Feiertag, aber morgen kannst du arbeiten.

RALPH *stößt seinen Arm aus der Binde: ein Holzstumpf* Mit dieser Hand?

MARGERY Jesses, hab ich mich erschreckt!

RALPH Ich will jetzt wissen, wo Jane ist!

MARGERY Jane! Jane! Ist das geredet wie ein Mann zu einer Dame? Da wird sie sich auch nicht freun.

RALPH Ist sie nicht hier?

MARGERY O Ralph, deine Frau! Wirklich, wir wissen nicht, was aus ihr geworden ist. Eine Zeitlang war sie hier, ja, aber dann nahm sie sich immer mehr heraus, Ralph, weil sie verheiratet war, das war nicht gut für sie, das hat sie richtig verdorben. Ihr zweites Wort war: wenn mein Mann zurückkommt . . . So sind die jungen Frauen, Ralph. Ich mußte es ihr mal sagen, kommt Zeit, kommt Rat, weg war sie eines Morgens, kein Aufwiedersehn und Vielendank, einfach weg, und wir wüßten doch gern, Ralph, das kann man doch von einem Menschen verlangen, um den man sich sorgt, was aus ihm geworden ist. Nicht? Und so – Hodge, wo bleibt denn der Firk?

HODGE *sieht aus dem Fenster* Nichts zu sehn.

MARGERY Und so haben wir eben nichts gehört, zu unserem großen Bedauern. Das hat mich gekränkt, Ralph. Ich hab mal gehört . . . aber das hat nichts zu sagen, war nur so ein Gerücht. Die Wahrheit ist, man soll sich prüfen, ehe man sich bindet. Aber kommt Zeit, kommt Rat. Wenn sie gewollt hätte, ich hätte ihren Fall gern meinem Gatten vorgetragen, und ich bin sicher, er hätte ihr nach Kräften geholfen. Hans, geh du mal raus und sieh nach dem Firk!

LACY *geht hinaus.*

MARGERY Und so wie ichs gesagt habe – aber was hast du? Du weißt doch, Ralph, nackt sind wir gekommen aus dem Mutterleibe und nackt müssen wir zurück, deshalb sei dankbar für alles.

HODGE Ralph, wir lassen dich nicht sitzen. Wir suchen in ganz London herum, bis wir sie finden.

MARGERY Höflich bist du nicht, Ralph. Und wir sind doch gut zu dir. Wir haben ja auch Verständnis. Du bist traurig, mir geht es auch so, wenn so etwas vorkommt. Hast du Hunger? Ich geh etwas zu essen holen.

RALPH Danke, Chefin. Ich hab jetzt noch etwas anderes vor. *Er geht ab.*

HODGE So leicht wird er die Jane nicht finden.

MARGERY Da war er nun in Frankreich, aber gelernt hat er nichts. Deshalb ist es vielleicht gar nicht so gut, daß wir unsere Jungen dahinschicken. Und arbeiten, Hodge, kann er mit dem Arm doch auch nicht, ich wollte es eben nur nicht sagen.

Lacy und Firk kommen herein.

FIRK Macht Euch schön, Chefin! Das Sonntagskleid an! Der Chef ist gewählt. Er ist Richter von London!

HODGE Jetzt können wir stolz zu Euch sagen: guten Morgen, Euer Gnaden!

MARGERY Guten Morgen, guter Hodge! Ich danke Euch, Firk und Hans, für die Verehrung! Firk halte die Hand auf: da ist ein Dreipencestück für deine Mußestunden.

FIRK Es sind nur drei halbe Pence, aber macht nichts.

HODGE Ich würde Euch besser verstehn, Gnädigste, wenn Ihr vernünftig sprechen würdet.

FIRK Da spricht die Vornehmheit aus ihr, Hodge, dafür kann sie nichts.

Simon Eyre kommt mit goldener Kette.

MARGERY Willkommen seist du, Herr Richter, es grüßt dich deine Gemahlin.

SIMON EYRE Schau her, Maggy, eine Kette, eine Goldkette für Simon Eyre! Ich mach eine Lady aus dir! Hier ist ein französischer Hut, aufsetzen! Aufsetzen! Und mach Goldaugen, Kalbsaugen, mein Trampeltierchen, damit du lieblich aussiehst! Wo sind meine Leute? Hans, du kriegst 120 Prozent für die Portugiesischen, weißt schon, Hodge, du übernimmst den Laden! Firk, mein Vorarbeiter! Ihr Kloßköpfe seid alle verrückte Burschen wie euer Meister Simon Eyre, dann werdet ihr alle Richter von London! – Maggy, gefalle ich dir? Na? Na? – Firk! Hodge? Hans! Firk!

FIRK Mir fehlen die Worte.

SIMON EYRE Ich habe vergessen, wir sind zum Dinner eingeladen in Old Ford. Der Bürgermeister gibt sich die Ehre. Mach dich fertig, Maggy! Hut auf den Nudelkopf! Und ihr, meine ungewaschenen Hälse, von euch will ich was sehen: irgendwas Verrücktes, das uns Ehre macht, ein Schauspiel oder einen Ringkampf! Kommt nach Old Ford und laßt euch was einfallen.

Ab mit Margery.

14.

Old Ford.

Es kommen der Bürgermeister Otley, Rose, Simon Eyre und Margery im französischen Hut, Diener.

OTLEY Herzlich willkommen in Old Ford!

MARGERY Dank, Dank Eurer Lordschaft!

OTLEY Ihr seht, es ist ein bescheidens Haus, aber gastlich.

SIMON EYRE Bescheiden, Bürgermeister Otley! Hier könnt ich mich wohlfühlen und grunzen wie ein Schwein in der Suhle!

OTLEY Tuts, Simon Eyre! Ich sage Euch: wir alle, vom Amt und von Gesellschaft meine ich, sind froh, daß so ein Mann wie Ihr zu uns gehört.

MARGERY Aber er muß, Mylord, von jetzt an eine gewisse Würde an den Tag legen.

SIMON EYRE Frieden, Maggy, und deine Würde für die Affen! Wenn ich zum Rathaus gehe mit meinem Purpurmantel, dann sehe ich aus wie ein Prophet und rede so ernst wie ein Friedensrichter. Aber jetzt bin ich hier in Old Ford im Haus meines guten Bürgermeister Otley, also, Maggy, Schluß, Maggy!

OTLEY Lieber als tausend Pfund hätte ich ein Herz nur halb so leicht als Eures.

SIMON EYRE Na also! Das könnte einem Herrn Pfarrer gefallen, daß ich nicht fröhlich bin! Trauer macht einen frühen Tod, Sir, das ist auch eine Wahrheit: Wenn Ihr bei einer Frau geschlafen habt, nachher seid Ihr traurig, und das ist so ein Vorgeschmack, sage ich immer.

MARGERY Gatte!

OTLEY Er hat recht. Ich bitte Euch, Lady Eyre, gebt meiner Tochter einen Rat als Frau.

MARGERY Sie muß aufpassen, daß sie einen guten Mann bekommt.

OTLEY Neulich kam ein Gentleman, sehr angenehm, den hätte ich gern zum Schwiegersohn gehabt. Sie fand ihn auch zuerst recht unterhaltsam. Doch nein: dann hat mein Kind auf einmal Flausen im Kopf und bildet sich was ein, von high society, und schließlich sagt sie, sie will als Jungfrau sterben.

SIMON EYRE Jungfrau, das ist schlimm! Das gibt dickes Blut, Mädchen! Und alle die Wehwehchen, die die Jungfern so sauer machen! Aber einen Windbeutel sollst du auch nicht nehmen, keinen der nicht mehr Haare auf dem Kopf hat als du auf deiner Backe! Vornehm? Geh, laß dich doch davon nicht rot machen!

Draußen Musik, Lärm.

OTLEY Was ist da?

SIMON EYRE Sie kommen zu Euer Ehren mit einem Moriskentanz. Hallo, kommt herein, meine Türken!

Hodge, Lacy, Firk, Ralph und andere kommen und führen einen grotesken Tanz auf.

OTLEY Alles Schuster, Simon Eyre?

SIMON EYRE Alles Künstler in ihrem Fach, Herr Bürgermeister!

ROSE Der da sieht aus wie ...

OTLEY Sybil, bring Wein für die Gäste! – Ich danke Euch, Leute!

EIN TÄNZER Wir danken Euer Gnaden.

Rose nimmt Sybil den Wein ab und geht zu Lacy.

ROSE Ich trinke für den, an den du mich erinnerst.

MARGERY Ich sehe, Fräulein Rose, da habt Ihr dem feschesten Mann aus der Gesellschaft zugetrunken. Nur mit der Sprache ist er recht schwierig.

FIRK Und hier sind noch andere, die sind auch nicht schlecht.

OTLEY Jetzt ruft mich ein Geschäft nach London. Leute, geht erst hinein, laßt Euch was geben. Es wird ein Fäßchen angestochen.

SIMON EYRE *gibt Geld* Und nehmt das! Ihr habt unserer Innung Ehre gemacht!

Alle hinein außer Sybil und Rose.

ROSE Sybil was soll ich machen?

SYBIL Abwarten!

ROSE Daß ich ihn sprechen kann!

SYBIL Das wird er machen!

ROSE Du mußt nach London! Gleich! Und zu Simon Eyre gehn.

SYBIL Ein guter Vorschlag. Mit dem Kleinen habe ich mich eben schon verabredet.

ROSE Verabredet? Für mich?

SYBIL Schuhe verpassen.

15.

Janes kleiner Laden. Sie verkauft Knöpfe.

JANE Perlmuttknöpfe! Gestickte Knöpfe! Perlmuttknöpfe! *Zu einem Mädchen, das vorbeigeht* ein paar silberne für

Euch, Fräulein, zum Zuknöpfen bis über die Ohren! – Knöpfe! Knöpfe! Perlmuttknöpfe!

WARNER *steht abseits* Erstens: sie heißt Jane, solider Name. Zweitens hat sie mehr als einen Liebhaber gehabt, also kennt sie das Leben. Drittens versucht sie sich durchzubringen mit dem Geschäft, also ist sie couragiert. Viertens geht das Geschäft mäßig, also könnte sie meine Hilfe brauchen. Fünftens ist sie verheiratet, der Mann verschollen in Frankreich, also braucht sie einen andern. Sechstens: sie liebt ihren Mann, solang er nicht amtlich tot ist und das verdirbt ihr alles. Also muß ich den Mann. . .

Er reißt einen Knopf von seinem Rock.

JANE Knöpfe, Herr?

WARNER Guten Morgen!

JANE Ich sah Euch schon öfter Herr, aber Ihr habt mir noch keinen Knopf abgekauft.

WARNER Ich habe einen verloren, drei sind noch dran.

JANE Zeigt mal. Von der Sorte hab ich keine. Schneidet die drei ab, sie taugen ohnehin nicht viel.

WARNER Der Rock ist abgetragen.

JANE Wenn Ihr neue Knöpfe draufmacht, . . . die hier? Oder die?

WARNER Die blauen.

Er reißt die drei andern Knöpfe vom Rock.

JANE Ihr seid ein entschlossener Mann. Aber wenn Ihr zu Eurer Frau nach Hause kommt . . .

WARNER Die Wahrheit zu sagen: ich hab keine.

JANE Das erspart Euch Ärger.

WARNER Aber macht Mühe. Ich kann die Knöpfe nicht selbst annähen.

JANE Wenn Ihr Geduld habt, tu ichs für Euch. Nur muß ich, wenn Kundschaft kommt . . . Knöpfe! Perlmuttknöpfe!

WARNER Ich zahle Euch einen Aufpreis für die Arbeit.

JANE Wieviel?

WARNER Davon sprechen wir später.

JANE Das kenn ich, Herr. – Knöpfe! Perlmuttknöpfe!

WARNER Zehn Schillinge.

JANE Das, Herr, ist zu viel. Ich will Euch nicht ausnehmen.

WARNER Es trifft keinen Armen, Mädchen.

JANE Zu viel für mich! Es soll nicht heißen, ich hab ein unsolides Geschäft.

WARNER Unsolide! Ich kenn Euch schon länger, Jane, ich sah Euch schon mal in der Watlingstreet.

JANE Jetzt werdet Ihr unverschämt, Herr.

WARNER Ich habe keine Vorurteile. Versteht Ihr? Näht mir die Knöpfe an.

JANE *näht einen Knopf an.*

WARNER Ich weiß, Ihr seid verheiratet.

JANE Mit einem guten Mann.

WARNER Und einem glücklichen Mann.

JANE Glücklich nicht, Herr.

WARNER Dann ist er ein Dummkopf.

JANE Nein, Herr. Im Krieg. – Der Knopf sitzt fest.

WARNER Jetzt den zweiten. In Frankreich?

JANE Seit einem Jahr.

WARNER Eine lange Zeit für eine Frau.

JANE Und für einen Mann auch, Herr.

WARNER Und für einen Krieg auch. Wie heißt er?

JANE Ralph.

WARNER Und der andere Name – der, den Ihr auch habt?

JANE Damport.

WARNER Damport. Mein Name ist Warner.

JANE Da, der Knopf sitzt.

WARNER Danke, Jane. Den dritten.

JANE Da kommt Kundschaft! – Knöpfe! Perlmutt! Knöpfe!

Mädchen gehn vorbei.

WARNER Damport? Könnt Ihr lesen?

JANE Lesen?

Sie näht den dritten Knopf an.

WARNER Weil ich aus Frankreich einen Brief erhalten habe mit einer Liste – von einem Freund, der damit zu tun hat.

JANE Womit?

WARNER *zieht ein Papier aus der Tasche* Da sind die Namen verzeichnet. Die sind alle tot.

JANE Das ist aber keine amtliche Liste, der Stempel fehlt.

WARNER Der Freund hat sie mir von der amtlichen Liste abgeschrieben. Es sind alles Namen aus dieser Gegend. Könnt Ihr lesen, Jane?

JANE Sicher, ja.

WARNER Lest diese Seite weiter, ich die andere. Damport – ich denke, den Namen las ich schon, aber wohl mit einem andern Vornamen.

JANE Damport gibt es oft.

WARNER Da kommt eine Dame! Knöpfe! Perlmutt!

JANE Der verkauf ich silberne. *Zu der Dame* Meine Dame, hier sind ein paar silberne, ich bekam sie gestern herein . . .

Sie bedient die Dame. Warner schreibt rasch den Namen Ralph Damport auf das zweite Blatt. Die Dame kauft und geht weiter. Jane kommt zurück.

WARNER Beeilt Euch, jetzt, Jane, ich habe noch eine Verabredung in Cornhill.

JANE Aber die Liste . . .

Sie näht rasch den Knopf an.

WARNER *lesend* Die Seite bin ich durch. Ich finde den Namen nicht.

JANE Gebt mir das andere Blatt. *Sie liest.*

WARNER *näht den Knopf fertig an* Ihr lest langsam.

JANE Aus Angst, Herr, lese ich langsam. Hammerton . . . der arme Hammerton ist tot.

WARNER Ihr kennt ihn?

JANE Smedley, Parker, Byrd, . . . ich kenn sie alle nicht. Hier heißt einer Warner.

WARNER Ich bin nicht tot, das könnt Ihr sehn.

JANE *legt das Blatt weg.*

WARNER Wenn das auf der Liste stünde: Warner ist tot, das würde keiner glauben in meinem Viertel, keiner der mich kennt, Jane! Warner hat immer Glück gehabt.

JANE Da steht es. Er ist tot.

WARNER Wer?

JANE Ralph ist tot.

WARNER Ralph Damport? Zeig her, Jane! Das will ich erst genau prüfen. Ich verschaffe dir noch andere Nachrichten, es kann ja auch ein Irrtum sein. In so einem Feldquartier geht ja viel durcheinander und der Schreiber . . . die Liste allerdings ist authentisch, der, von dem ich sie hab, ist Zahlmeister bei den Londoner Kompagnien. Und die Zahlmeister, Jane . . . Jane!

JANE *geht weg.*

WARNER *sieht ihr nach*
Ich komme morgen wieder, Jane. *Nach vorn* Dann nähst du mir den vierten Knopf an.

16.

Simon Eyres Laden, jetzt vornehm geworden.
Firk, Hodge – der jetzt Meister ist –, und Lacy arbeiten.
Ralph steht herum.

FIRK *singt*
Ach, rief das dicke schwarze Weib,
wo bleibst du denn, mein Zeitvertreib,
mein Zeitvertreib, mein . . .

RALPH Blödes Lied.

FIRK Meckre nicht gleich, Ralph. Ich muß erst in Fahrt kommen.

RALPH Aber ich kanns nicht hören, verstehst du?

FIRK Fühlst du dich betroffen? Wenn einer Scheiße schreit, gleich denkst du, du bist gemeint.
singt Ich komm ja schon, ich komm ja schon . . .
– meine Orgelpfeife quietscht, sie ist noch nicht geölt worden. Meister!

HODGE Gibt nichts!

FIRK Auf das Wort Meister hört er wie ein Spitz! Hodge, das Lied vom Zeitvertreib gefällt unserm alten Ralph nicht.

RALPH Du gefällst mir nicht!

FIRK Überhaupt Ralph, du drückst auf die Stimmung. Rumhocken und auf die Stimmung drücken, das macht dich nicht beliebt. Bei den Damen schon gar nicht. Wenn ich die Jane wär . . .

RALPH Fang nicht wieder an, das gibt einen Mord.

HODGE Firk!

FIRK Die Weiber denken doch auch! Ich ließ mich da auch nicht blicken. So'n stachliger Besen, fegen tut er wahrscheinlich auch nicht!

RALPH *will Firk schlagen.*

FIRK *springt weg, singt*
Ich komm ja schon, ich komm ja schon,
rief vor der Tür der dicke Baron . . .

LACY Firk, je zingt prima! Luister, chef, kunt u me alstublieft een stuk leer snyden voor Meener Jeffers laars?

HODGE Kriegst du, Hans!

FIRK Meister!

HODGE Was ist, Firk?

FIRK Weil du grad am Schneiden bist, schneid mir eine schöne Sohle aus, ja?

HODGE Hast du die Schuhe für meine Cousine Fräulein Priscilla fertig?

FIRK Cousine? Da liegt ein Paar, die sind aber ausgetreten.

RALPH Gib her!

FIRK Alte Schuhe tuns am besten, Ralph!

HODGE Die Sybil tuts ja auch für dich, Firk.

FIRK Und die Rose hatte auch ein Auge auf mich geworfen. Wenn nicht der Hans zufällig daneben gestanden hätte . . .

HODGE Die Ausländer, Firk! Mit denen kannst du bei Frauen nicht konkurrieren.

Sybil kommt.

FIRK Da kommt ja die Kleine!

HODGE Sybil, guten Tag, sag ich. Wie gehts dir, alte Nutte?

FIRK Na, du kleines Häschen, guten Tag in London!

SYBIL Danke, Firk! Großer Gott, was habt ihr jetzt einen feinen Laden! Da paßt ihr ja gar nicht mehr rein!

FIRK Demnächst kommt noch ein Sofa da in die Ecke, damit wir unseren Kunden die richtigen Schuhe in Ruhe verpassen können.

SYBIL Wer macht das, du oder der Hodge?

HODGE Ich, Sybil. Firk muß erst noch lernen, er hat eine zu große Schnauze.

SYBIL Ja, Hodge, du bist solider. Aber warum ich komme: wo ist denn euer Ausländer?

FIRK Kan nit verstan – verstehst du das, Hodge?

LACY Wat kan ik voor u doen?

SYBIL Du mußt zu meinem Fräulein Rose kommen, um ihr die Schuhe anzuprobieren, die du für sie gemacht hast.

LACY Waar woont uw mevrouw dan?

SYBIL Hier in London. In Cornhill.

FIRK Und da muß unbedingt der Hans mit?

SYBIL Ja, Firk. Er kanns nun mal am besten. – Komm, Hans, ich bin eilig.

HODGE Komm aber wieder, Hans!

Sybil und Lacy ab.

Wer braucht Arbeit?

FIRK Ich Meister, Hodge. Und was Geistiges. Meine Laune ist hin.

HODGE Immer mußt du was zum Saufen haben.

FIRK Bloß weil du jetzt Meister bist, fällt es dir auf einmal auf. Ich bin so enthaltsam wie immer. Kaum hast du was zu sagen, schon wirst du unsozial.

HODGE *wirft ihm einen Schuh hin* Da den Schuh!

FIRK *hebt den Schuh nicht auf* So laß ich nicht mit mir reden. Ich gehe, Hodge, wenn du so mit mir redest.

RALPH *sieht den Schuh* Was ist das für ein Schuh?

Hebt ihn auf.

FIRK Flickarbeit.

RALPH Hodge, was ist das für ein Schuh?

HODGE Ein alter Mann aus der Parkerstreet hat ihn gebracht. Was hast du?

RALPH Wo der herkommt, möchte ich wissen!

HODGE Hab dich mal nicht so! Kannst ihn ja hinbringen, wenn er repariert ist.

RALPH *in großer Aufregung* Den Schuh kenn ich! Den kenn ich!

17.

In Otleys Haus.

Rose und Lacy, Lacy als Schuhmacher mit einem Paar Schuhe. – Umarmung.

LACY Rose!

ROSE Sei still, Lacy – oder sags auf holländisch!

LACY Het doet me plezier – und ich hatte Angst, es könnte alles noch schiefgehn.

ROSE Wo fliehn wir hin?

LACY Erst zu Simon Eyre.

ROSE Und dann?

LACY Fürs erste habe ich genug Geld . . .

ROSE Sprich nicht von Geld.

LACY Aber wir brauchens zur Flucht. In ein paar Tagen sind wir weg von London, wo man mich sucht.
ROSE Und nach Alania!
LACY Alania?
ROSE Da verfolgt uns niemand.
LACY Kann man da leben?
ROSE Von Tag zu Tag, und keiner wird uns lang werden.
LACY Und wer ernährt uns?
ROSE Die Natur. Und wir sind gekleidet wie . . .
LACY Wie?
ROSE Wie im Paradies.
LACY Das heißt?
ROSE Nun . . . barfuß.
LACY Barfuß! Nach Alania!
Er wirft den Schuh fort.
Sybil kommt.
SYBIL Fräulein, um Gottes Willen! Versteckt Euch, Euer Vater ist da! Er kommt rein, er ist auf dem Gang!
LACY Dein Vater! Weglaufen? Mich verstecken?
ROSE Den Schuh, Lacy! Hol den Schuh zurück!
Lacy sucht den Schuh. Bürgermeister Otley kommt.
ROSE Au! Er drückt mich! So ein ungeschickter Kerl!
OTLEY Was gibts denn? Wo ist denn der Schuh? Rose?
ROSE Ich hab ihn weggeworfen, im Zorn über den Kerl da.
OTLEY *zu Lacy* Hat der Meister den Blödesten geschickt? Zeig her!
LACY *gibt ihm den Schuh.*
OTLEY *sieht Lacy an.*
ROSE Ein Holländer, Vater.
OTLEY Hübsch gestickt. Zum in die Kirche gehn, Rose, – Lord Lincoln ist am Tor, ich habe die Ehre. Aber es ist was dahinter, da wett ich. Schick deinen Schuhknecht fort, Rose, und mach dich schön für den Alten.
Ab.
LACY Er ist mir auf der Spur!
ROSE Was tun wir, Lacy?
LACY Heute nacht kommt ich unten ans Fenster.
ROSE Und dann?
LACY Alania.
Ab.

18.

London, Straße.

Ralph kommt, er klopft an eine Wohnungstür. Er hat die Schuhe in der Hand.

RALPH Aufmachen! Aufmachen!

GREISINNENSTIMME Wer ist da?

RALPH Ich bringe die reparierten Schuhe für Euch, Frau.

GREISINNENSTIMME *innen* Was für ein Schuh? Mann, was für ein Schuh denn?

GREISENSTIMME Ich komm ja schon. Ich mach ja schon auf.

Der Greis öffnet die Tür.

RALPH Die habt Ihr doch zur Reparatur gebracht?

GREIS Ein guter Schuh? Ja? Die Stickerei? Ja?

RALPH Ein Meister hat sie gemacht, Herr.

GREIS Ich dachte, ich lasse sie für meine Frau herrichten. Frau, zieh einmal das Schühchen an!

GREISIN *kommt vor die Tür* Herr, er hat den Verstand verloren. – Tom, – du hast doch gar kein Geld!

GREIS Zieh an! Zieh an!

GREISIN Du kannst doch gar nicht bezahlen!

GREIS Zieh an!

Er zieht ihr den Schuh an.

GREISIN Und wer bezahlt? Für deinen verdammten Schwachsinn zahl ich nicht!

GREIS Geh mal damit! So! Und hüpf! Hüpf!

RALPH Wer hat Euch den Schuh gegeben, Herr?

GREIS Gegeben? Die Ann.

RALPH Wer ist das?

GREIS Wer ist das?

GREISIN Tom!

GREIS Die war Zugeherin bei dem Lord.

RALPH Was für ein Lord?

GREIS Lord Lovell. In Watlingstreet.

RALPH *läuft fort.*

GREISIN *tanzt.*

GREIS Seht einmal Herr – wo ist er?

19.

Bei Otley.
Otley und Lincoln.

OTLEY Glaubt mir, seitdem Euer tapfrer Neffe Lacy nach Frankreich ging, weiß ich nichts mehr. Wie kommts, daß Ihr ihn hier vermutet? Hat er Urlaub?

LINCOLN Urlaub, ja, für eine böse Sache, und ich dachte schon, Bürgermeister, Ihr helft dabei. Gut, daß es nicht so ist.

OTLEY Euer Neffe Lacy soll in meinem Haus versteckt sein? Mich ärgerts. Denn Ihr wißt doch, wie ich auf Eures Neffen Ehre denk. Die soll er nicht leichtfertig beschmutzen, so auf einen Urlaub! Und ich, glaubt Ihr im Ernst, ich leiste Vorschub?

LINCOLN Die Sorge, Sir, hat mich verwirrt. Verzeiht. Auch dachte ich, es wäre für Eurer Tochter Unschuld und Ansehn recht, daß ich mich kümmre.

Sybil kommt.

SYBIL Helft um Gottes willen! Mein Fräulein! Mein Fräulein!

OTLEY Was hat sie?

SYBIL Ich kann nichts dafür. Sie lief aus dem Haus.

OTLEY Wohin?

SYBIL Weiß ich nicht. Heute nacht schon. Mit dem Schuster.

OTLEY Das ist doch nicht möglich!

SYBIL Es ist wahr, leider! Leider! Ich hätte an ihrer Stelle auch einen Grafen vorgezogen, aber leider, leider!

OTLEY Wo sind meine Leute! Wir fangen sie wieder ein. Sybil! Weißt du noch was?

SYBIL Ich rufe die Leute! *Ab.*

OTLEY Ein ausländischer Arbeiter, spricht nicht mal wie wir, und sie rennt damit fort! Das wird sie sehn, wie das ausgeht! Findet sie mir heute noch, oder morgen, sonst, das schwör ich, vergesse ich meine Tochter!

LINCOLN Das ist hart. So ein Handwerker, Sir, ist nicht das Schlechteste. Mein Neffe – ah, da fällt mir ein, mein Neffe kennt dieses Handwerk auch. Wie heißt der Bursche?

OTLEY Hans, sagt Sybil! Ein Holländer.

LINCOLN Ich habe einen dummen Einfall im Kopf, Sir, wir

gehn rasch zu dem Simon Eyre, kommt mit mir, Sir, da möchte ich was erfahren.

OTLEY Was?

LINCOLN Ihr hörts noch.

20.

Eine Straße. Eingang eines vornehmen Hauses. Ralph kommt, schlägt an das Tor.

HAUSMEISTER Der Graf ist nicht zu sprechen.

RALPH Den will ich auch nicht. Sag mir, ging da ein Mädchen herein und heraus, die Jane hieß?

HAUSMEISTER Die Frau, die die Eier bringt, eine Landfrau, und die alte Cathrenn, wegen der Wäsche.

RALPH Ich meine: Zum Grafen Lovell.

HAUSMEISTER Ah! Du meinst die andere Tür! Da gibt es nämlich noch eine andere. Pearl, das war die Blonde. Sie nannte sich Pearl, hieß aber anders.

RALPH Blond nicht.

HAUSMEISTER Dann war eine junge Schwarze da. Aber nicht von der Straße weg. Sie hatte ein Hündchen dabei, einen Spitz.

RALPH Hieß die Jane?

HAUSMEISTER Langsam. Betty, das war die andere mit dem Pelz, nein, die hieß . . . ein schönes Mädchen, ich meine appetitlich.

RALPH Und wer noch?

HAUSMEISTER Ach, wenn du die meinst. Die hatte der Graf an einem Sonntag in der Kirche entdeckt, Jane, natürlich! Die war nur einen Abend da, der Graf war ärgerlich! Ich habe sie aus dem Haus rennen sehn.

RALPH Wohin?

HAUSMEISTER Sie hat jetzt ein Auskommen, sie heiratet einen angesehenen Bürger.

RALPH Hieß Jane und heiratet?

HAUSMEISTER Ja, den Sir Warner, der hat so verschiedene kleine Geschäfte. Man hat hier darüber gesprochen, die Frauen hauptsächlich. Weil er gesagt hat: die Vergangenheit, es macht ihm nichts aus und der geht in St. Faith's

Church mit ihr. *Er bemerkt, daß Ralph fortgelaufen ist* Komischer Bruder.

21.

Bei Simon Eyre, gute Stube.
Margery zieht Simon Eyre an für den Staatsempfang. Lacy und Rose.

SIMON *zu Margery* Zugeknöpft, Maggy, die Schnalle! Mach zu! Simon Eyre soll nicht wie ein Faß zum Rathaus gehn. Aber auch nicht wie eine Sanduhr. Locker, Maggy! Mir bleiben die Worte stecken.

MARGERY Mein Gatte nämlich, Sir, hat eine Audienz bei unserm König, von Angesicht zu Angesicht.

SIMON EYRE Frieden, Pfannkuchen, das ist meine Sache.

MARGERY Und meine auch! Denn der König wird sich nach deiner Gattin erkundigen. Er ist zu den Frauen galant, davon hat man schon gehört.

SIMON Maggy, ich sag ihm, meine alte Schlampe hätte Euch auch gern kennengelernt, aber sie hat Zwiebeln gegessen. Da bleibt sie lieber zu Haus. – Hans! Rose! Das ist ein Paar! Ihr wollt heiraten.

LACY Wenn Ihr ...

SIMON EYRE Weg mit dem »wenn«, Hans. Bei meiner Ehre, Lacy Rowland, ich habs dir versprochen, niemand als der König soll dir was antun. Dafür steh ich. Bin ich nicht Simon Eyre, der Richter? Ein Zweizentnermann, aber auf Vogelfüßen! Fürchte nichts, Rose. Ich habe dir gesagt, heirate keinen Stenzen, das da ist keiner! Da sage ich nur: zusammenstellen und den Segen drüber! Die Kette, Maggy!

LACY Ich wäre Euch dankbar, Simon Eyre ...

SIMON EYRE Versprochen ist versprochen. Meinst du, ich vergesse meinen holländischen Singvogel, der mir zugeflogen ist? Maggy, du gehst mit denen zur Kirche. Die Feier machen wir hinterher und ich hoffe zuversichtlich, die beiden Alten sind auch dabei.

MARGERY In die Kirche! Ah, das ist etwas fürs Leben, wenn

man zueinander mit wohltönender Stimme sagt: bis daß der Tod euch scheide! Das will bedacht sein!

LACY Das haben wir, Chefin.

ROSE Und wir fahren gleich weg nach der Hochzeit. Nicht wahr, Lacy?

LACY Ja. Ja.

ROSE Du bist gar nicht mehr davon begeistert.

LACY Es geht nicht so einfach, verstehst du, Rose.

ROSE Doch, es ist einfach!

LACY Mein liebes Kind, nun hör mal gut zu . . .

ROSE Sag das noch einmal!

LACY Was hast du denn?

ROSE Noch einmal, Lacy, dieselben Worte!

LACY Nun hör mal gut . . .

MARGERY Es kommt jemand ins Haus unten!

SIMON EYRE Weg mit Euch! Da in den Schrank! Es soll euch jetzt nicht noch einer erwischen!

Lacy und Rose verstecken sich.

Ich bin Simon Eyre und gehe zum König!

22.

Simon Eyres Werkstatt. Hodge, Firk.

Ralph läuft herein.

RALPH Ich hab sie! Ich hab sie! Hodge! Firk! Wenn ihr für euren alten Ralph was tun wollt, nehmt eure Hämmer und kommt mit!

FIRK Mußt du sie erst reparieren? Ist sie kaputtgegangen?

RALPH Sie ist in St. Faith's Church.

HODGE Ja, beten. Mit den Händen zwischen den Beinen.

RALPH Sie heiratet!

FIRK Heiratet? Sie ist doch verheiratet, oder was habt ihr beide der Kirche gemacht, Ralph?

RALPH Laß jetzt deine dummen Witze und komm!

FIRK In die Kirche geh ich nicht.

RALPH Wir fangen sie vor der Kirche ab.

HODGE Mensch, da kommt der Bürgermeister!

Otley und Lincoln kommen herein.

RALPH Schließ den Laden, Hodge!

Er geht rasch ab.

FIRK Die Ehre, Sir!

OTLEY Wo ist Euer Chef?

HODGE Er wollte zum König. Er hat die Ehre, daß der König persönlich mit ihm sprechen will.

LINCOLN Und Euer Geselle Hans?

FIRK Wir danken, Sir, für die Frage! Hans, Hodge, wo ist denn Hans?

OTLEY Stell dich nicht so, Spitzbube!

HODGE Hans, Herr, das ist Hans. So wie mein Vater sagte: Schnaps ist Schnaps, und Spiritus trank.

OTLEY Du da weißt mehr!

FIRK Das kommt drauf an, Sir.

LINCOLN Ins Loch mit dir!

FIRK Ob ich was klingeln höre.

OTLEY *gibt ihm Geld.*

FIRK Der Hans, Herr, ob er nun Hans ist oder nicht Hans, heiratet in diesem Augenblick.

OTLEY Wen?

FIRK Ein Mädchen!

OTLEY In welcher Kirche?

FIRK Wie heißt doch die Kirche, Hodge? Es gibt so viele Kirchen, Sir, leider. Überall hier.

OTLEY *gibt ihm Geld.*

FIRK Ich muß langsam denken, Sir, eins nach dem andern, sonst krieg ich Kopfweh. Der alte Lincoln, denke ich . . . haben wir alle gedacht . . . wird sich freuen.

OTLEY Kennst du ihn?

FIRK Vom Hörensagen.

LINCOLN Und warum freut er sich, Spitzbube?

FIRK Die Heirat, Sir, die jetzt in St. Faith's Church stattfindet – – da hab ichs! Der Spaß bringt es heraus! St. Faith's Church!

LINCOLN Dorthin!

Ab mit Otley.

HODGE Und wir auch!

23.

Vor St. Faith's Church.
Jane und Warner kommen aus der Kirche.

WARNER *mit einem Papier* Zum Geschenk für dich an diesem glücklichen Tag: deine Schulden, es waren genau 578 Schillinge, sind von mir bezahlt und ich habe gestern für dich einen Laden gekauft, in der Bedlamstreet. Es ist ein kleiner Laden, das Viertel hat aber zahlungskräftige Kundschaft, ich habe mich umgesehn. Und: man kennt dich dort nicht, du verstehst schon. So hast du einen guten Anfang. Was denkst du?

JANE An Ralph.

WARNER Machst du eine Sache so gut wie in deiner alten Bude, dann haben wir in einem halben Jahr die dreifache Einnahme, das garantiere ich.

JANE Warner, wenn es bessere Kundschaft ist, will ich Häkelspitze dazu nehmen. Auch Leintücher.

WARNER Den Einkauf überläßt du mir. Ich weiß, wo ich billig einkaufe, da kommen wir auf zwanzig Prozent.

JANE Warner ... ob du ein guter Mann sein wirst, zu mir?

WARNER Da ich mich entschlossen habe, dich zu nehmen, ohne Vorurteil ...

JANE Ich möchte jetzt den Laden sehn.

RALPH *ruft* Jane! Jane! Jane! Jane!

JANE Wer ist das?

RALPH *kommt heran* Jane! Jane!

WARNER Ein Bettler mit einem Armstumpf! Gib ihm das! *Gibt ihr Geld.*

JANE Warner, die Stimme!

WARNER Mann, sei still! Komm in mein Haus heute nachmittag, du kriegst ein Essen.

RALPH Dich schlag ich tot!

WARNER Komm, Jane.

JANE Es ist Ralph.

WARNER Wer?

RALPH Ralph, ja! Der Mann von der da, Herr!

WARNER Ein Krüppel!

JANE Ralph! Ralph!

RALPH Sie kennt mich wieder, Herr!

WARNER Komm rasch, Jane. Der Kerl ist gefährlich.
JANE Ralph: Du warst tot.
WARNER Und jetzt ein Krüppel. Der will dich in den Dreck ziehn.
RALPH Herr, die gehört mir. Und wenn ich im Dreck bin, Herr, dann gehört die auch in den Dreck.
WARNER Dafür kommst du zu spät.
RALPH Gerade noch früh genug, um dich ... *er will ihn mit der Krücke schlagen.*
WARNER Hilfe!
JANE Ralph, was tust du!
Otley und Lincoln kommen.
OTLEY Da ist das Paar!
LINCOLN Schlagt es auseinander!
Hodge und Firk kommen.
Ihr Burschen, helft dem Krüppel da!
FIRK Das tun wir, Sir!
Er läuft mit Hodge zu Ralph, wo ein Handgemenge um Warner entsteht.
OTLEY Das ist meine Tochter nicht.
LINCOLN Wer dann?
OTLEY Auch Lacy nicht.
LINCOLN Man hat uns ...
OTLEY Ich fürchte, die unsern sind zur Zeit glücklicher beisammen als das Paar da.
Otley und Lincoln ab.
WARNER Mein Recht! Ich hab mein Recht!
RALPH Und ich hab meins.
FIRK Und er gehört zu unserer Innung, Herr.
JANE Hör auf, Firk. Wenns ums Recht geht, ist Warner mein Mann und dieser auch, beide zu Recht.
RALPH Der aber mit Betrug!
WARNER Und der als Krüppel. Er will sich bloß an ihr rächen.
HODGE Wenn ich was dazu sagen darf ...
JANE Und ich!
HODGE Das muß vor den Richter!
JANE Ich entscheide!
WARNER Und das Gesetz! Nach dem ist alles klar!
RALPH Zum Richter. *Alle ab.*

24.

Straße in London.
Der König kommt mit seinem Gefolge.

KÖNIG So einer also ist mein Londoner Richter?

EIN HÖFLING Der verrückteste Kerl in Euerm Land, Euer Gnaden. Ihr werdet denken, das ist eher ein Raufbold, der durch die Straßen lärmt und Streit anfängt, als einer, der ihn schlichtet. Doch er ist seriös in seiner Amtspflicht und ein Richter, dems um die Sache geht wie selten einem.

KÖNIG Den möcht ich sehn. Ich fürcht nur er wird zahm vor seinem König. Laßt ihm sagen, Sir, sein König will den Simon Eyre so sehen wie er ist, – nicht einen Höfling.

25.

Vor dem Rathaus. Simon Eyre und Ratsherren.

SIMON EYRE Das ist ein Tag zum Kindermachen! Es liegt was in der Luft, das geht in die Nase. Habt Ihr nie Lust, Eure Frau umzulegen? Das ist die Jahreszeit, ihr Schwarztöpfe! Die juckt in der Nase und überall. – Da kommt der König. Jetzt werdet ihr Simon Eyre sehn, wie er seinen König begrüßt.
Der König kommt mit Gefolge.
Majestät, willkommen!

KÖNIG Ist das Simon Eyre?

SIMON EYRE Fragt mich! Ich bins!

KÖNIG Und redet wie ein Mensch?

SIMON EYRE Tretet mir auf den Fuß oder in die Leistengegend, da brüll ich wie ein Stier, Euer Majestät, der Blasbalg da hat Stimme! Oder laßt mich etwas zum Ruhm dieses schönen Tages sagen, da finde ich Flötentöne! Das ist ein Tag für die Gerichtsbarkeit und ich bin Euer Majestät Richter Simon Eyre.

KÖNIG Das wollen wir sehn, Simon Eyre, wie Ihr Recht sprecht. Da kommen Leute.
Hodge, Firk, Ralph, Warner und Jane sind gekommen, später Margery.

SIMON EYRE Weg da! Platz gemacht, schön im Kreis! Das, ihr

Pinsel, ihr mesopotamischen Heidenkinder, ist der magische Kreis oder Zirkel, wie Aristoteles sagt, und da gehört Simon Eyre hinein und fragt: Wer klagt an? Wer? Ihr habt alle so Gesichter wie Fragezeichen! Wer ist schuldig? Niemand! Ihr Spitzbuben, ihr Rübenköpfe, ich möchte zuerst den Schuldigen sehn, das tät mich beruhigen. Guckt einmal herum! Gerechtigkeit ist eine teuflische Sache, ausgeklügelt vom Teufel, um uns alle hinabzuziehen, hinab! Wenn ich unter all dem Unheil der Welt – ihr kennt ja nur eben einen Mückenstich davon! – wenn ich da einen einzigen eindeutigen Schurken finde, der alles auf sich nimmt, der säß hier, dann sagte ich zu ihm: Hand darauf! Ich bin Simon Eyre, dein aufrichtiger Freund! Und dann: Kopf ab!

zu Firk

Wie heißt du?

FIRK Heiliger Hugo, jetzt kennt der Chef seinen Firk nicht!

SIMON EYRE Firk hin, Firk her, das ist ein Unterschied, ob ich dich kenne oder kenne! Weshalb kommst du?

HODGE Wegen Ralph. Das ist kein Kinderspiel, sagte mein Vater, als er meine Mutter heiratete, ich war dabei.

FIRK Ralph, komm her.

SIMON EYRE Frieden! Ruhe! Jetzt Ralph und die Frau und der Kahlkopf da, wer bist du?

WARNER Der Mann dieser Dame.

SIMON EYRE Und du?

RALPH Ich auch.

SIMON EYRE Jetzt finde sich einer da heraus! Also: du bist der Mann?

WARNER Ja!

SIMON EYRE Und du?

RALPH Auch.

SIMON EYRE Dieser Ralph, Majestät, war ein verrückter anständiger Bursche, bis er über die Weiber kam. Aber warum bist du zweimal verheiratet, Jane?

JANE Ralph galt für tot, da hab ich mich Warner versprochen. Und als wir aus der Kirche kamen, stand Ralph da.

SIMON EYRE Schon haben wirs! Eine Viertelstunde zu spät! Die Viertelstunde, nicht mehr, nicht weniger, ist schuld an der Schwierigkeit.

RALPH Ich hab mein altes Recht.

FIRK Ja, das hat er.

HODGE Wir waren dabei.

WARNER Ich habe mein jetziges . . .

SIMON EYRE Ruhe, Frieden! Was sagt Jane? Jane, Majestät, ist eine gescheite Person! Ich sags, Ralph, wärst du eine Viertelstunde eher gekommen! Das ging wohl nicht? Ich seh schon, du bist lahm auf einem Bein, das warst du früher nicht. Also ist das Bein schuld und die Franzosen, da seht ihr schon, wie alles zusammenhängt. Sprich, Jane, welchen willst du?

JANE Den Ralph da, liebte ich.

SIMON Also sollst du ihn haben.

WARNER Das ist keine Rechtsprechung, Simon Eyre! Denn wie ich dieser Dame vor Gott verbunden bin, so habe ich mich auch verpflichtet, für ihren Unterhalt aufzukommen, ich habe den Laden gekauft, in dem sie arbeitet.

SIMON EYRE Das ist mit dem Geldbeutel gedacht, nicht mit dem Herzen, Warner. Will er sich auch einen König kaufen? Oder einen Richter?

FIRK Oder ein Faß Bier? Das trinken wir nicht, wenn es unser Chef nicht umsonst spendiert.

SIMON EYRE Ruhe! Frieden! Laßt Jane sprechen!

JANE Ralph, als ich dich heute morgen sah, bin ich erschrocken.

MARGERY Mit Recht, Majestät! Er ist ziemlich unhöflich und eine Dame legt nun mal Wert darauf!

JANE Du warst lange weg, Ralph. Und als ich den Warner geheiratet habe, er war gut zu mir, habe ich gedacht: was warst du, Ralph, für ein Mensch? – Ihr wißt alle, er galt für tot, ihr wißt es!

MARGERY So gut wie tot, Majestät. Wir hatten dafür einen jungen Mann eingestellt, der sprach holländisch, war aber in Wirklichkeit . . .

SIMON EYRE Ruhig, Tucke.

JANE Du hast nicht viel gesagt, Ralph, als wir geheiratet haben, ich auch nicht. Außer dem »ja« in der Kirche, das kam vom Herzen, das meine auch. Und wenn ich jetzt vor aller Augen, vor dem Richter und sogar vor seiner Majestät gefragt werde, ob ich dich liebe, ich sage: ja, Ralph! Ja!

FIRK Bravo!

JANE Aber mit dir leben, Ralph? Wie denn? Wo sollen wir denn hin? Was kannst du arbeiten? Und wie kannst du mir dieses lange Jahr ohne dich vergessen und verzeihn?

RALPH Wie denn! Wie denn! Für die Frage kriegst du Prügel, Jane!

JANE Ich habe mich mit dem Warner zusammengetan, weil er gut war. Ich liebe ihn nicht, und er liebt mich auch nicht, denkt ihr? Ich denk es, weil ich dich liebe, Ralph. Ihr aber, ihr alle denkt es, weil ihr hochmütig seid. Ja, hochmütig bist du, Ralph, mit deinem Armstumpf! Aber wenn einer zu mir sagt: hier sollst du wohnen, nicht groß, aber ausreichend, hier, das hab ich für dich besorgt, nichts Kostbares, aber gut, hier, das wird für unsere Kinder sein, sie sollen nicht in den Dreck – ist das nicht auch Liebe? Und wenn ich dem Warner dafür dankbar bin, das nicht auch? Wie soll ich denn leben mit dir, Ralph? Sag es mir! Arbeiten kannst du nicht mit dem Armstumpf, und mein Geschäft, das hat Warner gekauft.

WARNER Vernünftig geantwortet.

HODGE Laß sie, Ralph, sie läuft dem Geld nach!

SIMON EYRE Ruhe! Unsere Jane hat ihren eigenen Kopf. Das will bedacht sein!

Lincoln und Otley kommen. Bewegung.

LINCOLN Gruß Eurer Majestät!

KÖNIG Der Lord Lincoln!

OTLEY Und Otley, Bürgermeister der Stadt London. Untertäniger Diener.

LINCOLN Unsere Sache duldet keinen Aufschub.

OTLEY Denn der edle Lacy, Lord Lincolns Neffe ist dabei, ein simples, dummes, unerzogenes Ding zu heiraten, das keinen Namen hat.

KÖNIG Wohl den Euren, Otley?

LINCOLN Majestät, es ist so. Lacy, mein Neffe, ist leider von der Art, daß er dem Adel keine Ehre macht, ein Spieler, der sich umtreibt und ein Schwärmer, das würde schlecht ausgehn für das Bürgerkind.

KÖNIG Simon Eyre, Euch überlaß ichs, richtet!

LINCOLN Wie? Der über uns?

SIMON Frieden, meine Truthähne, Mastgänse und mesopotamischen Heidenkinder! Nun wollen wir gut auseinanderhalten! Die Liebe ist eine Himmelsmacht, wie meine gute Frau Maggy sagt, kein Trüffel für epikuräische Schweine, die ihre Schnauzen in den Dreck bohren. Nichts davon und darum Frieden! Denn es ist hier bewiesen, Jane, daß die Liebe, wenns sein muß, auch eine Treppe tiefer steigt, das macht ihr nichts. Der edle Lacy zum Beispiel, hier sieht mans, war ein Schuhmacher, das ist ein Handwerk im Keller, um der Liebe willen! Ein guter Schuhmacher, ein ausgezeichneter Schuhmacher, meine guten Leute Firk und Hodge, das war einer von Euch und das ist keine Schande, ebenso gut als in den Krieg gehn, wenn das letztere natürlich auch die größere Ehre ist.

MARGERY Lacy hat sogar darauf verzichtet, Majestät, das will etwas heißen!

KÖNIG Verzichtet? War er denn nicht in Frankreich?

SIMON EYRE Doch, Majestät, der Krieg in Frankreich wurde ausgezeichnet geführt, wir haben auch eine englische Hand dort gelassen, über die wir jetzt zu Gericht sitzen.

KÖNIG Das will ich wissen: Lacy Rowland, den ich zum Kommandant gemacht, war nicht in Frankreich?

SIMON EYRE So hart würde ich es nicht sagen, Euer Gnaden. Die Liebe hat ihn zum Schuster gemacht, so meine ich, wie der griechische Gott Zeus ein Ochse geworden ist, der Sage nach.

KÖNIG Bringt Lacy Rowland her!

SIMON EYRE Ich bitte für ihn, er ist anständig.

KÖNIG Muß ich ausschicken? Oder sagt: wo ist er?

LINCOLN Wir wüßten es selbst gern.

OTLEY Und meine Tochter!

SIMON EYRE Schickt keine Wachen! Firk, bitt du ihn her.

LINCOLN Dieser Richter, Majestät, ist im Komplott!

SIMON EYRE Ruhe, Frieden! Es ist kein Komplott, Herr, auch keine Verschwörung oder Finsternishandel. Weg damit! Das macht Simon Eyre nicht! Ich bin Euer Majestät guter Richter von London und wir wollen sehn, wie wir die Liebe zum Sieg führen, wenn auch mit ein paar Blessuren.
Firk kommt mit Rose und Lacy.

LINCOLN Da ist sie!

OTLEY Und Euer Neffe!

LINCOLN Eure Tochter hat ihn zum Vieh gemacht!

OTLEY Sie ist geschändet.

SIMON EYRE Ruhe! Frieden! Hört auf mit dem papperlapapp! Der König will sprechen!

MARGERY Mein Mann! Wie ungebildet du redest!

KÖNIG Lacy, du warst mein Kommandant in Frankreich, die Sache ging dort, wie ich höre, gut, wir waren siegreich. Drum liegt mir dran, auch deine Sache hier zu unterstützen. Du liebst das Mädchen?

SIMON EYRE Bitte um Gnade. Hans, sag, du bist ein verrückter anständiger Esel und bitte um Gnade!

LACY Ja, ich liebe sie.

KÖNIG Und kennst sie gut?

LACY Genug.

KÖNIG Vertraust ihr auch? So gut als ich dir traue?

LACY Ja, genau so.

KÖNIG Gebs Gott, daß sie dich nicht enttäuscht.

ROSE Gewiß nicht!

LINCOLN Die will nach oben! Eine Lincoln werden!

KÖNIG Und hast sie auch geprüft?

LACY Ja, als mirs schlecht ging.

MARGERY Dem gings nicht schlecht, Euer Majestät, es gab bei mir immer Gemüsesuppe, die hat er mit Appetit verzehrt.

SIMON EYRE Still! Frieden, Maggy!

KÖNIG Mein Kommandeur war doch in Frankreich, wie? Und aß die Londoner Suppe?

LACY *wirft sich hin* Majestät, ich war nicht in Frankreich.

KÖNIG Nicht?

MARGERY Die Liebe, Majestät!

SIMON EYRE Man kann sagen: sie traf ihn wie eine Kugel, Majestät, sie hat ihn zu Boden gestreckt, da fiel er, noch auf englischem Boden. Das ist das Unglück. Rose ist ein anständiges Mädchen, ich verbürge mich.

KÖNIG Das duld ich nicht. Du hast, Rowland Lacy, in schlimmer Weise mein Vertraun mißbraucht. Darum enteigne ich dich all deiner Ehren, und deine Titel sprech ich dir ab. Du sollst nicht mehr genannt werden unter meinen Lords, und meine Gunst entzieh ich dir, mit allem, was dein ist, von dir kommt und was dir anhängt.

LACY Ich bitte um Gnade!

SIMON EYRE Das ist hart, Majestät.

LINCOLN Lacy! Lacy!

OTLEY Rose, komm her! Wir können heim! Komm her!

ROSE *zum König* Ich bitte um Gnade.

KÖNIG Nichts da! Hör ich nicht. Doch möchte ich wissen: bleibst du jetzt bei dem?

ROSE Ja, Euer Gnaden.

OTLEY Rose, ich sag dir, komm! Hier bleibst du nicht, und nicht bei diesem Kerl da, den ich nicht kenne! Der ist hergelaufen, du gibst dich mit dem nicht ab! Da sind wir besser! Laß den auf die Straße!

SIMON EYRE Bravo! Majestät hätten selbst Richter werden können! Das war ein weiser Spruch von Euer Majestät! Und Ihr seht, die wunderbare Wirkung bleibt nicht aus: Ihr macht unseren verehrten Bürgermeister Otley, der so niedrig unter dem Earl von Lincoln stand, auf einmal zu einem hochmütigen Mann. Er will den Lacy als Schwiegersohn nicht! Er ist ihm zu wenig! Zu wenig, Majestät, ein Mann, der das Leder bearbeitet und Euch zu Ehren in Zukunft gewiß alles tun wird! Er schwimmt im Hemd nach Frankreich hinüber, wenn Ihr es befehlt! Zu wenig, Majestät! Einer, der ihm einen Augenblick zuvor zuviel war, mit dem Grafentitel! Ein weiser Spruch, mit dieser Wirkung! Aber nun, Majestät, solltet Ihr noch, um der Gerechtigkeit willen, ein übriges tun.

KÖNIG Was, Simon Eyre?

SIMON EYRE Wenn Ihr jetzt die Position unseres Hans – Hans nannten wir ihn und Hans hat er sich selbst in aller Bescheidenheit genannt – wenn ihr sie wieder ein bißchen anheben wolltet, nur ein bißchen! Dann wäre der Vater des Mädchens beschämt, der Onkel unseres Hans könnte in Ruhe sterben und die Rose hätte einen, den sie morgens vorzeigen kann. Macht ihn wenigstens wieder zum Leutnant!

MARGERY Oder zum Oberleutnant, wenn ich das sagen darf, »Ober . . .« klingt besser.

FIRK Ich habe einen Schuh gestickt, wenn ich das sagen darf

bei dieser Gelegenheit, für eine Dame, die durch Euer Majestät Gunst aus Nichts zur Gräfin geworden ist.

KÖNIG Der Kerl wird frech.

SIMON EYRE Frieden, Firk! Hör auf mit dem Schuh! Das will unsere Majestät nicht hören!

MARGERY Ich habe den Schuh aber gesehn. Sehr schön gestickt!

HODGE Wir wollten ihn sogar ausstellen, mit einer Aufschrift dazu, wer ihn gemacht hat und für wen.

SIMON EYRE Ihr seht, Euer Gnaden, meine Rübenköpfe und mesopotamischen Böcke nehmen ihr Handwerk ernst, sie kommen nicht davon ab. Ich würde auch gern noch davon reden, wenn ich nicht an das Unglück dieser beiden Tränentüten da dächte. Findet Ihr einen guten Spruch, wie ich Euch angedeutet habe, und ich bin sicher, ich habe für den andern, der eine Viertelstunde zu spät kam, die salomonische Lösung schon in der Tasche – wenn kein Loch drin ist.

MARGERY Seine Taschen habe ich immer gut geflickt, Majestät.

SIMON EYRE Ruhe! Frieden, Pfannkuchen! Majestät will sprechen!

KÖNIG Steh jetzt auf, Lacy Rowland! Rose, steh auf! Weil du gesagt hast, du nimmst auch einen Bettler, nimm ihn! Und Euch, Sir Otley, sag ich: traut nur diesem Mädchen, sie nimmt zwar einen Bettler, doch wird der bald was Besseres. Morgen früh bitt ich den Herrn zu mir. Ich habe für ihn eine Mission nach Frankreich, weil dort Krieg ist.
Er steht auf.

LACY Ich danke Euer Gnaden.

SIMON EYRE Krieg! Das ist eine patriotische Ehrenpflicht wie das Läuseknacken!

HODGE Und das Biertrinken.

MARGERY Das ist zu banal gedacht, Hodge!

SIMON EYRE Jedenfalls habt Ihr Euch, Rose und Hans! Aber weiter! Ich werde Euch jetzt meinen salomonischen Spruch sagen für unsern Ralph, dem die Hand abhanden gekommen ist! Zeig dich, Ralph! Komm her, stell dich in den Kreis, es soll nicht einer sagen, er hätte dich nicht gesehn! – War das ein guter Schuster?

HODGE Ein sehr guter, ich war sein Vorarbeiter.

SIMON EYRE Ich hätte ihn nicht aus der Werkstatt fortgehn lassen, wenn da nicht ein Befehl gewesen wäre. Und war er gut zu dir, Jane? Ja, gut wie die Ahle zum Leder, die Schnalle zum Schuh, er hätte mit ihr leben können, soviel ist sicher! Daß er's heute nicht kann, wessen Schuld ist es? Hielt er den Arm hin, als der Franzose zuschlug? Der ist schuld, gut, aber greif ihn einer! Oder ist schuld, daß er sich eingebildet hat, er muß nach Frankreich und hätte vielleicht gar nicht müssen? Dann ist der schuld, ders ihm aufgeschwätzt hat, aber wer war das? Es ging doch um die Ehre – so wäre die schuld? Die Ehre, nein, das kann nicht sein! Darum gehts uns allen! Das ist schwer für des armen Simon Eyre Kopf, aber den Fall wollen wir klären. Beide Männer, Jane, kannst du nicht haben. Aber den Ralph hättest du gern, wenn er nicht das Unglück mit dem Arm gehabt hätte, das ihm in der Normandie passiert ist. Und alles, was damit zusammenhängt. Also sag ich: seht euch den Ralph Damport an, ihr alle, seht ihn an, da steht er! Und wer von euch sich für unschuldig hält an dem Unglück, das Ralph Damport in Frankreich gehabt hat, der soll ihm 10 Schilling geben. Angefangen! Ralph, streck deine Hand aus! Unschuldige her! Hier, zeigt eure Unschuld. Gebt? Beweist Eure Unschuld! Schlagt die Trommel dazu! Die Unschuld will geweckt werden!

Ralph zögert. Sieht Jane an. Dann geht er langsam im Kreis herum, alle geben ihm, auch – nach einem Zögern – der König.

Hier Jane, hast du deinen Ralph! Kauft Euch den Laden! In ein paar Tagen komme ich und kauf euch ein Tuch ab für meine Frau, vor den Mund zu halten!

Ralph und Jane beieinander.

WARNER Das ist Schwindel!

JANE Ruhig, Warner! Denn es fällt mir ein: was du da mit einer gewissen Liste gemacht hast . . .

WARNER Das solltest du nicht sagen, Jane. Aber gut, ich steig aus dem Geschäft. Du machst ein schlechteres. Ich weiß eins, das mir sicher ist.

Er geht ab.

FIRK Er meint Sybil!

Geht ihm rasch nach.

KÖNIG Ihr seid ein guter Richter, Simon Eyre, da fragt man nicht, wie Ihrs geworden seid, was meint Ihr? Wie?

SIMON EYRE Ich bitte Euer Gnaden . . .

KÖNIG Es sprach mir Eure Gattin da so etwas von einem Schiff . . .

SIMON EYRE Ein Schiff? Was für ein Schiff?

KÖNIG Nun ja, ein Schiff, doch ich verstands nicht recht.

SIMON EYRE Ich auch nicht, Euer Gnaden, – es war holländisch!

KÖNIG Dann lassen wirs.

SIMON EYRE Die Weiber, Majestät . . .

König ab, alle andern zerstreuen sich.

SIMON EYRE *kommt nach vorn, spricht zu den Zuschauern* . . . sind Nudelköpfe! Wie Simon Eyre, der Spaßvogel Richter geworden ist? Dumme Frage! Und wie der König König, der Makler Makler und die Jungfrau glückliche Mutter? Fragt mich das! Die Gerechtigkeit ist ein verdammtes Dampfbad, darin sitz ich und schwitze, die Gedanken dampfen aus dem Hirn. Aber der Spaßvogel bleib ich. Gibts eine Regel? Schaut mal nach in den Büchern. Ich habe meinen eigenen, ihr verdammten mesopotamischen Heidenkinder, was glotzt ihr da! Zeigt nur eure dicken Gesichter! Lackiert Euch nur! Tut doch nicht so, als hätte euch noch nie ein Mann auf der Bettkante gesessen! Alles Schwindel! Ich könnte euch noch ein Lied singen, daß ihr hin und her rutscht auf euren Sitzen, bis ihr rot werdet auf euren Ärschen! Und wenn ihr noch lange . . .

MARGERY *ruft hinter dem geschlossenen Vorhang* Simon! Simon!

SIMON Ich muß gehn. Meine dicke Maggy will in die Komödie.

Uraufführung: Städtische Bühnen Essen, 1966.
Regie: Joachim Fontheim.

Ich hatte Dekkers Komödie »Shoemakers holiday« bis zu der Szene gelesen, in der Ralph verstümmelt aus dem Krieg zurückkommt und Margery auf die Nachricht wartet, daß ihr Mann Richter von London geworden ist. »Du weißt, Ralph, nackt sind wir zur Welt gekommen und nackt müssen wir wieder hinaus, deshalb sei dankbar für alles.« In dieser Konstellation fand ich das anwendbare Modell einer Gesellschaft, das mich interessierte. Von diesem Modell ging meine Bearbeitung aus. Der Krieg – immer im Hintergrund – bewegt alle, alle haben teil daran, einige profitieren in gewisser Weise davon. Diese Gesellschaft, die sich naiv egoistisch, nicht ideologisch verhält, scheidet einen Menschen – Ralph – aus und läßt ihn erst durch einen listigen Akt öffentlicher Heuchelei wieder ein: wer sich unschuldig an dem Unglück Ralphs fühlt, soll zahlen; es zahlen alle. Um diesen Kreislauf zu erhalten, mußten einige Personen genauer, d. h. realistischer gesehen werden: Roses Ideal von allgemeiner Gleichheit ist nichts als Schwärmerei, die sie sich als Bürgertochter leisten kann. Lacy, der desertiert, entscheidet sich bloß zwischen zwei Abenteuern, dem des Krieges und dem der Liebe. Ralph, der Ausgestoßene, dem unsere Sympathie gehört, hat den Hochmut des Getretenen. Jane, die durch Erfahrungen hart geworden ist, reagiert realistisch und riskiert damit die Abneigung einer Gesellschaft, deren Liebesideal sich eher in Rose und Lacy verkörpert. Und selbst Simon Eyre, der unverwüstlich fröhliche, listige, wortreiche Schuhmachermeister, der mit Hilfe eines Kriegsgewinns Richter von London geworden ist und der durch sein salomonisches Urteil am Ende alles ins Lot bringt, erkennt wohl, daß seine Vorstellung von Gerechtigkeit für die Welt, wie sie nun einmal ist, nicht zureicht. Das happy end, das er dem Publikum präsentiert, ist eine Farce.

T. D. *(aus dem Programmheft der Uraufführung)*

Die vorliegende Edition der Stücke, chronologisch geordnet, gestattet zum ersten Mal einen Überblick über die Entwicklung des Autors Tankred Dorst, der die Geschichte des deutschen Theaters seit 1960 mitvollzogen und mitbestimmt hat. Es ist nicht die Aufgabe dieses kurzen Nachwortes, dem Leser eine zusammenfassende Interpretation seiner Stücke zu liefern oder eine Formel für den Zusammenhang der Stücke anzubieten. Ich möchte nur aus meiner ganz persönlichen Sicht auf zwei Aspekte hinweisen, die mir bei der Lektüre der Stücke Dorsts immer sehr wichtig waren. Der eine Aspekt ist der des Rollenspiels und der Identitätssuche, der andere der des Humors.

Daß Dorsts Figuren oft Schauspieler ihrer selbst sind, eine Rolle spielen, einem Rollenverständnis verhaftet sind, wurde schon öfter bemerkt. Diese Beobachtung ist ohne jeden Zweifel zutreffend, sie muß aber, glaube ich, etwas erweitert werden. Ein Rollenverständnis der eigenen Person kann man artikulieren, ohne seine Umgebung direkt in den Darstellungsplan einzubeziehen. Diese Spielart neigt dann zum Monologischen. Die Figur des Studenten Sand ist für diesen Spielertyp ein sehr instruktives Beispiel. Die Rolle, in die Sand hineinstrebt und vor der er zugleich flieht, wird zwar für eine Wirkung in der Gesellschaft aufgebaut, aber erst nach der Tat, der Ermordung Kotzebues, soll ihre Bedeutung sichtbar werden. Der Zuschauer erlebt, was den konkreten Mitspielern der einzelnen Situationen verborgen bleibt: die einsame Aneignung der Rolle. Sehr viel häufiger ist jedoch die Einbeziehung anderer Personen in das Konzept eines Spielers. In diesem Falle ließe sich besser von »Inszenierung« als von Rollenspiel reden. In fast allen Stükken Dorsts gibt es jeweils eine Person, die nicht nur sich, sondern auch das Spiel anderer inszeniert, lenkt, bestimmt, von sich abhängig macht, und stets ist der Erfolg solcher »Inszenierung« fragwürdig, gebrochen oder negativ. Außer dem »Gestiefelten Kater«, der weiß, »wie man das Spiel spielt«, hat keine Figur bei Dorst Glück mit ihrer »Inszenierung«. Die Gräfin in »Gesellschaft im Herbst« inszeniert die Jagd nach einem Schatz, von dem sie weiß, daß er nicht gefunden werden kann, und untergräbt dabei das Gebäude bis zur Baufälligkeit. Anton, der nutzlose Intellektuelle in der »Kurve«, der von abgestürzten Autos lebt, die sein Bruder repariert, macht sich »nützlich« durch die Inszenierung von Kriegbaums Tod, indem er sein Opfer in sein Spiel einbezieht, ohne daß dieses merkt, um was es geht. Die Frau in der »Großen Schmährede an der Stadtmauer« lenkt in ihrem Spiel den Soldaten, den sie für ihren Mann ausgibt, damit ihrer beider Spiel der Wahrheit entspreche. Zwar erreicht ihr Spiel die Wahrheit, aber in einem anderen Sinn, als sie dachte: der Mann verläßt sie und geht zurück zu den Soldaten, wie auch ihr echter, gefallener Mann sie verließ. Nicolette in der »Mohrin« »inszeniert« alle Spiele, die Aucassins Liebe erwecken sollen, sie siegt über das in der langen Trennungszeit entstandene Bild, das sich Aucassin von ihr gemacht hat durch einen geschickten Trick. Aber der Erfolg bleibt zweifelhaft, die Scherben ihrer zerbrochenen Abbilder werden vom Vizgraf sorgfältig eingesammelt, denn sie werden wieder gebraucht. In »Toller«, der in vieler Hinsicht einen Wendepunkt im Werke Dorsts darstellt, ist das inszenatorische Handeln der Spielerfigur Toller nicht mehr so leicht am Handlungsaufbau nachweisbar, sondern auf einzelne Konfrontationen beschränkt, wobei es aber gleichwohl bedeutsam bleibt. Für den Aspekt der »Inszenierung« entscheidende Szenen des Stückes sind die konstituierende Versammlung der Räterepublik am Beginn des Stückes – die Beteiligten verhalten sich nach einem vorgegebenen Muster: dem der französischen Revolution – und die Gerichtsverhandlung gegen Toller, in der dieser alle Verantwortung auf sich nehmen will, aber nicht ernst genommen wird. Die »Inszenierungsversuche« treffen auf die überwältigende politische Realität dieser Zeit; darauf beruht die Wirkung des Stückes. In »Eiszeit« ist die Spielefigur scheinbar an jeder inszenatorischen Aktivität gehindert. Der Alte lebt in doppelter Haft: als politischer Gefangener und als alter Mensch im Altersheim. Trotzdem ist er die Figur, welche das Spiel Augenblick für Augenblick beherrscht. Er zieht seinen Gegenspieler Oswald durch winzige, aber gezielte Aktionen an, belebt ihn erst zu seiner Gegnerschaft, um ihn zu überwinden, zu gewinnen, dann aber – gegen seinen Willen – zu

zerstören, zu verlieren. Er inszeniert auch die Verhörszenen, obwohl er als der Angeklagte eigentlich der Passive, Defensive sein müßte, er behauptet sich gegenüber der eifrigen Fürsorglichkeit seiner Familie, die ihn einschließen will in Berühmtheit, Größe, Patriarchenrolle, durch Verwirrspiele und ist am Ende als Uralter, immer noch Lebender ein unzerstörbarer Zerstörter.
Spiel und »Inszenierung« dienen den Personen bei Dorst der Suche nach Identität, nach Wahrheit, aber als Suchende sind sie höchst mangelhaft ausgestattet. Eigensinnige Wünsche, Träume und Hoffnungen lassen sie auf ihrem Weg in die Irre gehen, und die Wahrheit über ihr Selbst, die der Zuschauer im Spiel erkennt, bleibt ihnen selber verborgen, weil es ihnen unmöglich ist, sie anzunehmen. Der Weg des Studenten Sand, der eigentlich eine Flucht vor der Tat ist, die er sich selbst zum Lebensziel gesetzt hat, mündet doch zuletzt in die Tat, weil er die drohende Erkenntnis seines Irrens verdrängen muß, um leben, das heißt sterben zu können.
Das tragische, manchmal absurde Irren der Personen ist in Dorsts Stücken häufig zugleich auch komisch. In allen, auch den fürchterlichsten Situationen lauert Komik, die für Autor und Publikum eine Distanz schafft und damit die Totalität aller möglichen Aspekte sichert. Alle komischen Passagen, von denen es sehr viele in den Stücken Dorsts gibt, beruhen auf kleinen Defekten, auf Unzulänglichkeiten, die sowohl das reine Glück wie auch das reine Unglück um die Ausschließlichkeit ihrer Wirkung bringen. Es lohnt sich, bei der Lektüre der Stücke ein Auge zu haben auf jene alles durchwirkende Komik, die an manchen Stellen deutlich und faßbar hervortritt, an anderen sich versteckt, aber dennoch immer wirksam bleibt. Komik wird aber niemals in rein satirischer Absicht eingesetzt, um bestimmte Personen zu denunzieren oder ins Unrecht zu setzen. Immer ist sie ein Regulativ emotionaler Einseitigkeit beim Rezipienten. Mißverständnisse, individuelle Handicaps, Inkonsequentheiten dienen nie der Karikierung von Personen, so skizzenhaft sie auch angelegt sein mögen, sondern sind der Ausdruck eines humoristischen Grundverständnisses, einer skeptischen Menschenliebe.
Es gibt viele Wege zum Verständnis eines Autors. Die

vorliegende Ausgabe soll durch die Vereinigung aller bisher nur verstreut edierten Texte eine neue Basis schaffen für die Auseinandersetzung mit einem Werk, das bisher noch nie im Zusammenhang gesehen wurde. Wenn ich mich selber frage nach einer Szene, die ich nach meinem Verständnis des Autors für sehr typisch und sehr gelungen zugleich halte – wobei mein Verständnis natürlich nur eins von vielen möglichen ist – so würde ich den Dialog des Alten mit dem Landstreicher Kristian in »Eiszeit« nennen. Kristian ist die einzige Figur, die dem Alten, dem angeklagten neunzigjährigen Dichter, der die ständigen Versuche, wohlmeinende wie übelwollende, ihn zu etwas zu machen, zu einem Literaturdenkmal, einem Nazi oder einem Opfer, energisch abwehrt, harmlos, unproblematisch, erholsam erscheint. Der Alte braucht sich von ihm nicht bedroht zu fühlen. Kristian will nichts von ihm. Er kann das Bewußtsein seiner Überlegenheit hier ganz milde, ganz ohne Krallen zeigen, wobei er zur Freude des Zuschauers nicht merkt, daß er nicht überlegen ist, sondern der einzigen Figur im ganzen Stück gegenübersteht, die sich ihm gewachsen zeigt. Kristian, der einfältige Analphabet, macht sich über ihn lustig. Diese Szene zwischen dem Gefangenen und dem Landstreicher strahlt aus auf das Verständnis aller anderen Szenen im Stück.
Dorsts Interesse am Theater und auch am Film erstreckt sich zugleich auch auf die Praxis der Realisation. Die Arbeit im Theater, die Erfahrungen, die er bei der Mitarbeit an Inszenierungen seiner Stücke macht, hinterlassen deutliche Spuren in seinen Werken. Dieses starke Interesse an der Praxis, am konkreten Experiment des Inszenierens und seinen Möglichkeiten ist meines Erachtens auch der Grund für die bewundernswerte Vielseitigkeit seines dramatischen Schaffens. Seine Spannweite reicht von der Clownerie, über die revueartige Großform, wie er sie in »Toller«, in »Kleiner Mann – was nun?« und zuletzt im »Goncourt« erprobte, bis zum nuancenreichen, mit feinster Feder gezeichneten Kammerspiel. Dorst ist ein Dramatiker mit einem Reichtum formaler Möglichkeiten, wie er bei kaum einem anderen gegenwärtigen Autor zu finden ist. Stil ist bei ihm nie Selbstzweck, sondern ergibt sich stets aus den Forderungen des Stoffes. Die Lektüre zeigt dem aufmerksamen Leser, daß der

Autor hinter allen Stilmasken, die er wählt, doch immer derselbe bleibt, daß er Grundthemen hat, die er stofflich und formal zugleich variiert, daß ihm eine poetische Grundgestimmtheit eignet, die sowohl den frühen, manchmal absurden, manchmal märchenhaften Stücken als auch den späteren, realistischen eine gemeinsame Eigenart gibt.

Gerhard Mensching

Lebenslauf

19. Dez. 1925	in Oberlind bei Sonneberg (Thüringen) geboren und dort aufgewachsen Vater Ingenieur und Fabrikant, stirbt 1931 Besuch der Oberschule bis zur Einberufung
1944	Soldat Als Kriegsgefangener in englischen und amerikanischen Lagern
Ende 1947	nach Westdeutschland entlassen
1950	Abitur
1951	Studium in Bamberg Häufige Grenzgänge nach Sonneberg
1952	Studium in München, Germanistik, Kunstgeschichte, Theaterwissenschaft. (Ohne Abschluß) Verdient Lebensunterhalt mit Gelegenheitsarbeiten. Erste Stücke für ein Studenten-Marionettentheater Preis des Mannheimer Nationaltheaters für den Entwurf von *Gesellschaft im Herbst*
1960	Uraufführung *Gesellschaft im Herbst* (Regie: H. J. Klein) in Mannheim Uraufführung *Die Kurve* in Lübeck (Regie: Utzerath) Uraufführung *Freiheit für Clemens* in Bielefeld (Regie: Steig)
1961	Fernsehfilm *Die Kurve* (Regie: Zadek) Uraufführung *Große Schmährede an der Stadtmauer* in Lübeck (Regie: U. Brecht)
1962	*Große Schmährede an der Stadtmauer*, Schillertheater Berlin (Regie: Zadek) Aufenthalt in der Villa Massimo, Rom (Arbeit an *Toller)*
1964	Uraufführung *Die Mohrin*, Städtische Bühnen Frankfurt (Regie: Klingenberg) Gerhart-Hauptmann-Preis Uraufführung der Tieck-Bearbeitung *Der gestiefelte Kater oder wie man das Spiel spielt*, im Hamburger Schauspielhaus (Regie: Litzau)
1966	Uraufführung des Volksstücks nach Th. Dekker *Der Richter von London* in Essen. (Regie: Fontheim)
1968	Produktion des Fernsehfilms *Rotmord* nach dem Theaterstück *Toller* (Regie: Zadek, Mitarbeit Minks) Uraufführung *Toller* im Staatstheater Stuttgart (Regie: Palitzsch)

1969 Film *Piggies*
1970 Als Writer in Residence in Oberlin, USA
1971 TV-Produktion *Sand* (Regie: Palitzsch)
Toller am piccolo teatro, Milano
(Regie: Chéreau)
1972 Revue *Kleiner Mann – was nun?* nach Fallada
(Regie: Zadek)
1973 *Eiszeit*, Uraufführung in Bochum
(Regie: Zadek)
Toller am TNP, Villeurbanne
(Regie: Chéreau)
1974 *Auf dem Chimborazo*, Uraufführung Schloßpark-Theater, Berlin (Regie: Dorn); Kammerspiele, München (Regie: Clemen)
1976 *Dorothea Merz*, Fernsehfilm des Westdeutschen Rundfunks (Regie: Beauvais)
1977 Goncourt oder Die Abschaffung des Todes. Schauspiel Frankfurt (Regie: Palitzsch).
1978 *Klaras Mutter*, Fernsehfilm des Westdeutschen Rundfunks (Regie: Dorst)
Eiszeit, Produktion der BBC (Regie: Jones)

Copyrightangaben

Neue deutschsprachige Literatur
in den suhrkamp taschenbüchern

Aschenbeck, Udo: Südlich von Tokio. st 1409
Bauer, Margrit: Überleben. Eine unsystematische Ermittlung gegen die Not aller Tage. st 1098
Behrens, Katja: Die weiße Frau. Erzählungen. st 655
Berkéwicz, Ulla: Josef stirbt. Erzählung. st 1125
– Michel, sag ich. st 1530
Blatter, Silvio: Kein schöner Land. Roman. st 1250
– Love me Tender. Erzählung. st 883
– Schaltfehler. Erzählungen. st 743
– Die Schneefalle. Roman. st 1170
– Wassermann. Roman. st 1597
– Zunehmendes Heimweh. Roman. st 649
Böni, Franz: Die Fronfastenkinder. Aufsätze 1966-1985. Mit einem Nachwort von Ulrich Horn. st 1219
Brasch, Thomas: Der schöne 27. September. Gedichte. st 903
Buch, Hans Christoph: Die Hochzeit von Port-au-Prince. Roman. st 1260
– Jammerschoner. Sieben Nacherzählungen. st 815
– Karibische Kaltluft. Berichte und Reportagen. st 1140
Cailloux, Bernd: Intime Paraden. Erzählungen. st 1707
Dinkelmann, Fritz H.: Das Opfer. Roman. st 1591
Fritsch, Werner: Cherubim. st 1672
Gall, Herbert: Deleatur. Notizen aus einem Betrieb. st 639
Genzmer, Herbert: Cockroach Hotel. Ängste. st 1243
– Freitagabend. st 1540
– Manhattan Bridge. Geschichte einer Nacht. st 1396
Goetz, Rainald: Irre. Roman. st 1224
Hänny, Reto: Flug. st 1649
Hengstler, Wilhelm: Die letzte Premiere. Geschichten. st 1389
Horstmann, Ulrich: Das Glück von Omb'assa. Phantastischer Roman. PhB 141. st 1088
– Das Untier. Konturen einer Philosophie der Menschenflucht. st 1172
Hürlimann, Thomas: Die Tessinerin. Geschichten. st 985
Innerhofer, Franz: Die großen Wörter. Roman. st 563
– Schattseite. Roman. st 542
– Schöne Tage. Roman. st 349
Kirchhoff, Bodo: Dame und Schwein. Geschichten. st 1549
– Die Einsamkeit der Haut. Prosa. st 919
– Ferne Frauen. Erzählungen. st 1691
– Mexikanische Novelle. st 1367

250/1/8.90

Neue deutschsprachige Literatur in den suhrkamp taschenbüchern

Kirchhoff, Bodo: Ohne Eifer, ohne Zorn. Novelle. st 1301
– Zwiefalten. Roman. st 1225
Kiss, Ady Henry: Da wo es schön ist. st 914
Klix, Bettina: Tiefenrausch. Aufzeichnungen aus der Großstadt. st 1281
Kolleritsch, Alfred: Gedichte. Ausgewählt und mit einem Vorwort versehen von Peter Handke. st 1590
– Die grüne Seite. Roman. st 323
Konrad, Marcel: Stoppelfelder. Roman. st 1348
Laederach, Jürg: Laederachs 69 Arten den Blues zu spielen. st 1446
– Nach Einfall der Dämmerung. Erzählungen und Erzählungen. st 814
– Sigmund oder Der Herr der Seelen tötet seine. st 1235
Leutenegger, Gertrud: Gouverneur. st 1341
– Ninive. Roman. st 685
– Vorabend. Roman. st 642
Meinecke, Thomas: Mit der Kirche ums Dorf. Kurzgeschichten. st 1354
Meyer, E. Y.: Eine entfernte Ähnlichkeit. Erzählungen. st 242
– In Trubschachen. Roman. st 501
– Ein Reisender in Sachen Umsturz. Erzählungen. Neufassung. st 927
– Die Rückfahrt. Roman. st 578
Morshäuser, Bodo: Die Berliner Simulation. Erzählung. st 1293
– Blende. Erzählung. st 1585
– Nervöse Leser. Erzählung. st 1715
Neumeister, Andreas: Äpfel vom Baum im Kies. st 1748
Offenbach, Judith: Sonja. Eine Melancholie für Fortgeschrittene. st 688
Pedretti, Erica: Harmloses, bitte. st 558
– Heiliger Sebastian. Roman. st 769
– Sonnenaufgänge Sonnenuntergänge. Erzählungen. st 1653
Pietsch, Nikolaus: Der Gefangene von Heidelberg. st 1129
Rosei, Peter: Der Fluß der Gedanken durch den Kopf. Logbücher. st 1656
– Reise ohne Ende. Aufzeichnungsbücher. st 875
Rothmann, Ralf: Messers Schneide. Erzählung. st 1633
Schertenleib, Hansjörg: Die Ferienlandschaft. Roman. st 1277
Schimmang, Jochen: Das Ende der Berührbarkeit. Eine Erzählung. st 739
– Der schöne Vogel Phönix. Erinnerungen eines Dreißigjährigen. st 527
Schleef, Einar: Gertrud. st 942
Sloterdijk, Peter: Der Zauberbaum. Die Entstehung der Psychoanalyse im Jahr 1785. Ein epischer Versuch zur Philosophie der Psychologie. st 1445

250/2/8.90

Neue deutschsprachige Literatur
in den suhrkamp taschenbüchern

Stark, Angelika: Liebe über Leichen. st 1099
Strätz, Harald: Frosch im Hals. Erzählungen. st 938
Struck, Karin: Lieben. Roman. st 567
– Die Mutter. Roman. st 489
– Trennung. Erzählung. st 613
Wachenfeld, Volker: Camparirot. Eine sizilianische Geschichte. st 1608
– Keine Lust auf Pizza. Roeders Story. st 1347
Wigger, Daniel: Auch Spinnen vollführen Balzgesänge. st 1550
Winkler, Josef: Der Ackermann aus Kärnten. Roman. st 1043
– Menschenkind. Roman. st 1042
– Muttersprache. Roman. st 1044
Zschorsch, Gerald: Glaubt bloß nicht, daß ich traurig bin. Prosa, Lieder, Gedichte. Mit einem Text von Rudi Dutschke. st 1784

250/3/8.90

Deutschsprachige Literatur
in den suhrkamp taschenbüchern:
Drama

Becker, Jürgen: Die Abwesenden. Drei Hörspiele. st 882
Bernhard, Thomas: Alte Meister. Komödie. st 1553
– Der Italiener. st 1645
– Stücke 1. Ein Fest für Boris. Der Ignorant und der Wahnsinnige. Die Jagdgesellschaft. Die Macht der Gewohnheit. st 1524
– Stücke 2. Der Präsident. Die Berühmten. Minetti. Immanuel Kant. st 1534
– Stücke 3. Vor dem Ruhestand. Der Weltverbesserer. Über allen Gipfeln ist Ruh. Am Ziel. Der Schein trügt. st 1544
– Stücke 4. Der Theatermacher. Ritter, Dene, Voss. Einfach kompliziert. Elisabeth II. st 1554
Braun, Volker: Stücke 1. Die Kipper. Hinze und Kunze. Tinka. st 198
– Stücke 2. Schmitten. Guevara oder Der Sonnenstaat. Großer Frieden. Simplex Deutsch. st 680
Bertolt Brechts Dreigroschenbuch. Texte, Materialien, Dokumente. 2 Bde. Herausgegeben von Siegfried Unseld. st 87
Brecht, Bertolt: Frühe Stücke. Baal. Trommeln in der Nacht. Im Dickicht der Städte. st 201
Broch, Hermann: Dramen. st 538
Dorst, Tankred: Merlin oder Das wüste Land. Mitarbeit Ursula Ehler. st 1076
– Stücke 2. Herausgegeben von Gerhard Mensching. Mit einem Nachwort von Günther Rühle. st 438
Eich, Günter: Fünfzehn Hörspiele. st 120
Fallada, Hans / Tankred Dorst: Kleiner Mann – was nun? Eine Revue. st 127
Fleißer, Marieluise: Ingolstädter Stücke. st 403
Franke, Herbert W.: Keine Spur von Leben. Hörspiele. PhB 62. st 741
Frisch, Max: Andorra. Stück in zwölf Bildern. st 277
– Herr Biedermann und die Brandstifter. Rip van Winkle. Zwei Hörspiele. st 599
– Stücke 1. st 70
– Stücke 2. st 81
Handke, Peter: Stücke 1. st 43
– Stücke 2. st 101
– Über die Dörfer. Dramatisches Gedicht. st 1072
– Die Unvernünftigen sterben aus. st 168
Hildesheimer, Wolfgang: Die Hörspiele. Herausgegeben und mit einem Nachwort versehen von Volker Jehle. st 1583
– Theaterstücke. Über das absurde Theater. st 362

254/1/8.90

Deutschsprachige Literatur in den suhrkamp taschenbüchern: Drama

Hildesheimer, Wolfgang: Die Theaterstücke. Herausgegeben und mit einem Nachwort versehen von Volker Jehle. st 1655
Horváth, Ödön von: Band 1: Zur schönen Aussicht und andere Stücke. st 1051
– Band 2: Sladek. st 1052
– Band 3: Italienische Nacht. st 1053
– Band 4: Geschichten aus dem Wiener Wald. st 1054
– Band 5: Kasimir und Karoline. st 1055
– Band 6: Glaube Liebe Hoffnung. st 1056
– Band 7: Eine Unbekannte aus der Seine und andere Stücke. st 1057
– Band 8: Figaro läßt sich scheiden. st 1058
– Band 9: Don Juan kommt aus dem Krieg. st 1059
– Band 10: Der jüngste Tag und andere Stücke. st 1060
– Band 12: Der ewige Spießer. st 1062
Kraus, Karl: Band 16: Brot und Lüge. Aufsätze 1919-1924. Herausgegeben von Christian Wagenknecht. st 1326
– Band 10: Die letzten Tage der Menschheit. Tragödie in fünf Akten mit Vorspiel und Epilog. st 1320
– Band 11: Dramen. Literatur. Traumstück. Wolkenkuckucksheim. Traumtheater. Die Unüberwindlichen. st 1321
– Band 14: Theater der Dichtung. Nestroy. Zeitstrophen. Herausgegeben von Christian Wagenknecht. st 1324
Kroetz, Franz Xaver: Stücke I -IV. Vier Bände in Kassette. st 1677-1680
– Stücke I. st 1677
– Stücke II. st 1678
– Stücke III. st 1679
– Stücke IV. st 1680
Plenzdorf, Ulrich: Freiheitsberaubung. Ein Stück. st 1737
Spectaculum. Band 16-25. st 1050
Sperr, Martin: Bayrische Trilogie. st 28
Theater heute. st 1190
Theater. Stücke von Achternbusch, Bernhard, Bond, Dorst, Hampton, Kroetz, Wilson. Herausgegeben von Rudolf Rach. st 1298
Walser, Martin: In Goethes Hand. Szenen aus dem 19. Jahrhundert. st 1077
– Die Ohrfeige. st 1457
– Stücke. st 1309
Walser, Robert: Band 14: Komödie. Märchenspiele und szenische Dichtungen. st 1114

254/2/8.90